敦煌石窟全集

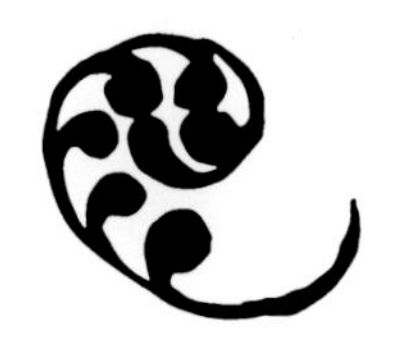

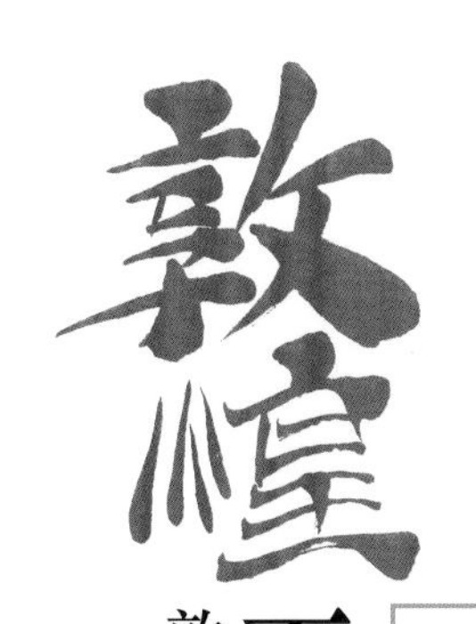

石窟全集 11

敦煌研究院 主編

楞伽經畫卷

本卷主編 賀世哲

商務印書館

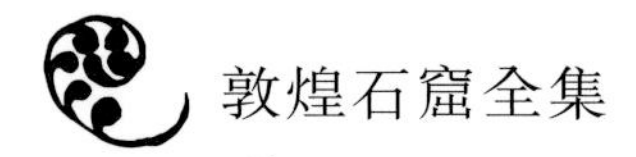

敦煌石窟全集

楞伽經畫卷

主　　編 ……………… 賀世哲

攝　　影 ……………… 孫志軍

封面題字 ……………… 徐祖蕃

出 版 人 ……………… 陳萬雄
策　　劃 ……………… 張倩儀
責任編輯 ……………… 劉　煒
設　　計 ……………… 呂敬人
出　　版 ……………… 商務印書館（香港）有限公司
香港筲箕灣耀興道3號東滙廣場8樓
http://www.commercialpress.com.hk
製　　版 ……………… 中華商務彩色印刷有限公司
香港新界大埔汀麗路36號中華商務印刷大廈
印　　刷 ……………… 中華商務彩色印刷有限公司
香港新界大埔汀麗路36號中華商務印刷大廈
版　　次 ……………… 2015年6月第1版第2次印刷

ISBN 978 962 07 5285 8

All inquiries should be directed to:
The Commercial Press (Hong Kong) Ltd.
8/F., Eastern Central Plaza, No.3 Yiu Hing Road, Shau Kei Wan, Hong Kong

前言

全面系統詮釋禪宗經典的敦煌壁畫

禪宗是以靜修為旨歸的中國佛教宗派之一，因主張修習禪定，故名。從初祖菩提達摩弘揚禪法，到唐代自成一宗，至今傳承千餘年而不絕，禪宗成為在中國流傳時間最長的佛教宗派，禪修思想更予國民莫大影響。楞伽經、金剛經、思益經和密嚴經等禪宗經典，大多主張世本虛無，強調靜修求解脱，它們不僅在禪宗的發展過程中起過重要作用，而且對敦煌佛教發展影響深遠。從唐朝中後期開始，敦煌的善男信女以上述諸經為題材，創作出大量禪宗壁畫，流傳至今，敦煌石窟成為中國現存禪宗壁畫品類最齊備的地方。

一、禪宗的興起

禪，梵文意為運用思維活動進行的修持。作為以靜修為旨歸的佛教宗派，禪宗的興起，與中國中世紀統治階層對土地的瘋狂佔有現象緊密相聯，加之南北朝時北方少數民族向中原大舉進攻，失去土地和家園後流離失所的流民是禪宗產生的土壤。

土地是農民生計之維繫，失去土地，就意味着失去家庭，失去正常的生存條件。南北朝時，統治階層為擴張土地展開混戰，農民失去土地和家園，大量流民湧現，到處流動逐食。當時的僧侶、寺院受到統治者一定程度上的保護，流民便湧入寺院，削髮為僧。當寺院不足以容納時，部分無寺可居的僧人，只得流向社會，成為遊僧。他們需要為自己的這種遊蕩乞求的傳教方式找到佛理上的支持。

流民與遊僧物質上一無所有，根本無力改變當時的現狀，要解脱困苦唯有指向內心。楞伽經宣揚“一切佛語心”，強調以心為本，主張向內心求解脫的修行方式，楞伽經自然成為他們所願尊奉的重要經典。此外，當時的流民蓄徒聚眾，從山野到城邑，遊止不定，楞伽經強調遊化，倡導在鄉野修行，"宴坐山林"，無疑為這種遊化行為提供了理論上的支持，也是遊僧選擇奉持楞伽經的重要原因。當然，正是由於楞伽經主張遊化，遊僧們為實行楞伽經的主張，便在社會上四處遊化，反映了一種為行動尋找理論、以理論指導行動的雙向互動關係。這些信奉楞伽經的遊僧被稱為"楞伽禪師"。當時南方戰亂較少，北方的楞伽禪師大規模地向江淮、東南、嶺南等地區移動，他們在遊化中吸引更多的信徒，在社會上的影響日見擴大。

及至隋唐，社會趨於穩定，客觀環境的改善使得遊化沒有繼續下去的必要，楞伽禪師道信（公元579～651年）便在黃梅雙峰山定居下來，提倡禪務並重，在固定的地方既修禪又耕作，自給自足。由此，作為一個宗派，禪宗的雛型開始出現。到五祖弘忍時代，這個隱居山林三十餘年的黃梅禪僧團，公開於世，並迅速發展，此時金剛經成為禪宗傳法的主要經典。公元676～796年間禪宗分裂為南北二派，南宗領袖慧能重金剛經；而與楞伽經思想相近，宣傳諸法空寂、本無生滅的思益經則為北宗神秀等所宗要。有唐一代，禪宗勢力遍及全國，楞伽經、思益經、金剛經、密嚴經等這些在心性修養方面更全面、理論體系更精緻的經典在禪宗中的地位漸隆，被廣泛信奉。密嚴經所強調的"觀行"、"正定"禪觀，就深為敦煌著名禪師摩訶衍所重。

二、禪宗在敦煌的傳播與興盛

禪宗由內地傳入敦煌，重要傳播者之一為著名禪師摩訶衍。唐開元年間摩訶衍在長沙岳麓寺修行，先後師從兗州降魔藏、京兆小福、西京義福三位禪師，此三禪師都是禪宗北宗神秀的法嗣。摩訶衍後又拜投在南宗荷澤神會門下。摩訶衍到敦煌的時間不詳，估計是吐蕃佔領敦煌之前，隨大批唐軍退守到敦煌的。他在敦煌弘法多年，影響深遠。敦煌遺書王錫撰《頓悟大乘正理決》記載，公元792～794年摩訶衍奉吐蕃贊普赤鬆德贊（公元755～797年在位）之命，赴拉薩與印度僧人蓮華戒辯論禪法。辯論中摩訶衍說他一生唯習大乘，所修禪法依據為《大般若》、《楞伽》、《思益》、《密嚴》、《金剛》、《維摩》、《大佛頂》、《花嚴》、《涅槃 》、《寶積》、《普起三昧》等大乘經文。大約貞元十二年（公元796年）摩訶衍由吐蕃返回敦煌，被授予"蕃大德"稱號。

在摩訶衍的影響下，敦煌出現了一批禪師，弘揚禪學。如在吐蕃佔領時期"遷知釋門都教授"、在張議潮收復敦煌後又任河西都僧統的名僧洪䛒，即研習六祖慧能所倡"頓悟"禪法，"知色空而明頓悟，了覺性而住無為"，聲名遠播；北宗神秀、普寂一系的敦煌乾元寺大德法律闍梨張金炫也通曉禪學；繼洪䛒為河西都僧統的法榮，主張向"五乘之奧探玄，七祖之宗窮妙"，又云："南能入室，北秀升堂。"這裏的"七祖"、"北秀"指禪宗北宗神秀，"南能"即是南宗慧能。

由於這些禪師在敦煌廣泛宣教，楞伽經、金剛經、思益經、密嚴經等禪宗經典在敦煌得到推廣。前面提到的《頓悟大乘正理決》中，共計引用20餘種大乘佛經，其中引用次數最多的是楞伽經，共計31次，其次是思益經11次，金剛經9次，密嚴經4次。在另一卷敦煌遺書《頓悟大乘正理決．長編》前132行中，楞伽經出現14次，思益經出現6次，密嚴經出現8次。而一般民眾中也出現了很多禪宗信仰者，從莫高窟壁畫中的諸多供養人題記中可見一斑。如“修行頓悟優婆姨如祥一心供養”、“女頓悟大乘優婆姨十二娘一心供養”、“頓悟賢者朱三一心供養”，這些題識都説明供養人是信奉禪宗的。

三、禪宗壁畫品類齊備

楞伽經、金剛經、思益經、密嚴經等在敦煌的流行，極大地推動了敦煌禪宗壁畫的興起，楞伽經變、金剛經變、思益經變、密嚴經變等不斷出現，可謂品類齊備。據統計，敦煌現存楞伽經變11鋪，最早的出現於中唐；金剛經變18鋪，都是唐代的繪畫作品，其中有13鋪繪於吐蕃佔領時期（公元781～848年）；思益梵天所問經變現存15鋪；密嚴經變在敦煌現存數量不多，總共4鋪。本卷將表現禪宗思想的楞伽經變、金剛經變、思益經變、密嚴經變匯集於一書。

除收錄上述禪宗壁畫外，本卷還將唯識宗所重視的天請問經變附帶收入。這是因為，歷史上禪宗與唯識宗雖是兩大不同佛教派別，但在敦煌它們卻結合得甚為緊密，許多著名禪師既深修禪法，又洞達“唯識”。敦煌壁畫中現存30餘鋪天請問經變。

值得重視的是，這五大經變均是描繪釋迦牟尼佛在向眾菩薩、天神等宣講佛法，大都為宏幅巨制、場面恢弘。不僅人物眾多，關係複雜，而且經義深奧、富於哲理。這些經變畫題材既不見於古代印度和中亞地區的石窟，中國新疆等地的石窟或佛寺中也沒有出現，因此它們應該是古代敦煌畫師以義理深奧的諸經為依據，獨創的經變壁畫傑作，具有很高的史料價值，彌足珍貴。為了闡述和詮釋經文，在這些經變畫中還穿插着大量引人入勝的警喻故事畫，從多角度真實反映了中世紀中國社會各個階層的生活狀況，成為記錄世俗民風的代表作。

本卷所收的五個經變，前人曾作過定名工作。近十餘年來，敦煌研究院的研究人員對各種圖像資料調查整理，專題研究，對少數定錯名的經變作出訂正。在長期研究的基礎上，本卷勾勒出五大經變的完整概貌，在對經變畫面的解讀、分析方面，作了一些重點深入的探討，較為系統地介紹了數百年間禪宗在敦煌的發生、發展過程，多角度地揭示了敦煌禪宗壁畫的歷史意義。

目 錄

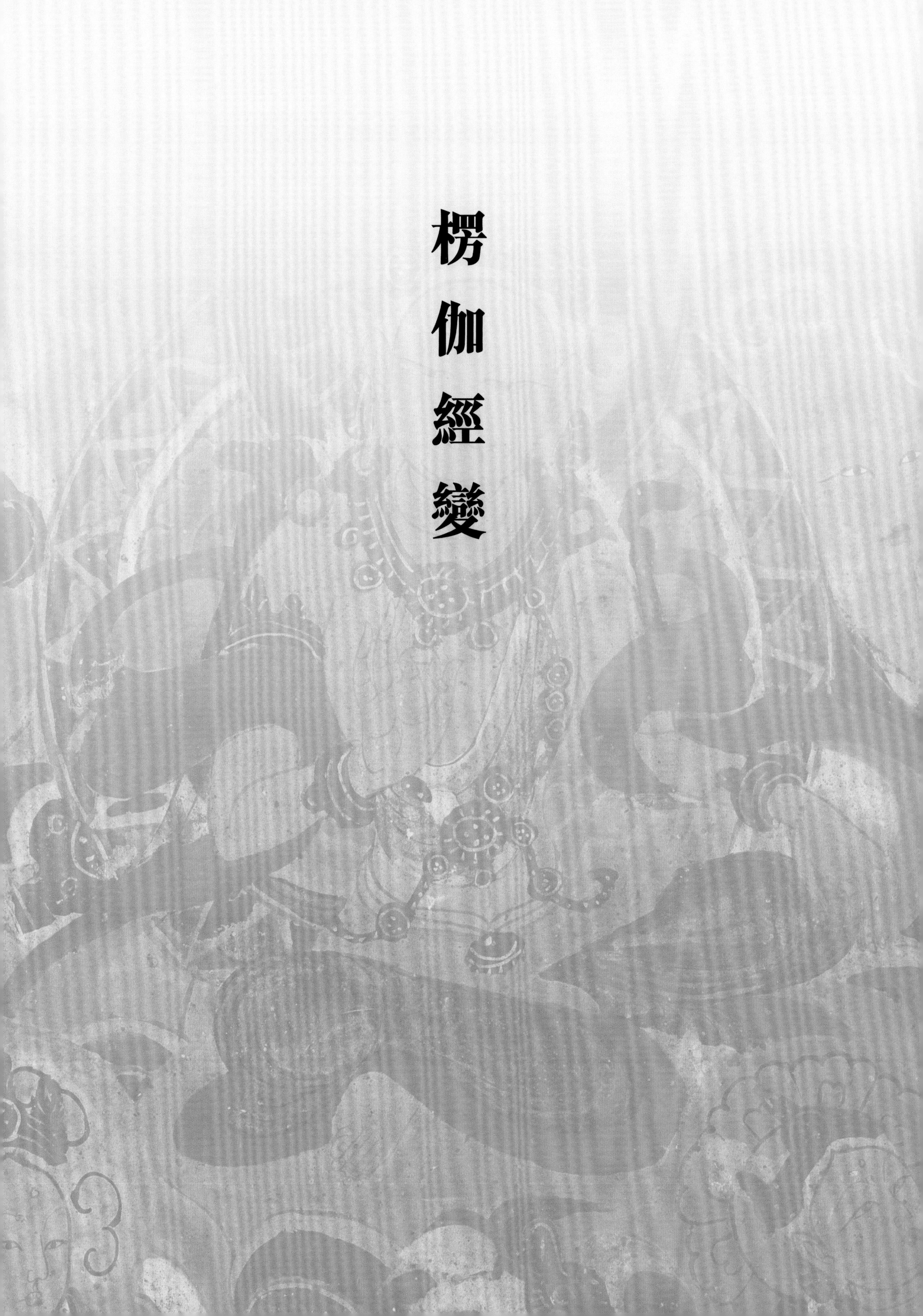

楞伽經變

序論　三界唯心的的楞伽經

《楞伽經》全名《楞伽阿跋多羅寶經》或《入楞伽經》，梵文原本形成於古印度笈多王朝時期（公元4～6世紀），屬於中期大乘佛教經典之一。於公元5世紀中葉傳入中國，先後共有四種漢文譯本流行：

1、北涼曇無讖譯《楞伽經》四卷，已佚。

2、南朝劉宋元嘉二年（公元443年）求那跋陀羅譯《楞伽阿跋多羅寶經》四卷，今存。

3、北魏延昌二年（公元513年）菩提流支譯《入楞伽經》，十卷，今存。

4、唐久視元年（公元700年）實叉難陀譯《大乘入楞伽經》，七卷，今存。

“楞伽”，指楞伽山，是位於印度半島南端的錫蘭島，即今斯里蘭卡，相傳為釋迦宣講楞伽經處。《楞伽經》意謂佛入此山宣講的寶經。經文偏重於理論的研究和哲學的說明，基本思想是強調“三界唯心”，即宇宙萬物皆是虛假不實，唯是自心所見。認識的對象不在客觀世界，而在主觀內心。眾生悉有佛性，皆可得到解脫。解脫的重要途徑就是修習六度，特別是六度之一的坐禪觀心。經中將禪分為四種：愚夫所行禪、觀察義禪、攀緣如禪、如來禪。其中特別推崇如來禪，認為如來禪能真實證入如來境地，頓悟自心本來清淨無有煩惱，此心即佛。因此認為如來禪是感悟佛的內證境界的最高級的禪法，進入這種禪定，就可以進入佛的境界，普渡眾生。

該經對中國佛教影響頗大，為禪宗和法相宗依據的主要經典之一。據說禪宗初祖菩提達摩所傳禪法即以楞伽經為宗旨，並將此經傳授給弟子慧可，告誡慧可云：“我觀漢地，唯有此經，仁者依行，自得度也。”在慧可及其門徒的弘揚下，逐漸形成專以研習楞伽經為業的“楞伽師”，即為禪宗的先驅者。唐代，楞伽經由楞伽師西傳至敦煌。據記載，北宗神秀的兩大弟子義福與普寂在敦煌均有傳人，義福的弟子摩訶衍曾在敦煌廣佈楞伽經，普寂的弟子某禪師也由京洛到敦煌三危。敦煌遺書唐·淨覺撰《楞伽師資記》云：“大德禪師代代相承，起自宋·求那跋陀羅三藏，歷代傳燈，至於唐朝總八代，得道獲果有二十四人也。”

楞伽經三種譯本在敦煌遺書中均有發現，總數約在一百二十件以上，以實叉難陀譯《大乘入楞伽經》為多，說明敦煌地區流行楞伽經典主要是《大乘入楞伽經》。實叉難陀是唐代西域高僧，其譯本在敦煌地區盛行，或許與武則天有密切關係。武周時期，禪宗在社會上已有很大影響，為借助禪宗鞏固統治，武則天大力扶植禪宗發展。她曾先後詔令禪宗北宗領袖神秀和南宗領袖慧能赴京。據記載，神秀入京後，女皇"親加跪禮。內道場豐其供施，時時問道"，王公大臣更是"競至禮謁，望塵拜伏，日有萬計"。此外，她還詔請西域高僧實叉難陀翻譯楞伽經，並親自寫序。由於受到當政者的推崇，實叉難陀譯本在敦煌盛行，也就勢所必然。

在中國畫史上，根據楞伽經所繪經變畫，唯一的文字記載見於敦煌遺書新本《六祖壇經》，上載禪宗五祖弘忍（公元601～674年）於龍朔元年（公元661年）邀請宮廷畫師盧珍至黃梅縣馮茂山禪寺，準備畫"楞伽變相，並畫五祖大師傳授法衣，流行後代為記"。盧珍至現場察看了寺壁，定於第二天動筆。但當天夜裏，禪寺和尚神秀在擬畫楞伽變相的牆壁上寫下"身是菩提樹，心如明鏡台。時時勤拂拭，莫使有塵埃"的偈語，繪畫之事遂作罷。唐代兩京寺壁是否畫有楞伽經變，史無記載，不得而知。故敦煌楞伽經變因彌補了畫史的空白而彌足珍貴，另外，這些壁畫題材不見於古代印度、中亞以及中國新疆龜茲等地的石窟中，表明它們很可能是唐代敦煌畫師的獨創。

敦煌現存的11鋪楞伽經變主要依據實叉難陀譯《大乘入楞伽經》繪製。《大乘入楞伽經》共分七卷十品，佛理玄奧，多難入畫。敦煌各時代的楞伽經變內容變化不大，多以表現該經《羅婆那王勸請品》、《集一切法品》、《無常品》、《斷食肉品》、《偈頌品》為主，主要畫面包括請佛上山、廣喻幽旨、禁斷食肉。本章擬就此三部分畫面分別予以介紹。

敦煌石窟楞伽經變分佈表

<table>
<tr><th colspan="2">朝代</th><th>公元</th><th>窟號</th><th>位置</th><th>附注</th></tr>
<tr><td colspan="2">中唐</td><td>9世紀初至839年左右</td><td>236</td><td>南壁</td><td>嚴重漫漶</td></tr>
<tr><td rowspan="10">歸義軍時期</td><td rowspan="5">晚唐</td><td>861-865年</td><td>156</td><td>窟頂東坡</td><td>張議潮窟，煙熏。</td></tr>
<tr><td>862-867年</td><td>85</td><td>窟頂東坡</td><td>翟法榮窟，良好。</td></tr>
<tr><td>893年</td><td>9</td><td>南壁</td><td>良好。</td></tr>
<tr><td>900-910年</td><td>138</td><td>南壁</td><td>良好。</td></tr>
<tr><td></td><td>459</td><td>南壁</td><td>殘破。</td></tr>
<tr><td rowspan="2">五代</td><td>947-951年</td><td>61</td><td>南壁</td><td>曹元忠窟，良好。</td></tr>
<tr><td></td><td>4</td><td>南壁</td><td>殘破。</td></tr>
<tr><td rowspan="3">宋</td><td>962年前後</td><td>55</td><td>窟頂東坡</td><td>曹元忠窟，良好。</td></tr>
<tr><td>974-980年</td><td>454</td><td>南壁</td><td>曹延恭窟，一般。</td></tr>
<tr><td></td><td>456</td><td>南壁</td><td>一般。</td></tr>
</table>

第一節　摩羅耶山——楞伽經變的標誌

實叉難陀譯《大乘入楞伽經·羅婆那王勸請品》主要講述楞伽經的由來：一次釋迦佛在海龍王宮為海龍王及其眷屬說法，滿七日，從大海中出，無量億梵釋護世諸天龍等，到海邊迎接。釋迦佛舉目望見摩羅耶山頂的楞伽城，微笑着說：過去諸佛都在楞伽城中講過各自"所得聖智證法"，"我今亦當為羅婆那王開示此法"。羅婆那王住在楞伽城中，遙知釋迦佛心意，即與眷屬下摩羅耶山，往詣佛所，請佛上山說法。釋迦佛接受了羅婆那王的請求，上山說法。

中國現存最早的南朝求那跋陀羅譯四卷本《楞伽阿跋多羅寶經》中並沒有"請佛上山"的內容。英國渥德爾教授認為，唐代實叉難陀譯《羅婆那王勸請品》的內容是後人補加的。但北魏菩提流支譯《入楞伽經》卷一有此品，名《請佛品》，它與上面所介紹的實叉難陀譯本的內容大致相同。

敦煌的楞伽經變"請佛上山"情節是依據《大乘入楞伽經·羅婆那王勸請品》繪製，為各時代楞伽經變必有之畫面。主要的內容包括：釋迦佛在龍宮說法，龍王及其眷屬在龍宮聽法；羅婆那王下摩羅耶山請佛到楞伽城說法，諸菩薩聽法等。其中，楞伽城所在的摩羅耶山是識別此經變的主要依據。

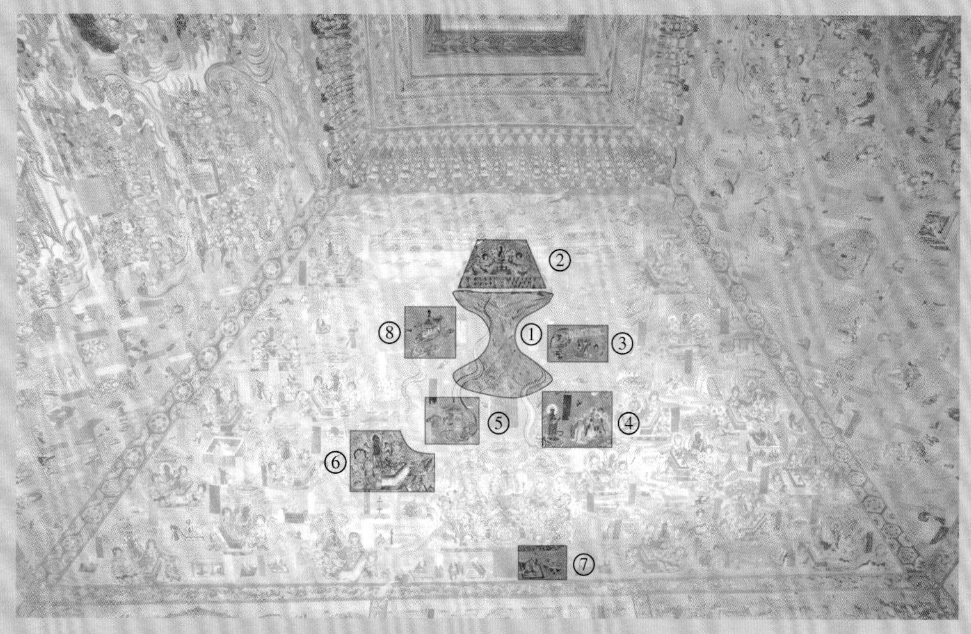

莫85窟楞伽經變之請佛上山情節分佈示意圖

① 摩羅耶山　② 楞伽城說法　③ 龍宮說法　④ 天龍奉迎釋迦佛　⑤ 羅婆那王下山請佛
⑥ 釋迦佛接見羅婆那王　⑦ 羅婆那王與夜叉　⑧ 上山說法

敦煌壁畫絕大多數經變的構圖，是以巨大的空間繪說法圖，主尊居中說法，諸菩薩、弟子等層層環繞，猶如眾星捧月，十分壯觀。而楞伽經變卻是以巨大的空間表現請佛上山的內容，雄偉的摩羅耶山兩頭大，中間小，狀如束腰鼓，聳立在大海中，成為經變的中心。楞伽經云：摩羅耶山狀如須彌山。須彌山是梵文的音譯，意譯為妙高山、好高山、善高山等，原係印度神話中的名山，後被佛教所沿用。佛教認為宇宙由三千大千世界構成，在每一個大千世界中都有一座須彌山，它位於大千世界的中央，高出水面八萬四千由旬，周圍有八大山、八大海環繞。"由旬"係古印度計算距離的單位，以帝王一日行軍之路程為一由旬，大約相當於中國古制40里左右，"八萬四千由旬"可見須彌山之高。佛教傳入中國以後，神仙家將須彌山附會為中國的崑崙山，"對七星之下，出碧海之中"，以西王母為首的諸多神仙就居住此山。楞伽經變中摩羅耶山形象，在古代印度佛教造像中從未見過，當係中國古代藝術家對崑崙山的描繪，這實際上反映了中國與印度宗教思想的一種融合。

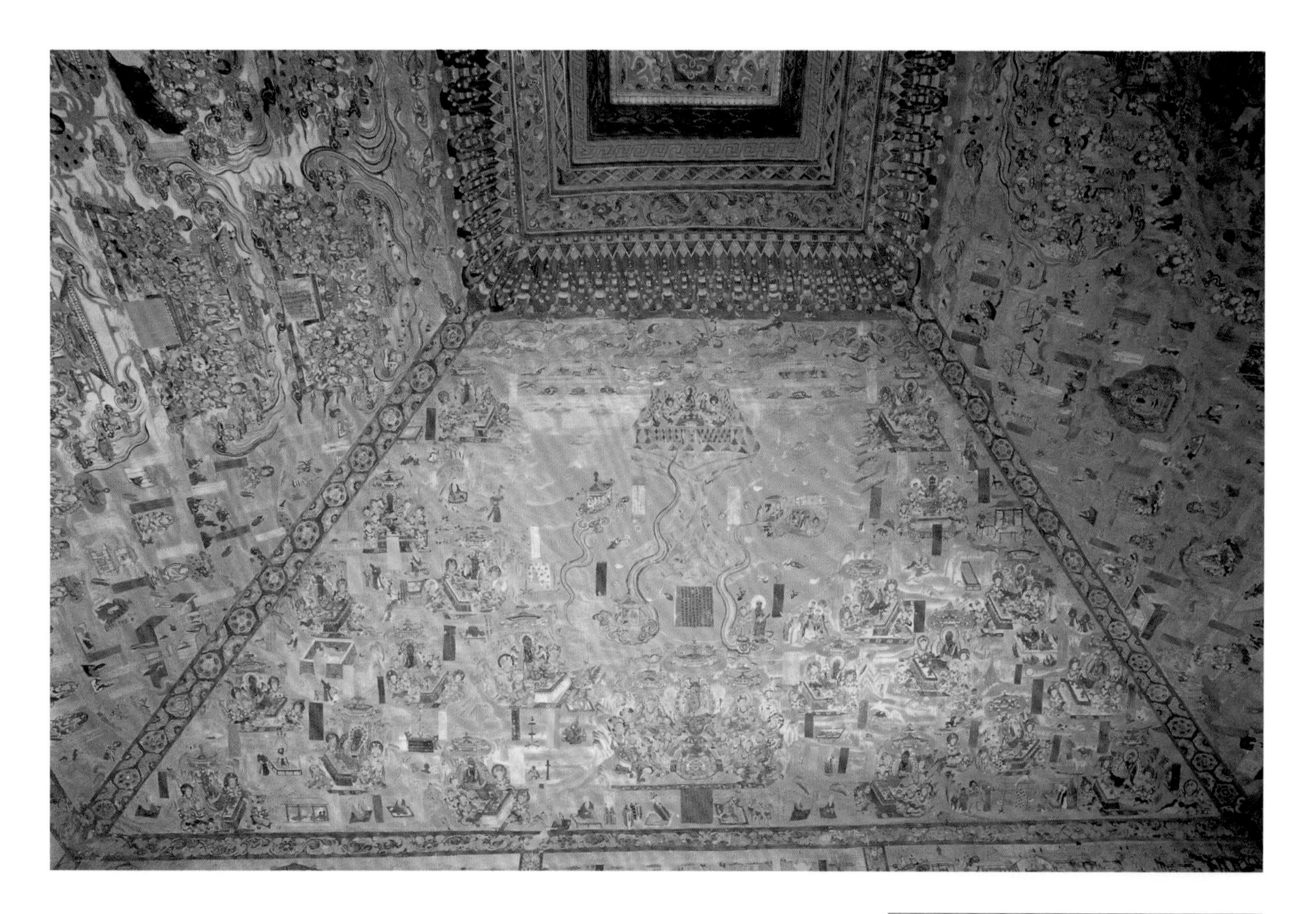

1 楞伽經變全圖

此鋪梯形經變約繪於公元862～867年之間。中間以巨大的空間表現釋迦佛上摩羅耶山、到楞伽城為羅婆耶王說法的情形。摩羅耶山兩頭大，中間小，狀如束腰鼓。左右兩邊的三角空間內各畫10鋪小型說法圖，表現釋迦佛以神通力化現的“十方所有一切國土”。在小說法圖之間，穿插着龍宮說法等故事畫。畫面佈局嚴謹，色彩艷麗，為敦煌楞伽經變的傑作。

晚唐 楞伽經 莫85 窟頂東坡

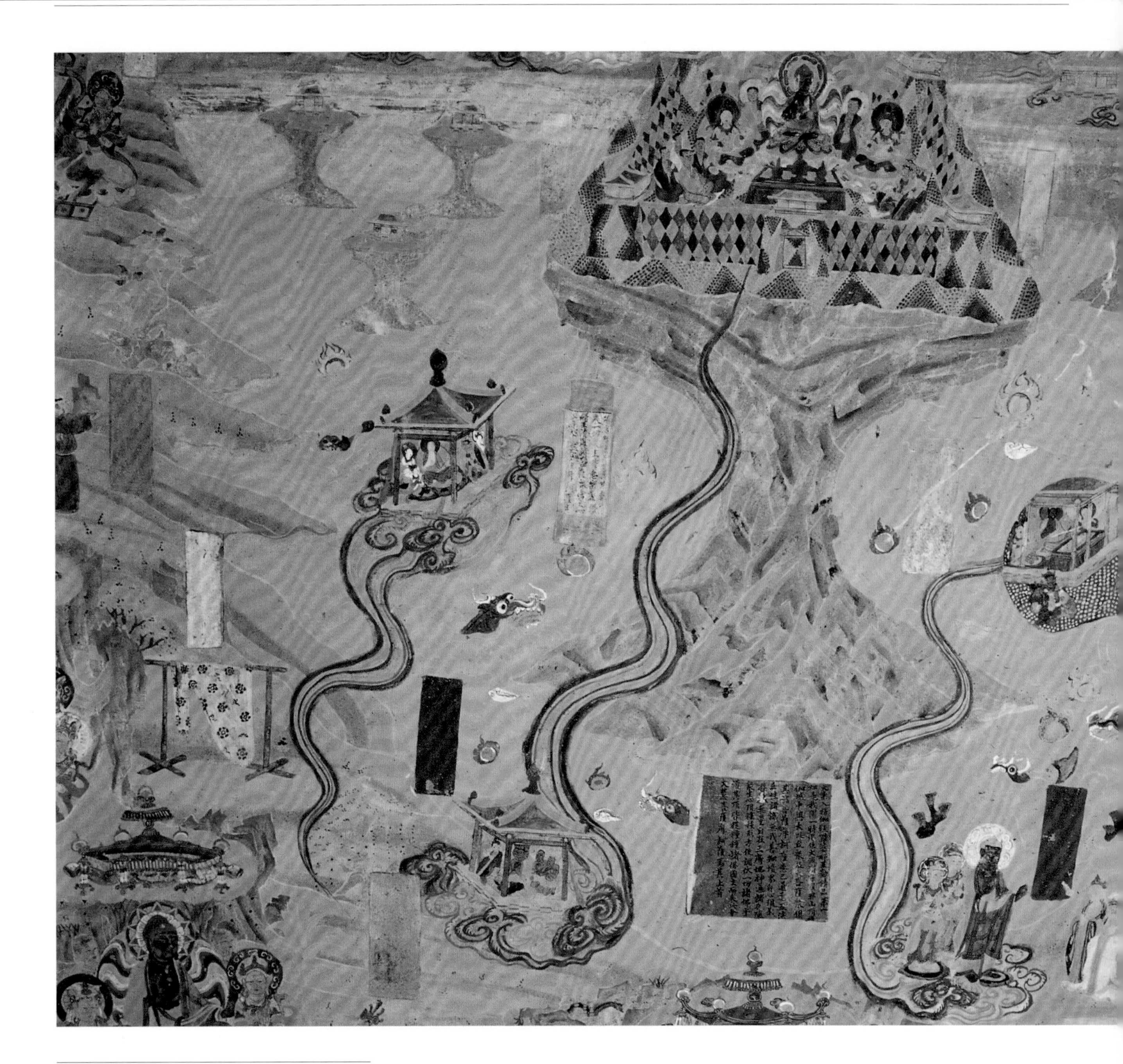

2 摩羅耶山

摩羅耶山上下兩頭寬廣，中間細小。古代印度佛教造像中未見這種山形，當源自中國漢代藝術家對於崑崙山的想像。

晚唐 楞伽經·羅婆那王勸請品 莫85 窟頂東坡

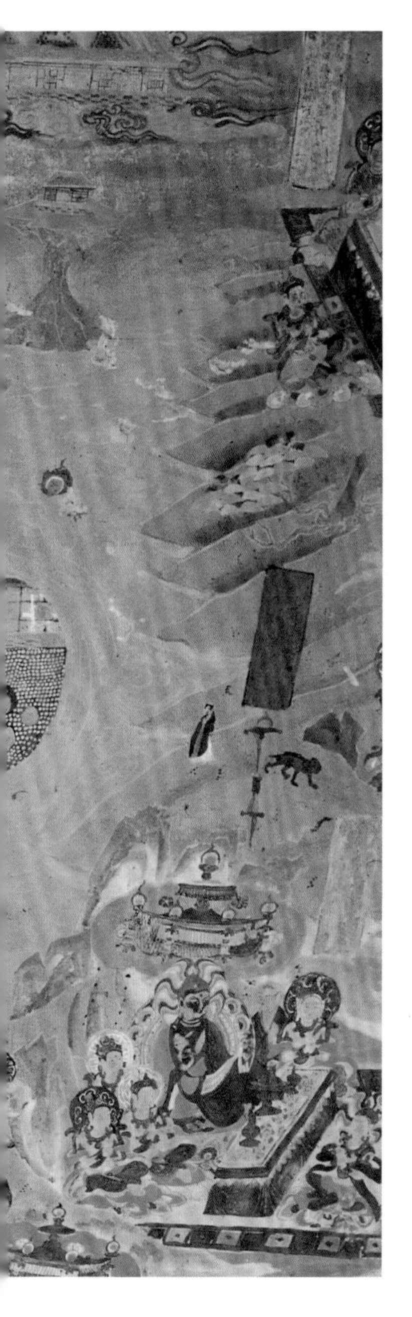

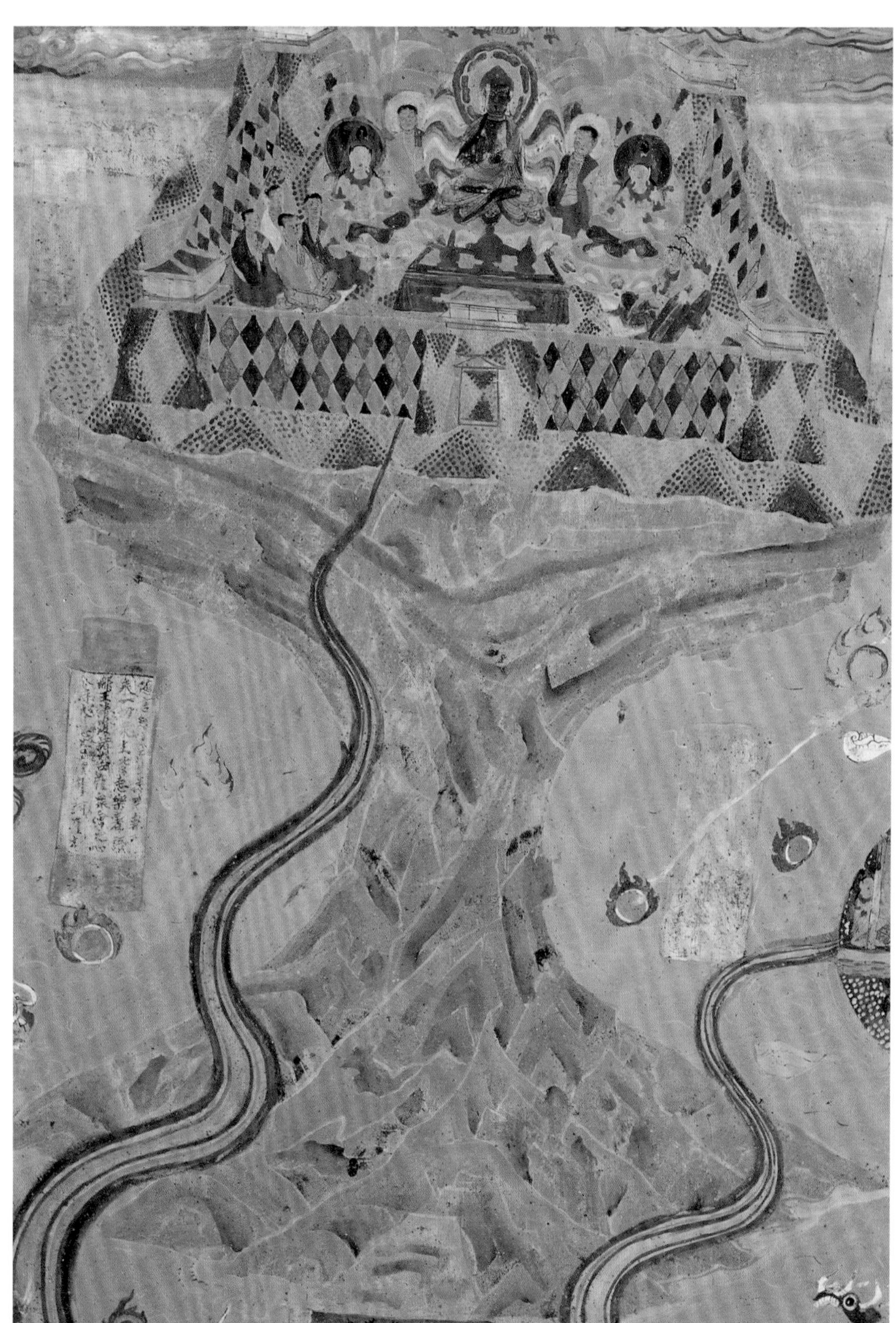

3 楞伽城說法

楞伽城位於摩羅耶山頂，經云："此妙楞伽城，種種寶嚴飾，牆壁非土石，羅網悉珍寶。"畫師按照唐朝的宮城建築，畫了四座角樓，一座城門。城牆用菱形彩色寶石砌成。其建築形式與唐朝太子、公主墓壁畫中的宮殿相同。釋迦佛在城內結跏趺坐，居中說法，左右二弟子、二菩薩陪侍。佛前右側為十首羅婆那王及其夫人，左側四大比丘，皆合十跪地聽法。城外周圍還畫了一圈以三角形寶石組成的裝飾圖案，使畫面顯得五彩繽紛，光彩奪目。

晚唐 楞伽經 · 羅婆那王勸請品 莫85 窟頂東坡

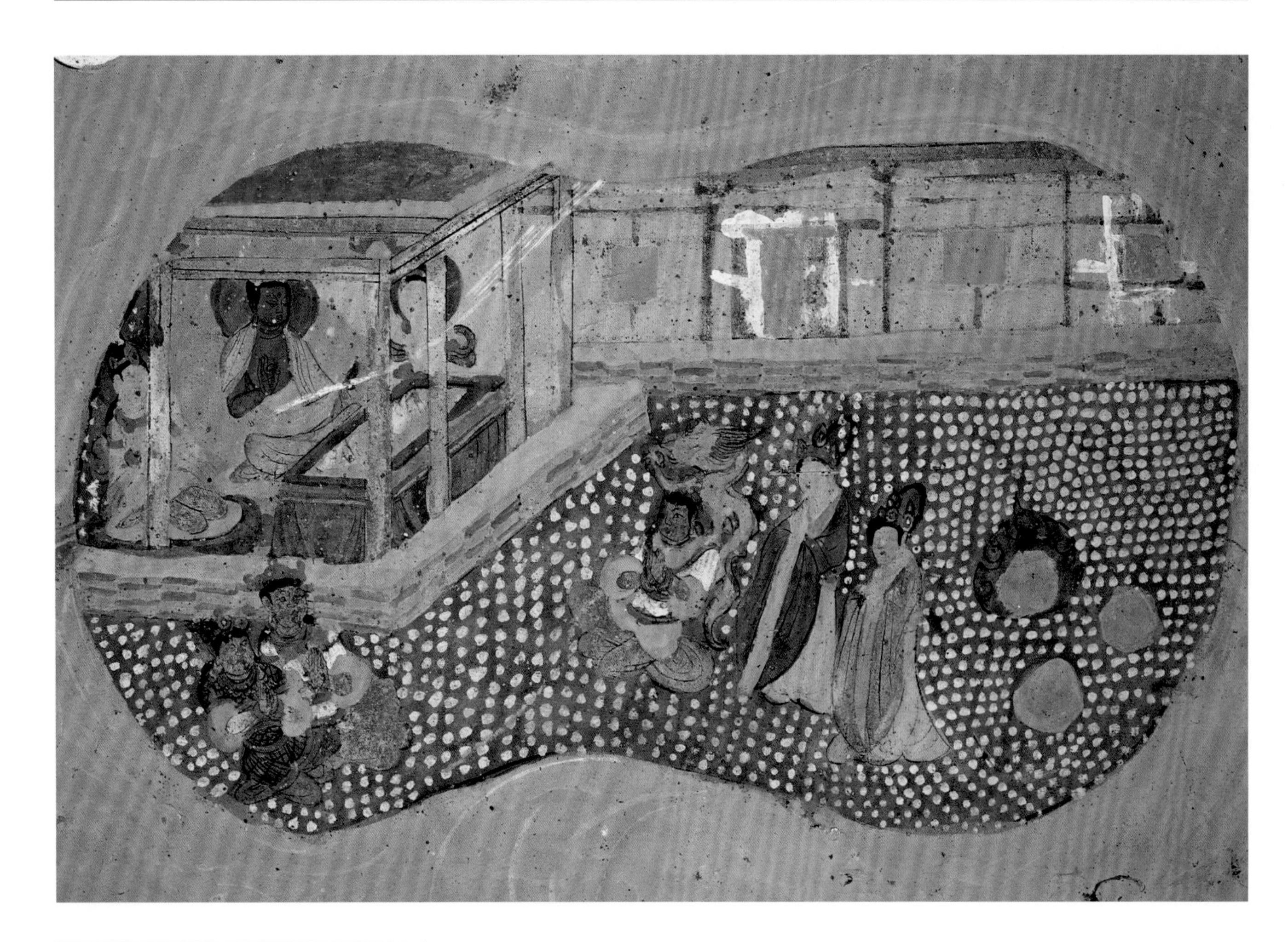

4 **龍宮説法**

在楞伽城説法之前，佛是在龍宮説法。碧波大海中一繭形龍宮，釋迦佛結跏趺坐，舉右手説法，左右各坐二脅侍菩薩。龍王向佛席地而跪，合十聽法，身後立二眷屬。另有龍將二身，跪地聽法。龍宮滿地白點表示金磚鋪地。龍宮設計小巧玲瓏，精緻美觀。

晚唐 楞伽經・羅婆那王勸請品 莫85 窟頂東坡

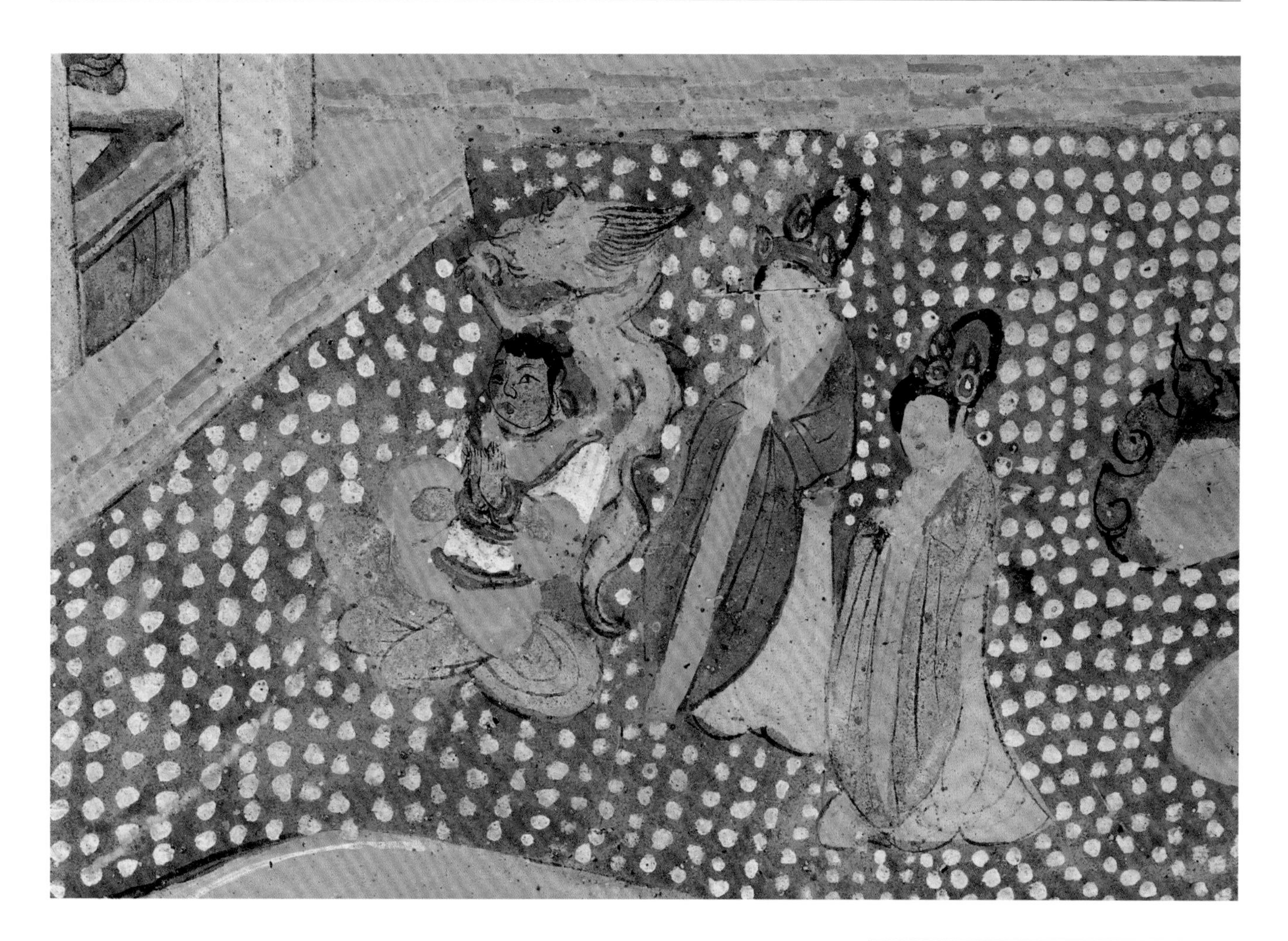

5 龍王及其眷屬

龍王頭頂畫一龍頭，以表示其為龍王。其旁為眷屬。

晚唐 楞伽經·羅婆那王勸請品 莫85 窟頂東坡

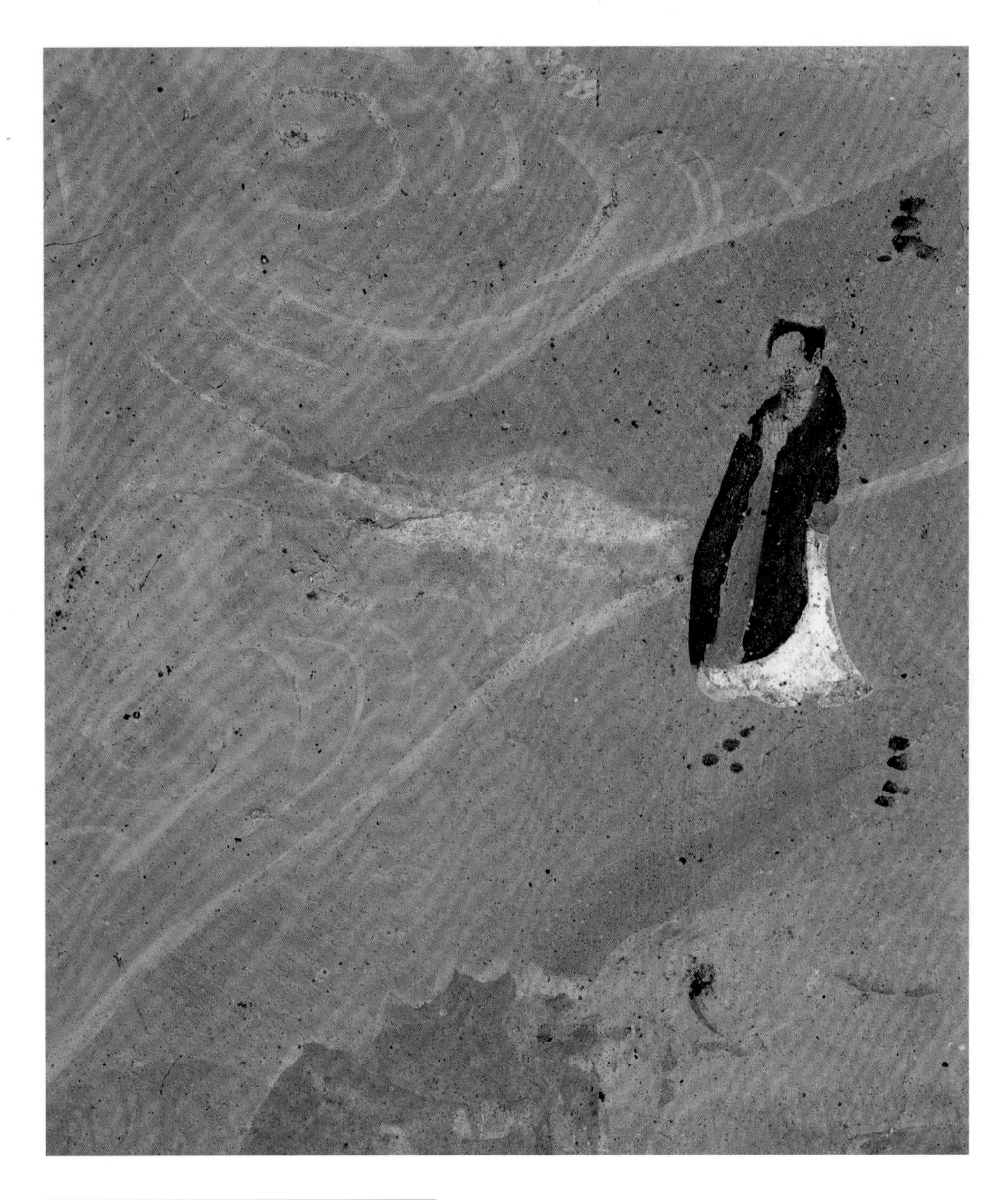

6 觀海者

一女子眺望無邊的大海。

晚唐 楞伽經 · 羅婆那王勸請品 莫85 窟頂東坡

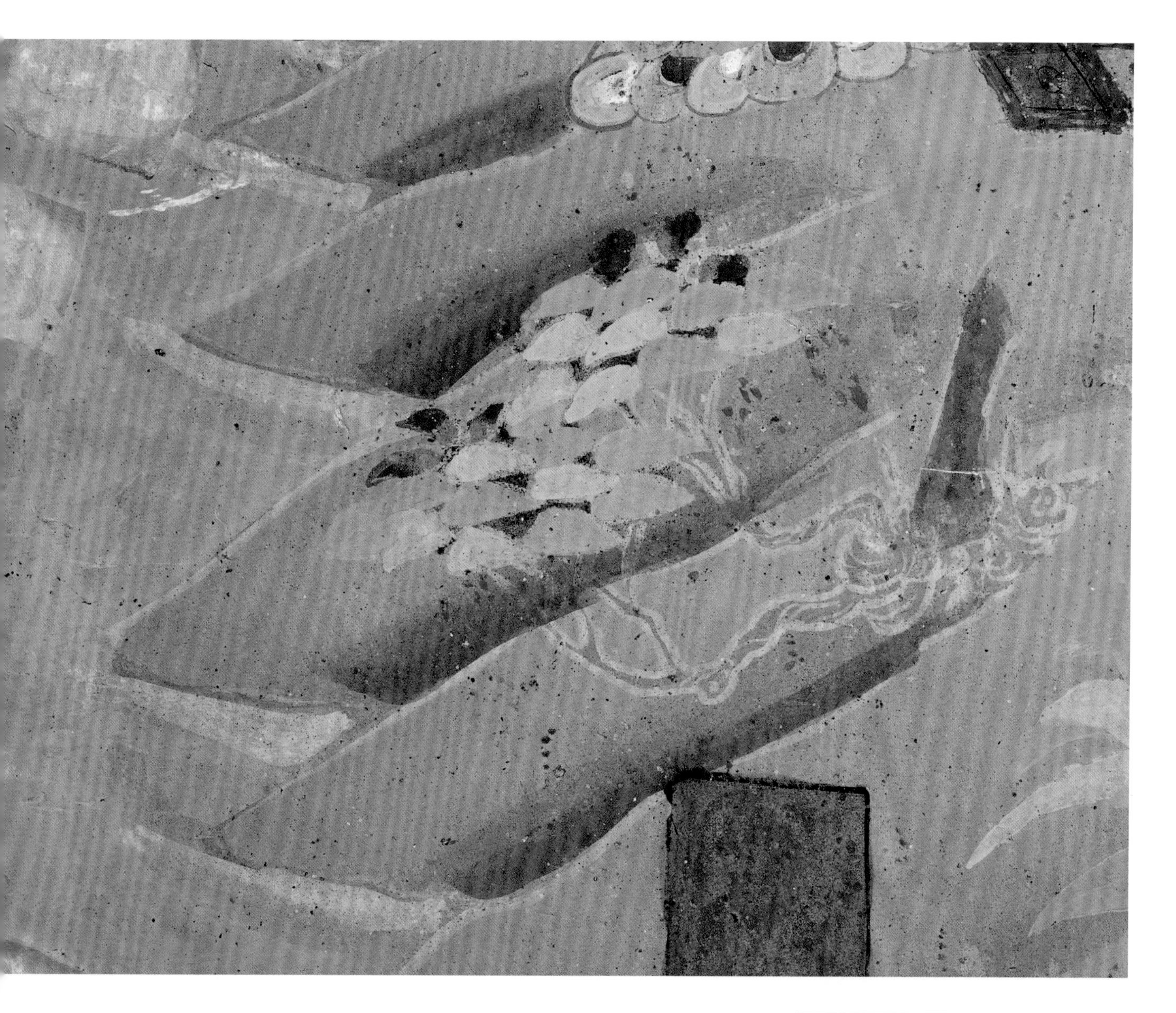

7 海濱風景

在鋸齒形的海岸岩石上，有一棵小樹綠葉茂盛，表現了生機盎然的海濱意境。

晚唐 楞伽經 · 羅婆那王勸請品 莫85 窟頂東坡

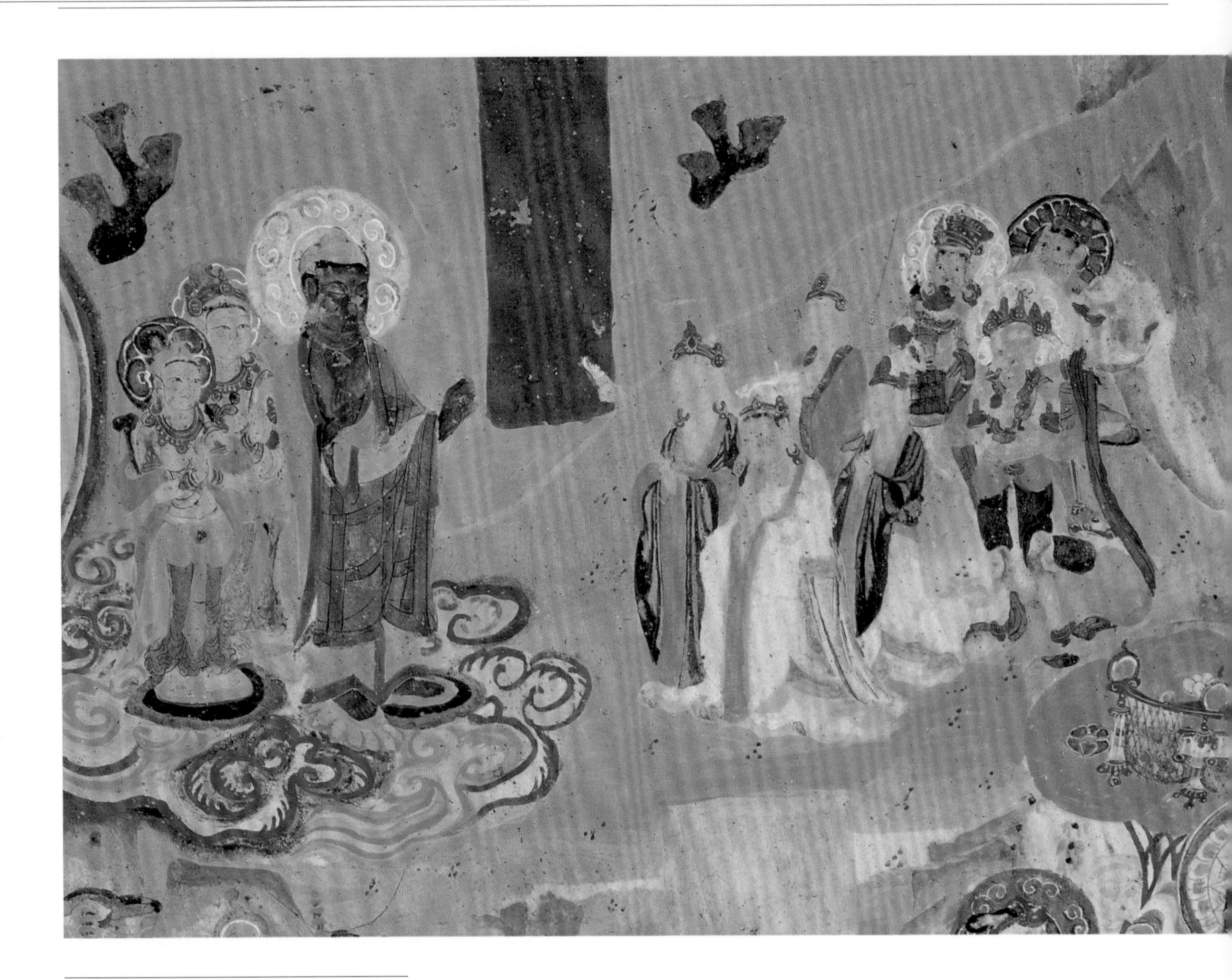

8 天龍奉迎釋迦佛

釋迦佛及二菩薩立於祥雲上，從龍宮出來，飄至海邊。佛穿福田袈裟，莊重肅穆。八身釋梵護世諸天、龍等，站立岸邊，恭候迎接。二天王雙目圓瞪，顯得十分驚喜。天王和龍都是佛的護法神。

晚唐 楞伽經·羅婆那王勸請品 莫85 窟頂東坡

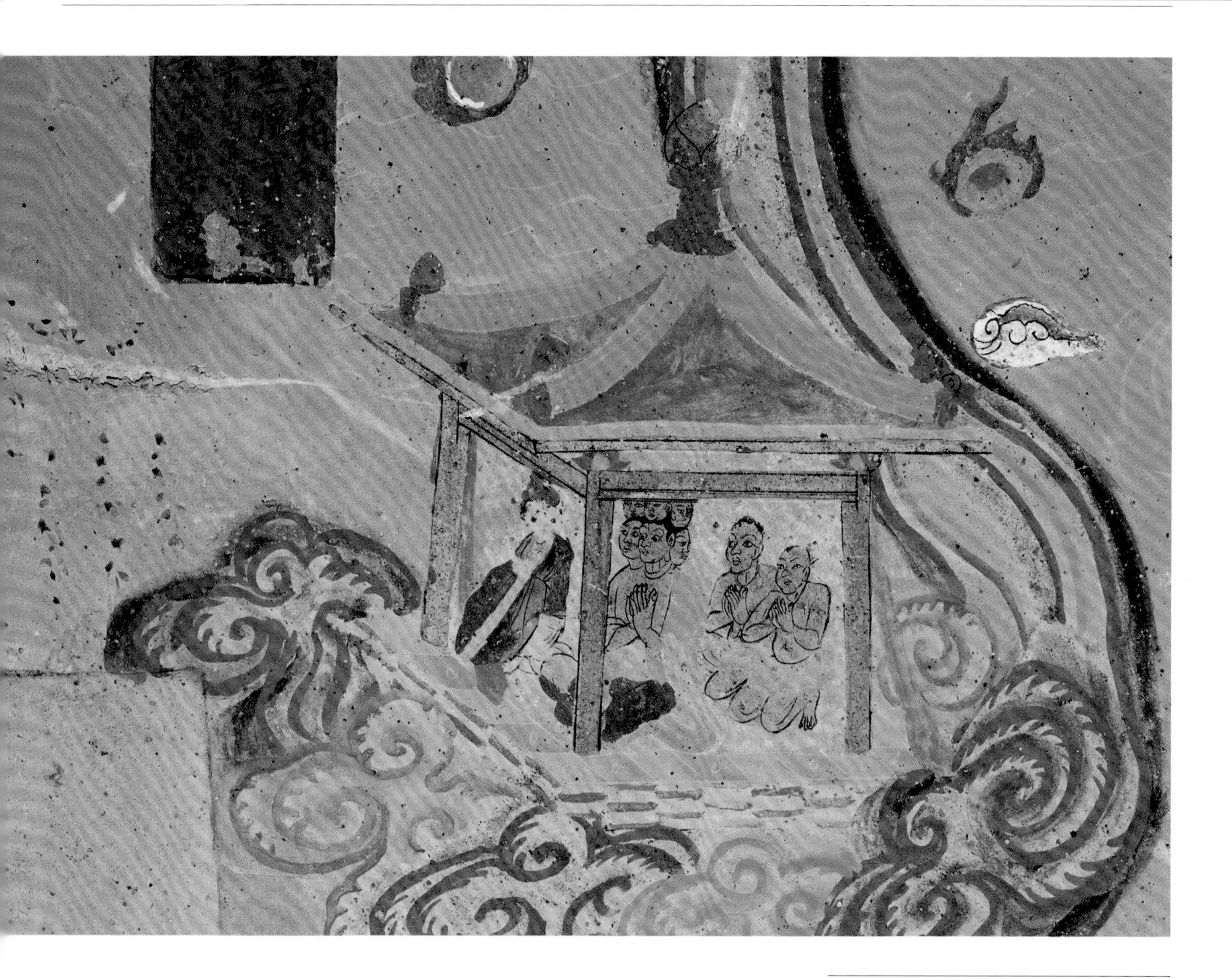

9 羅婆那王下山請佛

一朵祥雲從摩羅耶山飄至海邊，雲上一"花宮殿"，內坐羅婆那王、二夜叉及一天女（也許是羅婆那王后），他們下山請佛。羅婆那王長十個頭，故亦稱十首羅婆那王、十首夜叉王，但畫面只繪出六首。

晚唐 楞伽經 · 羅婆那王勸請品 莫85 窟頂東坡

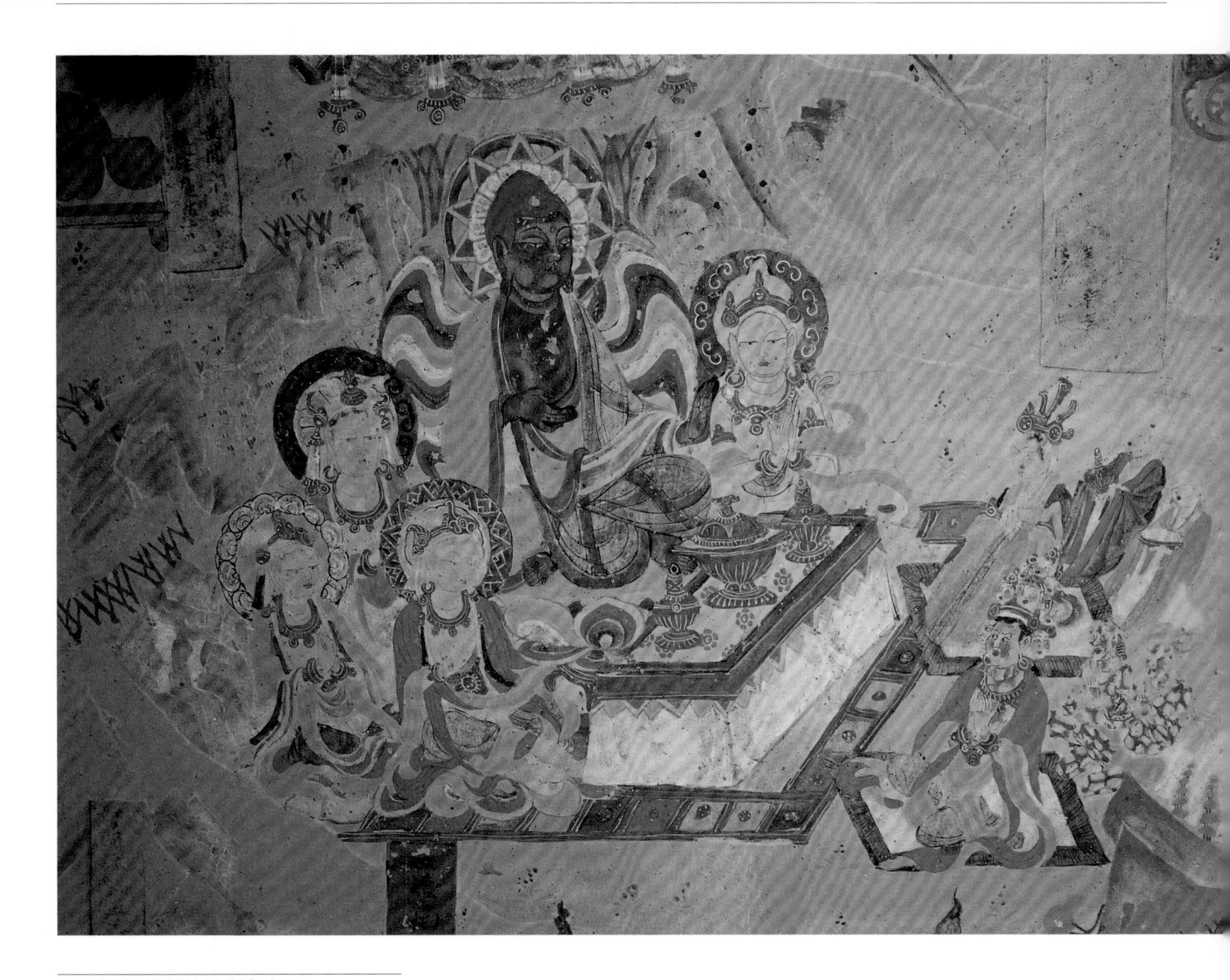

10 **釋迦佛接見羅婆那王**

羅婆那王跪請釋迦。釋迦佛結跏趺坐，舉手說法，以示接見。佛左右有二比丘、四菩薩侍從。佛身後為山樹叢花。

晚唐 楞伽經 · 羅婆那王勸請品 莫85 窟頂東坡

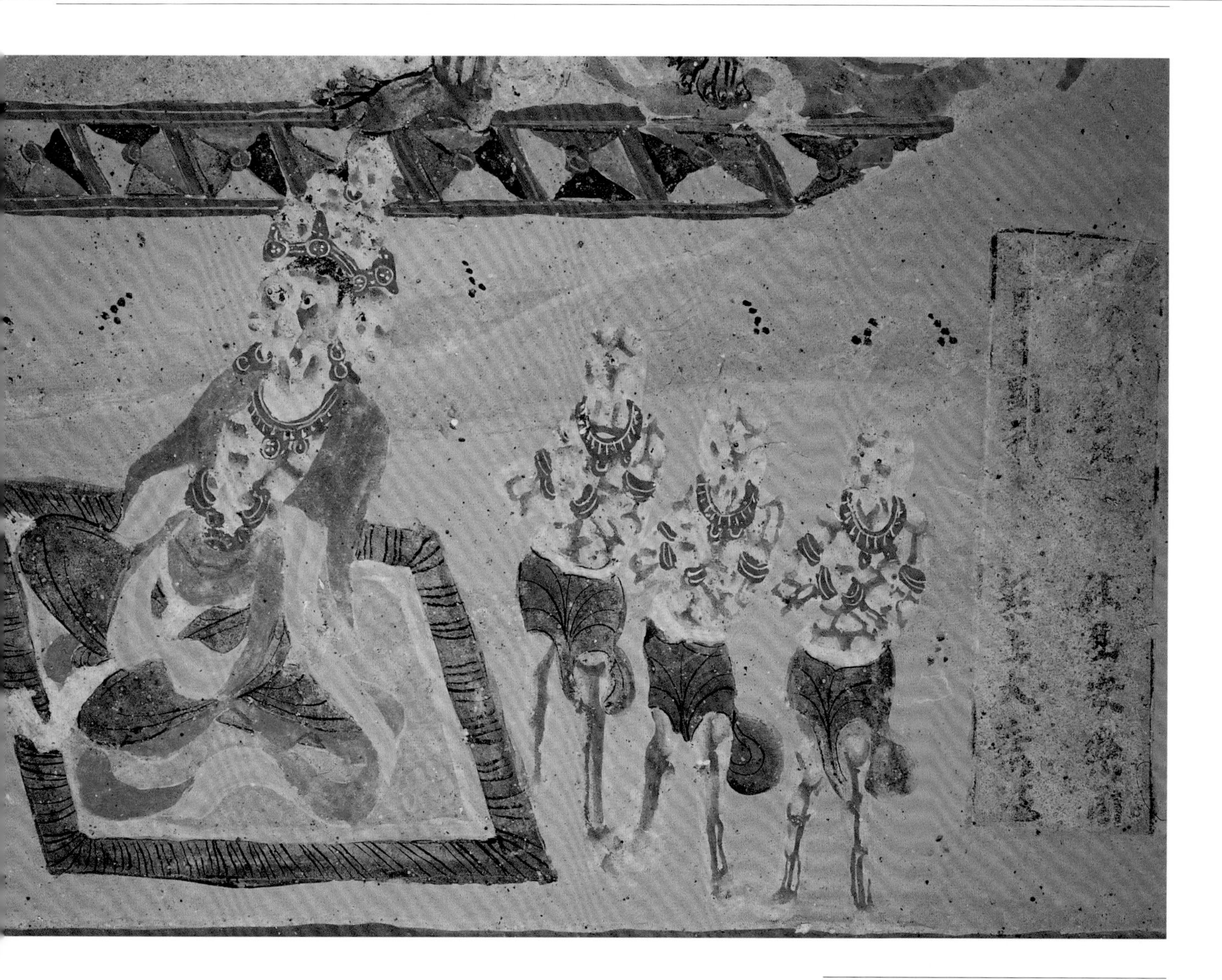

11 **羅婆那王與夜叉**

羅婆那王長跪在花毯上，合十聽法。身後三夜叉侍立，僅穿短褲，上身裸，肌肉暴突。夜叉是梵文的音譯，意譯為勇健，屬於佛教八部護法神之一。敦煌壁畫中的夜叉，一般都是這樣的鬼怪形象。

晚唐 楞枷經 · 羅婆那王勸請品 莫85 窟頂東坡

12 **上山說法** 見下頁 ▶

一朵祥雲從海邊冉冉升空，雲中有一"花宮殿"。釋迦佛及羅婆那王等坐其中，共上摩羅耶山。它與下山請佛圖相對應，一上一下，增強了畫面的變化。

晚唐 楞伽經 · 羅婆那王勸請品 莫85 窟頂東坡

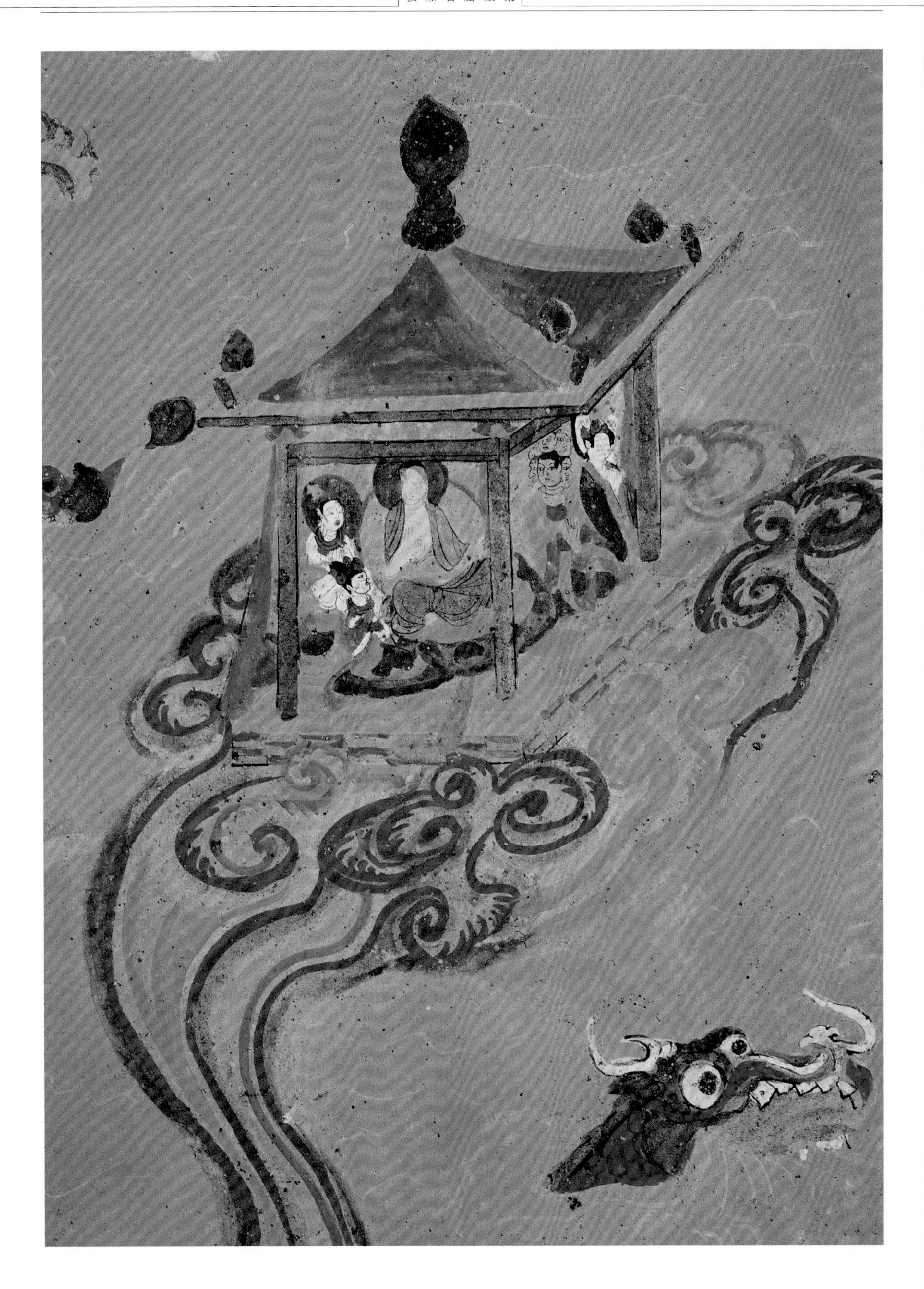

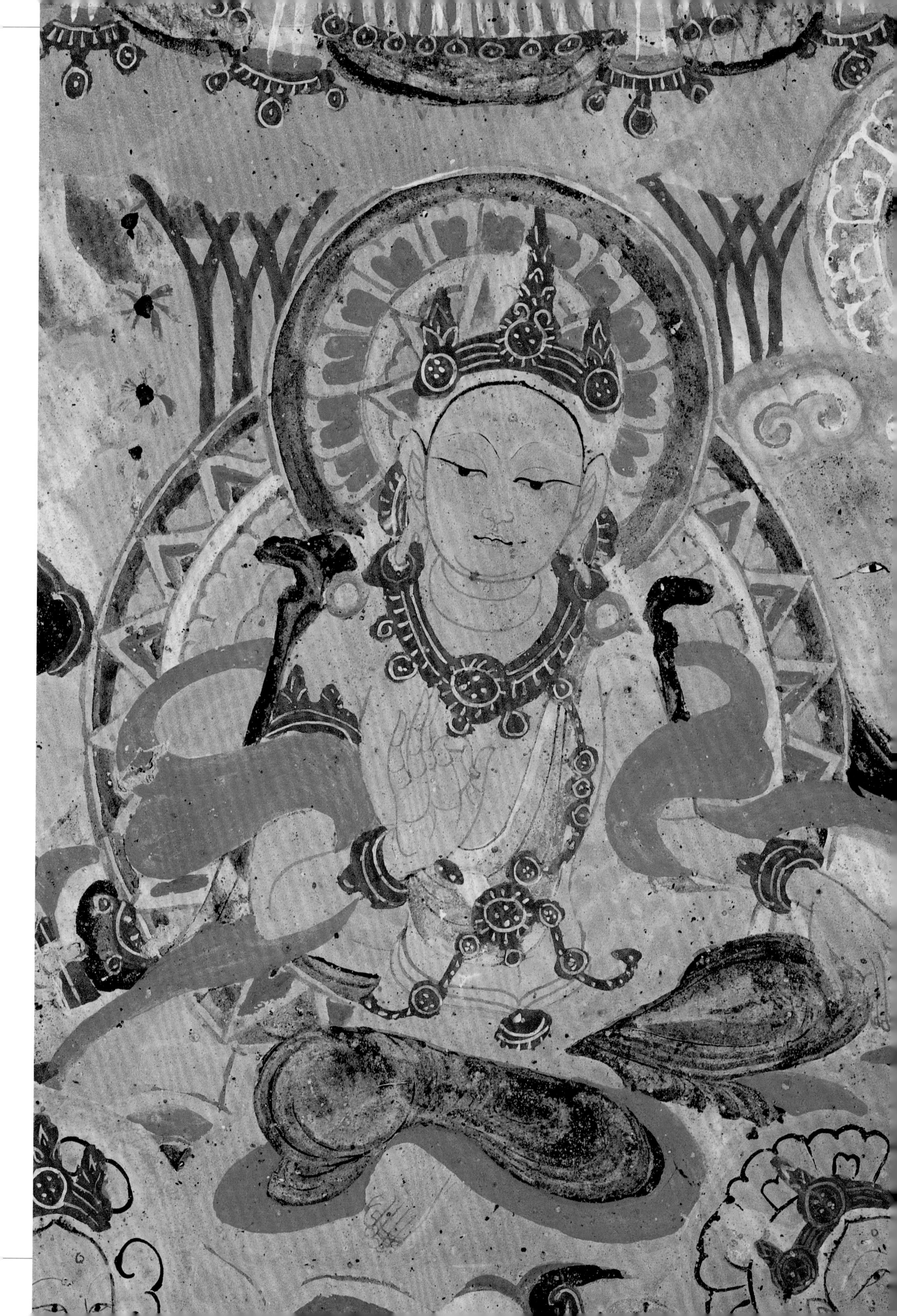

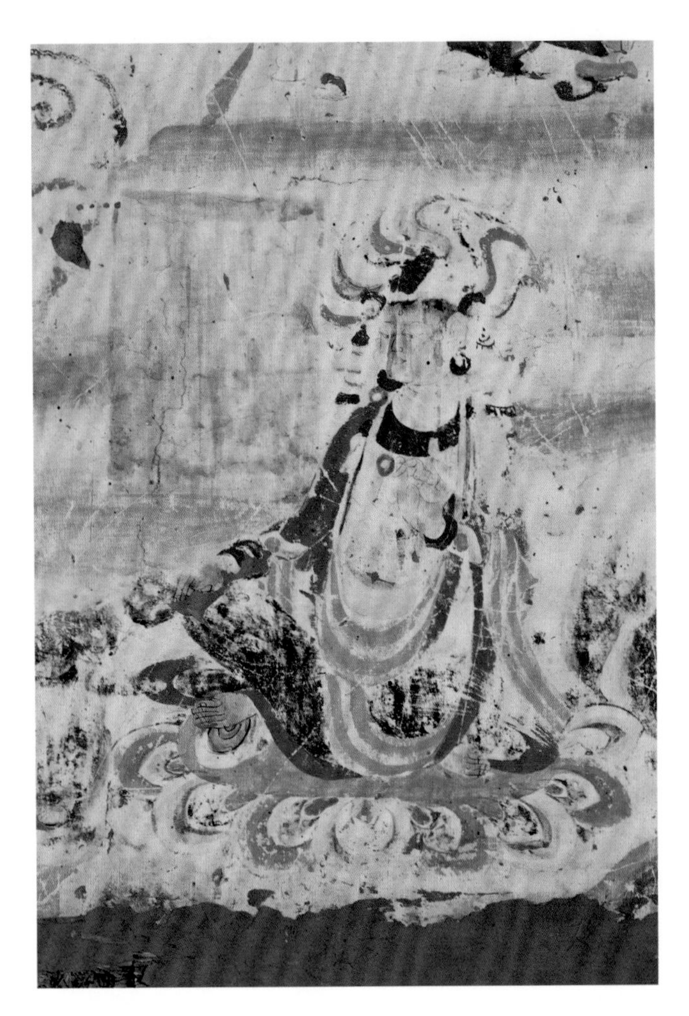

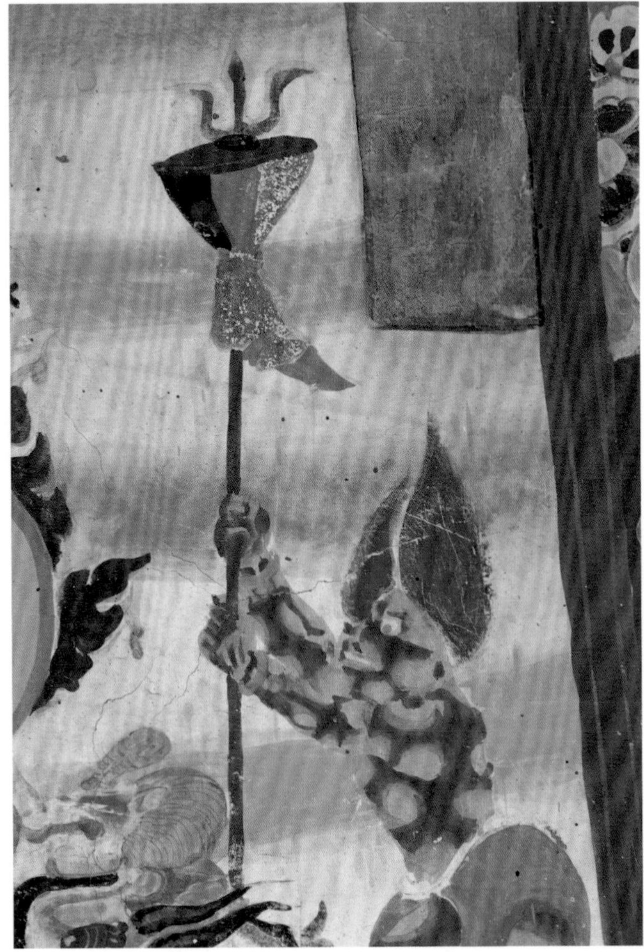

14 **聽法菩薩**

聽法菩薩有火燄的頭光。面龐圓潤，神態慈祥，向右側身，坐在蓮花座上，聆聽佛法。

晚唐 楞伽經 · 羅婆那王勸請品 莫9 西壁

15 **執戟夜叉**

夜叉位於楞伽法會的右側，是護法神之一。經云：夜叉"揚聲大叫，甚可怖懼，力能動地"。該夜叉狗頭，豎髮，肌肉暴突，雙手高舉三股戟，孔武有力。

晚唐 楞伽經 · 羅婆那王勸請品 莫9 西壁

13 **大脅侍菩薩** ◀ 見上頁

位於主尊佛的右側，面目慈祥，靜坐聽法。

晚唐 楞伽經 · 羅婆那王勸請品 莫85 窟頂東坡

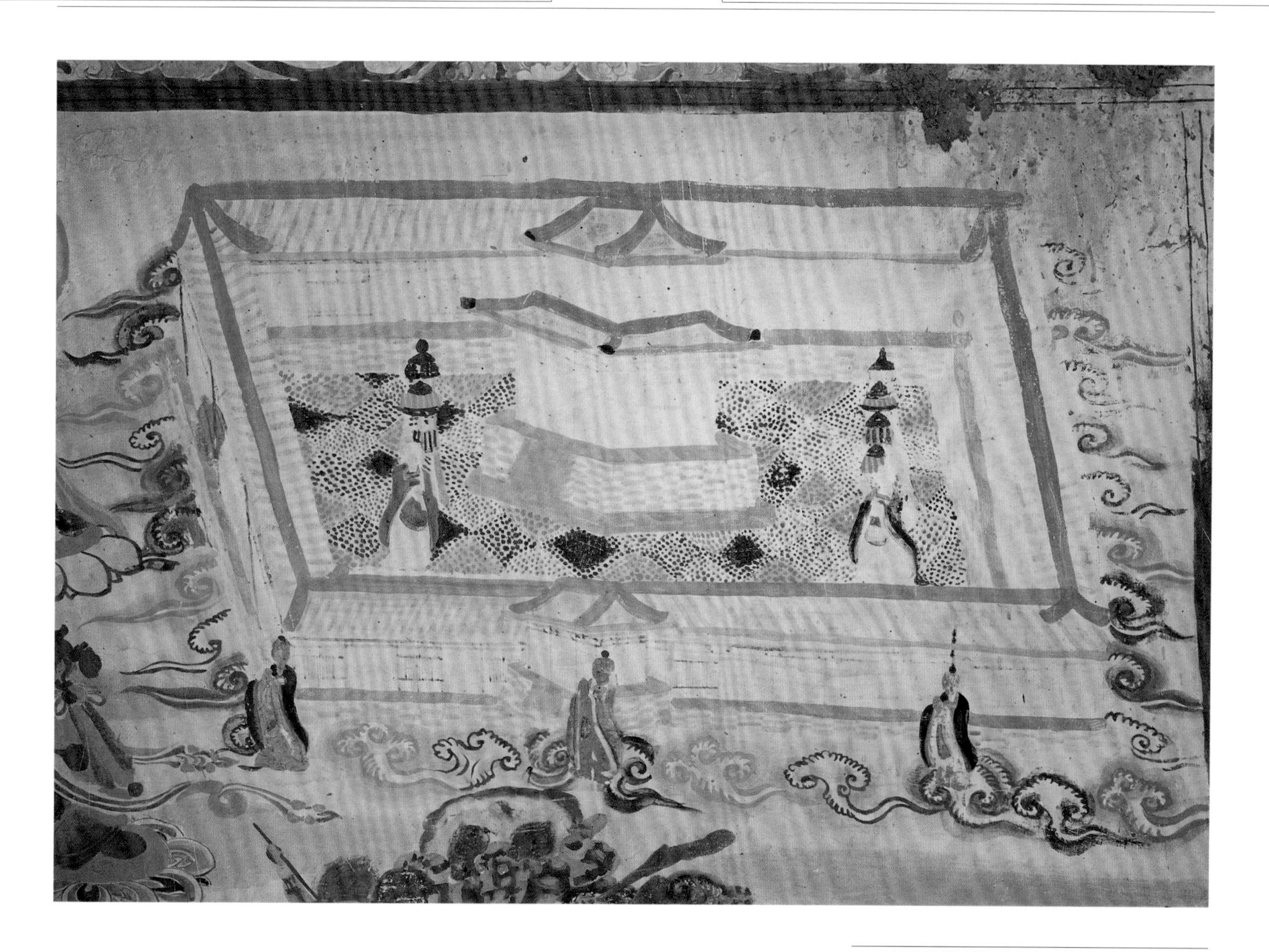

16 **佛國仙境**

楞伽城上部天際一方形庭院，以五光十彩珍寶鋪地。中央立一大塔，左右兩側置經幢。庭院外祥雲繚繞，天人翱翔，一派仙宮聖境，令人神往。佛對羅婆那王講完“甚深之法”後，“以神通力”化現“十方所有一切國土”。此即為佛所現國土之一。

晚唐 楞伽經·羅婆那王勸請品 莫9 西壁

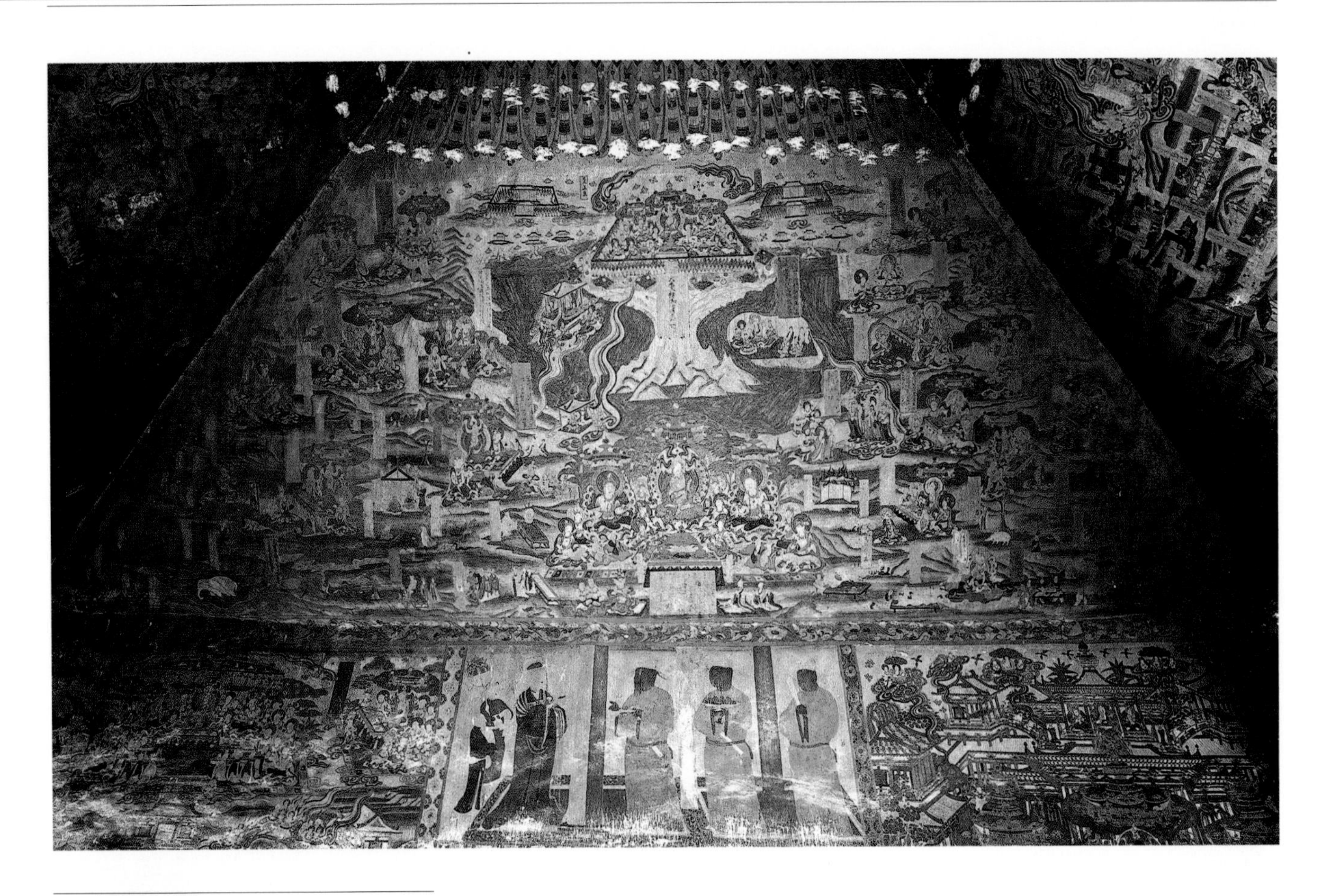

17 楞伽經變

此窟為歸義軍首任節度使張議潮功德窟，建於咸通二至六年（公元861～865年）。窟頂四坡、主室四壁及前室畫十七鋪經變，楞伽經變繪於窟頂東坡，此外還有思益經變、金剛經變、天請問經變，均屬禪宗經變。

晚唐 楞伽經 莫156 窟頂東坡

18 楞伽經變全圖

中央大海部分主要表現佛應羅婆那王之請，上摩羅耶山楞伽城說法。左右兩側的21鋪小說法圖，是佛以神通力化現的十方佛土，內容或為大慧菩薩與釋迦佛問答，或為羅婆那王供養釋迦佛。下部為"廣喻幽旨"與禁斷食肉諸故事。構圖佈局滿而不亂。此圖繪於公元947～951年間。

五代 楞伽經 莫61 南壁

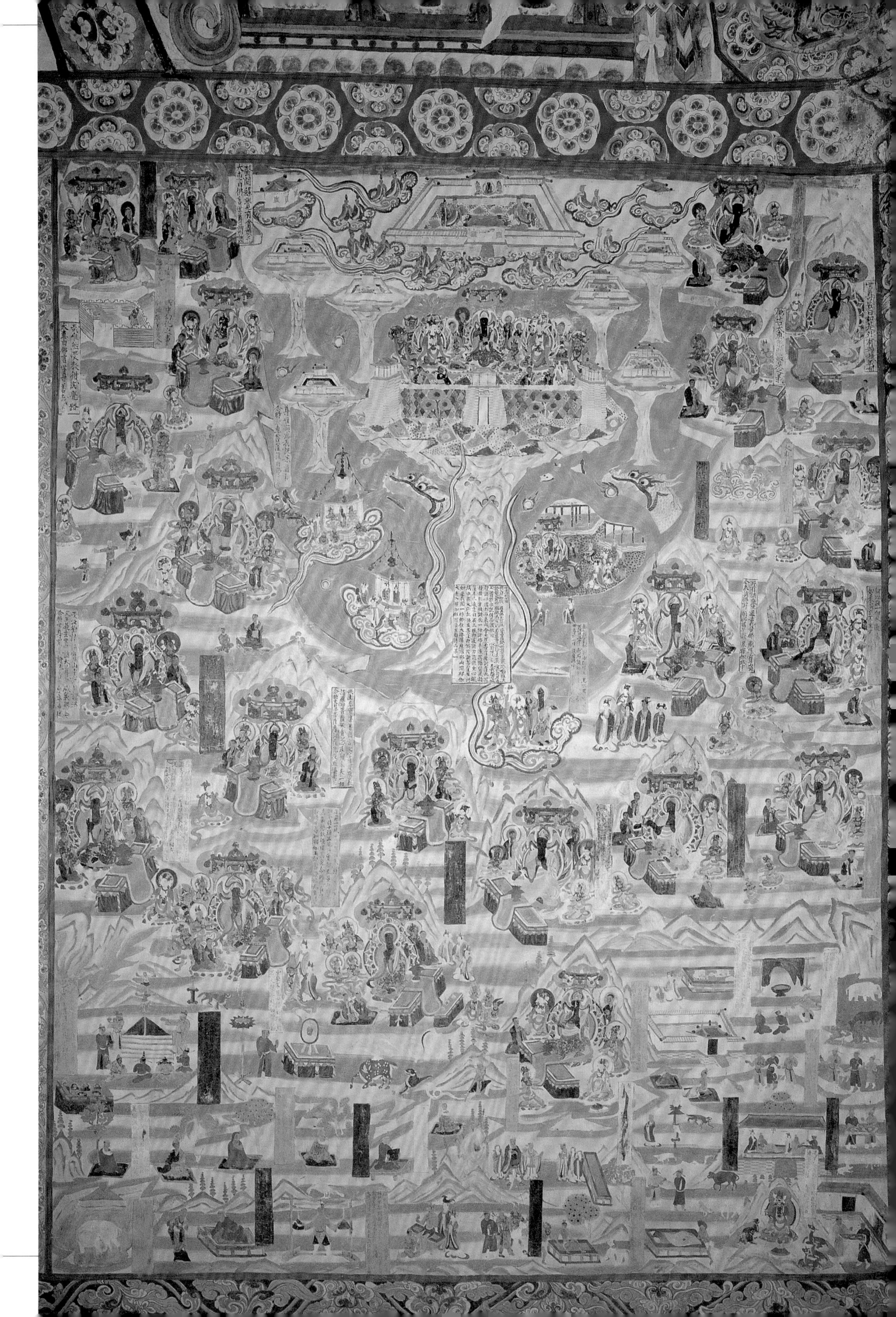

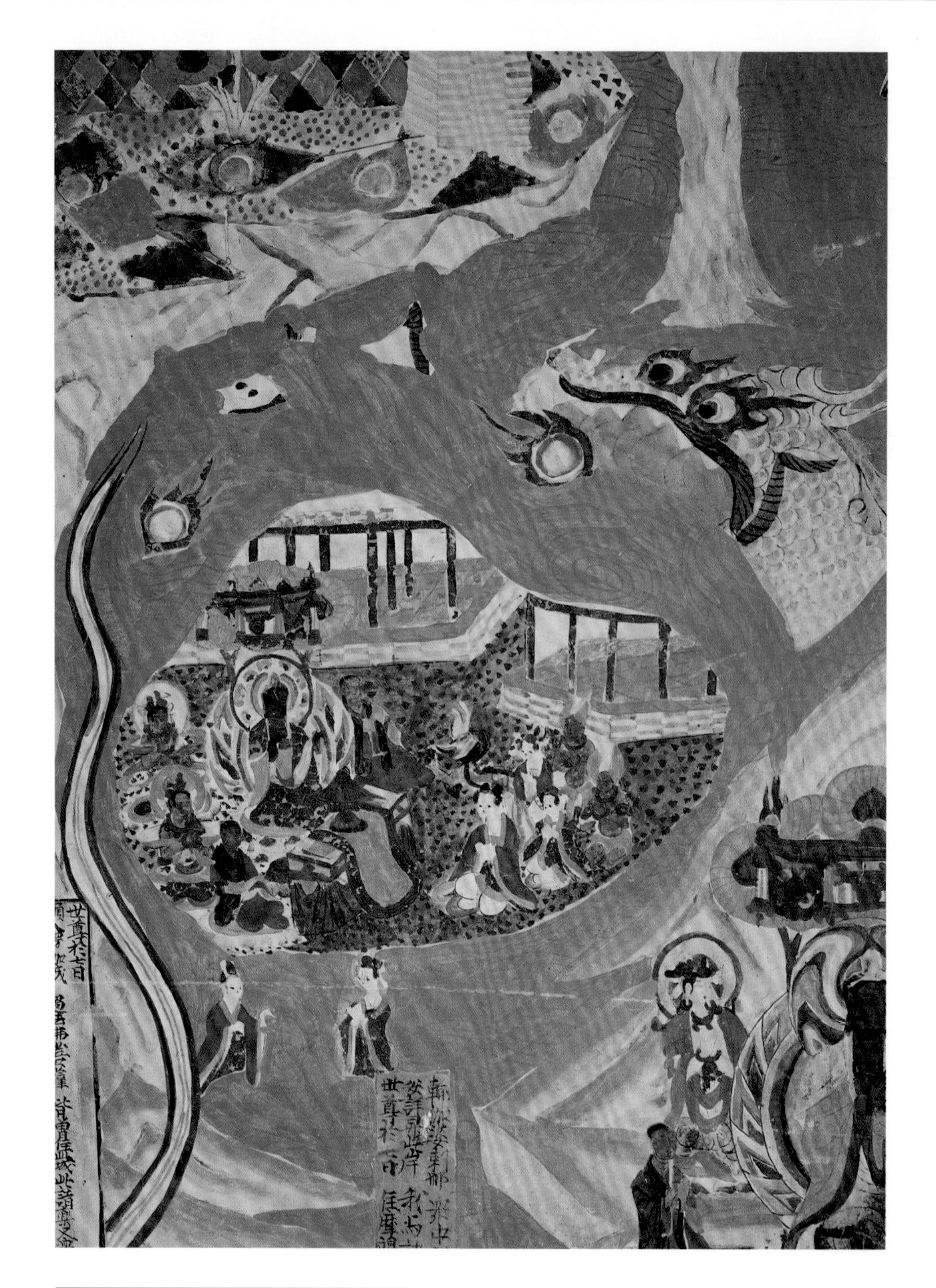

19 龍宮説法

釋迦佛在龍宮為海龍王說法，龍宮四周畫龍頭與龍女，畫面甚生動。下部墨書榜題：“世尊於七日，住摩竭海中。然後出龍宮，安詳昇此岸。”

五代 楞伽經 · 羅婆那王勸請品 莫61 南壁

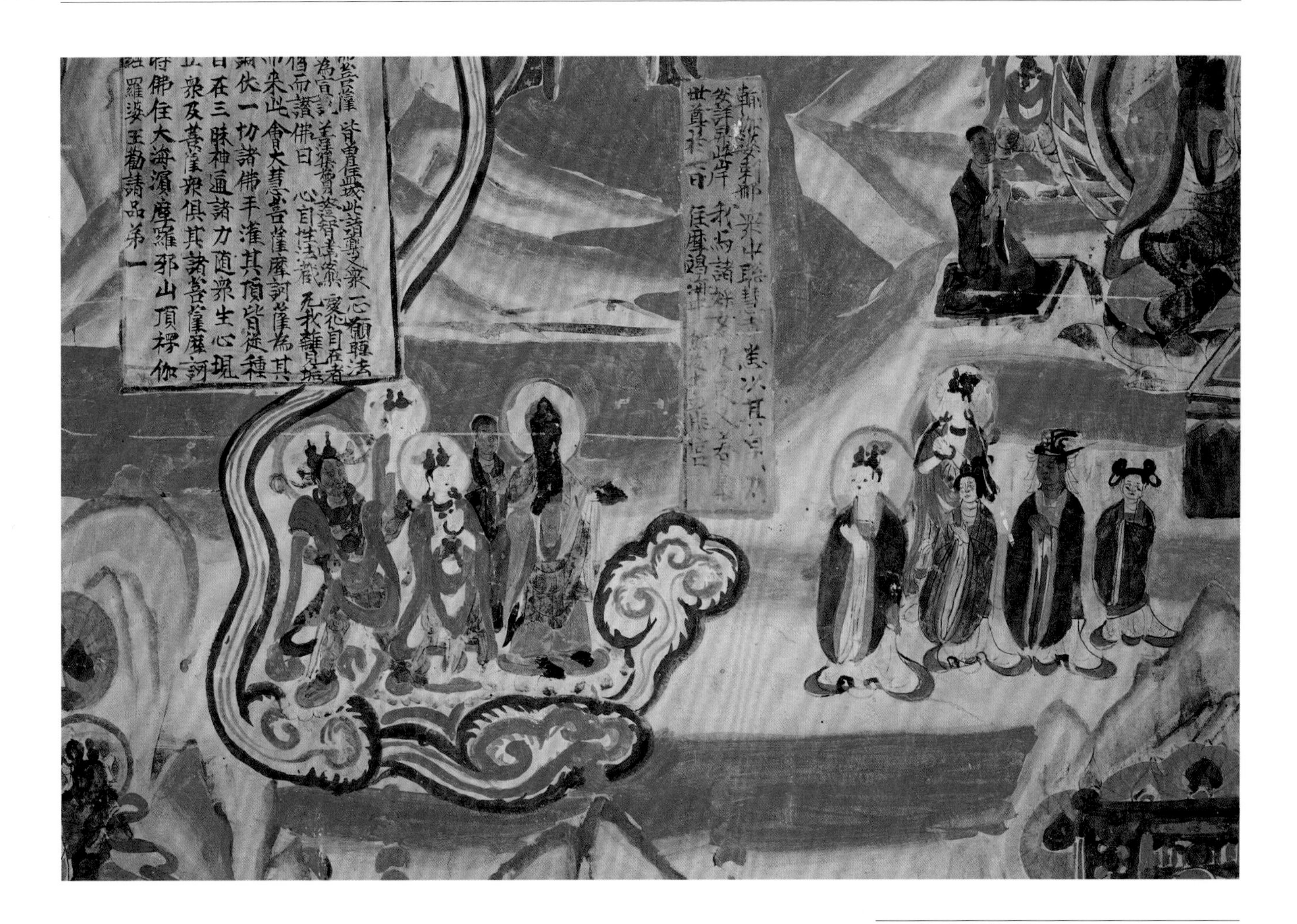

20 奉迎釋伽佛

左側站立雲端者為釋迦佛及弟子、菩薩、天王等。右側岸邊迎接者，根據榜題可知為羅婆那王及諸婇女。晚唐第85窟表現的是釋迦出龍宮，釋梵護世天龍來迎接；此圖則除表現羅婆那王迎接釋迦外，還兼請釋迦上山。

五代 楞伽經 · 羅婆那王勸請品 莫61 南壁

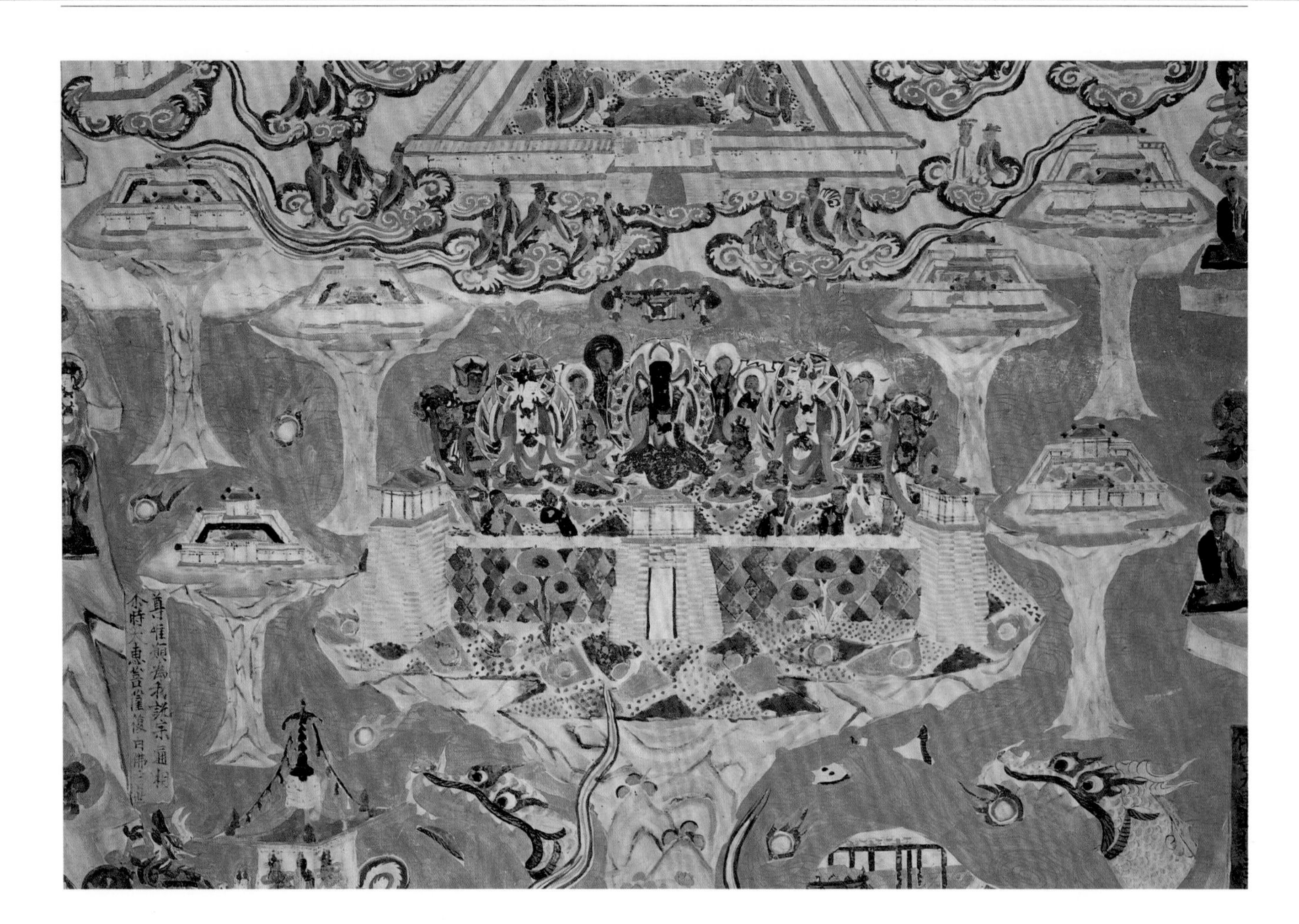

21 楞伽城說法

釋迦佛在摩羅耶山楞伽城說法。左右兩側的六座小山是佛以神通力化現的無量寶山，悉以妙寶嚴飾，並有佛現身說法。

五代 楞伽經·羅婆那王勸請品 莫61 南壁

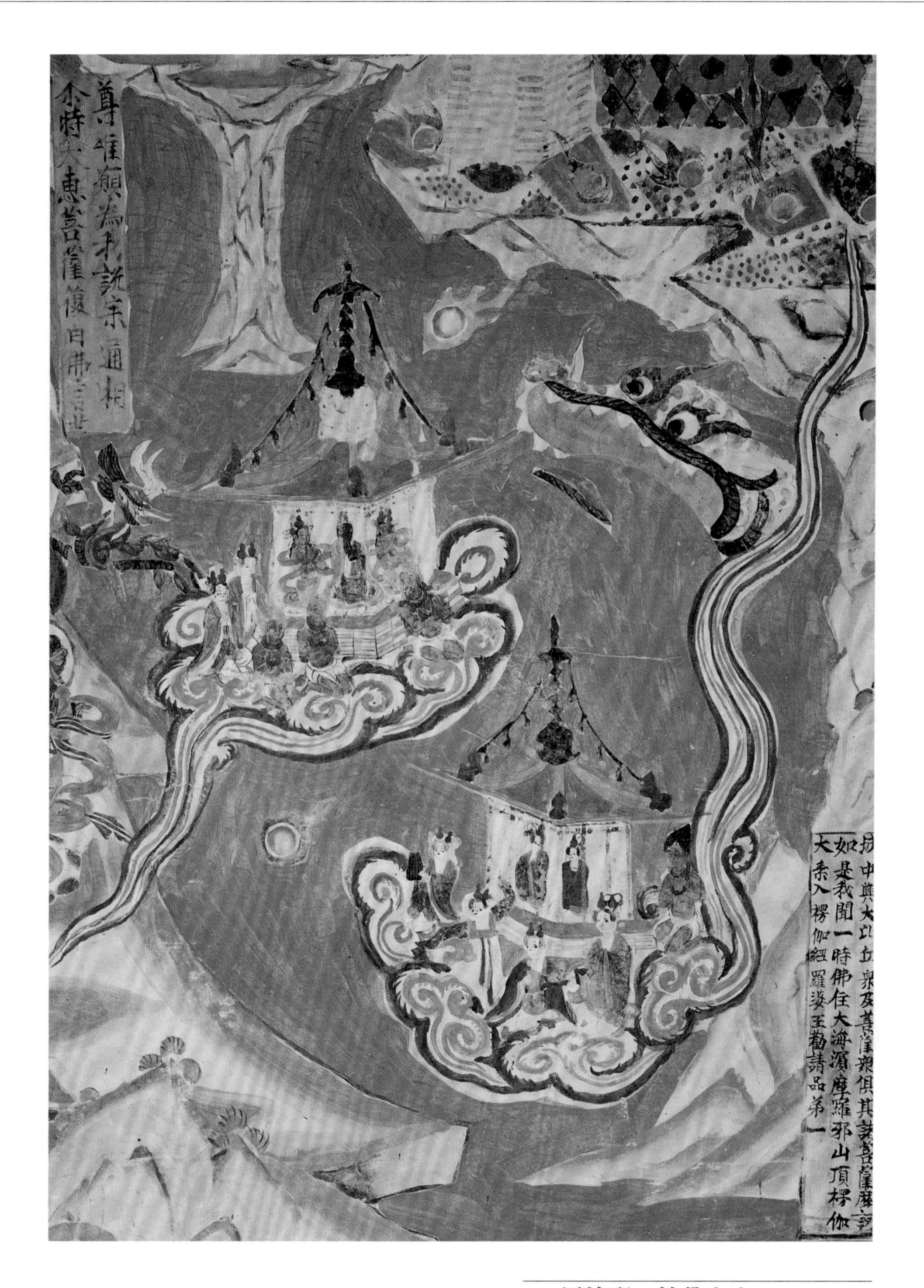

22 羅婆那王請佛上山

此圖將羅婆那王請佛上山與釋迦佛上山說法的兩個場面緊緊相接，使畫面更緊湊、情節更明瞭。

五代 楞伽經 · 羅婆那王勸請品 莫61 南壁

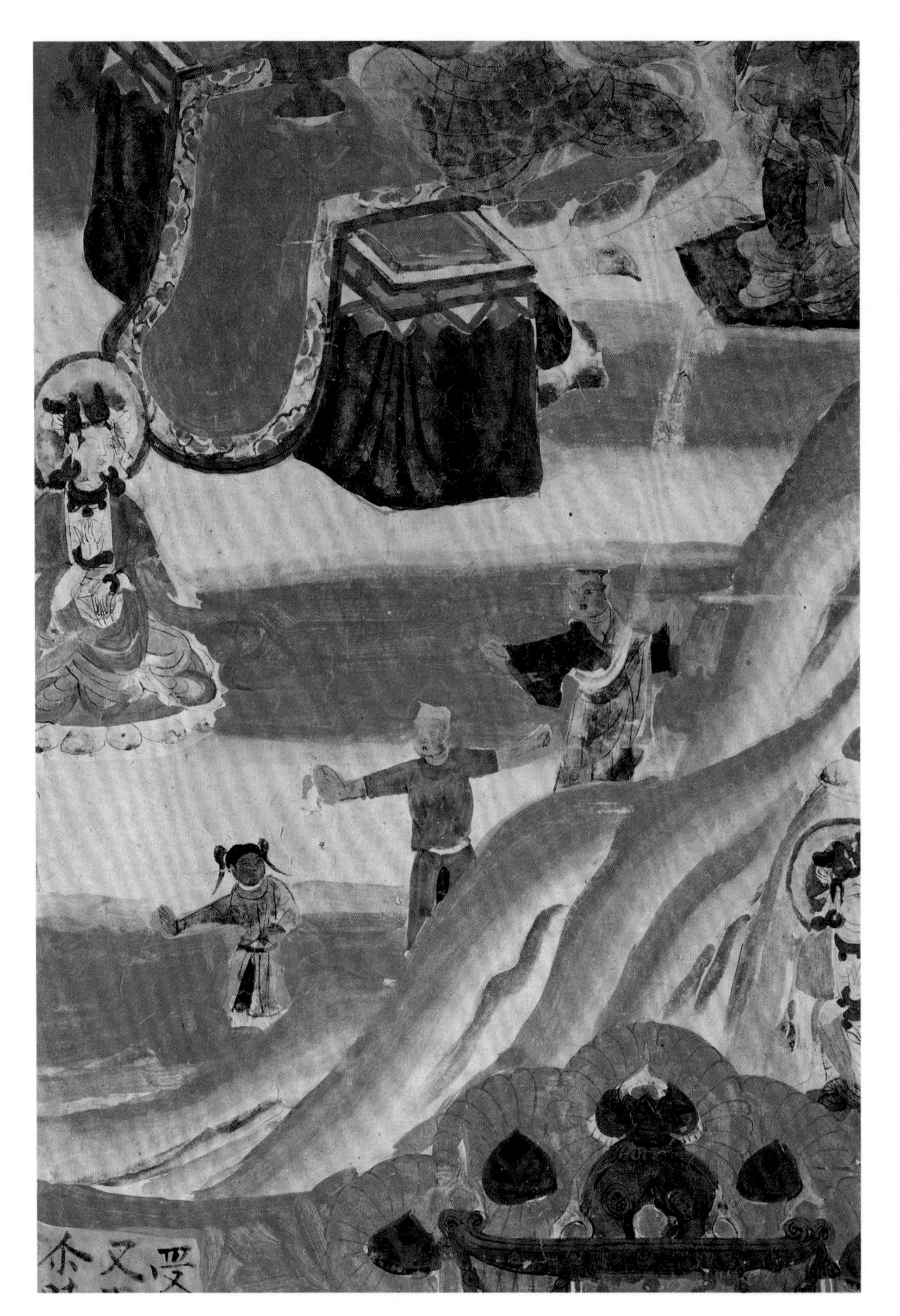

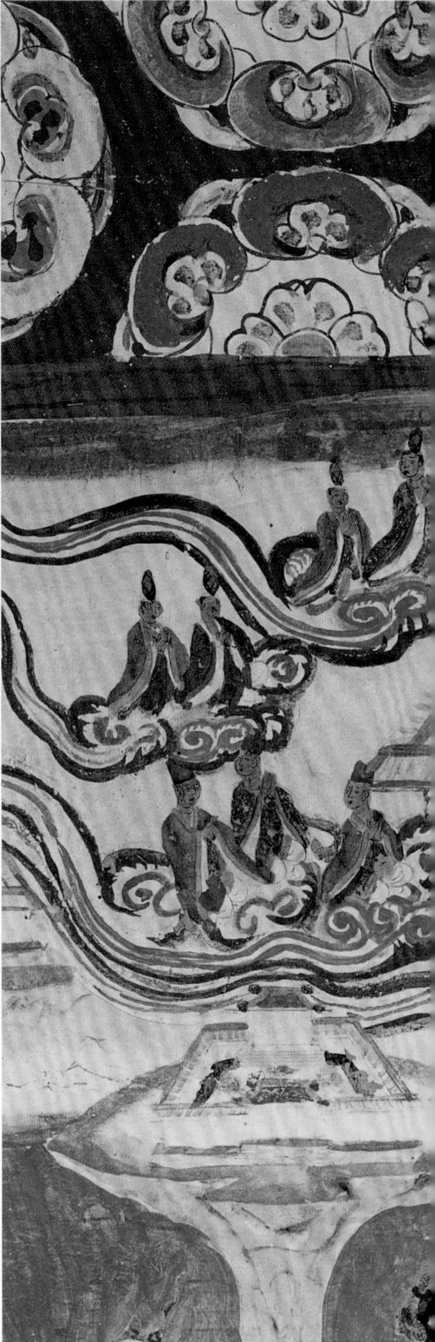

23 **導師上山**

經云：過去世中，諸大導師受羅婆那王勸請，"詣寶山中，說自證法"。畫師據此，畫三人登山，以示諸大導師。有趣的是，最後一人是個小孩。

五代 楞伽經·羅婆那王勸請品 莫61 南壁

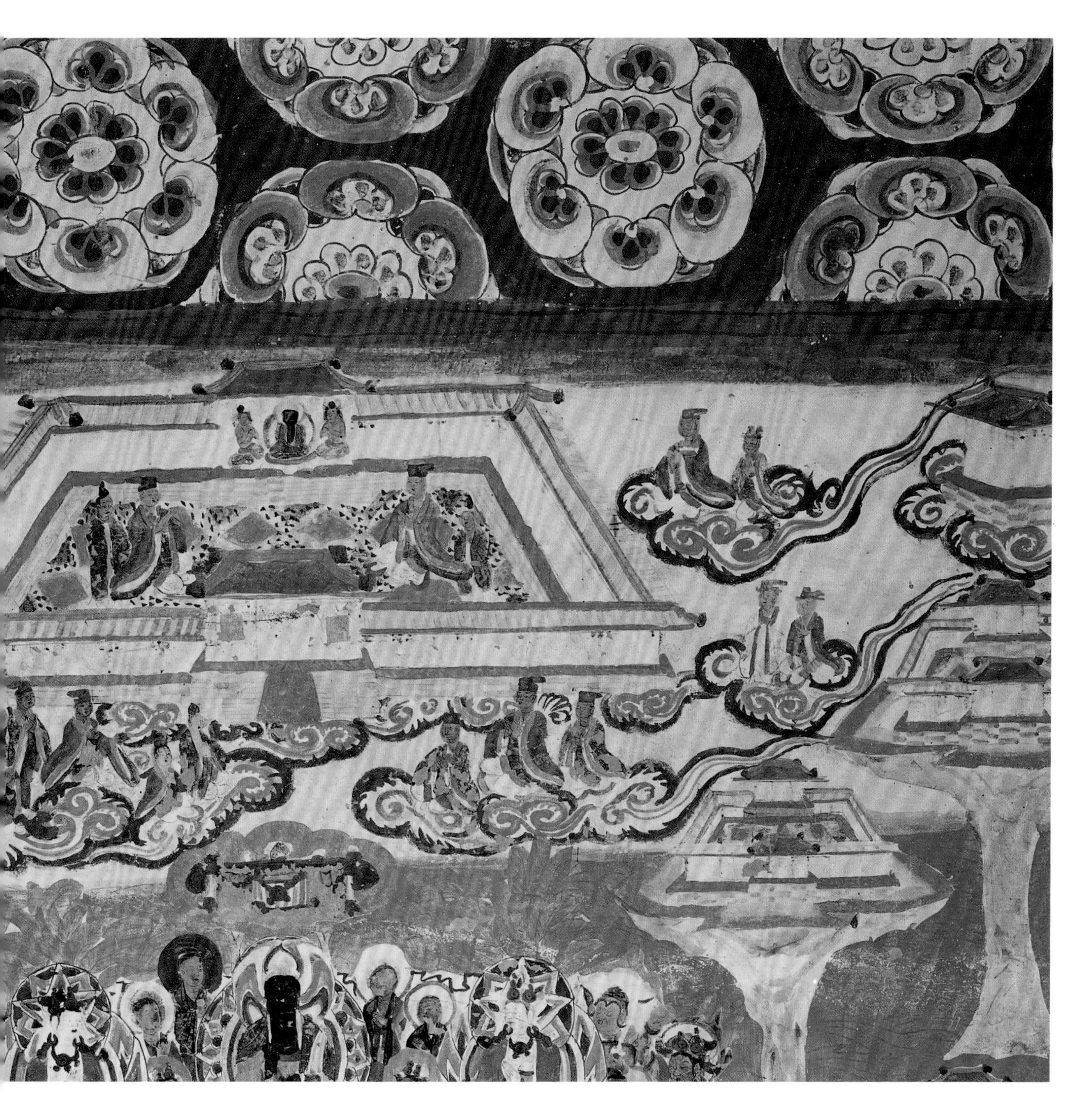

24 **十方佛國**

方形庭院的正面殿堂中一佛說法，二菩薩侍從；庭院中有天人禮佛。庭院外七組天人乘祥雲繚繞於天際，滿壁風動。此圖表現的是釋迦以神通力化現的十方佛國。

五代 楞伽經．羅婆那王勸請品 莫61 南壁

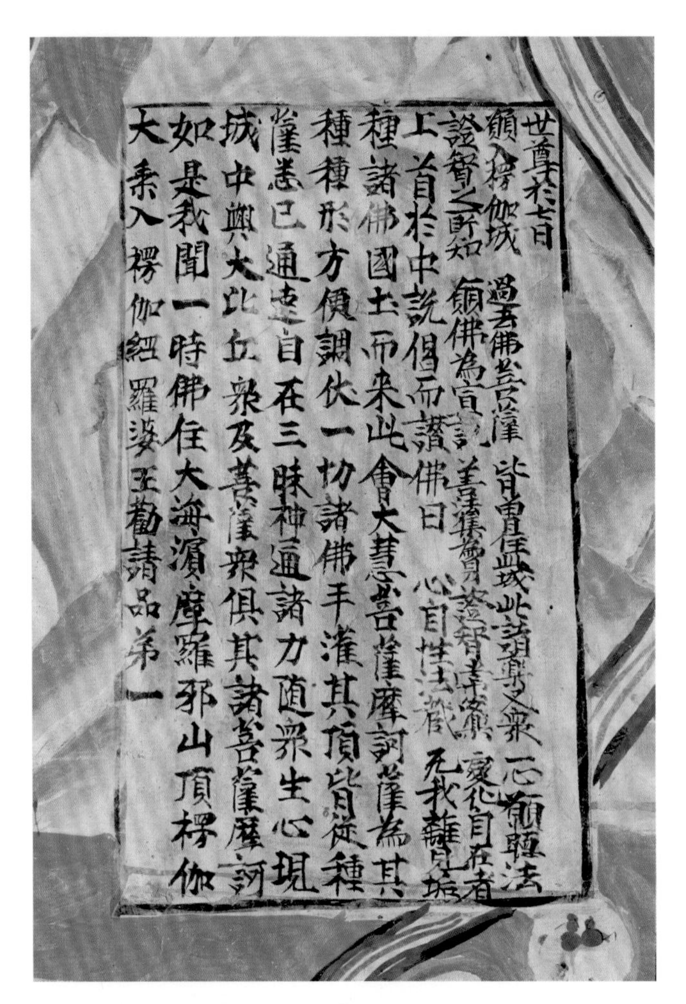

25 楞伽經變榜題

此榜題摘抄自實叉難陀譯《大乘入楞伽經》卷一《羅婆那王勸請品》，說明該壁畫是依據《大乘入楞伽經》繪製的。書法為當時敦煌地區流行的寫經體，至今清晰，十分珍貴。

五代 楞伽經．羅婆那王勸請品 莫61 南壁

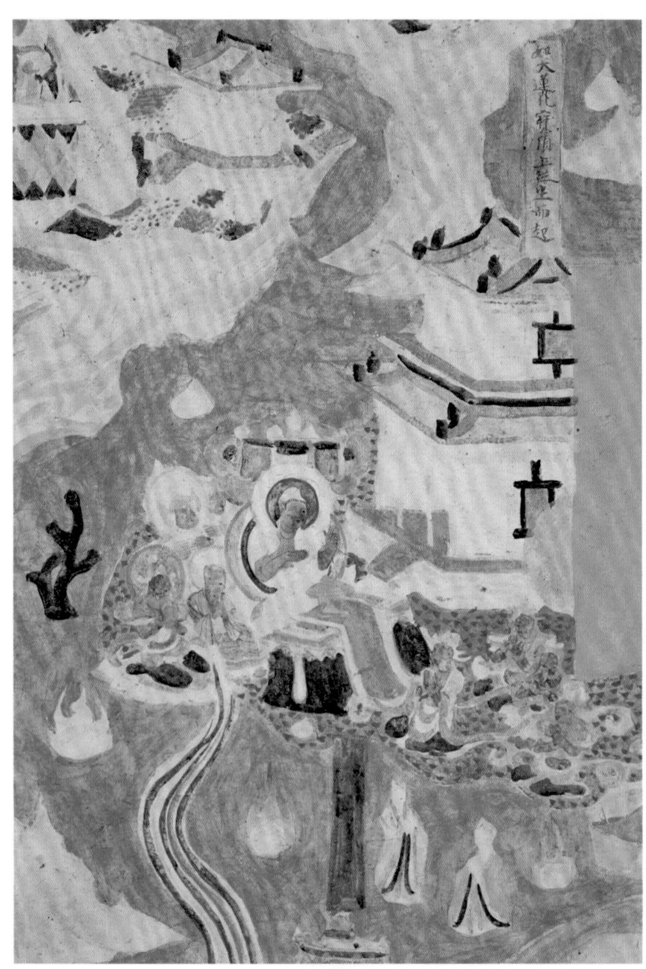

26 龍宮說法

此圖繪於公元962年前後，是宋代楞伽經變畫的典型作品。龍宮為一重層樓閣，高出海面。佛坐樓閣旁，為龍王及其眷屬說法。

宋 楞伽經．羅婆那王勸請品 莫55 窟頂東坡

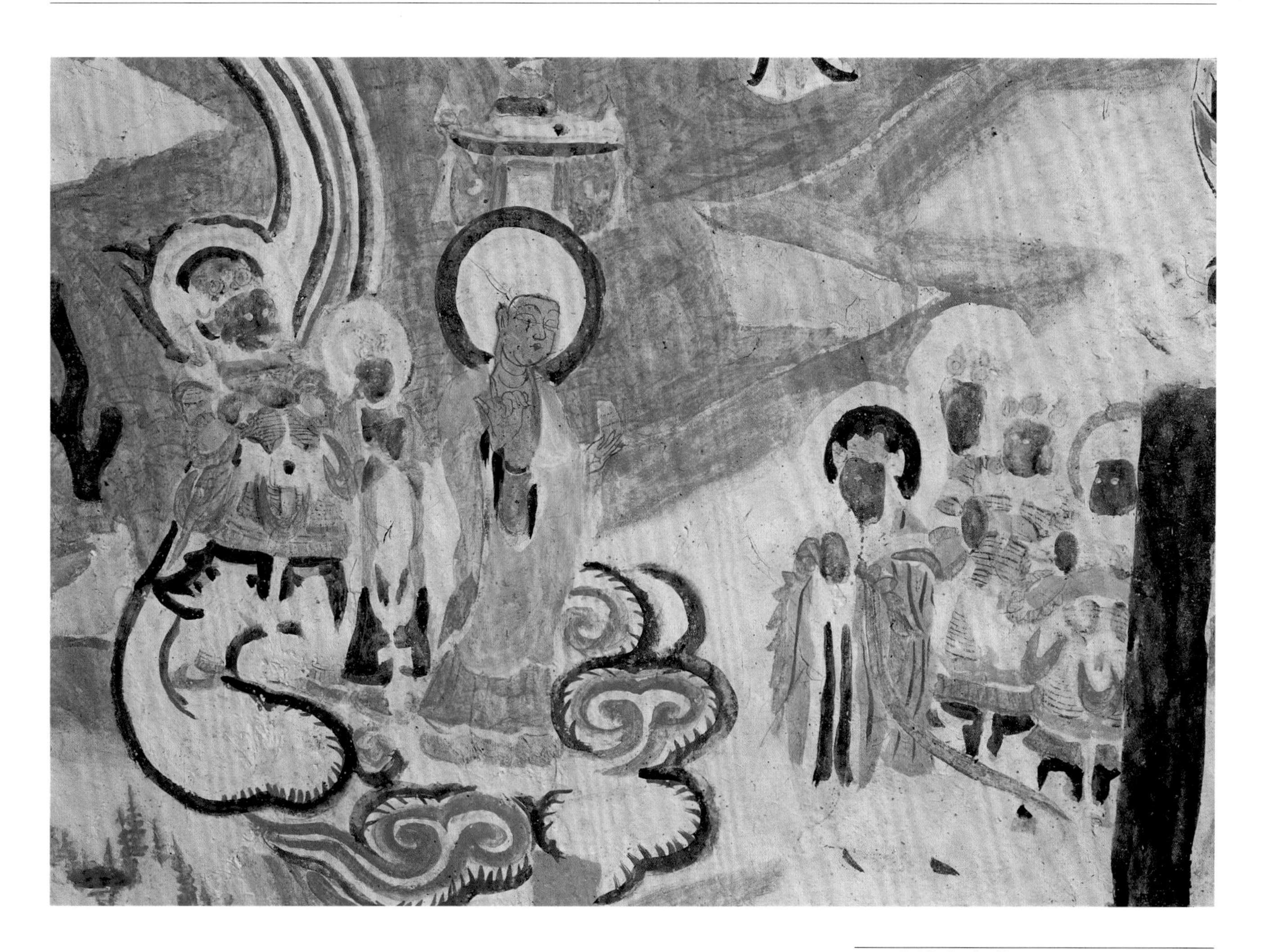

27 奉迎釋迦佛

此圖為釋梵護世諸天奉迎釋迦佛的場面。左側釋迦佛及一菩薩一天王站立雲端，右側海邊迎接者為帝釋天及二天王。

宋 楞伽經．羅婆那王勸請品 莫55 窟頂東坡

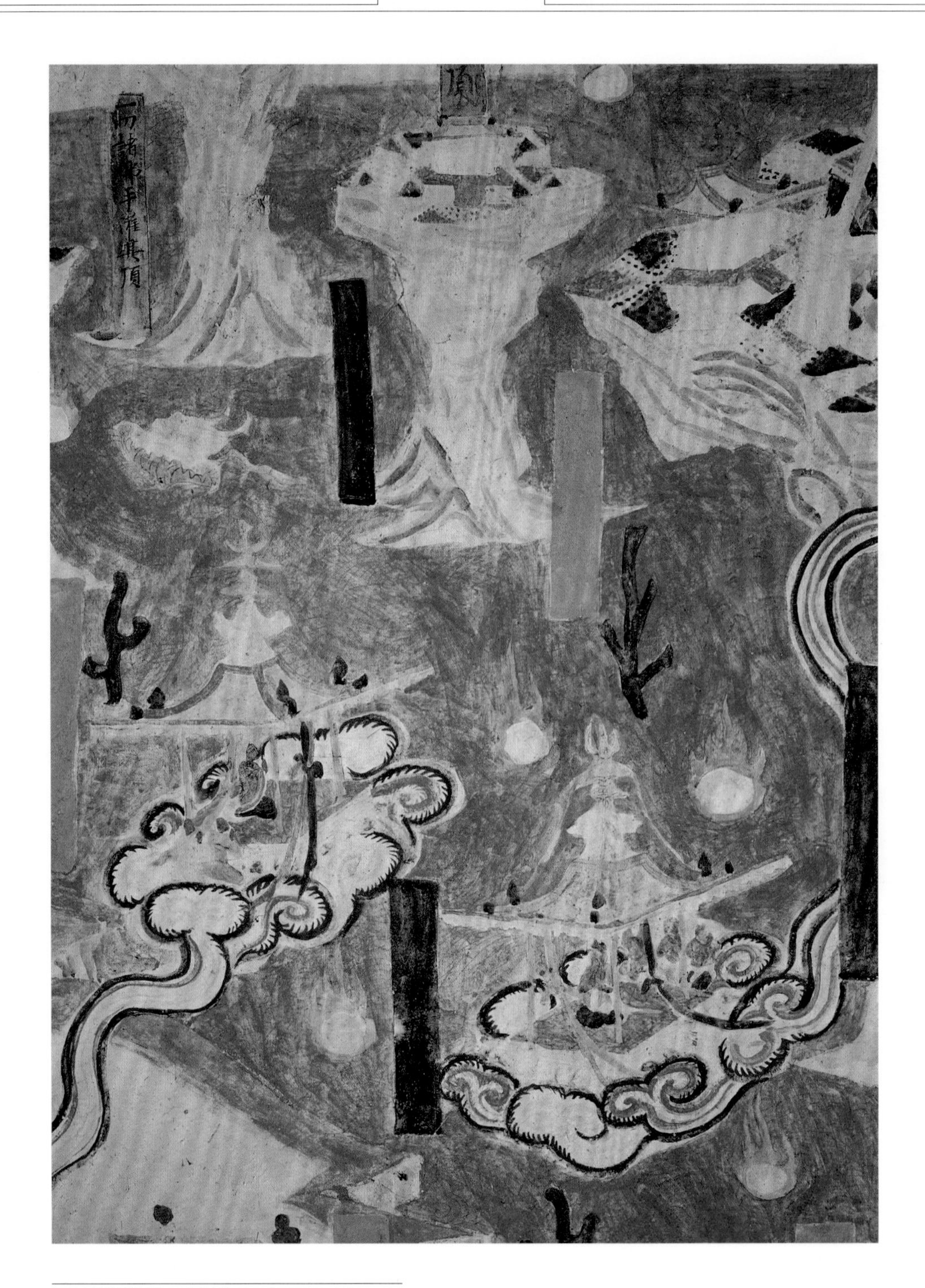

28 羅婆那王請佛上山

右下側為羅婆那王下山請佛，左上側為佛上楞伽城說法。構圖與五代61窟的畫面相似，但是繪畫技藝較前者遜色。

宋 楞伽經·羅婆那王勸請品 莫55 窟頂東坡

第二節 深含寓意與趣味濃郁的比喻畫

楞伽經義趣幽妙，文字奧古，歷來以難懂著稱。釋迦佛回答大慧菩薩所提問題時，“廣喻幽旨，洞明深義”，即用了許多形象的比喻，來解釋艱澀的楞伽奧義。敦煌楞伽經變的畫師們結合楞伽經的這一特點，依據《大乘入楞伽經》卷二、卷三《集一切法品》、卷六、卷七《偈頌品》，創作出大量的比喻畫。據不完全統計，比喻畫約有十三種，即照鏡喻、陶師喻、幻師喻、象馬喻、乾城喻、燈火喻、鳥遊虛空喻、良醫喻、母嬰喻、猿猴喻、繩蛇喻、淨衣喻和象陷深泥喻。這些比喻畫穿插在說法圖之間，不僅從多方面圖解楞伽奧義，豐富經變的內容，而且增強了畫面的感染力。

照鏡喻：頓悟

中國佛教在如何成佛的問題上，有所謂“頓悟”與“漸悟”之爭。禪宗南宗慧能倡導“頓悟”，北宗神秀側重“漸悟”。所謂“頓悟”是指修禪者無須經過長期的苦修，只要憑藉主觀悟性，一旦感悟佛教“真理”，即可立即成佛。楞伽經即云，“譬如明鏡，頓現眾像，而無分別。”照鏡可以立即映現客觀物體，楞伽經以此比喻成佛也可以像照鏡映現般快速。畫師據此，畫一矮几，几上放一三角架，架上掛一面鏡子，鏡前立一男子照鏡，像現鏡中。不過在楞伽經變中，照鏡圖有時是用來比喻客觀物體虛有實幻的，如“鏡中影，水中月”等等，不可一概而論。

陶師喻：漸悟

所謂“漸悟”是指修禪者需要經過長期的艱苦修行，逐漸感悟佛教“真理”，最後才能成佛。楞伽經以陶師製作陶器需要經過挖土、和泥、輪繩等工序，逐步完成，比喻成佛也是“漸而非頓”。經云：“諸佛如來，淨諸眾生，自心現流，亦復如是，漸而非頓。”畫師據此，畫一陶師，裸上身，僅穿短褲，席地而坐，磨製陶罐。如果不懂楞伽幽旨，面對這幅製陶圖，就很難深刻理解其本來意義。

不過在楞伽經變中，製陶圖有時又比喻佛在不同的時間、用不同的名詞解釋如來藏，即佛性，猶如陶師採用不同的工具、不同的技巧，製造出不同的陶器。不同楞伽經變的製陶圖究竟比喻甚麼，識別的主要依據是壁畫榜題。

修行得解脫

楞伽經變中還有一部分畫面是直接圖解經文的。如畫一惡鬼，將病人往床下推，根據榜題，這是圖解楞伽經中所說的“生死如幻夢”。又如畫一僧人，席地而坐，雙手捧經誦讀，這是圖解楞伽經中所說的“是名修行者”。由於這類小畫面都與比喻畫穿插在一起，經文出處也都集中在《集一切法品》與《偈頌品》中，所以我們也將其歸入“廣喻幽旨”類。這些畫面要表現的主題是：生命充滿苦難，脱離苦海的唯一途徑只能是通過修行。

另外，由於楞伽經是以釋迦佛與大慧菩薩一問一答的形式展開的，所以楞伽經變中繪有許多小型説法圖，規整有序地配置在摩羅耶山左右。它們既表示大慧菩薩與釋迦佛之間的問答場面，也象徵着釋迦佛以神通力化現的“十方所有一切國土”。

經變中還有較多的其他比喻畫，將結合圖像進行説明，這裏不再一一介紹。

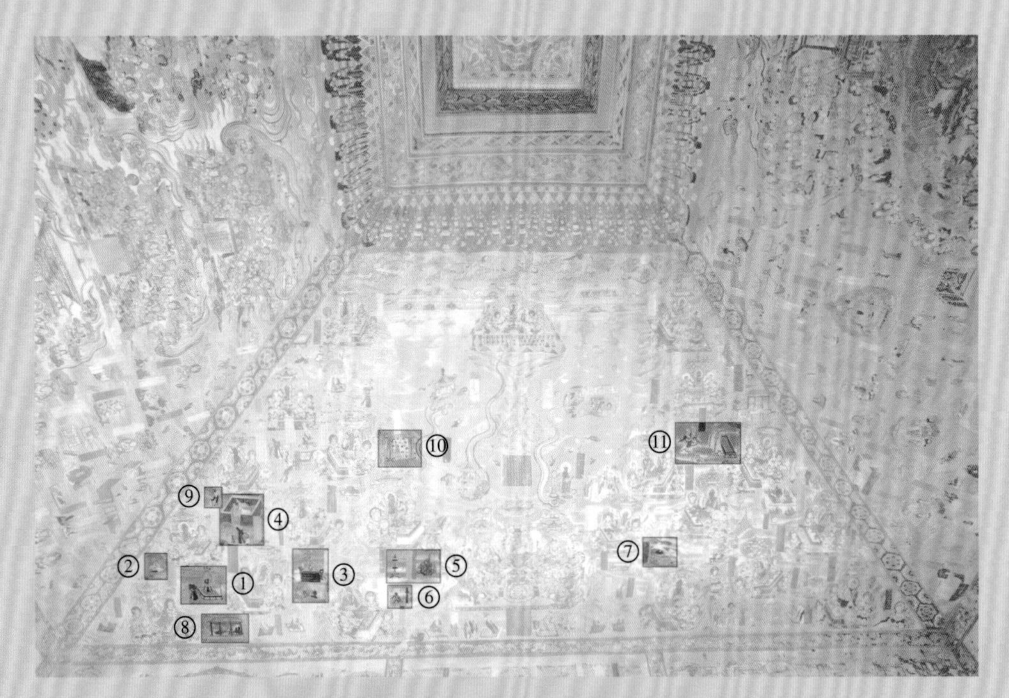

莫85窟楞伽經變比喻畫分佈示意圖

① 照鏡喻 ② 陶師喻 ③ 橦技喻 ④ 乾城喻 ⑤ 燈火喻 ⑥ 燈猴喻 ⑦ 鳥遊虛空喻 ⑧ 良醫喻 ⑨ 母嬰喻 ⑩ 淨衣喻 ⑪ 王四天下喻

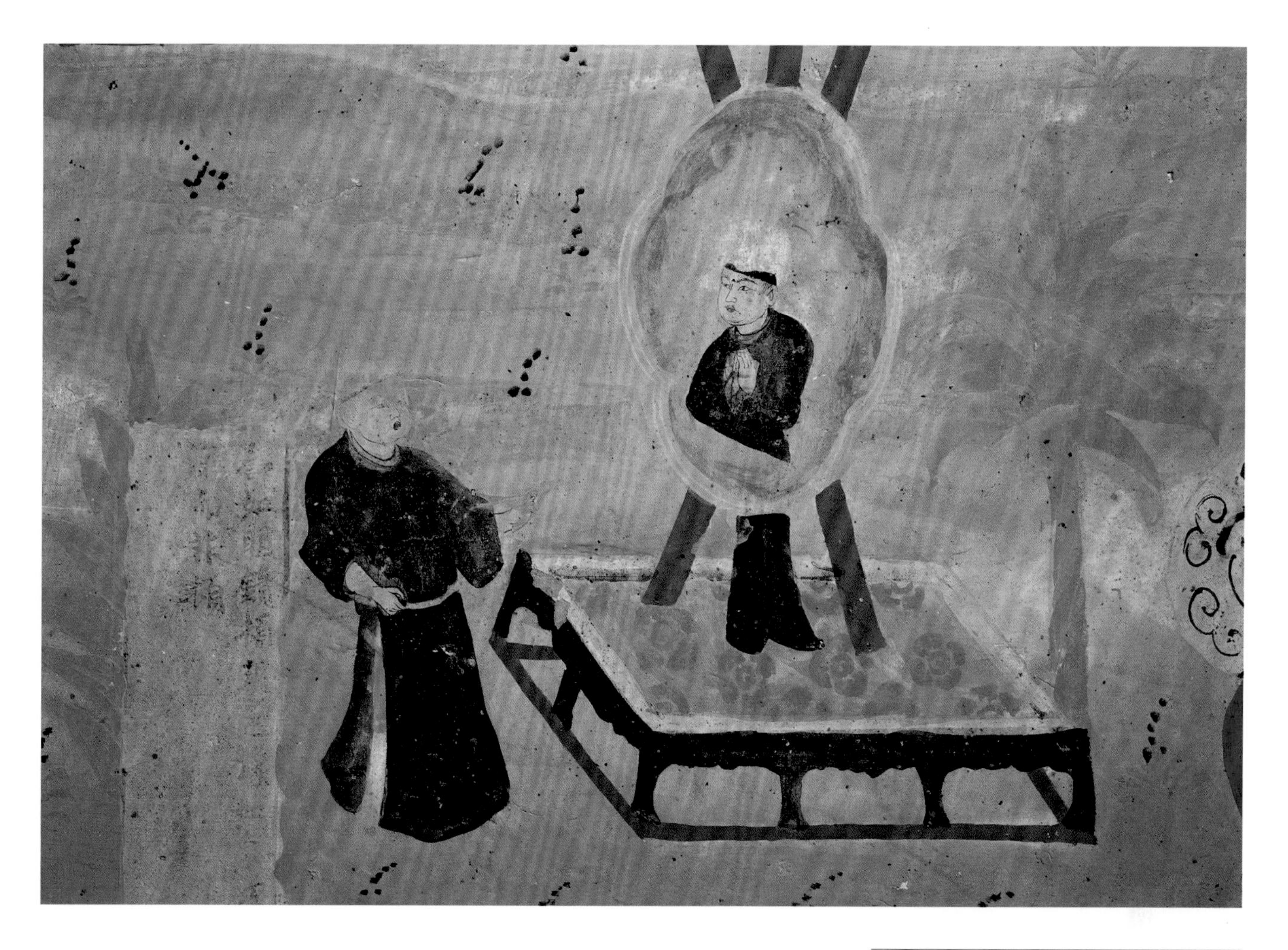

29 照鏡喻

一人照鏡子，它比喻禪僧修行，頓悟成佛。墨書榜題："譬如明鏡，頓現色像。"

晚唐 楞伽經·集一切法品 莫85 窟頂東坡

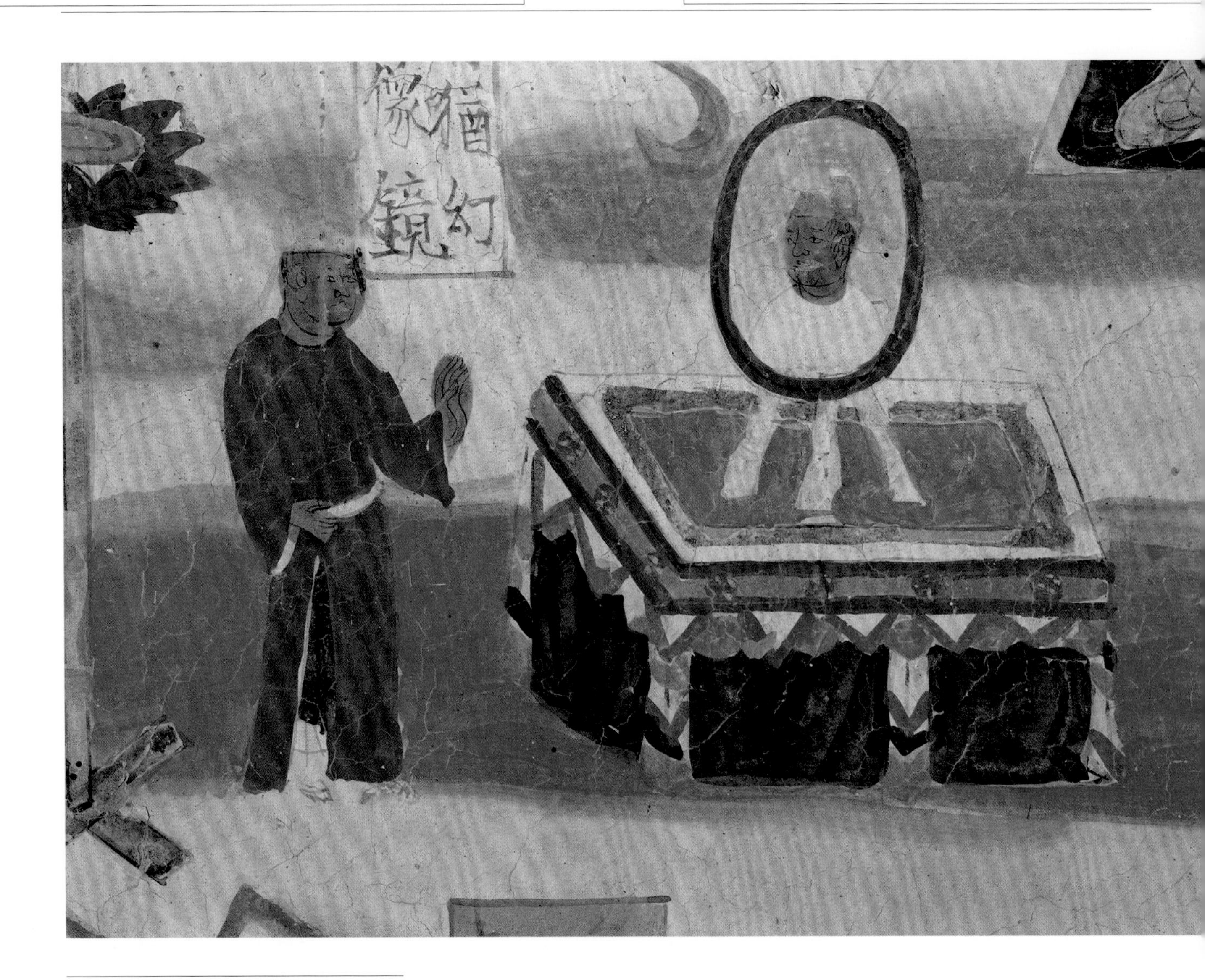

30 照鏡喻

同樣為人照鏡，但它的比喻之意為人的認識虛幻不實。墨書榜題：“愚夫起妄想，如像鏡中安，不見心識時猶幻。”

五代 楞伽經 · 集一切法品 莫61 南壁

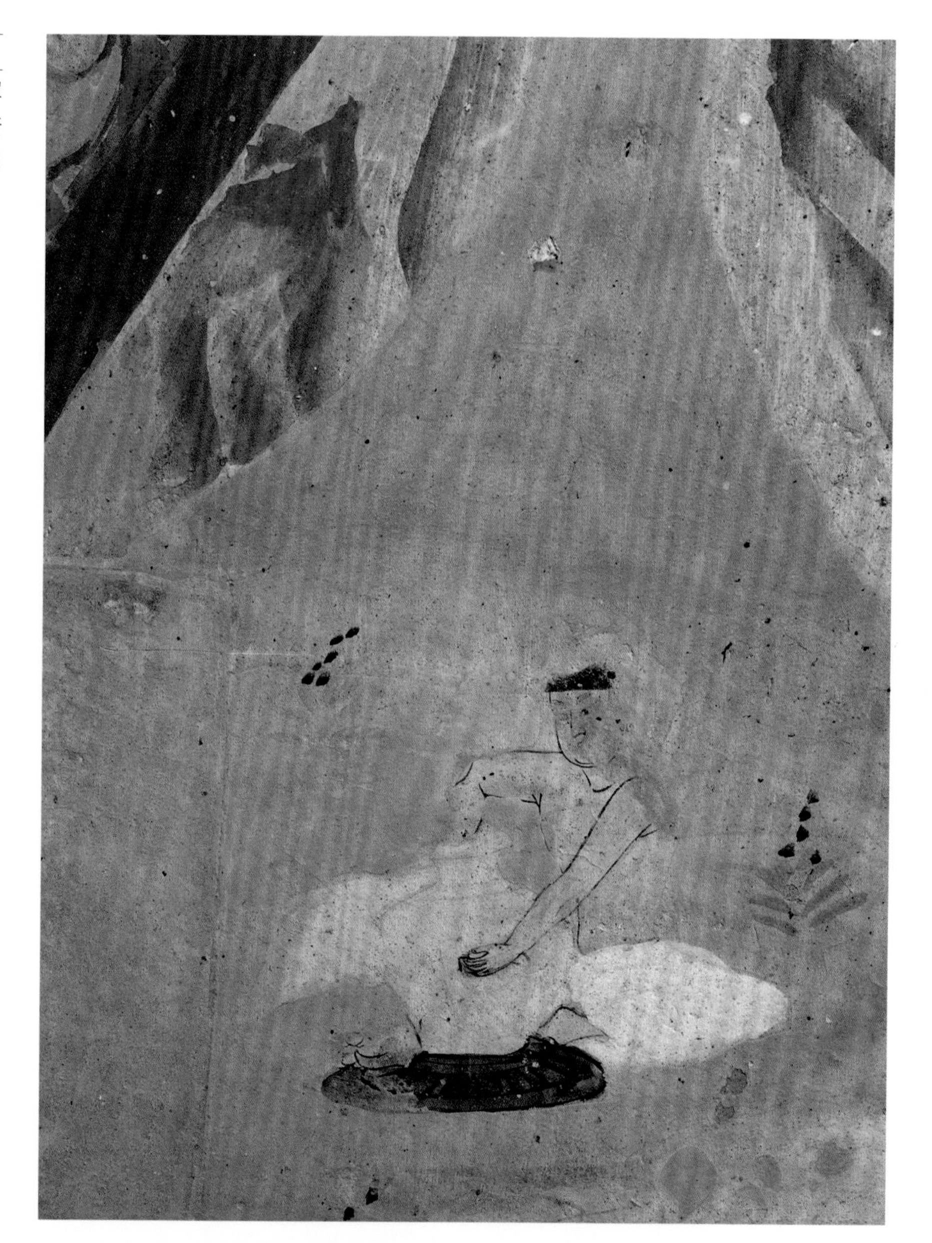

31 **陶師喻**

陶師席地而坐，專心製作陶罐。比喻禪師修行猶如陶師製作陶器，必須循序漸進。墨書榜題："如陶師造器，漸而非頓。諸佛如來，淨諸眾生，自心現流，亦複如是，漸而非頓。"

晚唐 楞伽經 · 集一切法品 莫85 窟頂東坡

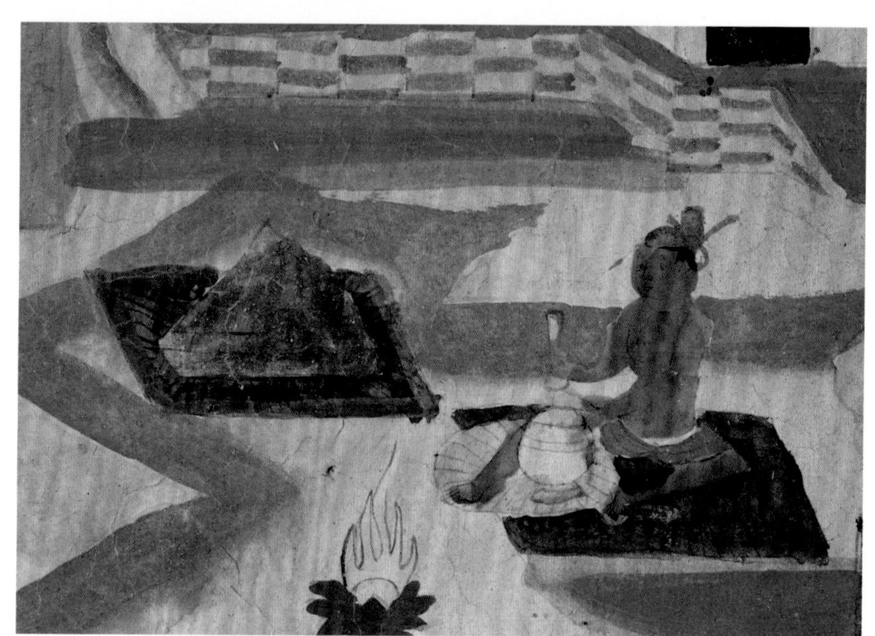

32 **陶師喻**

右側為製陶圖，比喻修禪必須循序漸進。左側畫金礦石，比喻金匠可以用金子製作各式各樣的裝飾品，但是不能改變金子的自性。人也是如此，可以有各種變化，但是人的自性是不能改變的。

五代 楞伽經 · 集一切法品 莫61 南壁

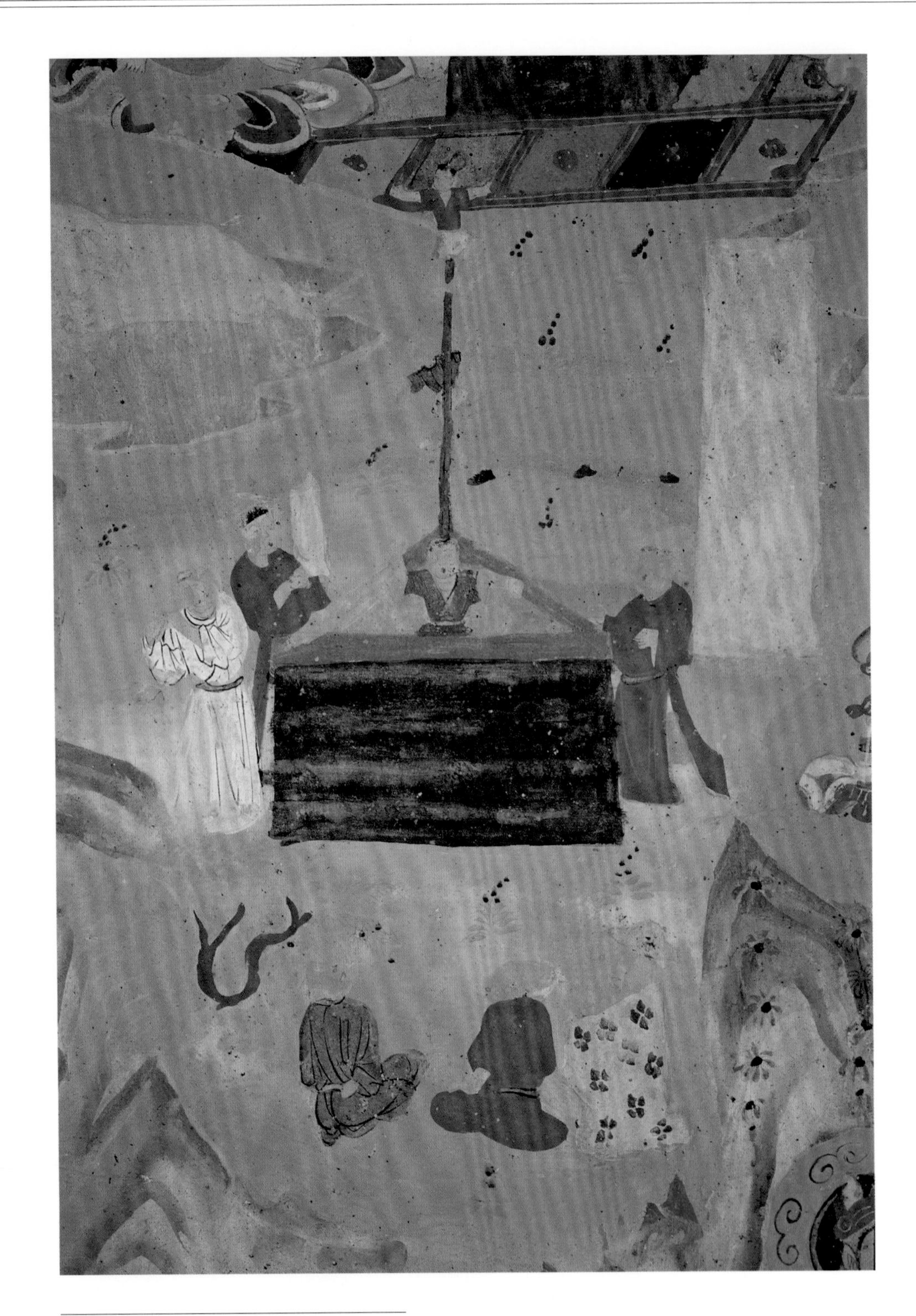

33 橦技喻

在三角形舞台上有三人表演橦技：一人頂竿，二人在竿上表演。台下右側一人，向觀眾“量話”（即中國戲法中表演者為吸引觀眾的墊話）。左側立二人演奏。前面坐三人為觀眾。佛家以此戲法的變化比喻宇宙萬有，皆虛幻不實。墨書榜題：“譬如幻師以幻術力，依（以）草木瓦石幻作眾生若干色像，令見者種種分別，皆無真實。”

晚唐 楞伽經 · 集一切法品 莫85 窟頂東坡

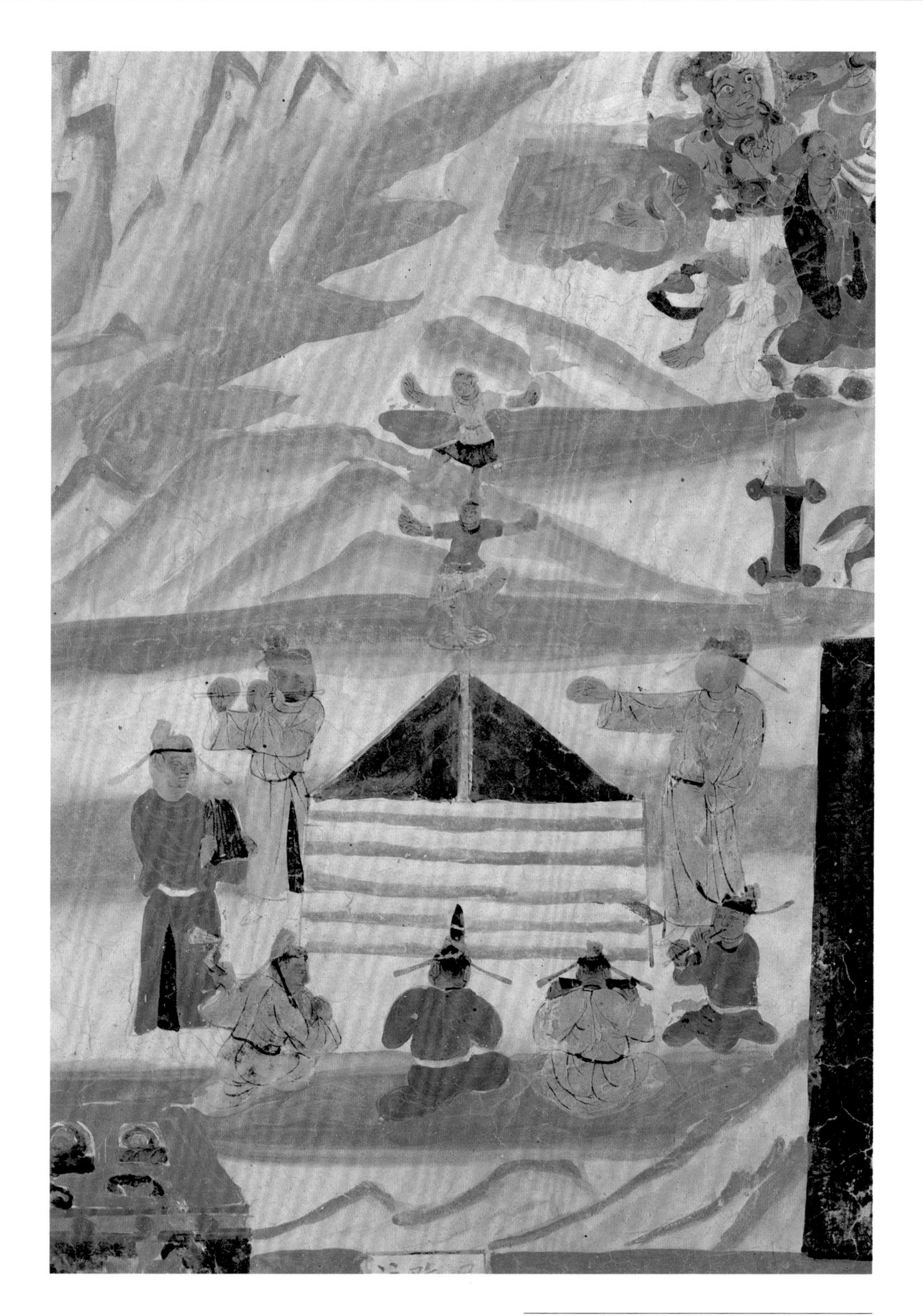

34 **橦技喻**

在三角形舞台上，固定立一長竿，竿端置一圓盤，盤上疊立二人表演。台下右側立一“量話”者。六位樂師，圍繞舞台，或立或坐，協力演奏。這也是佛家比喻宇宙萬有，虛幻不實。

五代 楞伽經・集一切法品 莫61 南壁

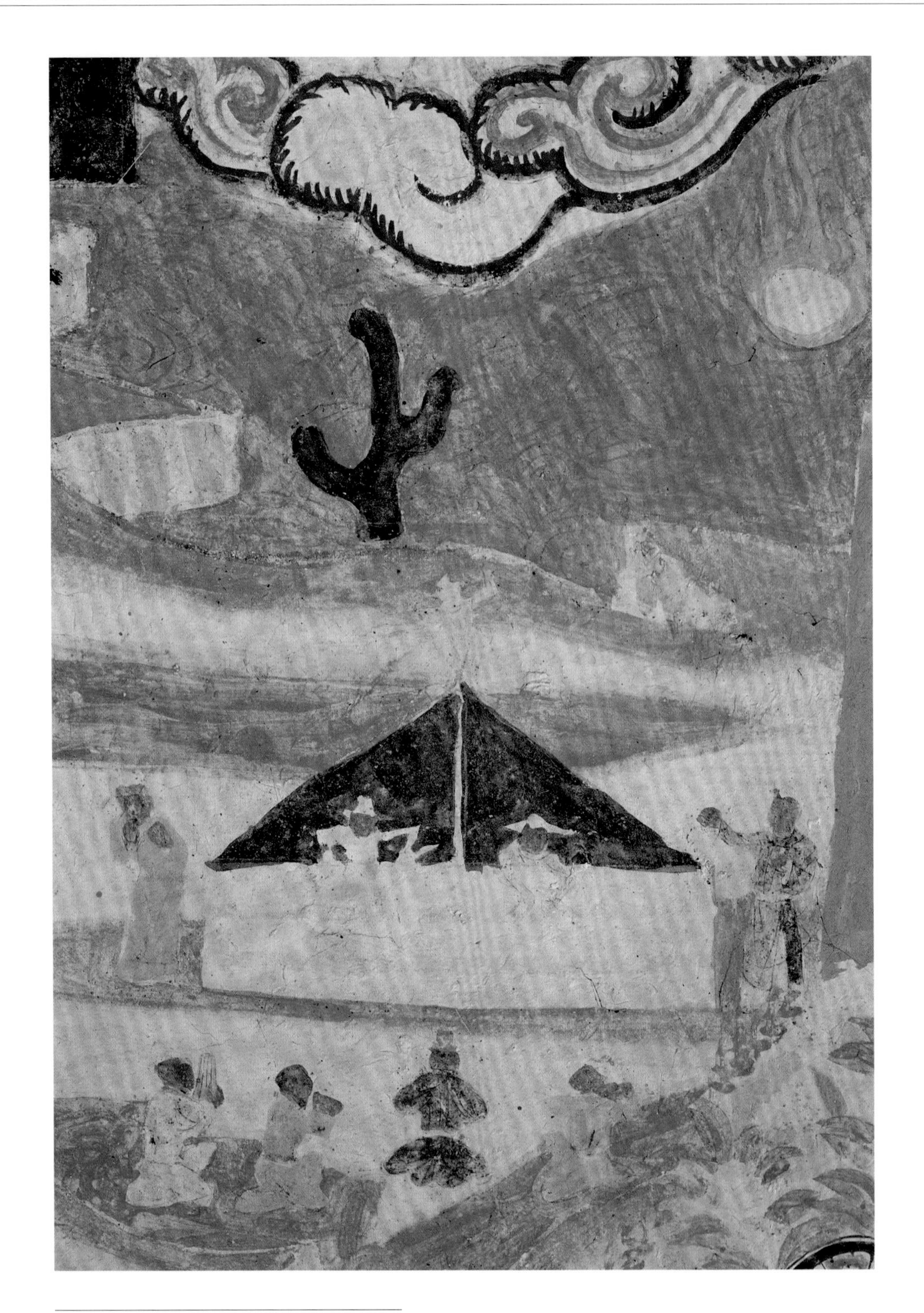

35 **橦技喻**

在長竿左右兩側各增畫一人，似在表演魔術。

宋 楞伽經・集一切法品 莫55 窟頂東坡

36 **象馬喻**

山前綠色草地上，有白象紅馬在悠然自在地吃草。以此比喻世間眾生，“如幻象馬”，都是虛幻假有的。

五代 楞伽經・偈頌品 莫61 南壁

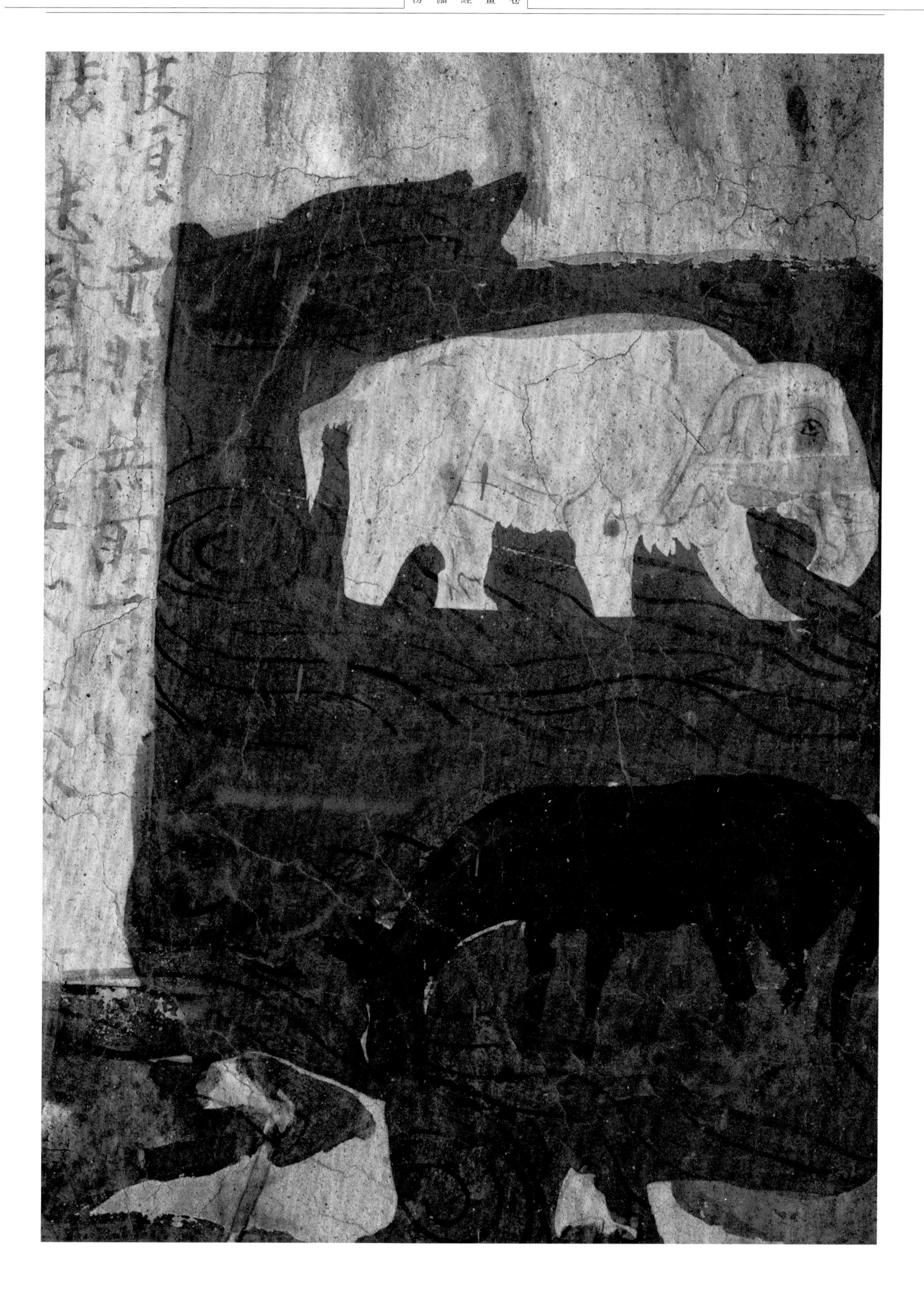

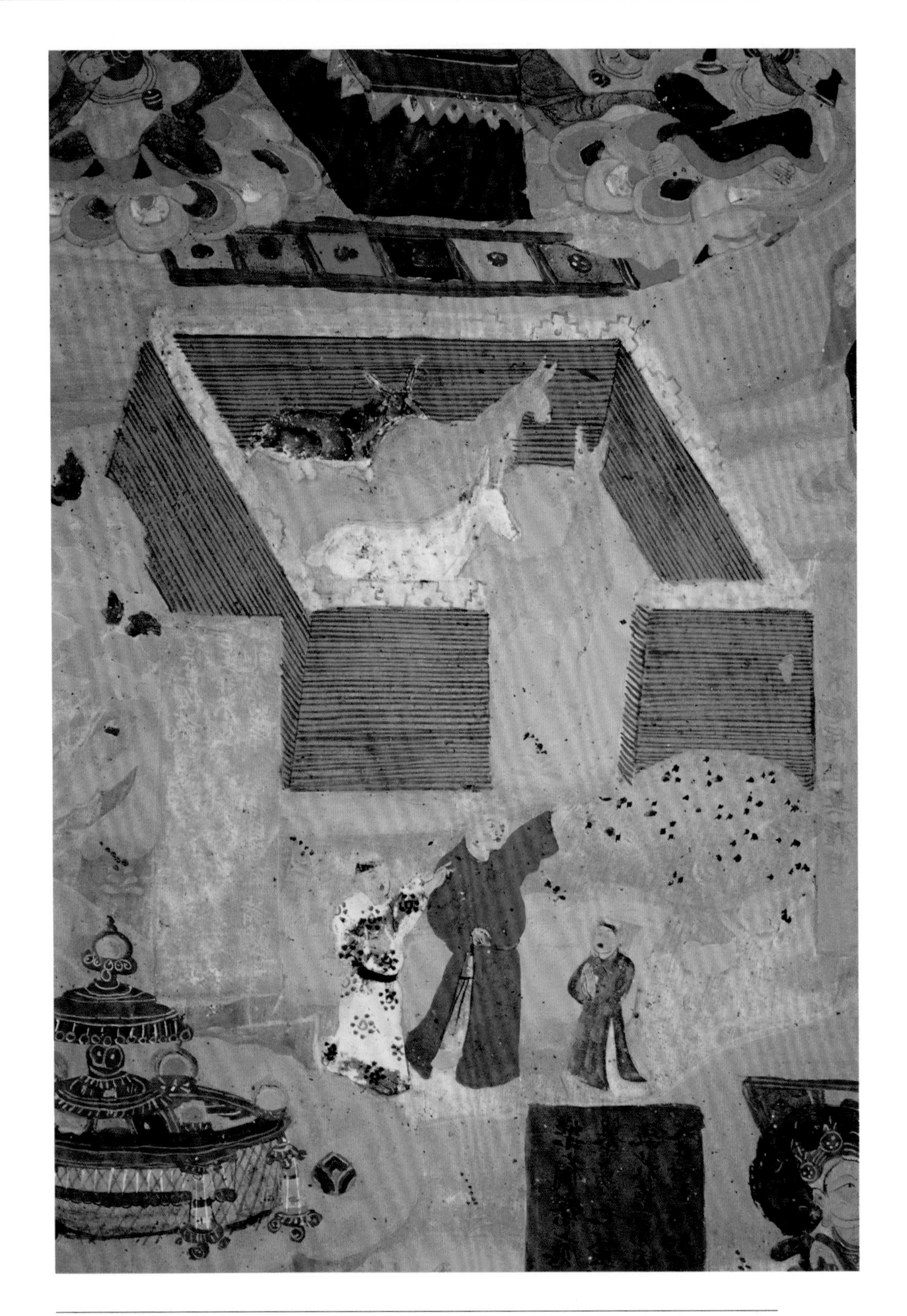

37 **乾城喻**

一城，城內有四匹馬，城外三人。“乾城”，即乾闥婆城，梵文音譯，意譯為海市蜃樓。四匹馬象徵“野馬”，全稱為“野泉馬”，梵文音譯，意譯為陽燄，即出現在沙漠、曠野之中的自然林泉幻影。三人象徵由幻人變化的三個商人，出入於幻城之中。畫意為世間萬有，猶如海市蜃樓與沙漠曠野中的林泉幻影，假有實無。畫師巧妙地把佛家所說的諸種虛幻之物，組成一組生動的畫面，別具匠心。

右側墨書榜題：“如乾城幻等，悉待因緣有。諸法亦如是，是生非不生，分別於人法，而起二種我。此但世俗說，愚夫不覺知。”

晚唐 楞伽經·偈頌品 莫85 窟頂東坡

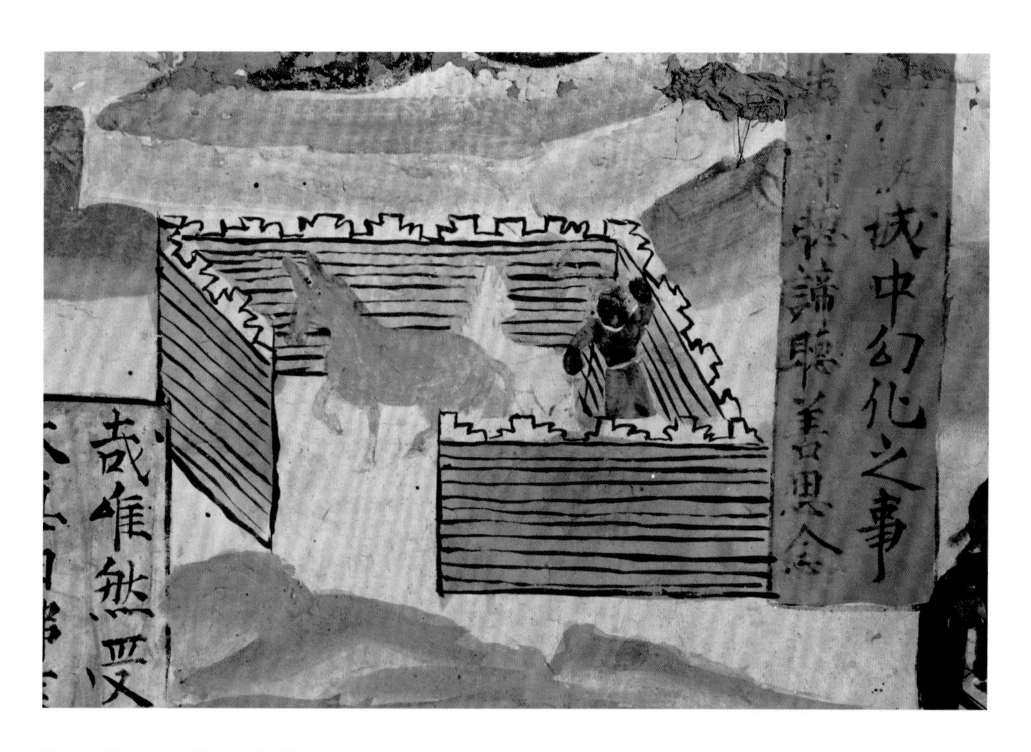

38 乾城喻

右側墨書榜題為："佛告大惠，諦聽諦聽，善思念之，當為汝説城中幻化之事。"

五代 楞伽經 · 偈頌品 莫61 南壁

39 燈火喻

右側一堆大火在猛烈燃燒；左側的燈柱，燈火明亮。中間墨書榜題："如猛火，無始虛偽習氣為因，諸有趣中流轉不息。"這是比喻人因貪慾的驅使而變壞，猶如燈燄，不知厭足。

晚唐 楞伽經 · 集一切法品 莫85 窟頂東坡

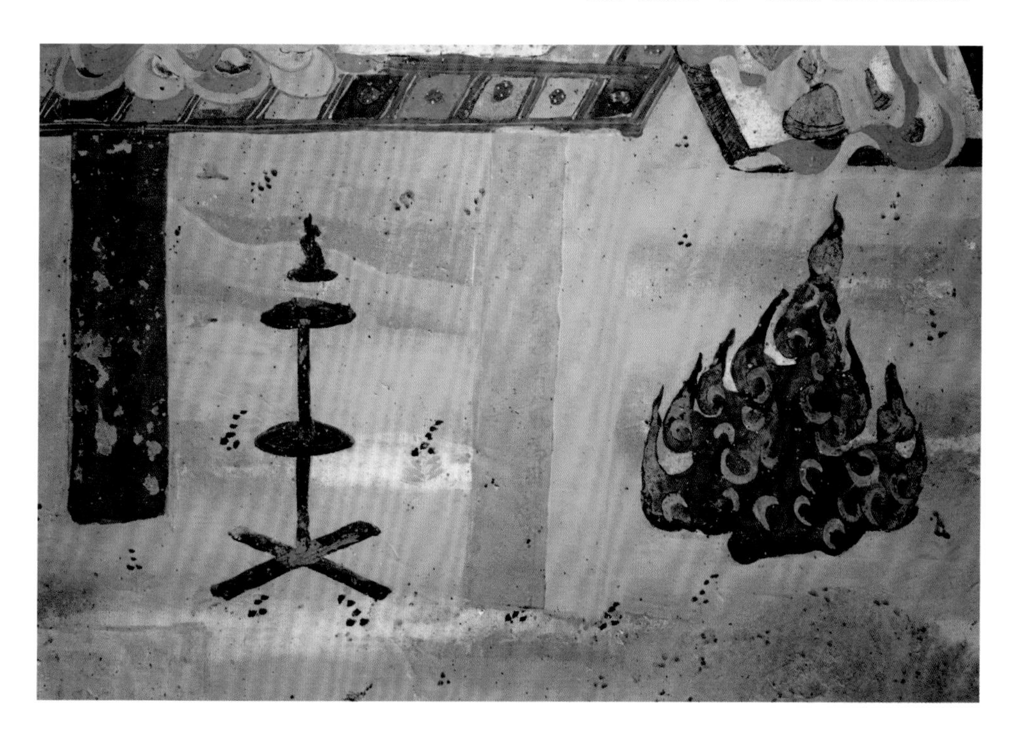

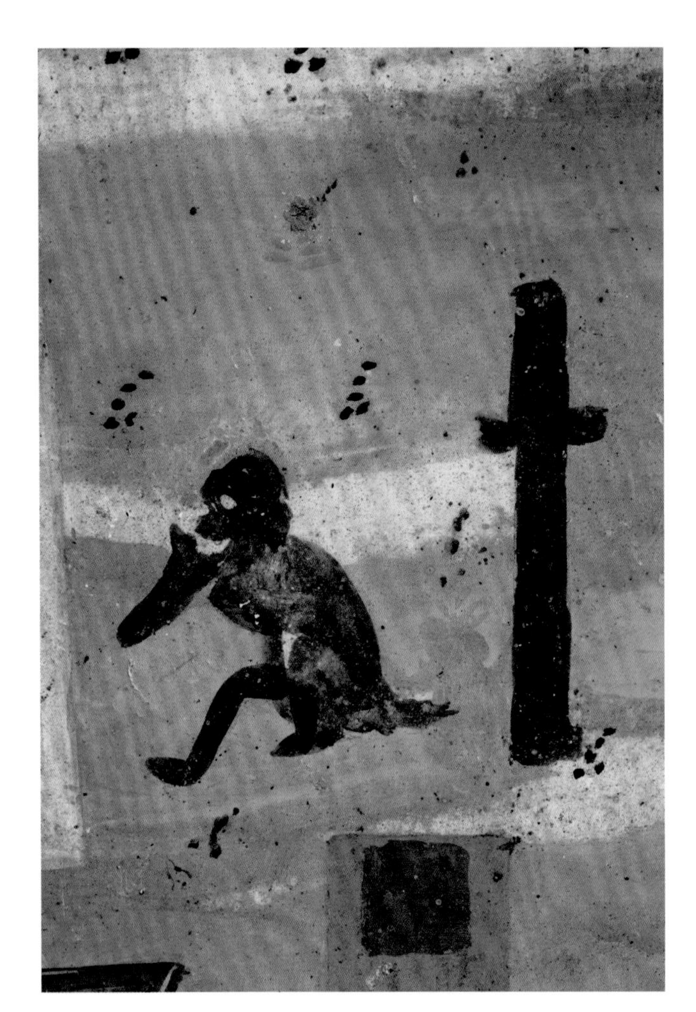

40 **燈猴喻**

十字形燈柱；左側，有一猴蹲在地上。它比喻人們因慾望難以滿足而躁動不安，如燈燄，似猿猴。

晚唐 楞伽經·集一切法品 莫85 窟頂東坡

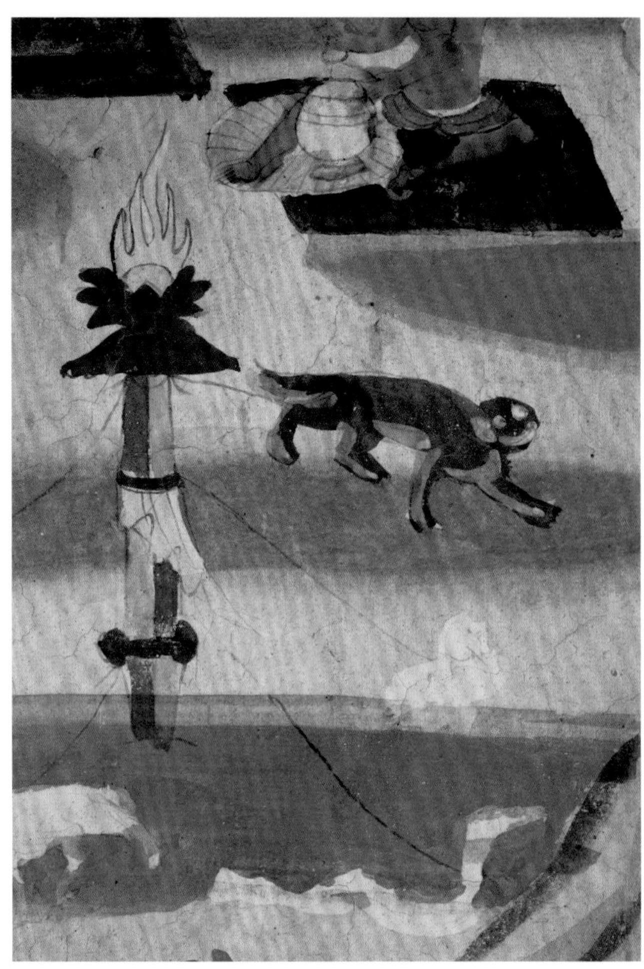

41 **燈猴喻**

一隻猴子在燈光下詭祕地行走，比喻世人為利慾驅使，深夜還在鑽營。

五代 楞伽經·集一切法品 莫61 南壁

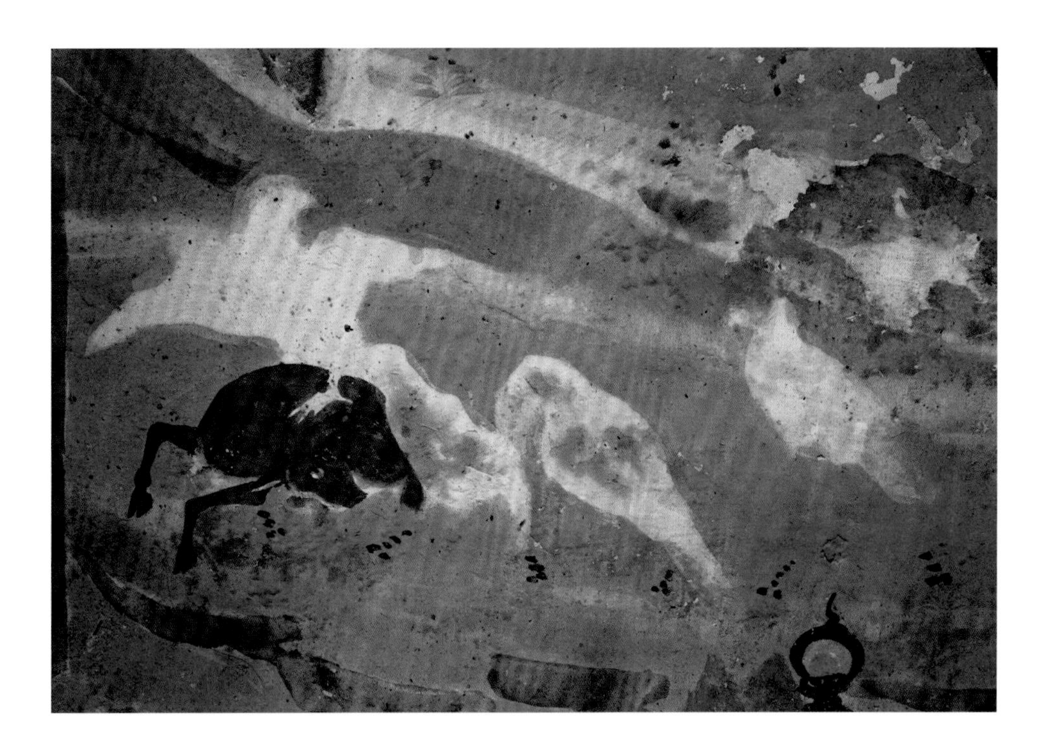

42 鳥遊虛空喻

佛家批評人們對宇宙萬物往往依據自心的想像，妄加分別，猶如鳥遊虛空，無依無靠。畫師據此，畫一隻白色的鳥站在一頭紅牛背上。右側地上還有三隻鳥。墨書榜題："如鳥遊虛空，隨分別而去。無依亦無住，如履地而行。眾生亦如是，隨於妄分別，遊履於自心，如鳥在虛空。"畫面與經旨似欠符契。不過鳥遊虛空這樣抽象的宗教意境，也實在難以形諸丹青。

晚唐 楞伽經·偈頌品 莫85 窟頂東坡

43 鳥遊虛空喻

一隻鳥站在牛背上，右側的兩隻狗和一隻鹿，相互嬉戲，畫面相當生動。榜題因塗改過，難以句讀。此圖繪於公元861～865年間。

晚唐 楞伽經·偈頌品 莫156 窟頂東坡

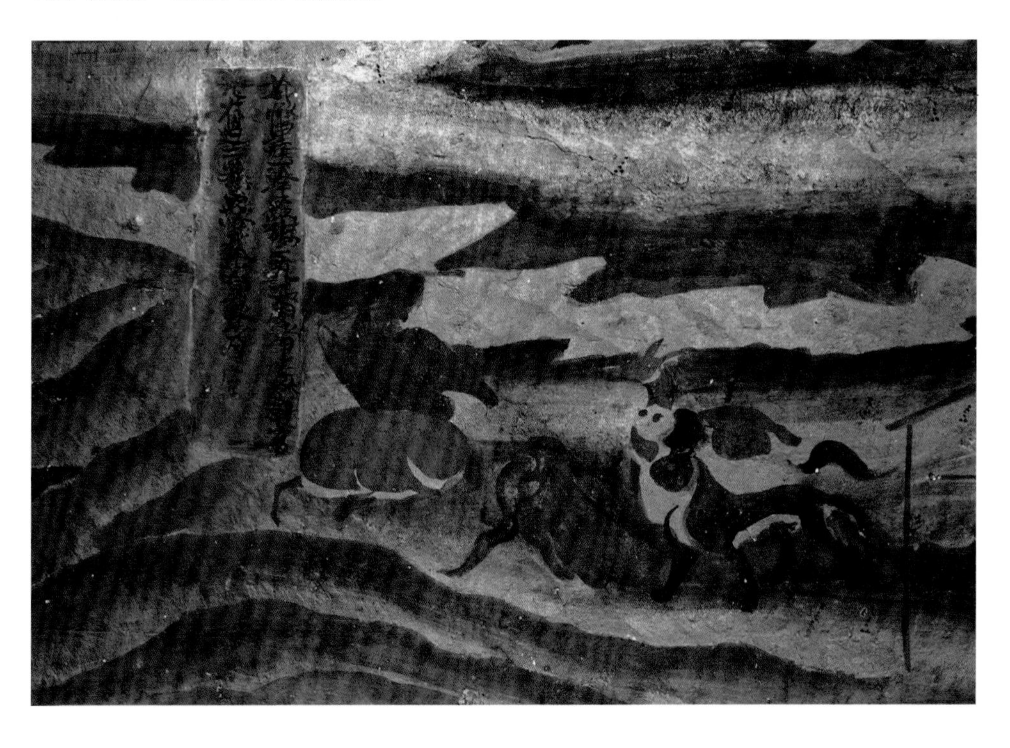

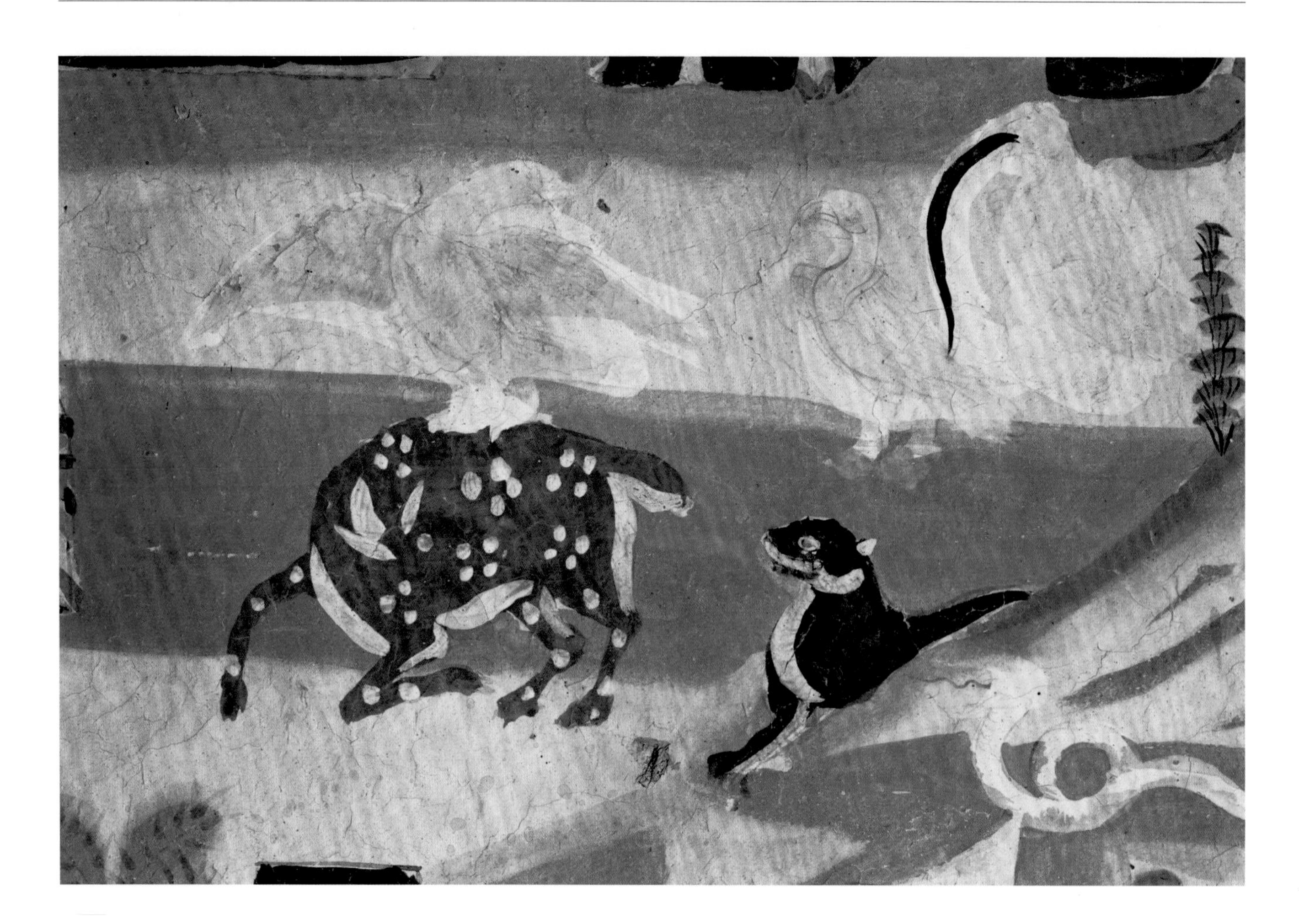

44 鳥遊虛空喻

一隻鳥站在鹿背上，其後有虎、鳥、蛇追逐，它們相互嬉戲，動態與神情彼此呼應。此圖雖有違楞伽經旨，然不失為動物畫的佳作。

五代 楞伽經·偈頌品 莫61 南壁

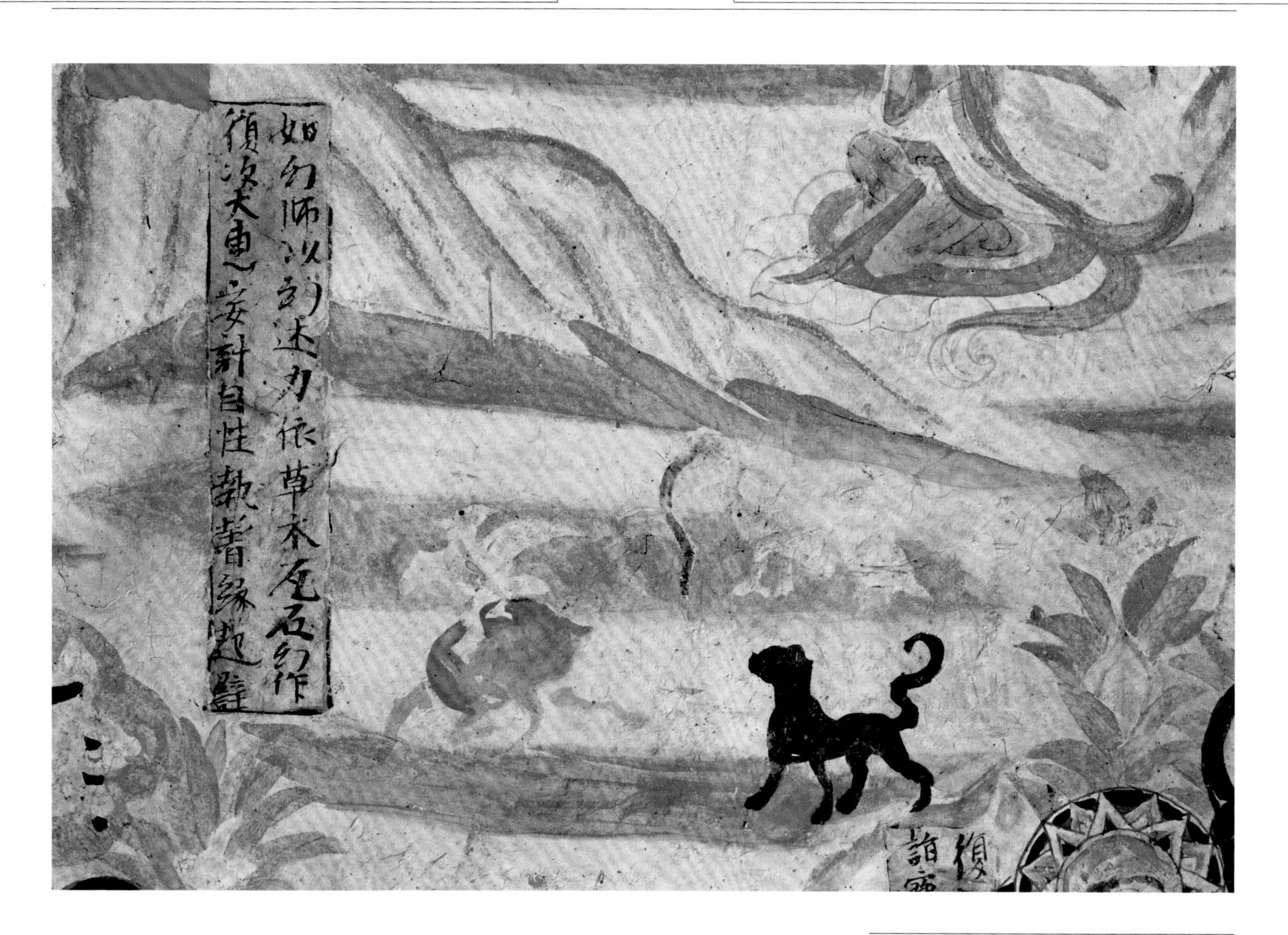

45 鳥遊虛空喻

一隻鳥站在鹿背上，一隻狗追逐其後。有一墨書榜題：“複次大惠，妄計自性，執着緣起譬。”

宋 楞伽經 · 偈頌品 莫55 窟頂東坡

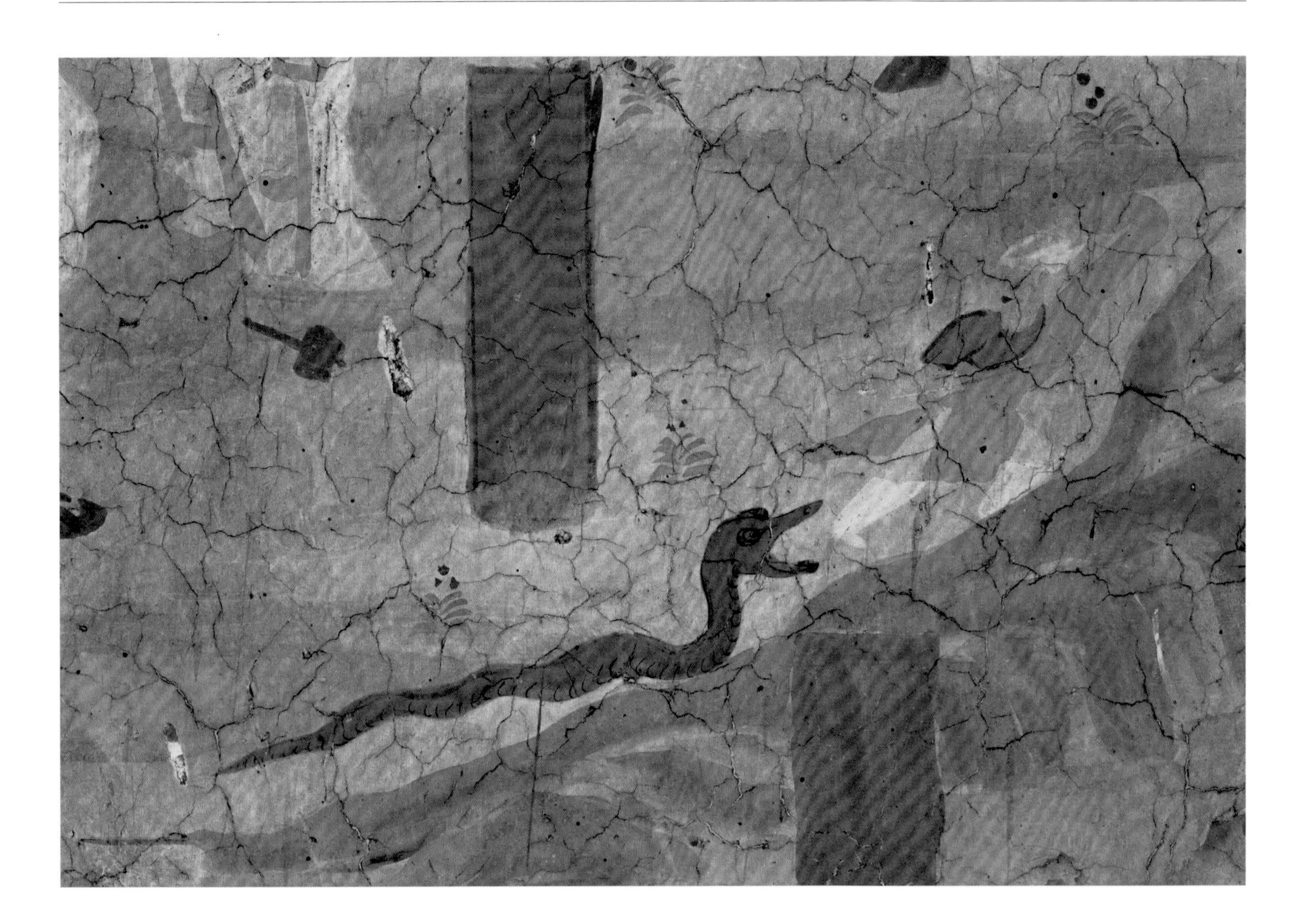

46 **繩蛇喻**

經云："如愚不了繩，妄取以為蛇。"畫師據此創作一幅毒蛇咬人圖：一條毒蛇，張開大嘴，追咬一人；人被嚇得狼狽逃竄。蛇的追趕、人的逃竄，刻畫相當生動。此圖大約繪於公元900～910年間。

晚唐 楞伽經・偈頌品 莫138 南壁

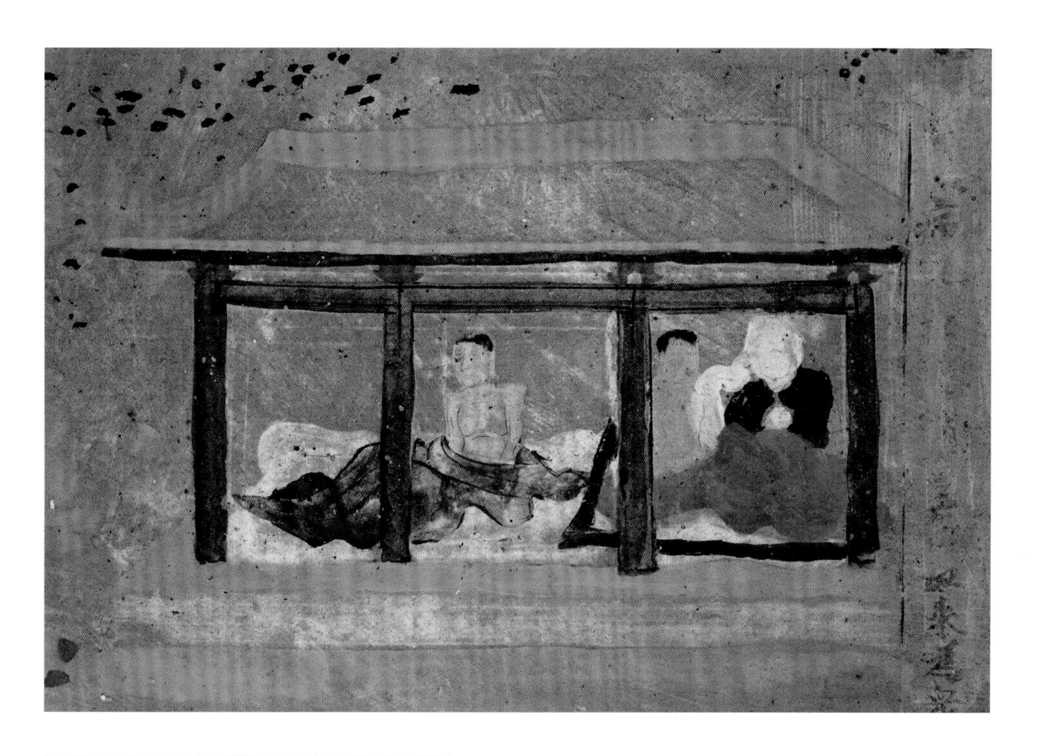

47 良醫喻

三開間房內有二病人，擁被而坐。中間一人似為醫生。此圖比喻釋迦佛所說的法，猶如良醫因病施藥，視眾生不同情況而說不同的法，使其隨機悟入。房外右側墨書榜題："譬如眾病人，良醫隨授藥。如來為眾生，隨心應量說。"

晚唐 楞伽經．集一切法品 莫85 窟頂東坡

48 母嬰喻

一中年母親，席地而坐，膝前一嬰兒。前面墨書榜題："如母語嬰兒，汝勿須啼泣，空中有果來，種種任汝取。我為眾生說，種種妄計果，令彼愛樂已，法實離有無。"比喻釋迦佛以種種善巧方便說法，勸導眾生不要以虛妄之心，推度判斷事理，猶如母親以"空中有果來，種種任汝取"來誆哄小孩不要哭啼。

晚唐 楞伽經．偈頌品 莫85 窟頂東坡

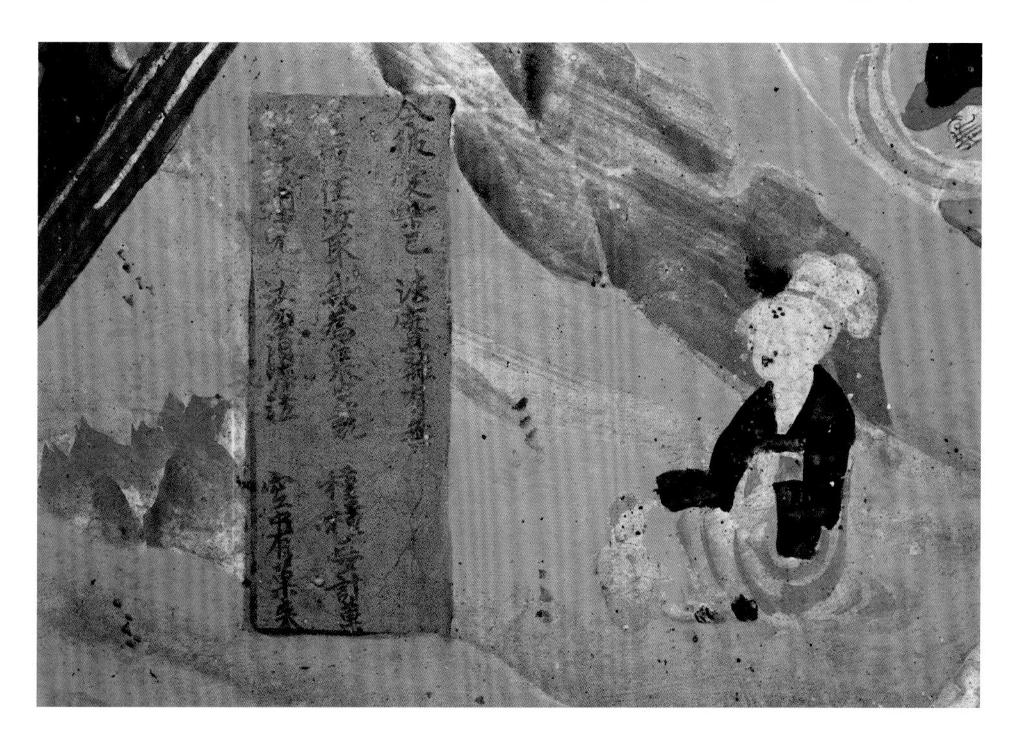

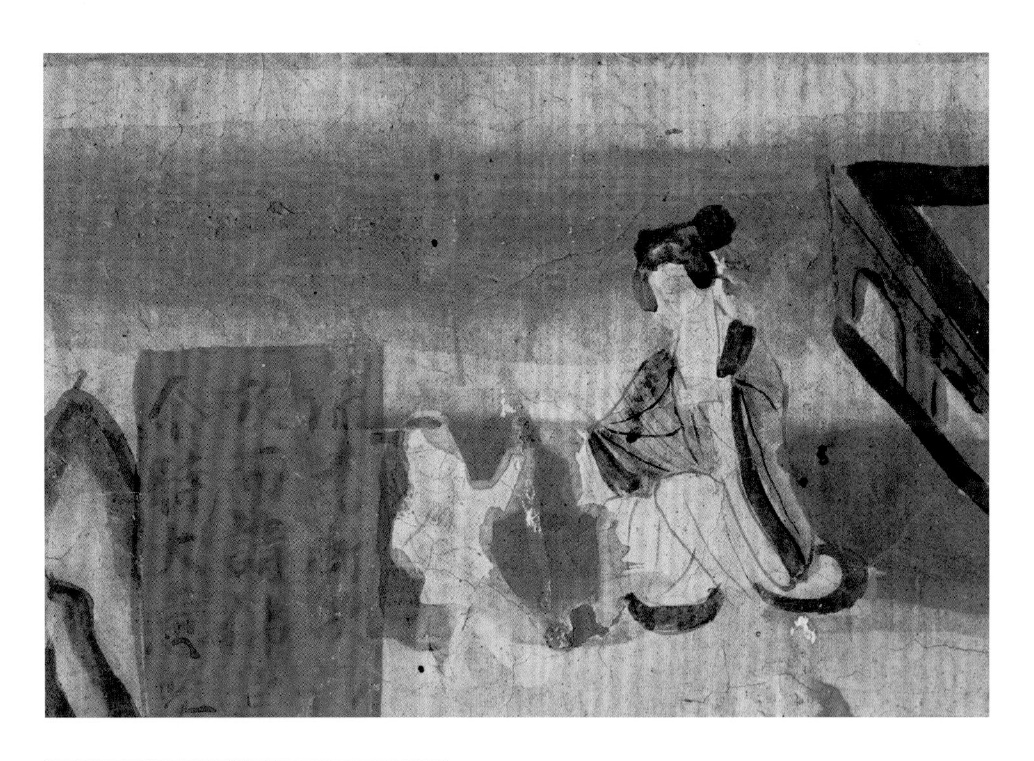

49 母嬰喻

小孩走向母親要水果吃，親情依依，充滿了母子深情。

五代 楞伽經·偈頌品 莫61 南壁

50 母嬰喻

母子二人在翠綠的山野中，自然流露的母子深情，別有趣意。

宋 楞伽經·偈頌品 莫55 窟頂東坡

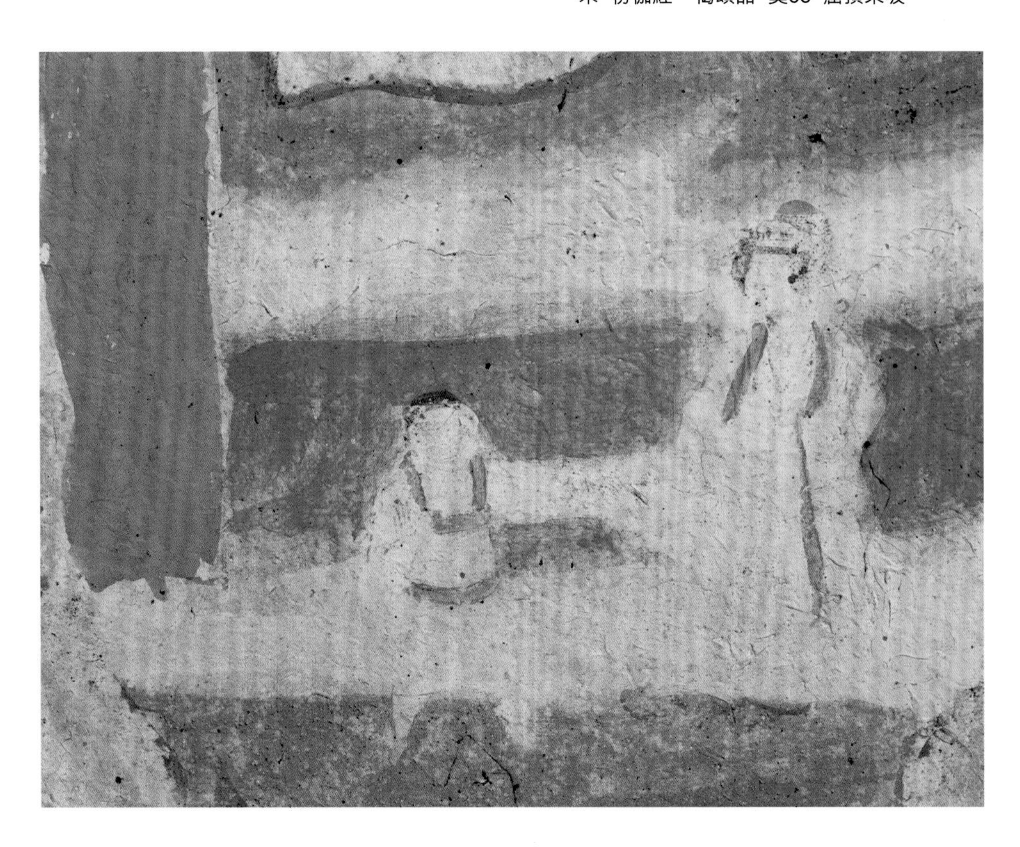

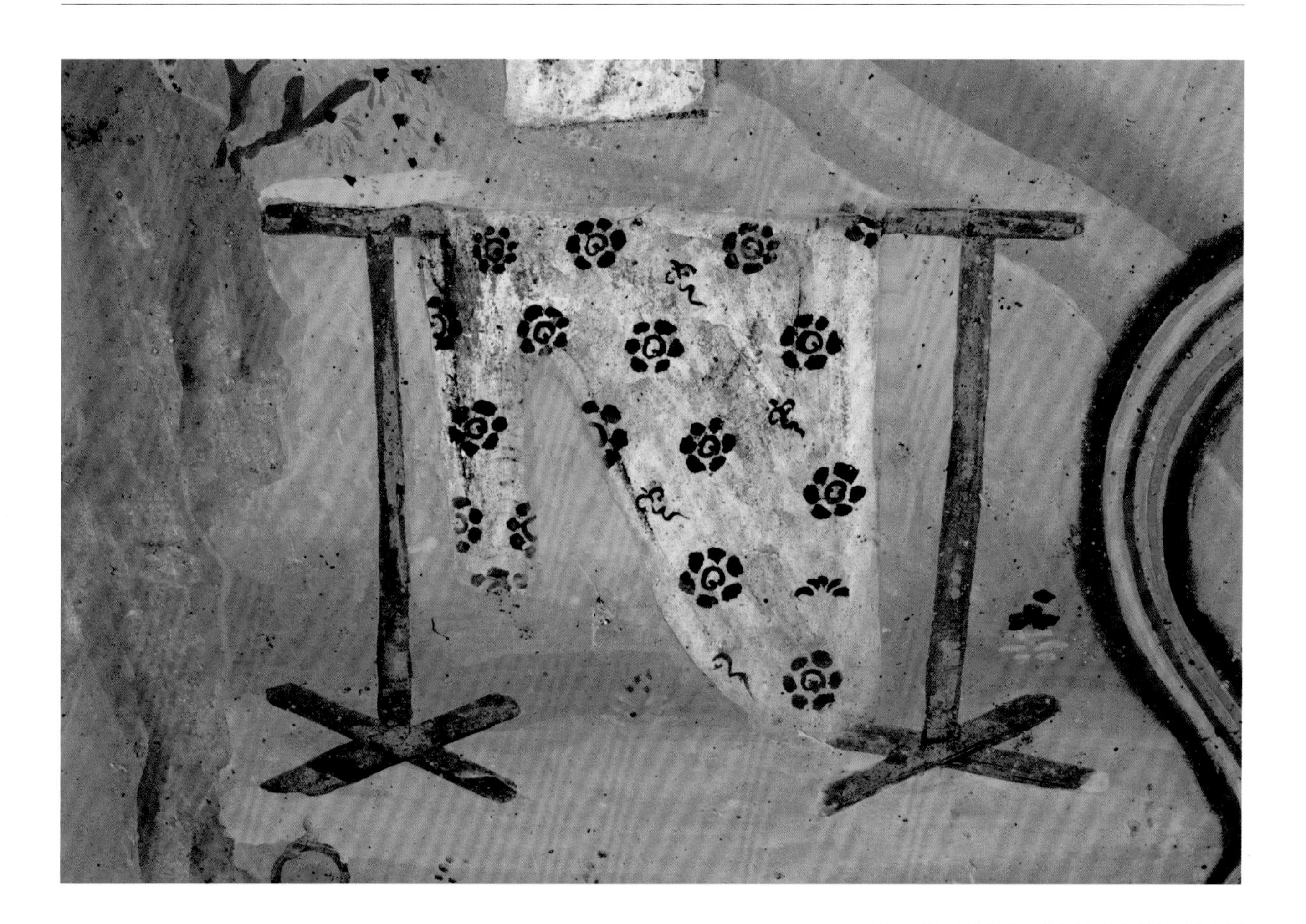

51 **淨衣喻**

楞伽經云：眾生之心自性清淨，後被環境熏染，才變壞，猶如一件本來乾淨的衣服，因被污垢所染，才變髒。只要洗去污垢，即可還原清淨。畫師據此畫一晾衣圖：在黑色晾衣架上，晾一白色花衣服。墨書榜題：“如衣得離垢，亦如金出礦。衣金俱不壞，蘊真我亦爾。”

晚唐 楞伽經 · 偈頌品 莫85 窟頂東坡

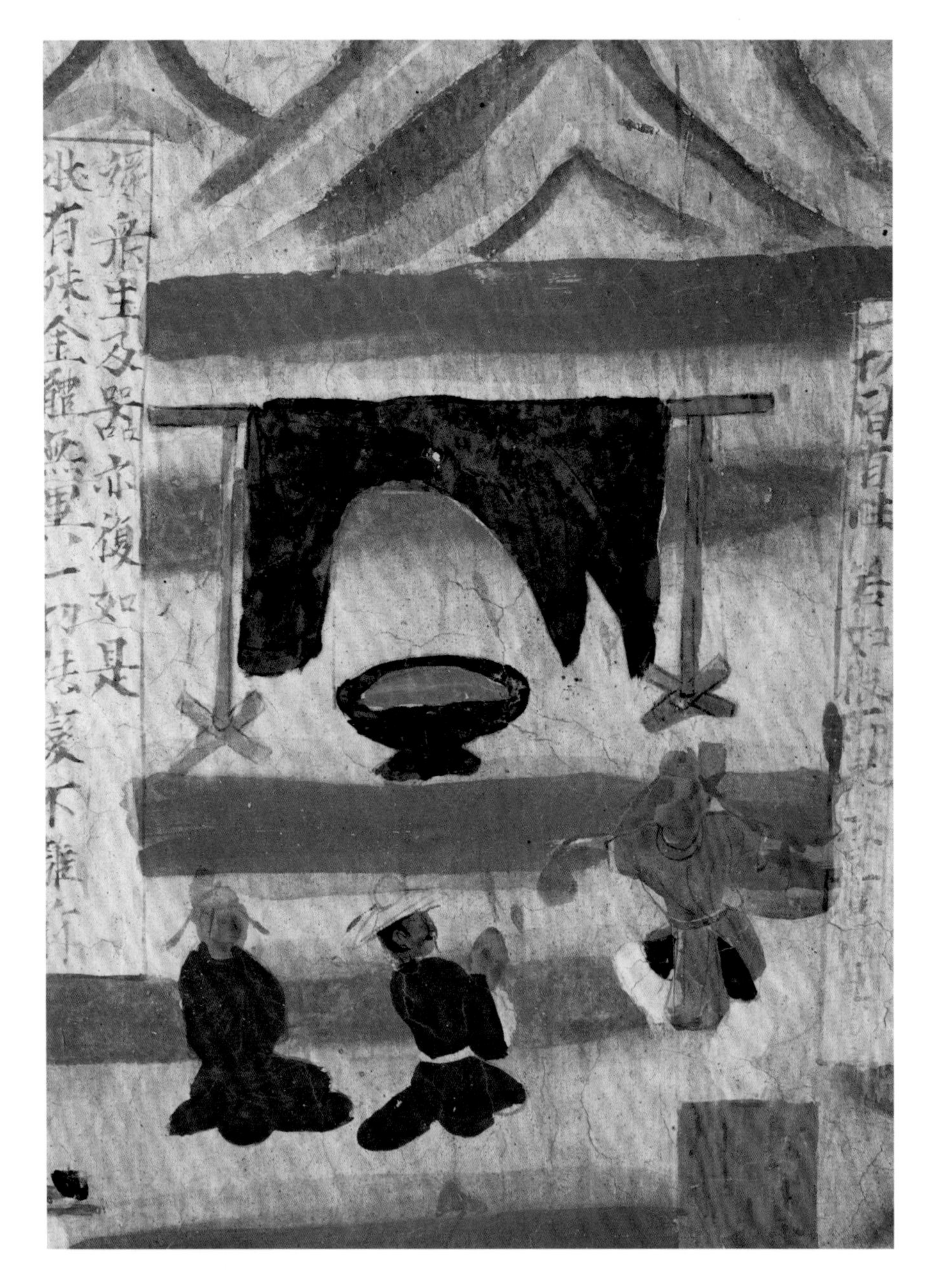

52 淨衣喻

圖上部為晾衣圖，比喻眾生之心自性清淨。下部三人，一人手舞足蹈，一人似持鑼伴奏，一人欣賞。這是表現另外一層喻意：“無智者推求，箜篌鑼鼓等，而覓妙音聲，蘊中我亦爾。”

五代 楞伽經 · 偈頌品 莫61 南壁

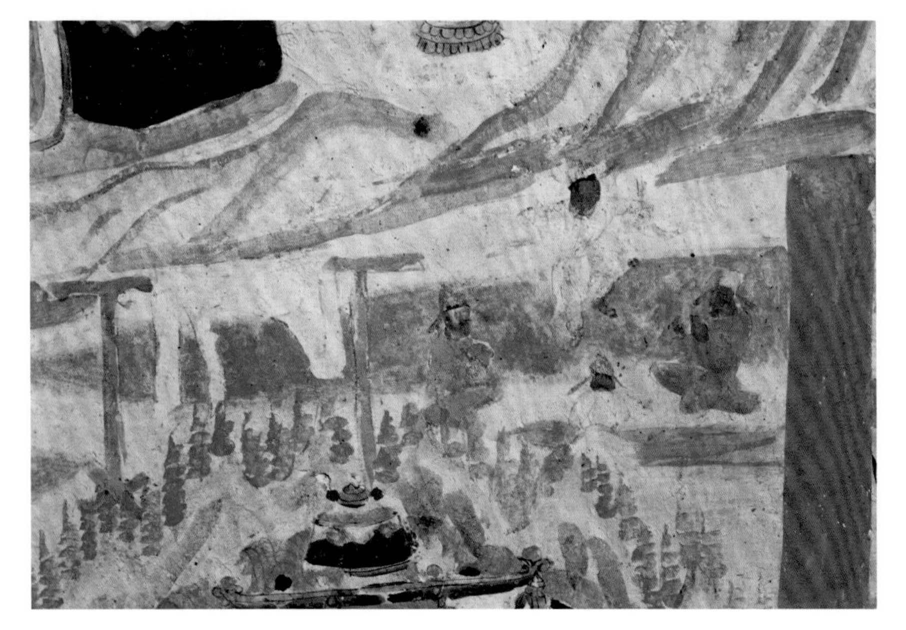

53 淨衣喻

左側為晾衣圖，右側為跳舞與伴奏者。

宋 楞伽經 · 偈頌品 莫55 窟頂東坡

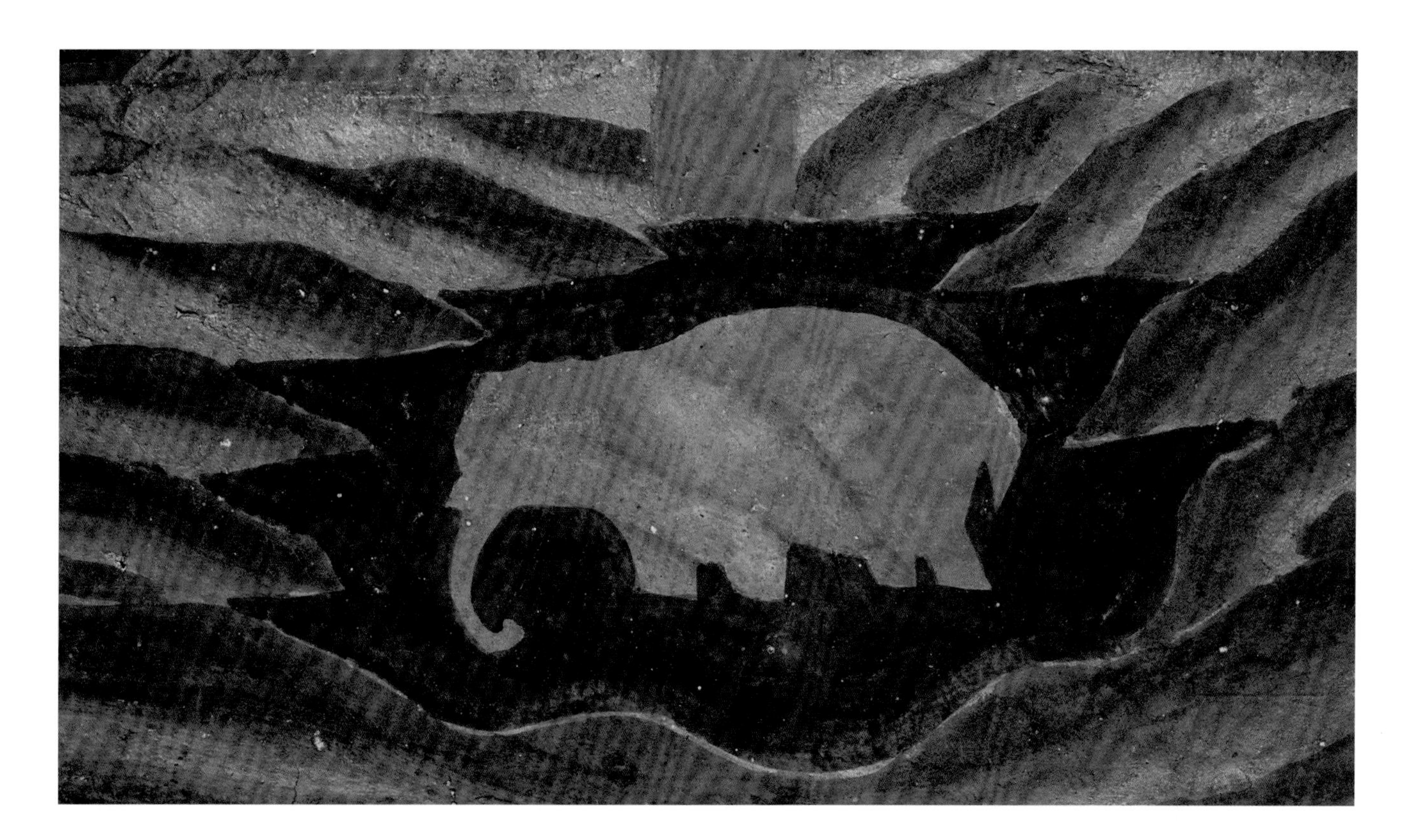

54 **象溺深泥喻**

白色大象深陷泥中，作奮力掙扎。這是比喻執着於小乘禪的聲聞眾，“如象溺深泥”，不能自拔。

晚唐 楞伽經 · 偈頌品 莫156 窟頂東坡

55 **象陷深泥喻**

晚唐 楞伽經 · 集一切法品 莫138 南壁

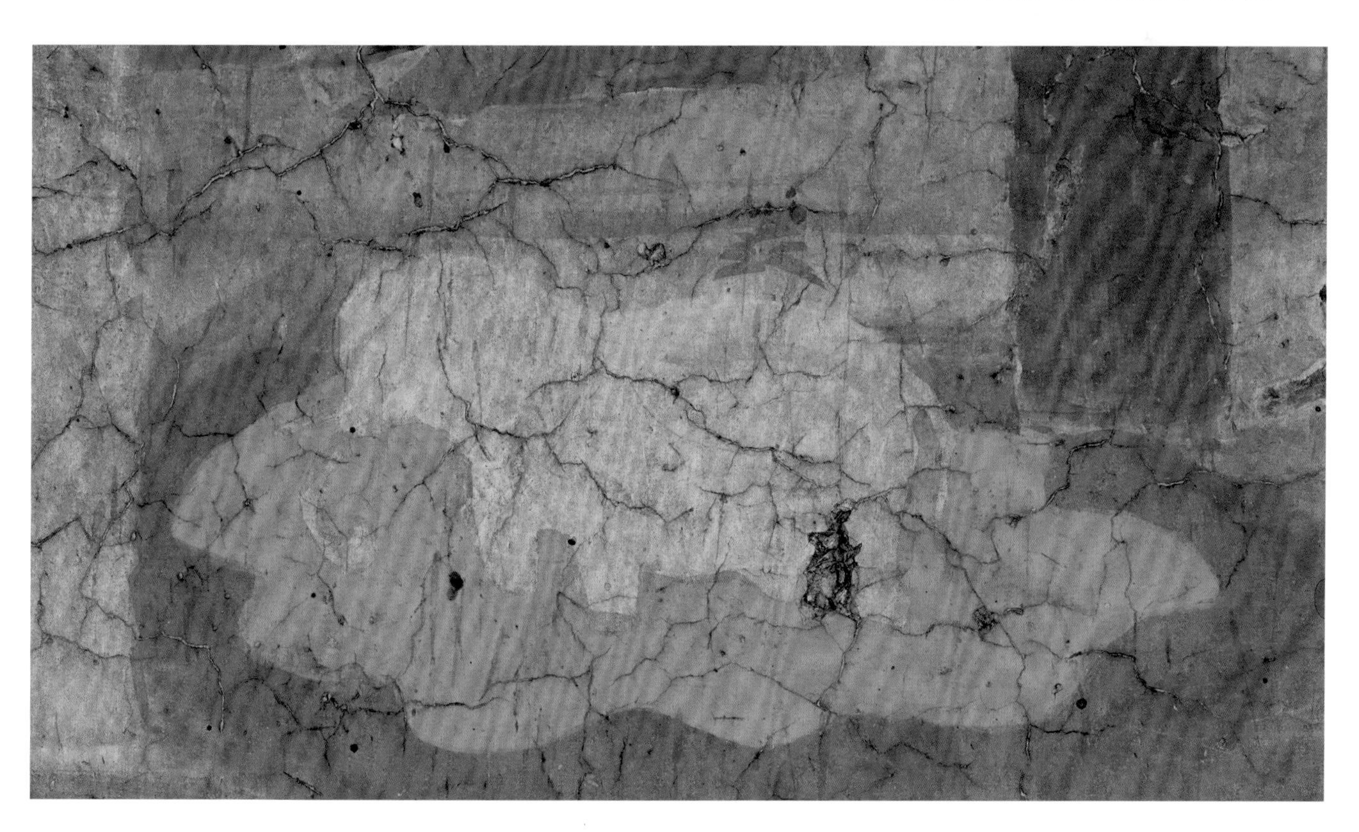

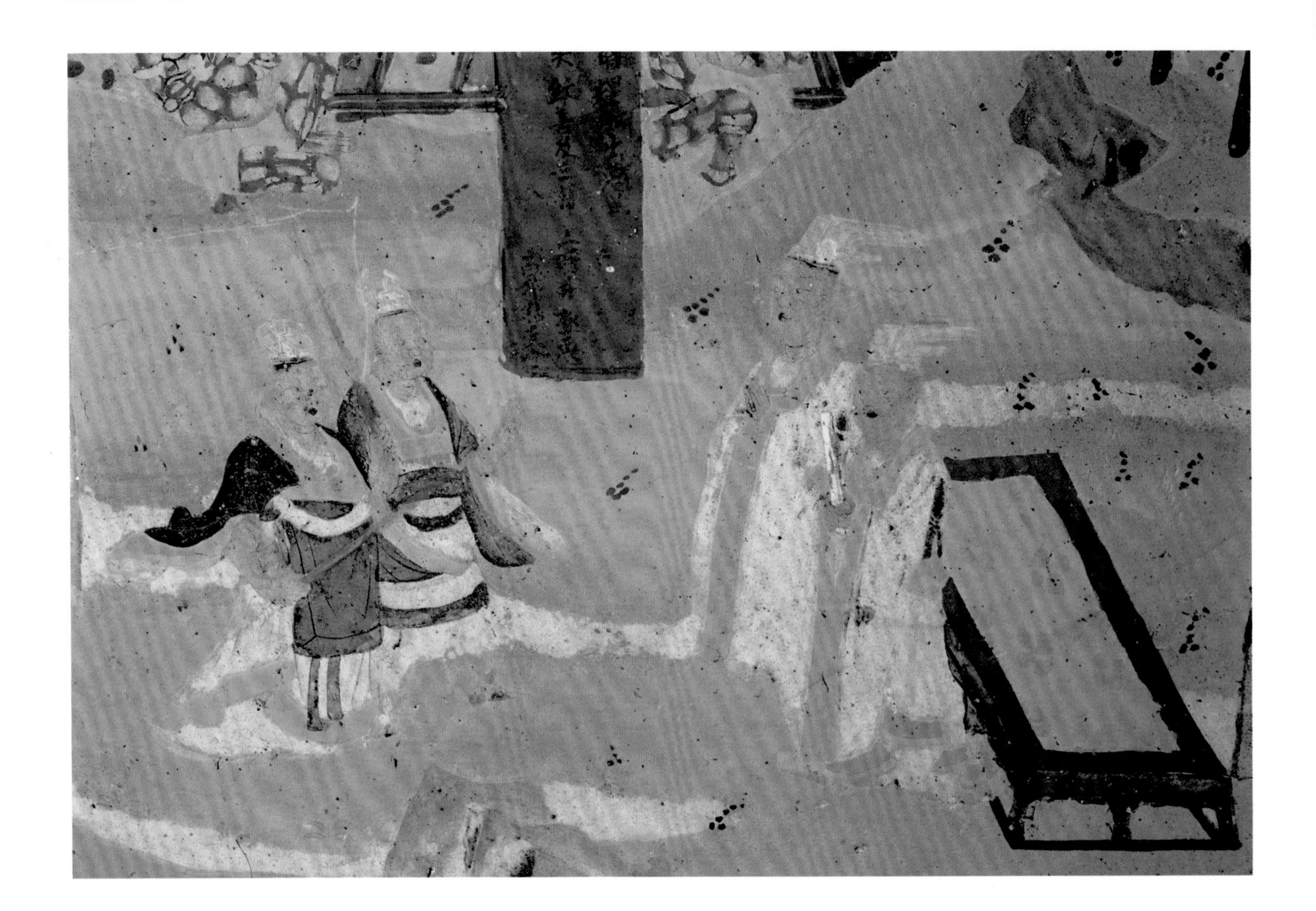

56 王四天下喻

四天下即四大部洲，為梵文意譯。佛教認為須彌山四方鹹海之中有四洲，是世界構成的一部分。佛家說依照佛法修行者，死後或生天上為天人，或生人間做帝王。畫師據此，畫了兩位帝王，兩個武將，相對而立，作議事狀，寓意修行者成帝王取得天下。中間墨書榜題：“王有四天下，法教久臨御。”

晚唐 楞伽經．偈頌品 莫85 窟頂東坡

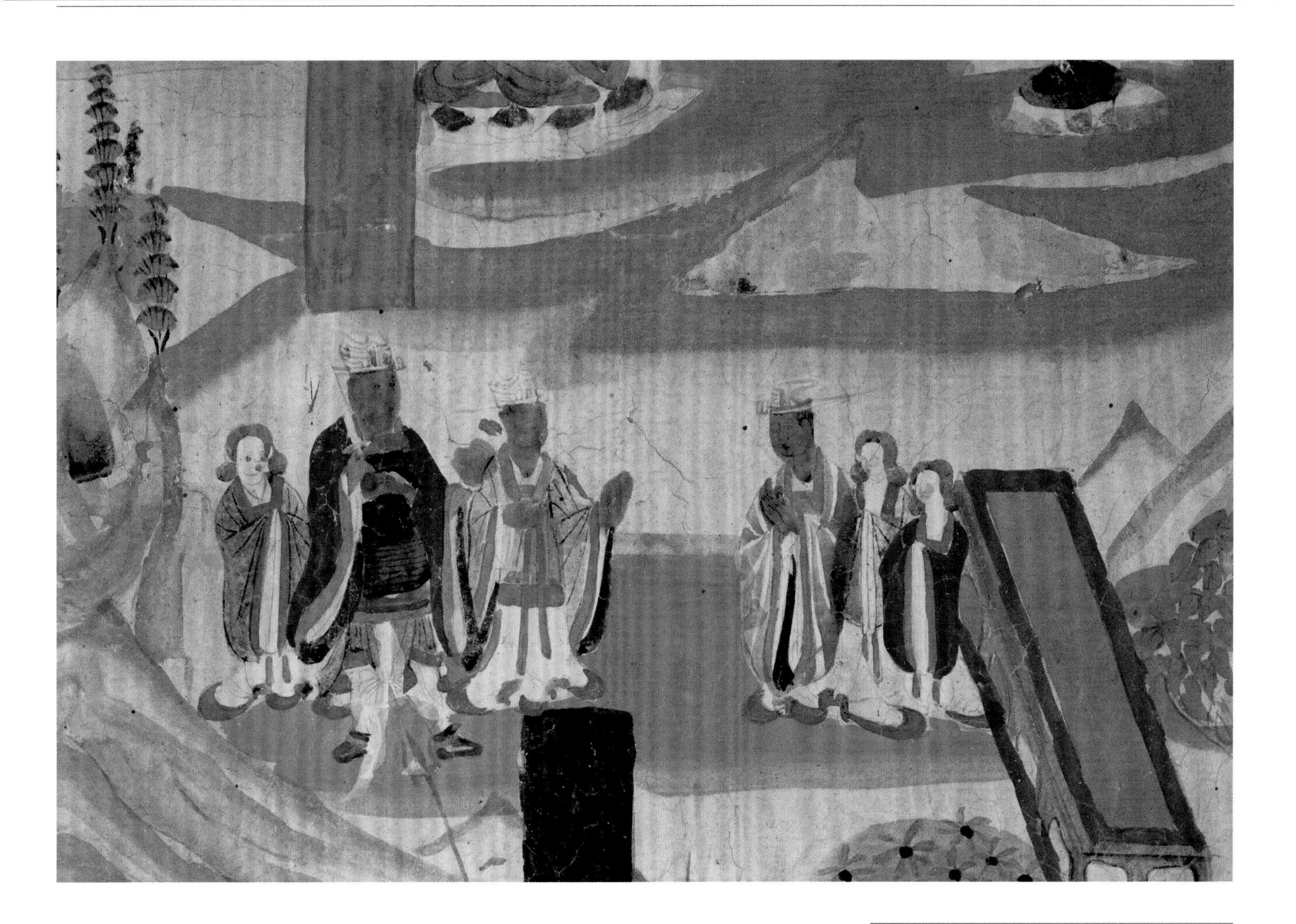

57 **王四天下喻**

一王攜二后妃，一王攜一后妃和一武將，六人相互交談，表現了帝王的日常生活場景。也是寓意修行者可成帝王。

五代 楞伽經·偈頌品 莫61 南壁

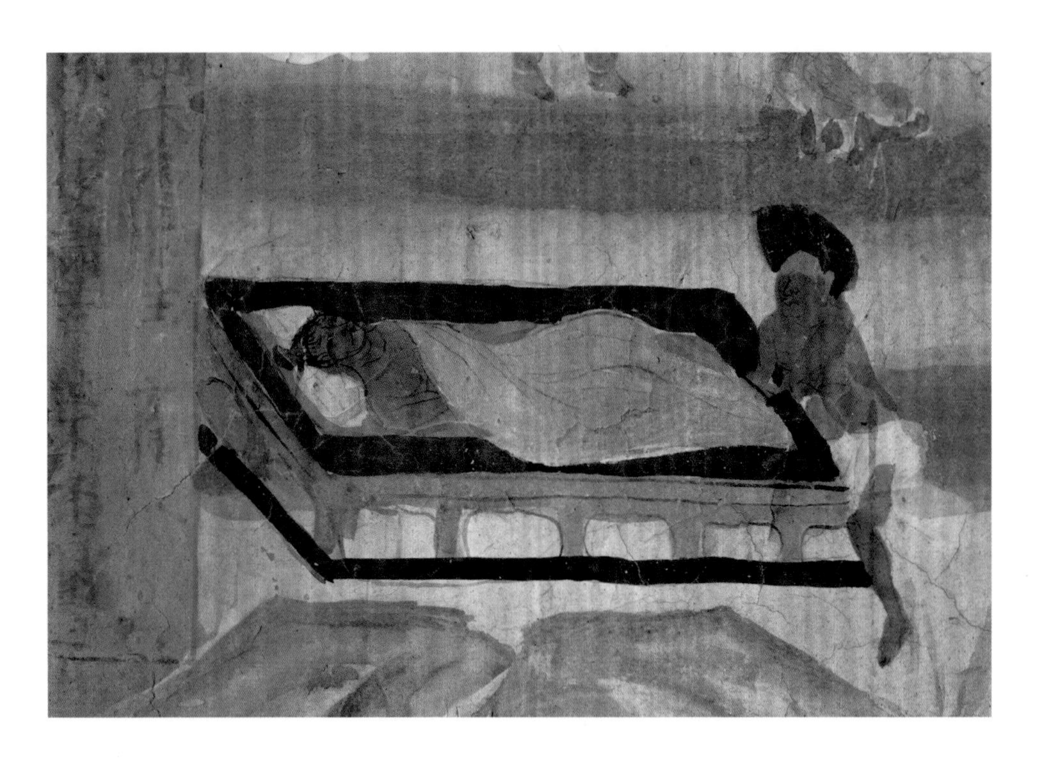

58 **病無良醫被鬼害**

一人臥病床上，無人護理。右側惡鬼僅穿短褲，裸上身，背豎長毛，十分兇狠，雙手摸病人，圖謀傷害。榜題：“譬如眾病人，迷悶受諸苦。世不逢良醫，惡□來役害。如來為眾生，方便念救拔。”

五代　楞伽經．集一切法品　莫61　南壁

59 **生死如幻夢**

樹下床上坐一人，正被惡鬼往下推。左側站一狗，抬頭張望。這是圖解楞伽經中所說的“生死如幻夢”。榜題：“我常說空法，遠離於斷常。生死如幻夢，而業亦不壞。虛空及涅槃，滅二亦如是。”

五代　楞伽經．集一切法品　莫61　南壁

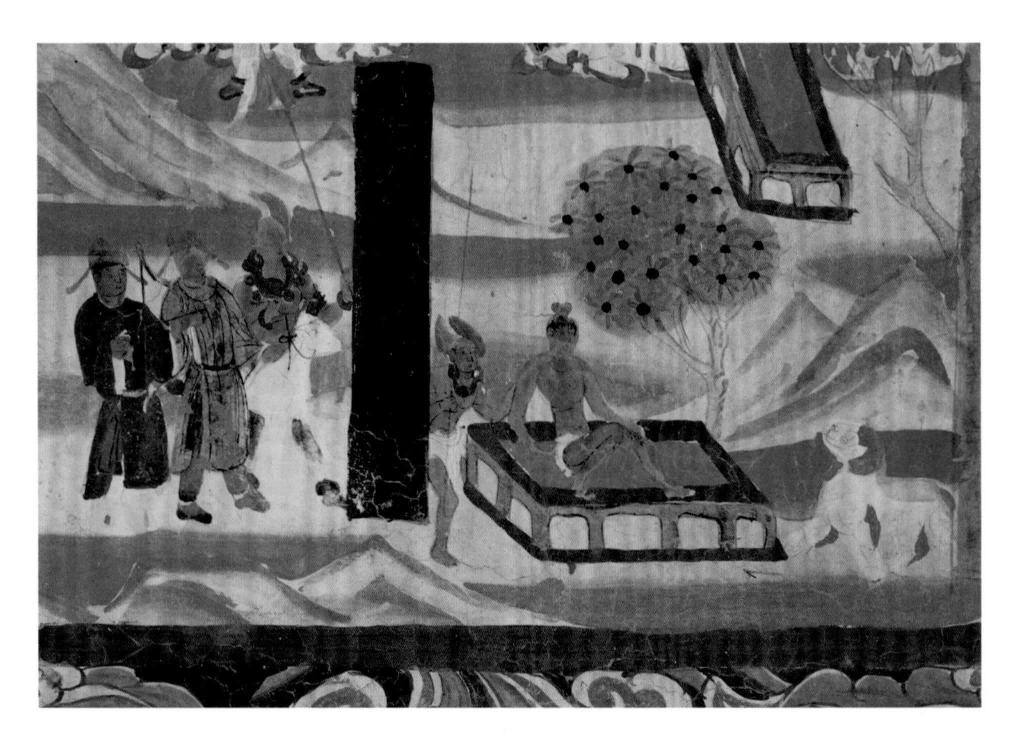

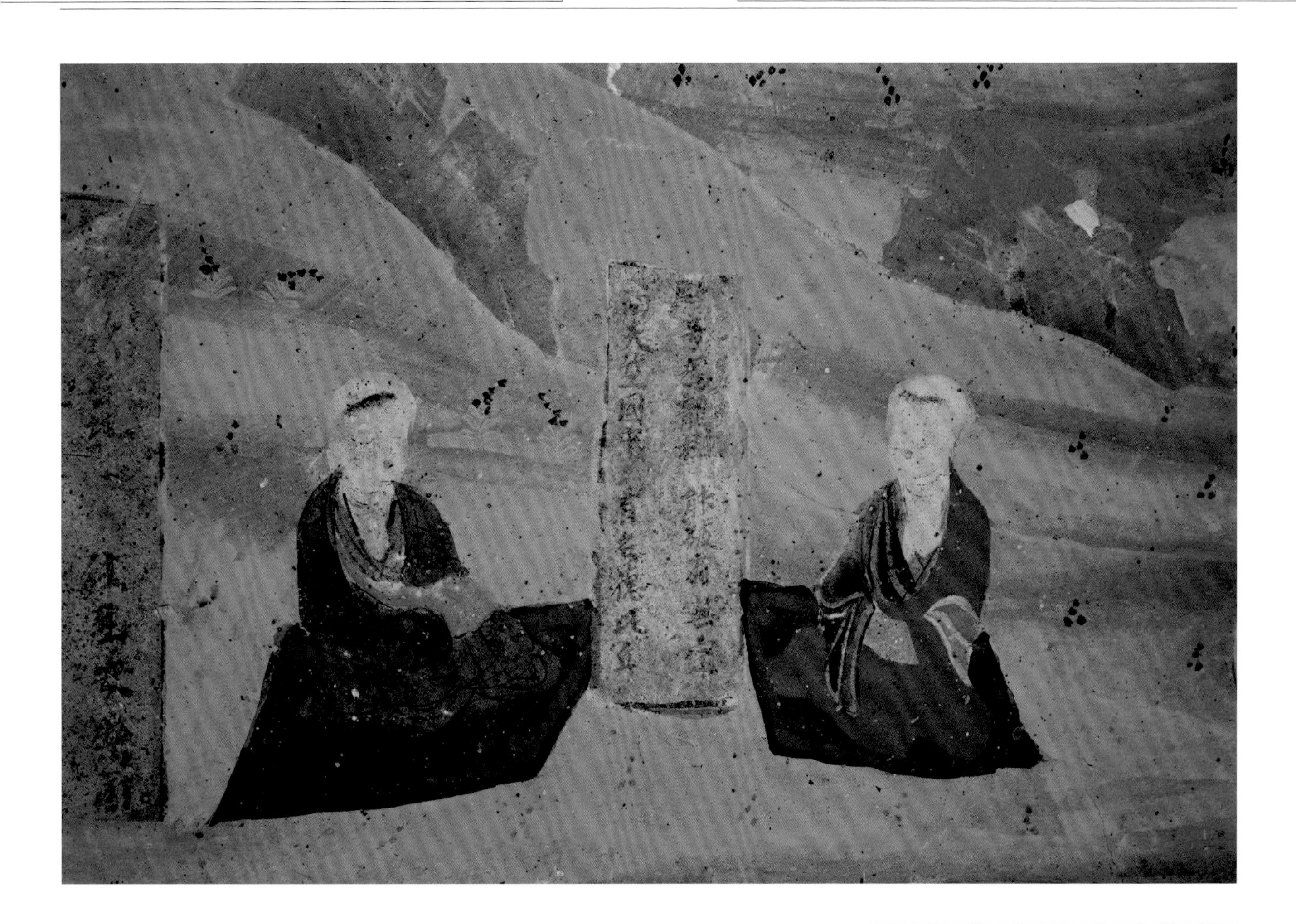

60 龍樹破有無宗

兩位比丘均着唐代袈裟，相對結跏趺坐。中間墨書榜題："南天竺國中，大名德比丘，其號為龍樹，能破有無宗。"龍樹是古代印度大乘佛教中觀學派的創始人，大約生活於公元3世紀。從榜題的位置看，左者似為龍樹。此經變竟繪出印度歷史人物，很有價值。

晚唐 楞伽經·偈頌品 莫85 窟頂東坡

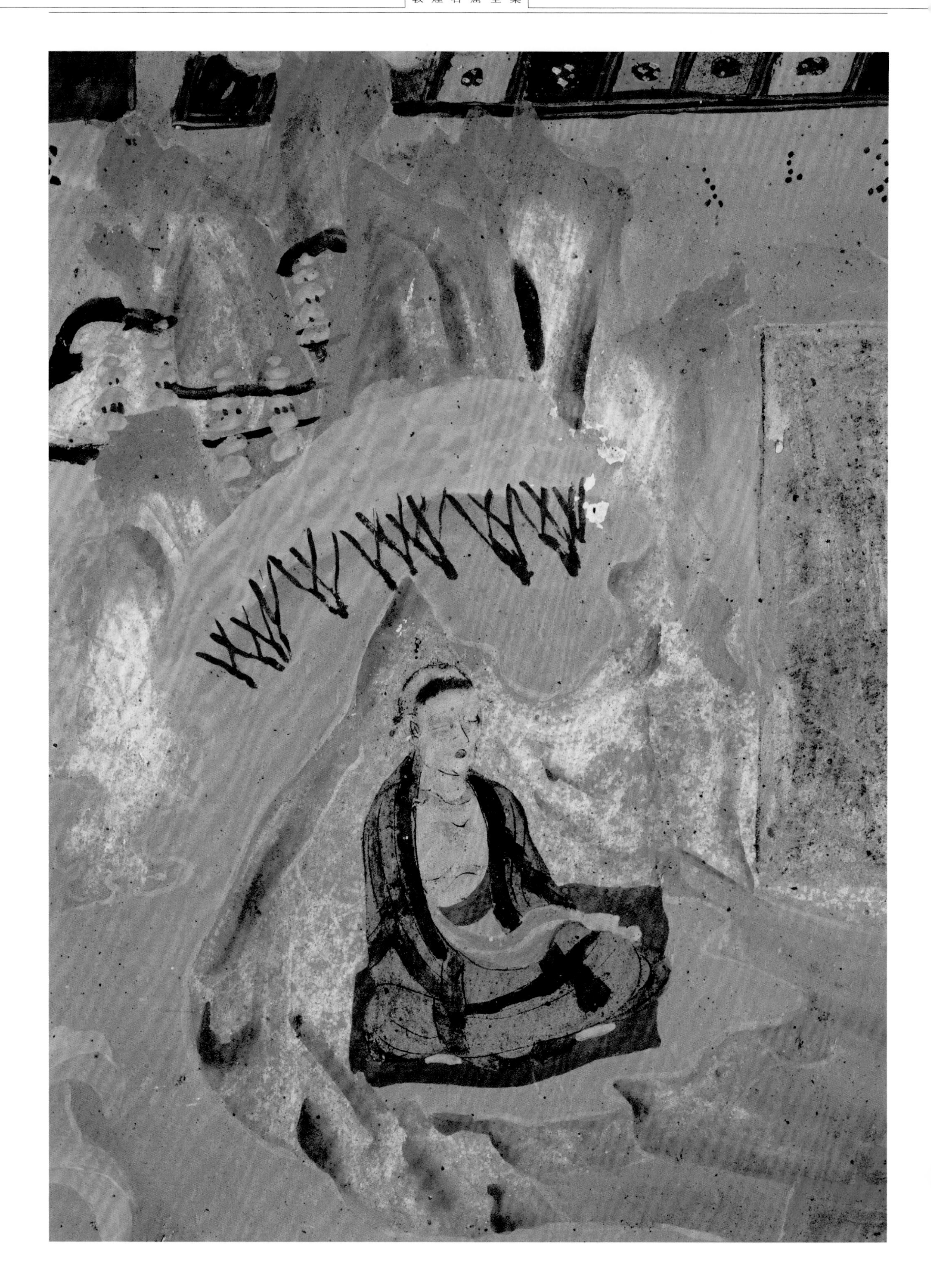

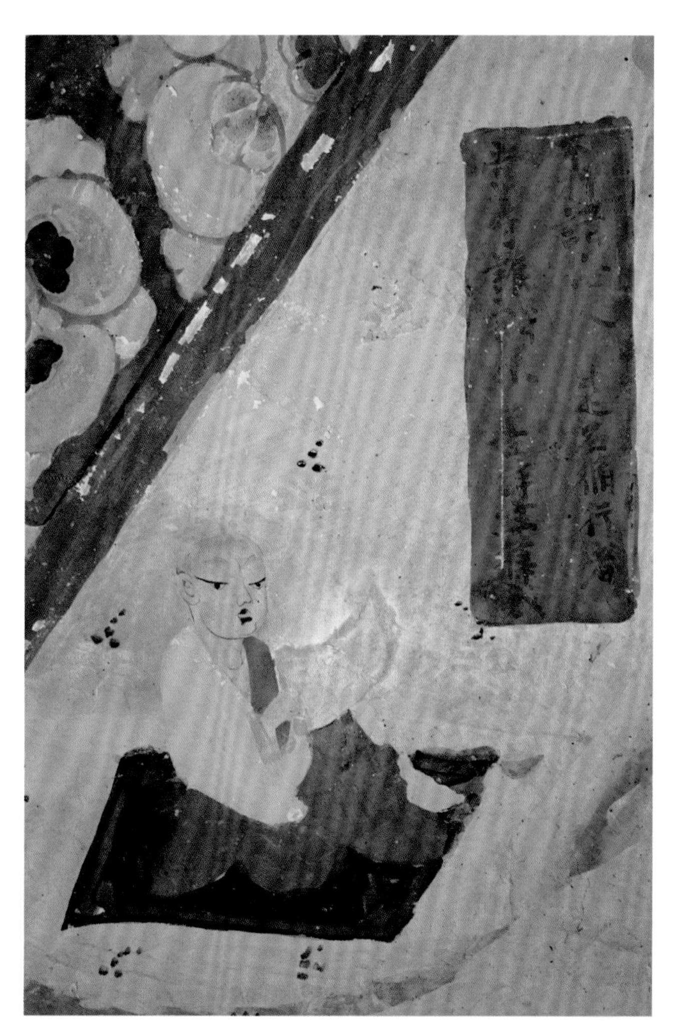

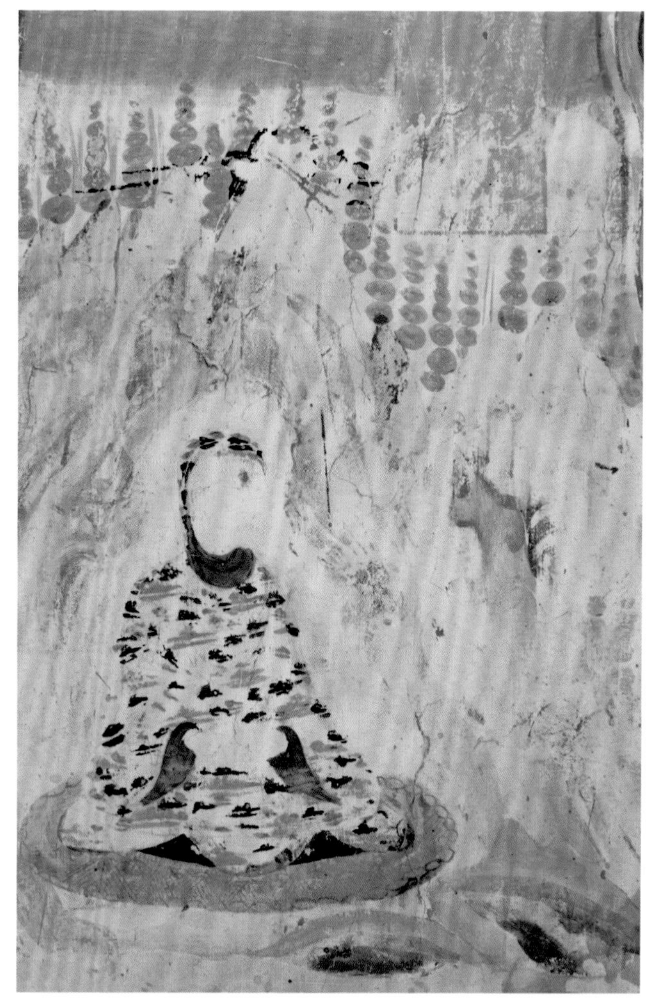

62 **雙手捧經讀**

一人穿綠上衣、紅裙子，坐在黑色方毯上，雙手捧經讀。榜題："常守護諸根，善解經律義，不狎諸俗人，是名修行者。"

晚唐 楞伽經 · 偈頌品 莫85 窟頂東坡

63 **深山坐禪**

這位僧人全身緊裹袈裟，在深山老林中結跏趺坐，靜心坐禪。可以想見晚唐敦煌僧人坐禪修行的情形。

晚唐 楞伽經 · 偈頌品 莫9 西壁

61 **深山靜思**

僧人在深山老林席地而坐，閉目靜思。榜題："心能持於身，意恒審思慮，意識諸識俱，了自心境界。"

晚唐 楞伽經 · 偈頌品 莫85 窟頂東坡

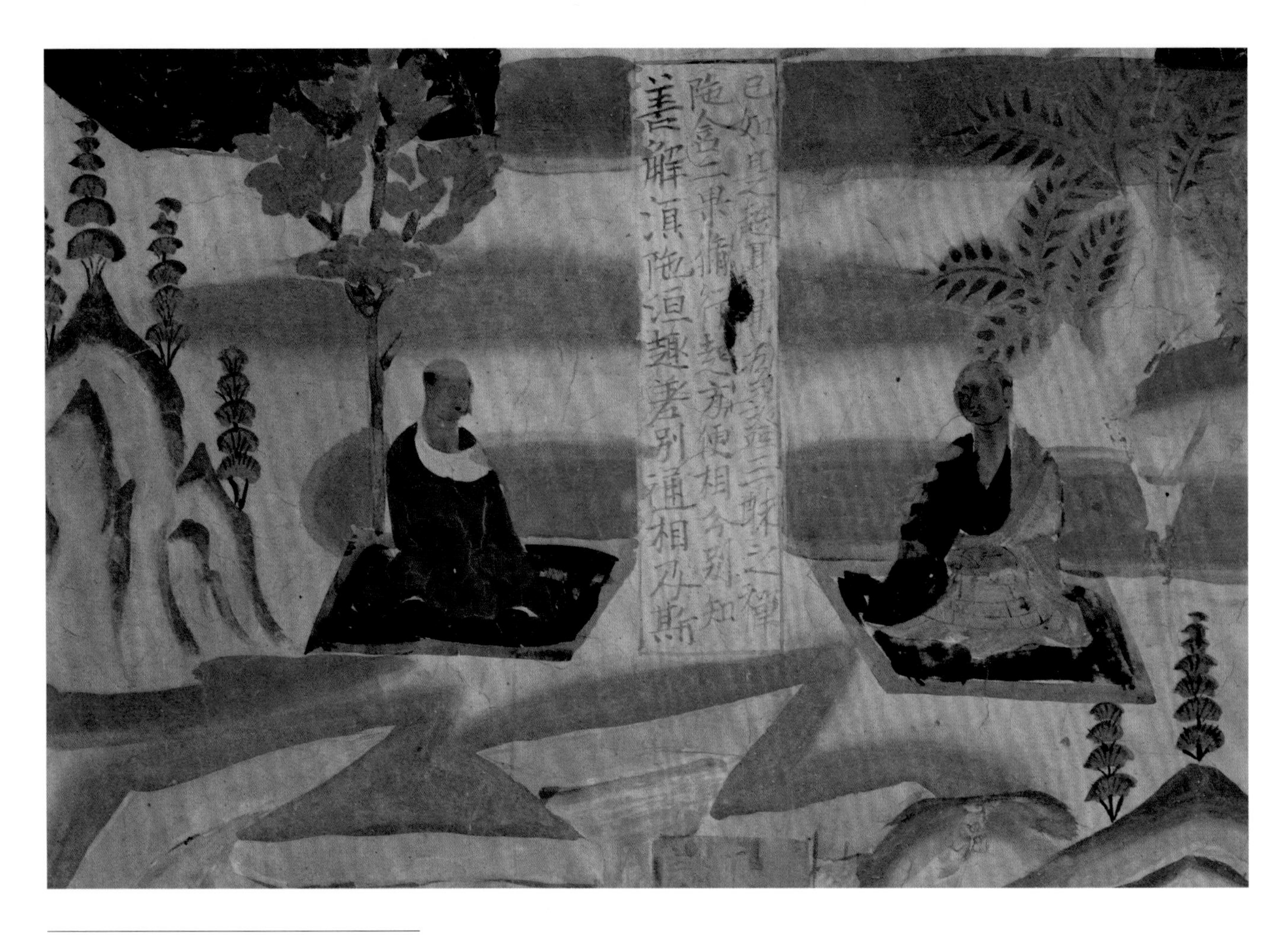

64 靜慮修禪

兩位僧人在樹下結跏趺坐，靜慮修禪。中間墨書榜題："聲聞為證三昧之禪。"

五代 楞伽經 · 集一切法品 莫61 南壁

第三節　禁斷食肉與世情生活的再現

眾所周知，禁斷食肉是佛教諸多戒律中的重要一條。雖然早期小乘佛教曾允許比丘食五種“淨肉”，但大乘佛教禁止食用一切肉類食品。

現存三種漢譯本楞伽經都宣傳禁斷食肉思想。四卷本《楞伽阿跋陀羅寶經》卷四末尾一節專講禁斷食肉，十卷本《入楞伽經》卷八內有《遮食肉品》，七卷本《大乘入楞伽經》卷六有《斷食肉品》。這些譯本都羅列出不許食肉的理由，歸納起來，主要有兩條：一是大乘佛教的宗旨是普渡眾生，悟道成佛，為此，必須大慈大悲，行善積德。而殺生食肉，罪惡深重，必陷十八層地獄，這就與普渡眾生，悟道成佛的宗旨大相徑庭。

二是佛教認為一切眾生在未悟道成佛之前，都處在生死輪迴之中，前世是至親好友，今世就可能是禽獸蟲魚。如果殺食禽獸蟲魚的肉，就等於殺食至親好友的肉，這是以慈悲為懷的諸佛菩薩絕對不能容許的。

為了勸戒善男信女們勿殺生食肉，楞伽經變中的諸多小型說法圖之間，穿插了許多禁斷食肉的小畫面。畫師着筆較多的，一是屠坊，二是獵人。如所有的楞伽經變中都有屠坊，表現屠宰賣肉的情景。依據佛經，畫面的本意是要勸戒人們遠離屠場，不要買肉吃，但卻比較真實地反映出當時“世情生活”賣肉買肉的情形，具有濃厚的民俗色彩。其次，楞伽經變中以較多的畫面表現殺生者——獵人。這並非是歌頌讚美獵人的生活，而是譴責打獵殘害生靈，獵人死後要進十八層地獄。

在勸戒善男信女不要殺生食肉的畫面中，還出現了尸毗王本生故事畫。故事的大意是說：釋提桓因，即帝釋天，有食肉的惡習，它變身為鷹，逐食於鴿，鴿求救於尸毗王。尸毗王——也就是釋迦佛的前世，大發慈悲，割股取肉，換救鴿命。敘述完故事後，經中特別強調：“當知食肉自惱惱他，是故菩薩不應食肉。”早期敦煌壁畫中，這個故事是以單獨的本生故事畫流行的，主旨是適應北朝佛教思潮，宣傳尸毗王為救一隻鴿子而自我犧牲的精神。但在中晚唐以後的楞伽經變中，尸毗王本生卻變成楞伽經變的組成部分，以譴責殺生食肉。畫面的構圖佈局，大致延續了北朝的形式，但人物的刻畫遠不如前。

楞伽經反對殺生食肉，那麼應該如何對待野獸呢？楞伽經云：“獅子及虎狼，應共同遊止。”所有楞伽經變中，都畫有一菩薩，結跏趺坐，為獅、虎、鹿、羊等獸說法，以表現人類與“獅子及虎狼，應共同遊止”，這恰恰符合了現代科學的環保觀念。

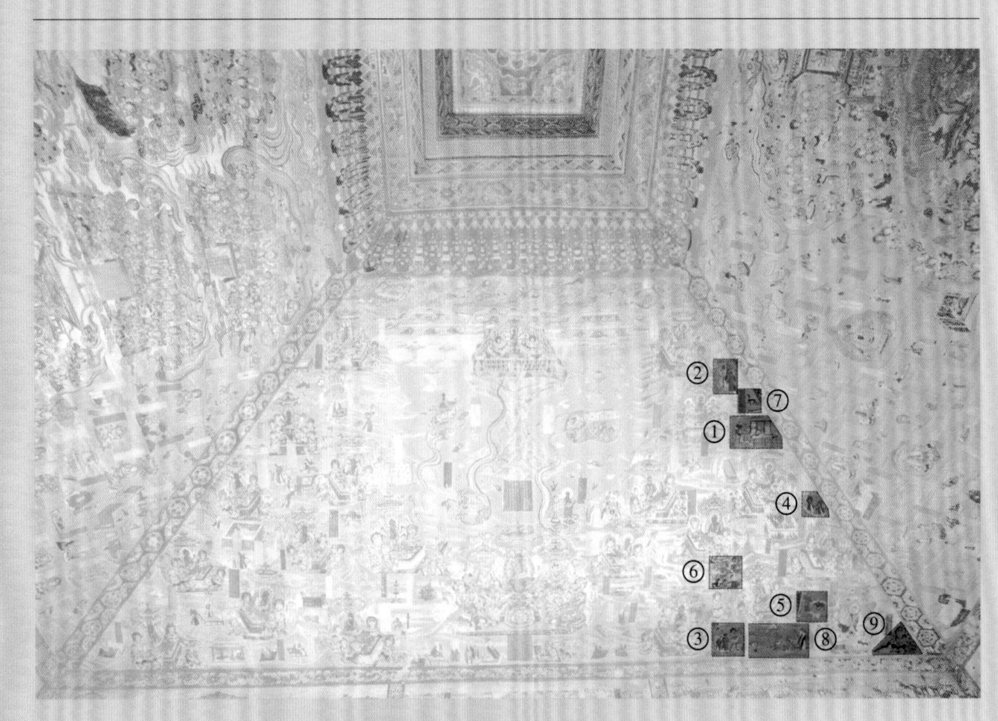

莫85窟楞伽經變斷食肉品情節分佈圖

① 屠宰　② 獵人　③ 羅剎鬼與獵人　④ 二獵人　⑤ 販賣牛羊　⑥ 羅剎食肉　⑦ 勸戒食肉
⑧ 尸毗王本生　⑨ 菩薩為眾獸說法

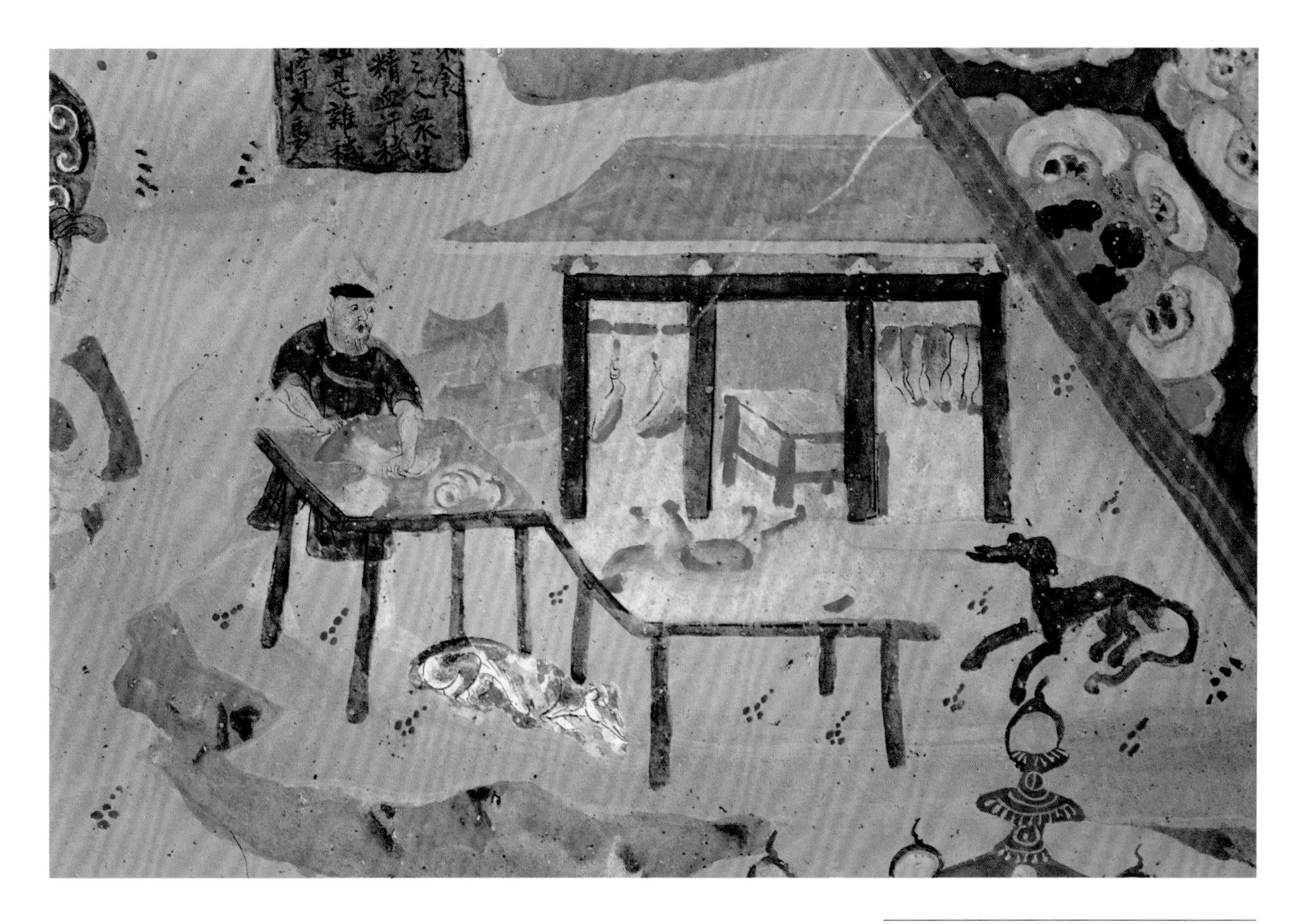

65 屠宰

屠房門前的一張案上，放一隻已被宰殺的羊。屠夫站在另一案邊剔肉。右側地上臥一隻餓狗，抬頭望着屠夫，希望給它一塊骨頭。屠夫前面的地上，還躺着一隻捆綁待殺的羊。屠房內掛滿待售的肉。雖然畫師的本意是勸戒善男信女勿殺生食肉，但在客觀上卻反映了晚唐時期敦煌肉市的真情實景。

晚唐 楞伽經·斷食肉品 莫85 窟頂東坡

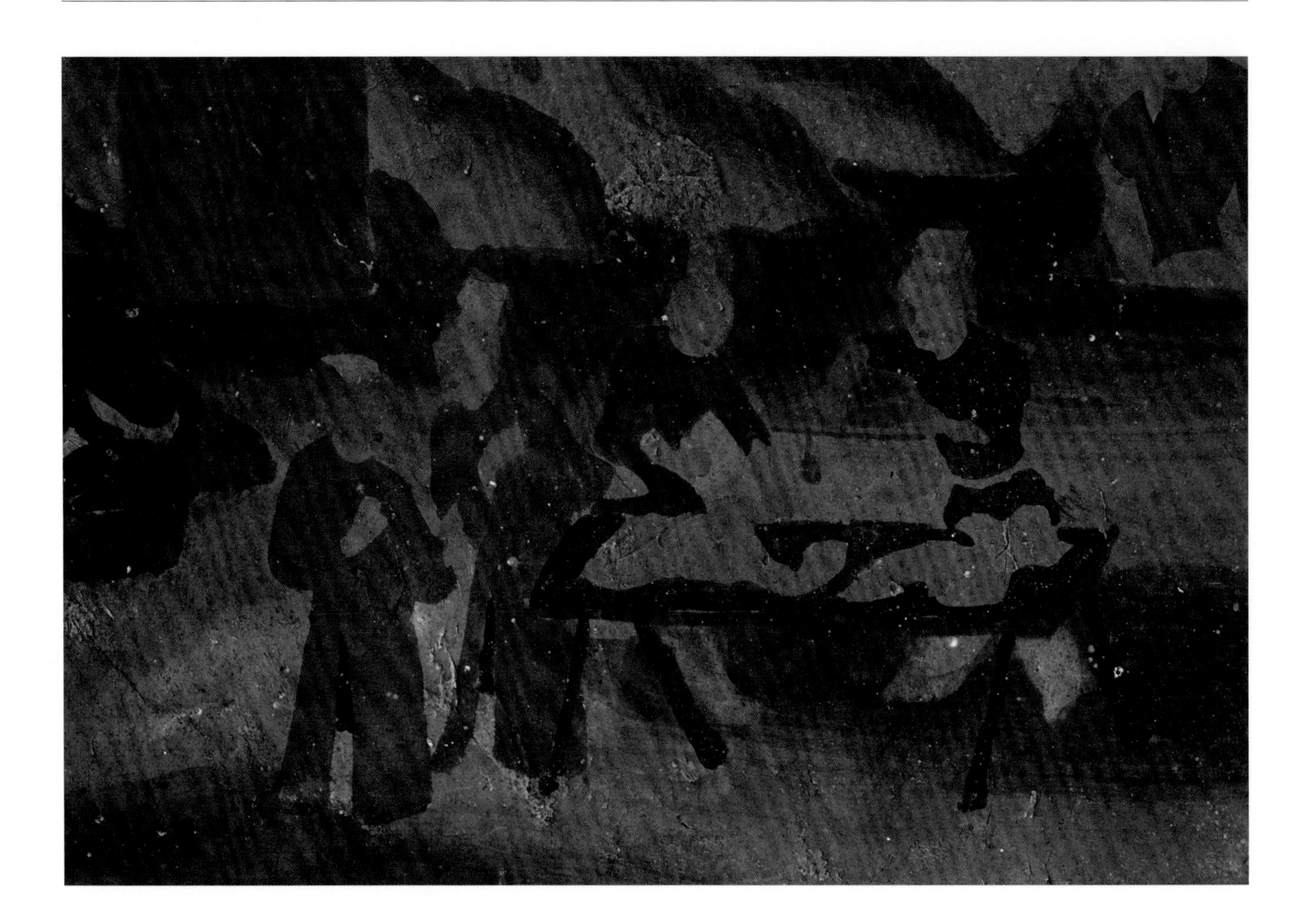

66 肉市

野外肉市。左側兩顧客買肉，一個回頭詢問另一個，似乎在議論肉價。右側兩肉商，一切肉，一稱肉，顯得相當繁忙。

晚唐 楞伽經・斷食肉品 莫156 窟頂東坡

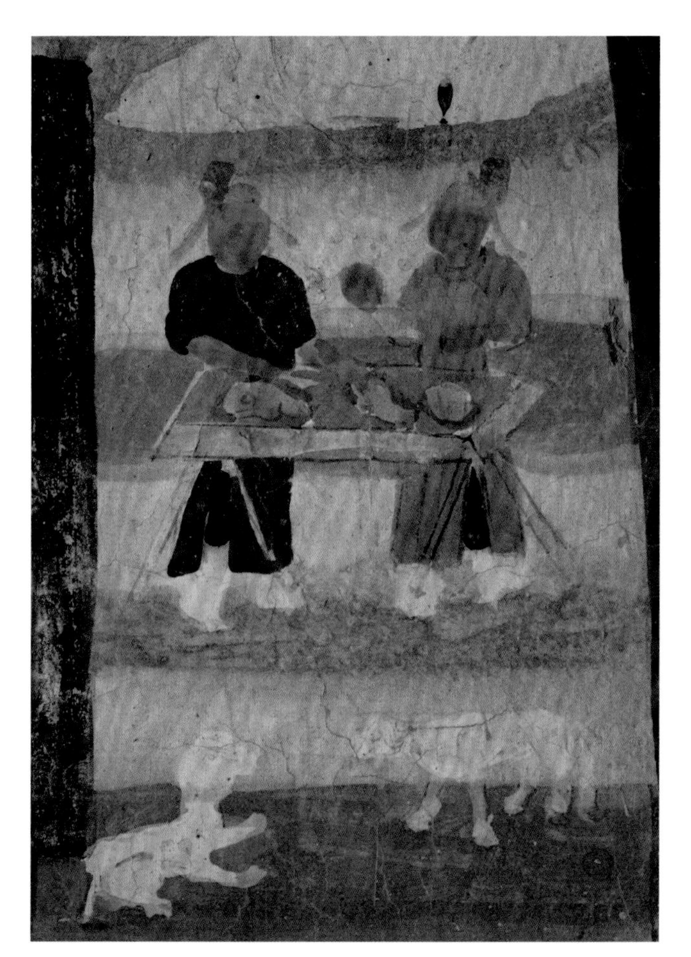

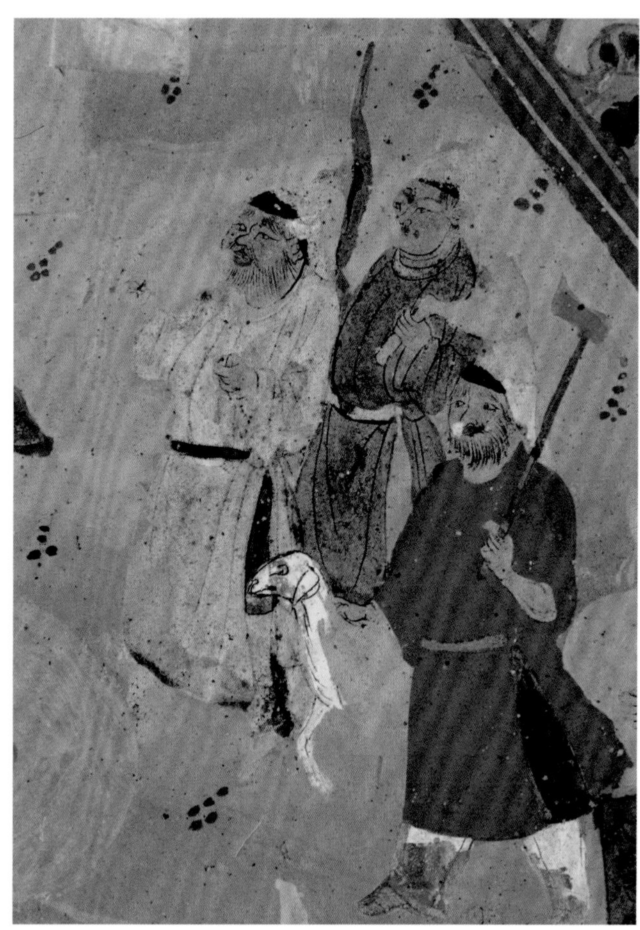

67 **肉市**

這一家肉鋪看來生意不好，除了兩隻餓狗以外，無一顧客。

五代 楞伽經 · 斷食肉品 莫61 南壁

68 **精神抖擻的獵人**

楞伽經云：“以貪味故，廣設方便，置羅網罟，處處安施，水陸飛行，皆被殺害。”畫面中的三個獵人，正精神抖擻地尋找獵物捕殺。這樣處理人物，雖然與經旨相左，卻生動地刻畫了一組獵人形象，作為藝術品，十分珍貴。

晚唐 楞伽經 · 斷食肉品 莫85 窟頂東坡

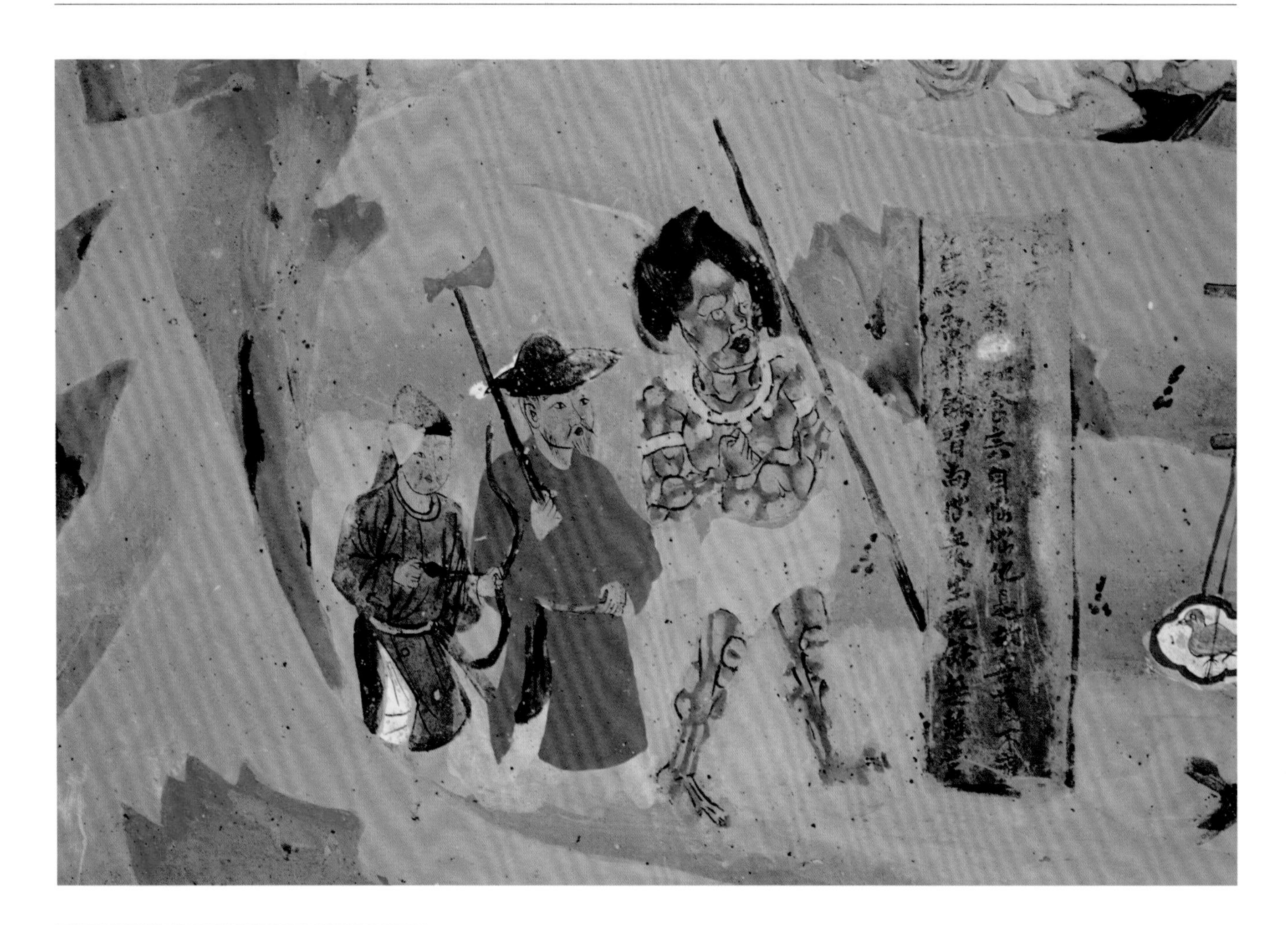

69 羅刹與獵人

羅刹鬼僅穿綠色短褲，豎髮衝天，全身肌肉暴突，手持長棍，兇殺相活靈活現。後面跟隨着獵人。羅刹鬼前墨書榜題："無慚常食肉者。"

晚唐 楞伽經 · 斷食肉品 莫85 窟頂東坡

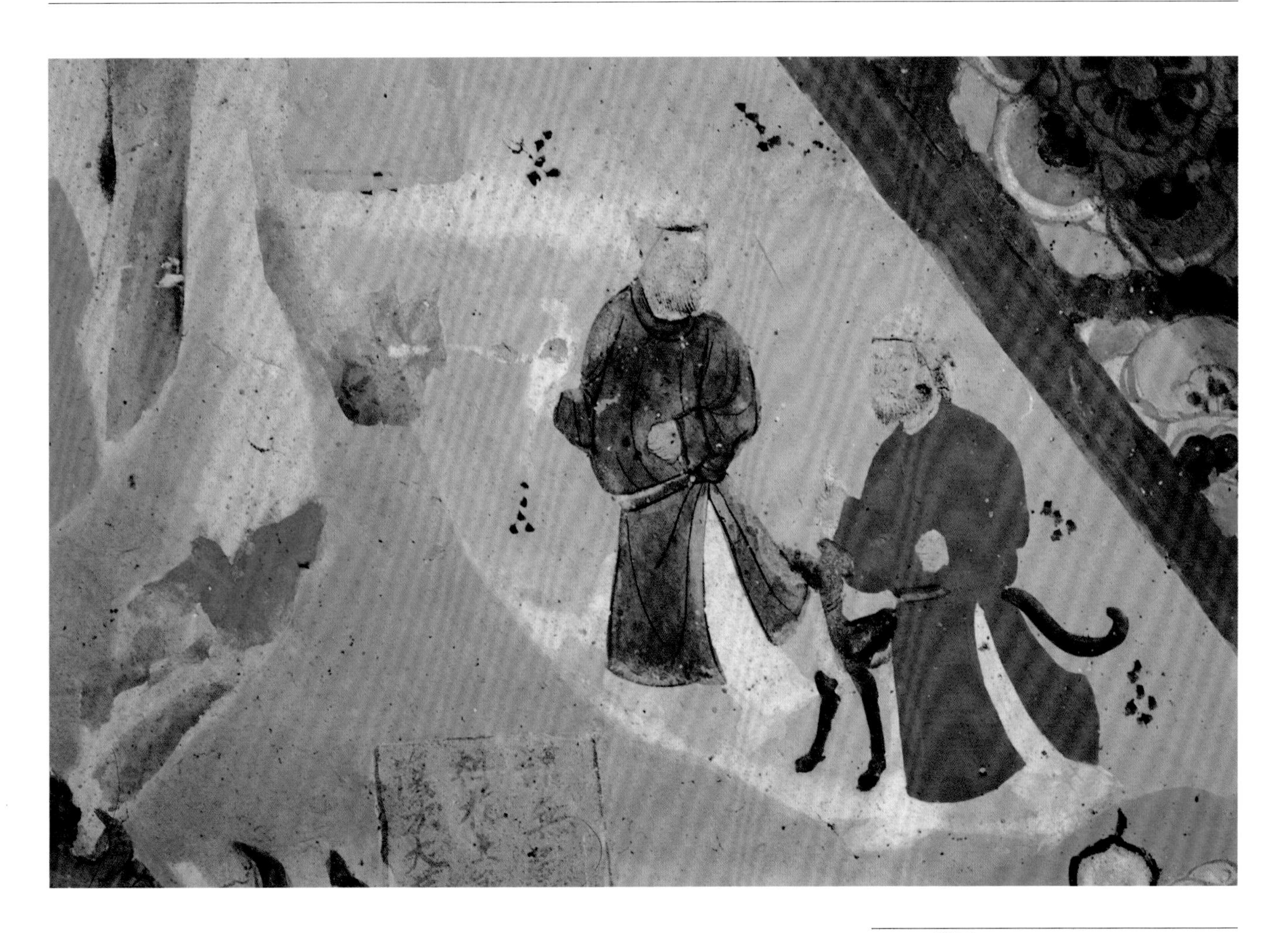

70 **二獵人**

這兩個獵人帶一隻獵狗和一隻鷹，正在山間尋找獵物。

晚唐 楞伽經·斷食肉品 莫85 窟頂東坡

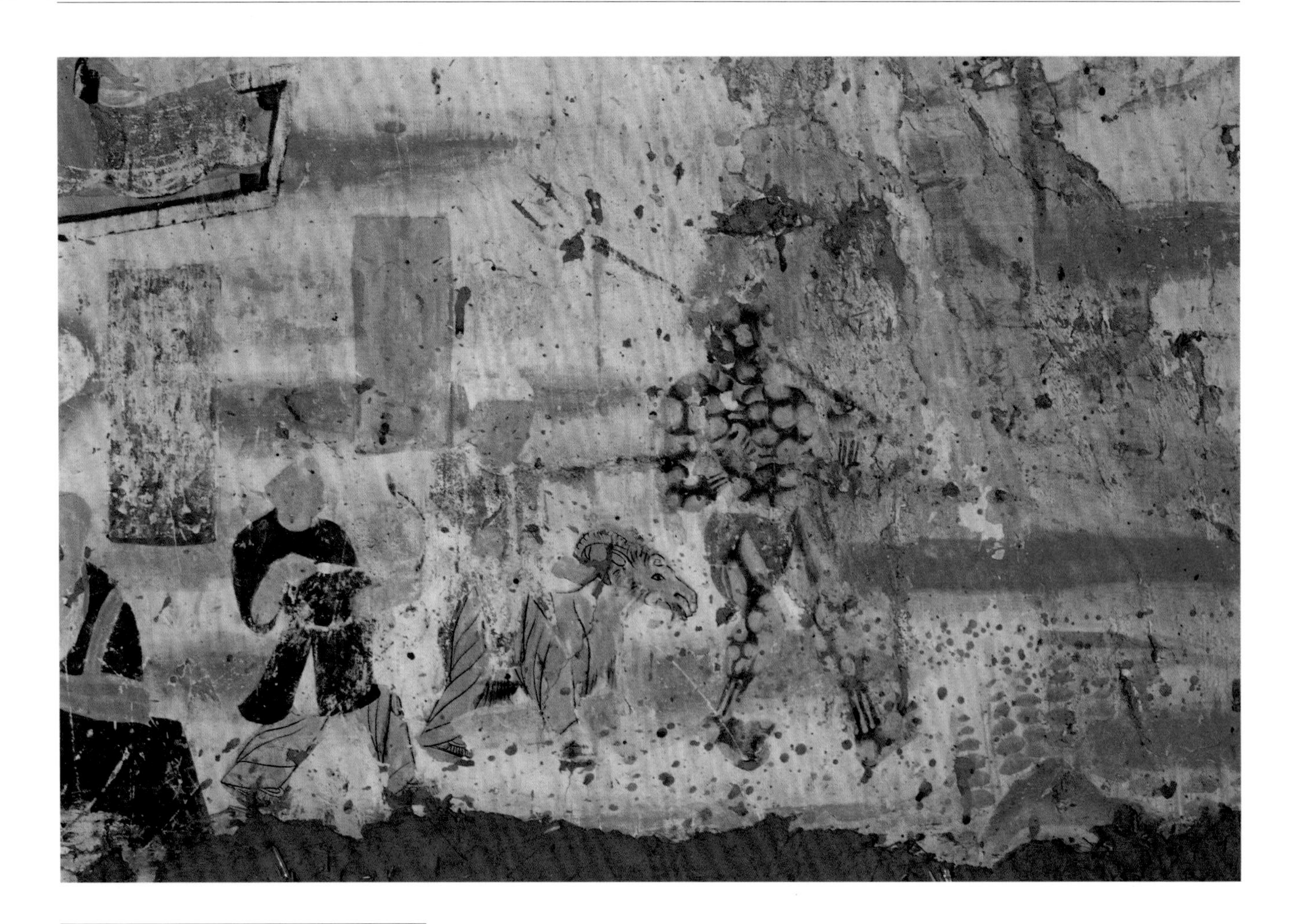

71 **羅刹與獵人**

羅刹鬼和兩獵人，帶着一隻捕獲的野羊凱旋在歸途上。

晚唐 楞伽經 · 斷食肉品 莫9 西壁

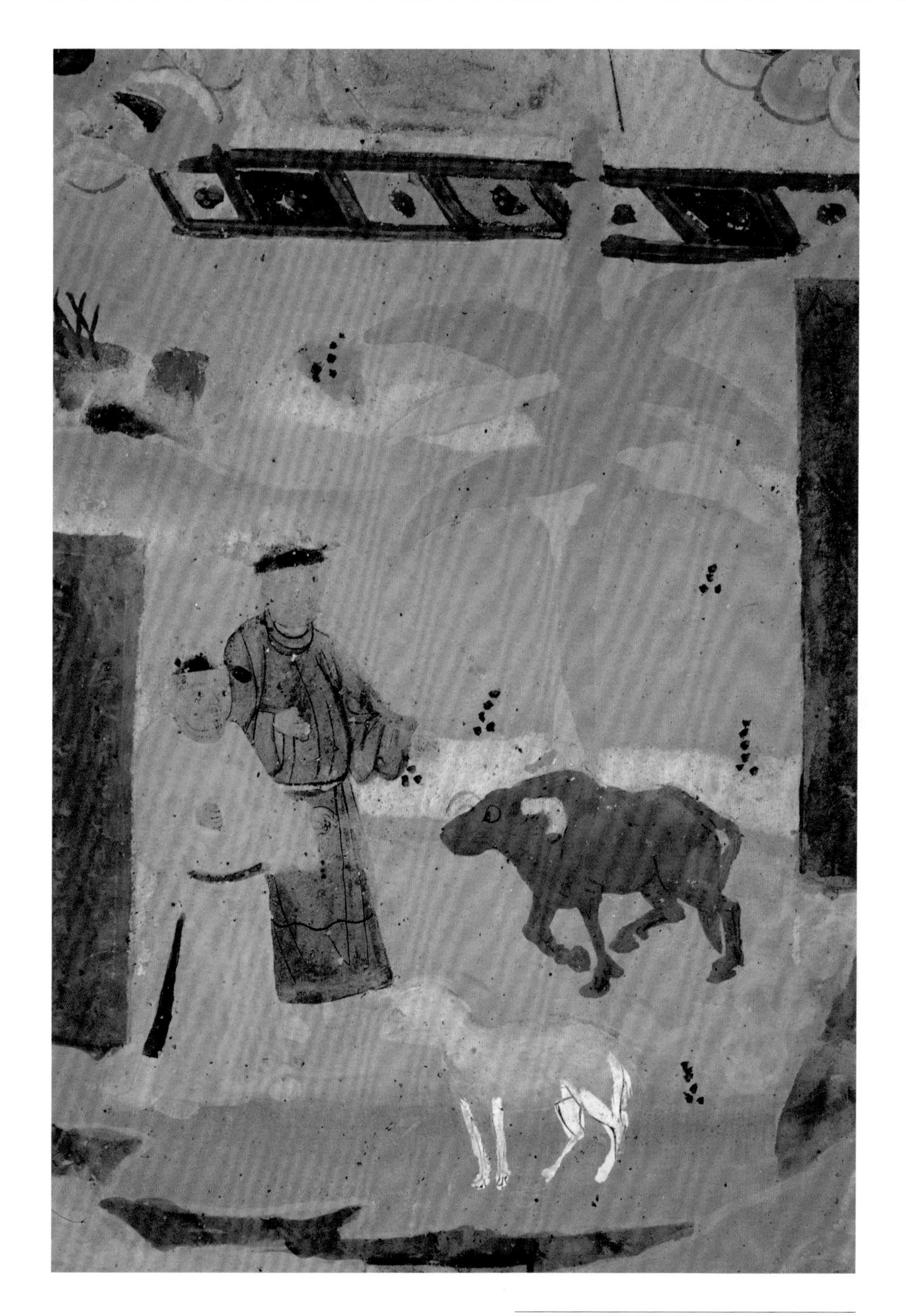

72 販賣牛羊

楞伽經云：“設自不食，為貪價直，而作是事。”圖中兩商人“為貪價直”，站在樹下售賣牛羊。

晚唐 楞伽經・斷食肉品 莫85 窟頂東坡

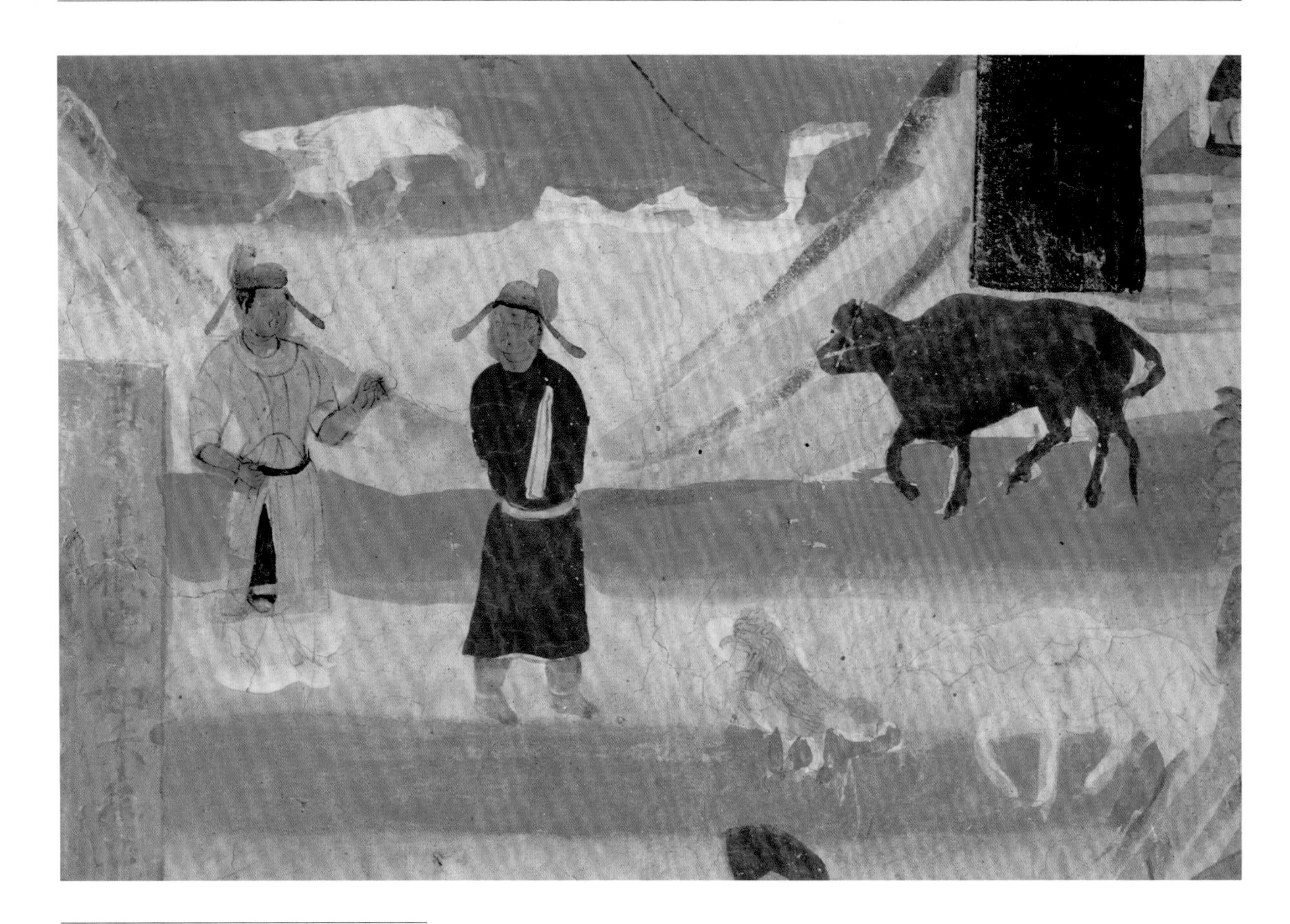

73 討價還價

楞伽經云："為利殺眾生，以財取諸肉，二俱是惡業，死墮叫喚獄。"畫中的兩個商人正在為交易牛、羊、雞而討價還價。

五代 楞伽經·斷食肉品 莫61 南壁

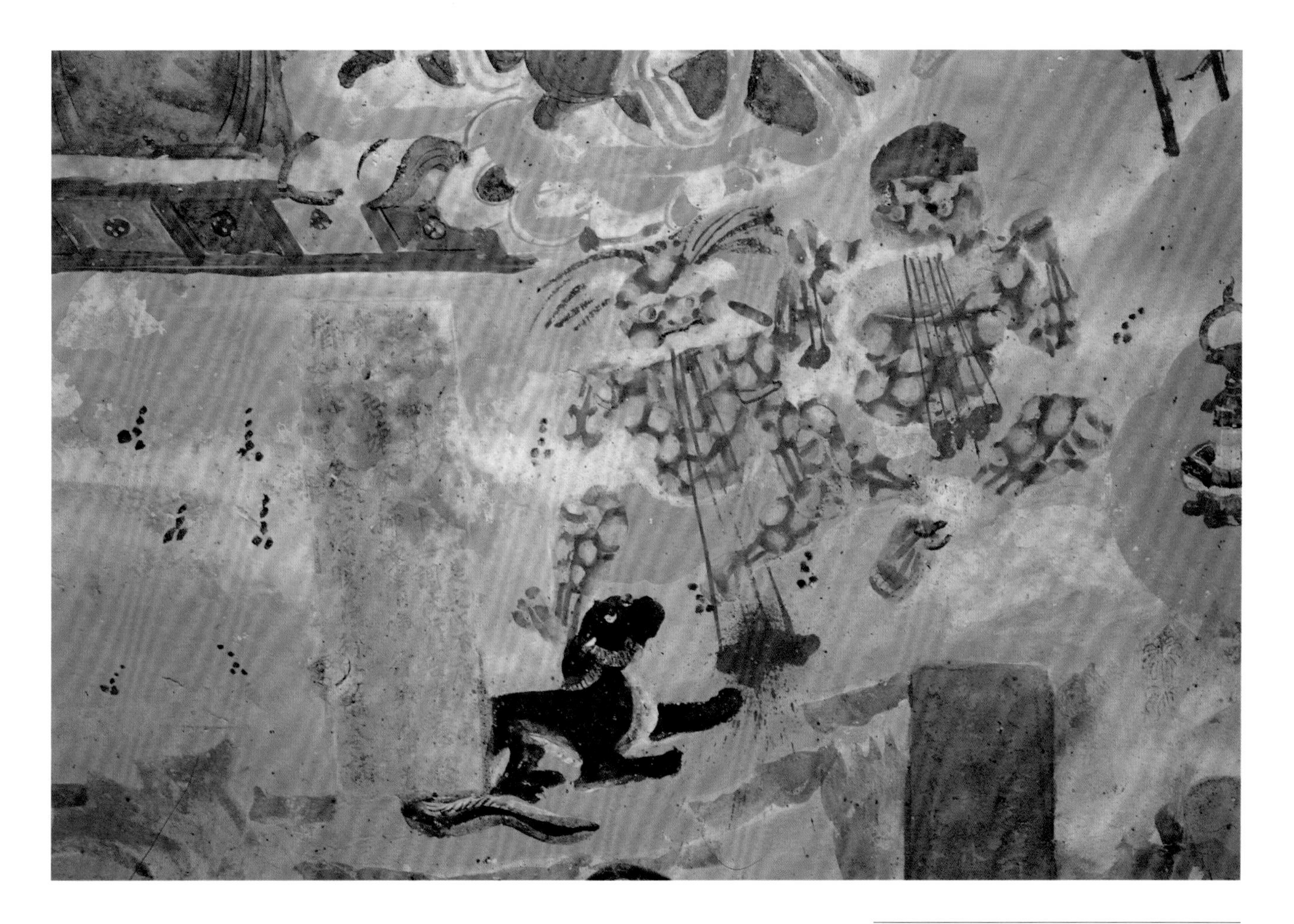

74 **羅剎食肉**

二羅刹鬼，肌肉暴突，張開大嘴吃肉，左側地上臥一狗，眼露貪光。按楞伽經的說法，這兩個羅刹鬼是由於前世食肉得惡報，被轉成羅刹鬼身的。

晚唐 楞伽經·斷食肉品 莫85 窟頂東坡

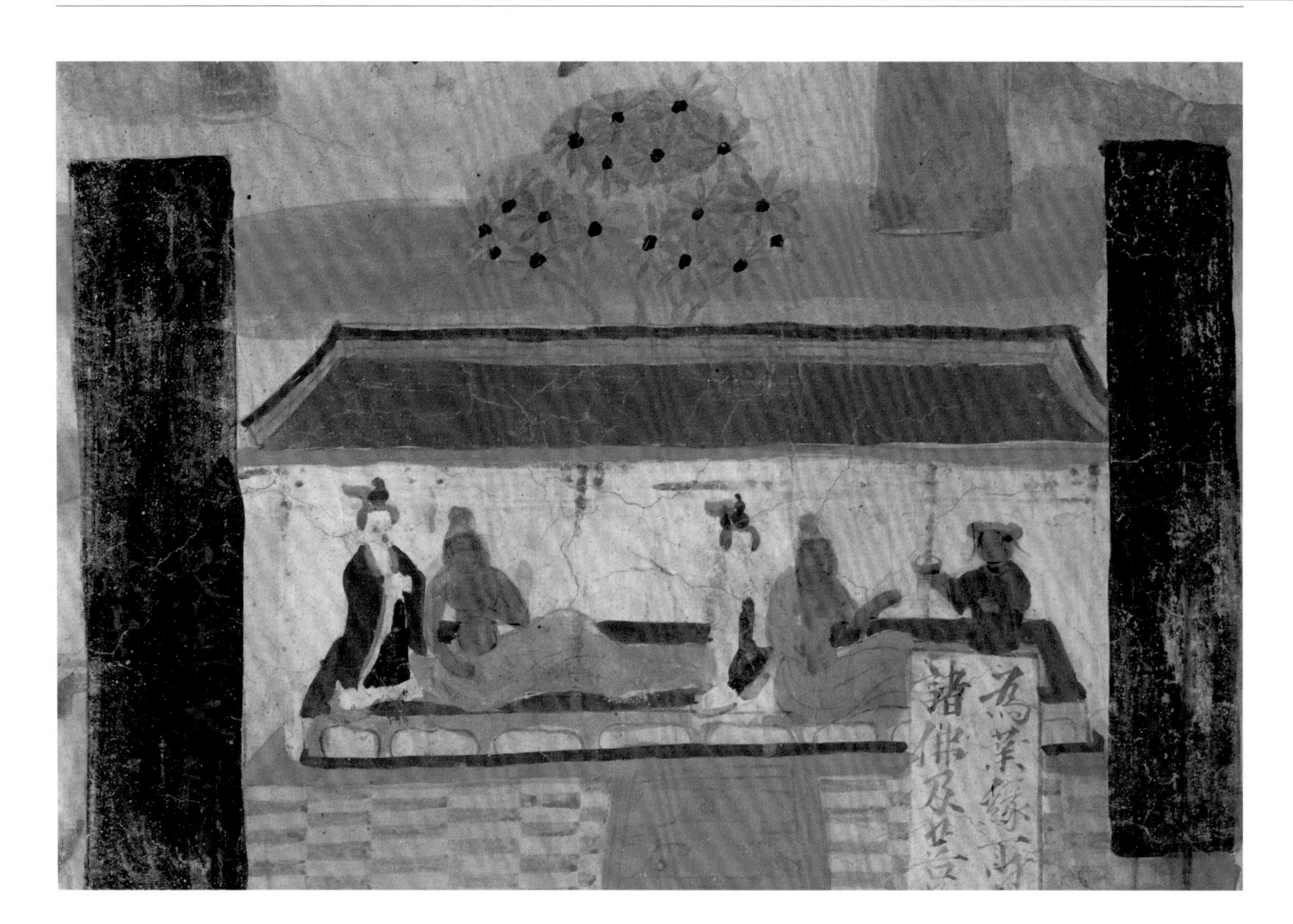

75 **食肉生病**

楞伽經云："食肉者……增長疾病，易生瘡癬。"畫師據此畫兩病人坐床上，身後各有一女子護理。右側畫一醫生，給病人湯藥。榜題："諸佛及菩薩，聲聞所嫌惡，為業緣所報，床臥服湯藥。"

五代 楞伽經・斷食肉品 莫61 南壁

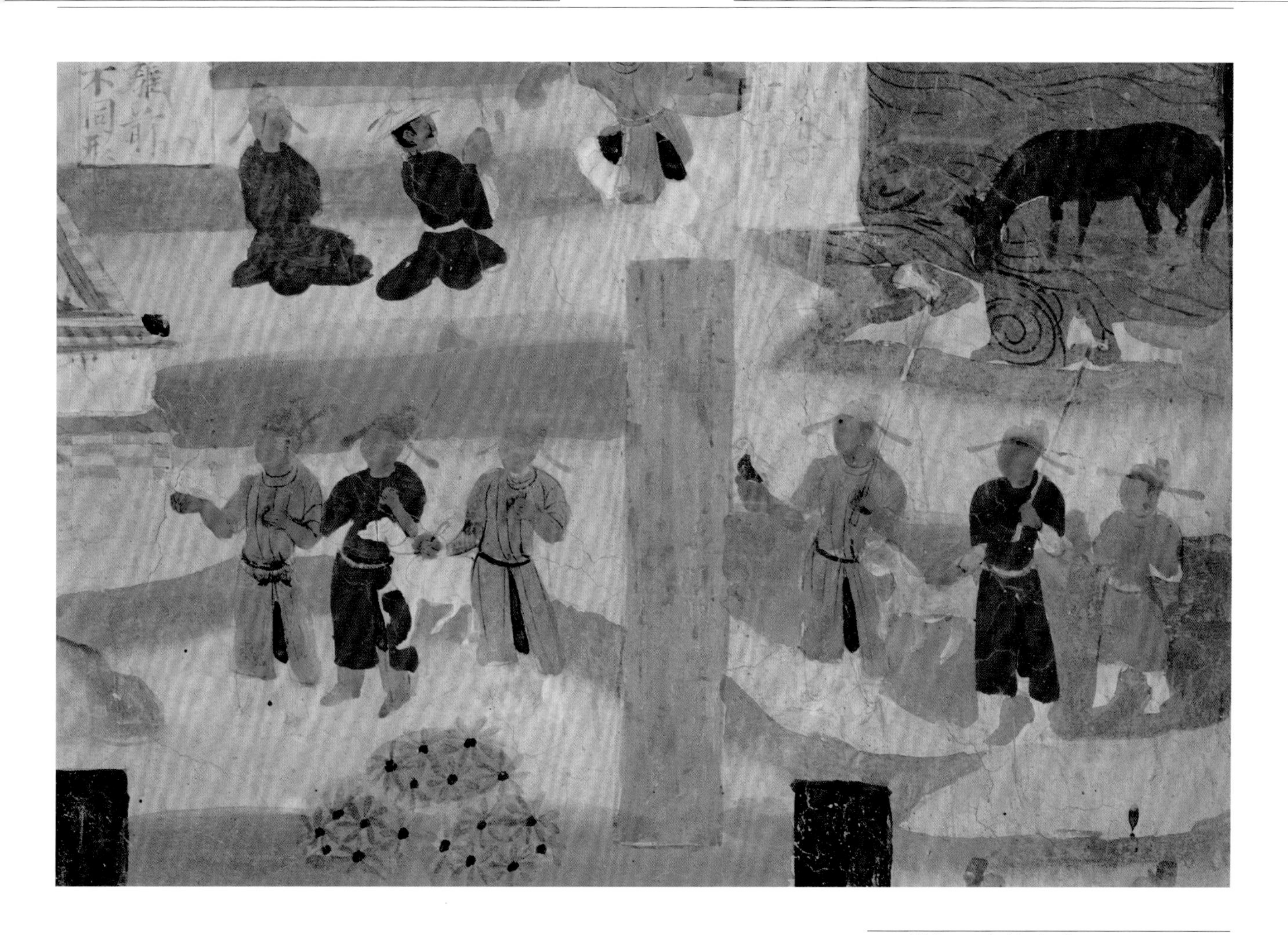

76 獵師屠兒皆食肉

右側一組表現獵師，左側一組表現屠兒。中間榜題："獵師旃荼羅，屠兒羅刹婆，此等種中生，斯皆食肉報，食已無慚愧，生生常癲狂。"此圖的喻意是：即使是身健體胖的獵師屠兒，都會因食肉而生病。

五代 楞伽經·斷食肉品 莫61 南壁

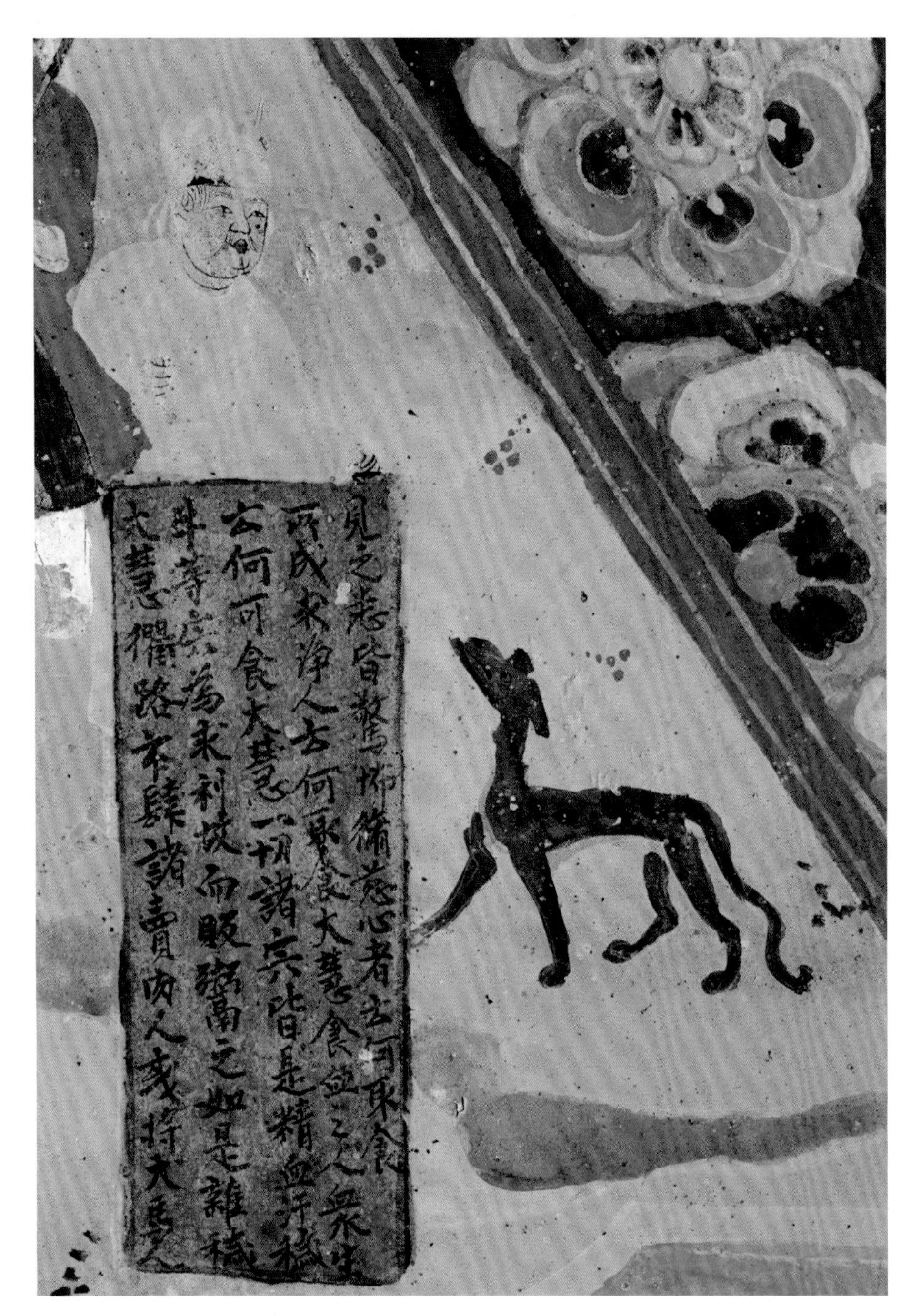

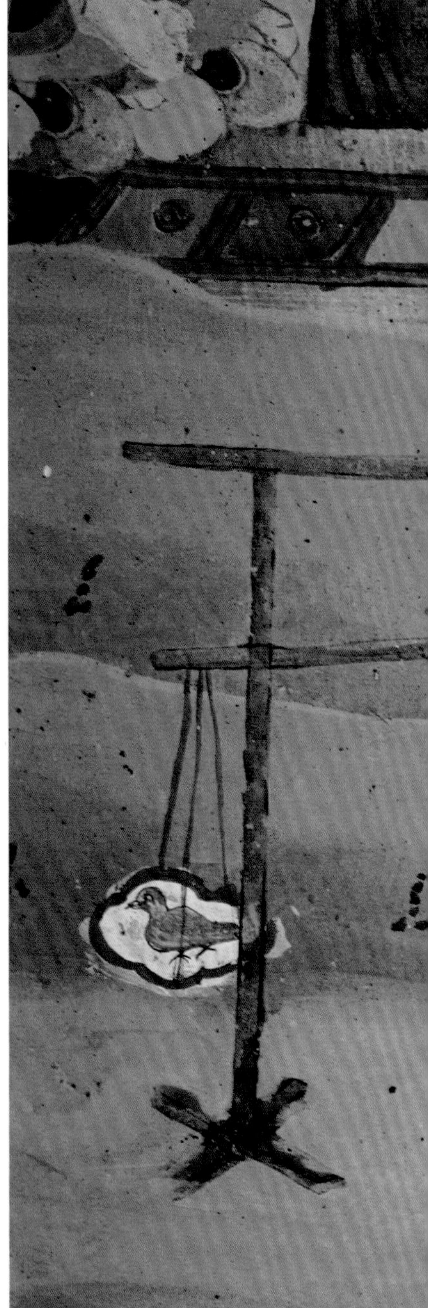

77 **勸戒食肉**

穿綠袍的小吏，手裏拿的應是肉。餓狗也許是聞到肉味，向其張望。狗的造型有點誇張。榜題的意思是勸人不要殺生食肉。

晚唐 楞伽經．斷食肉品 莫85 窟頂東坡

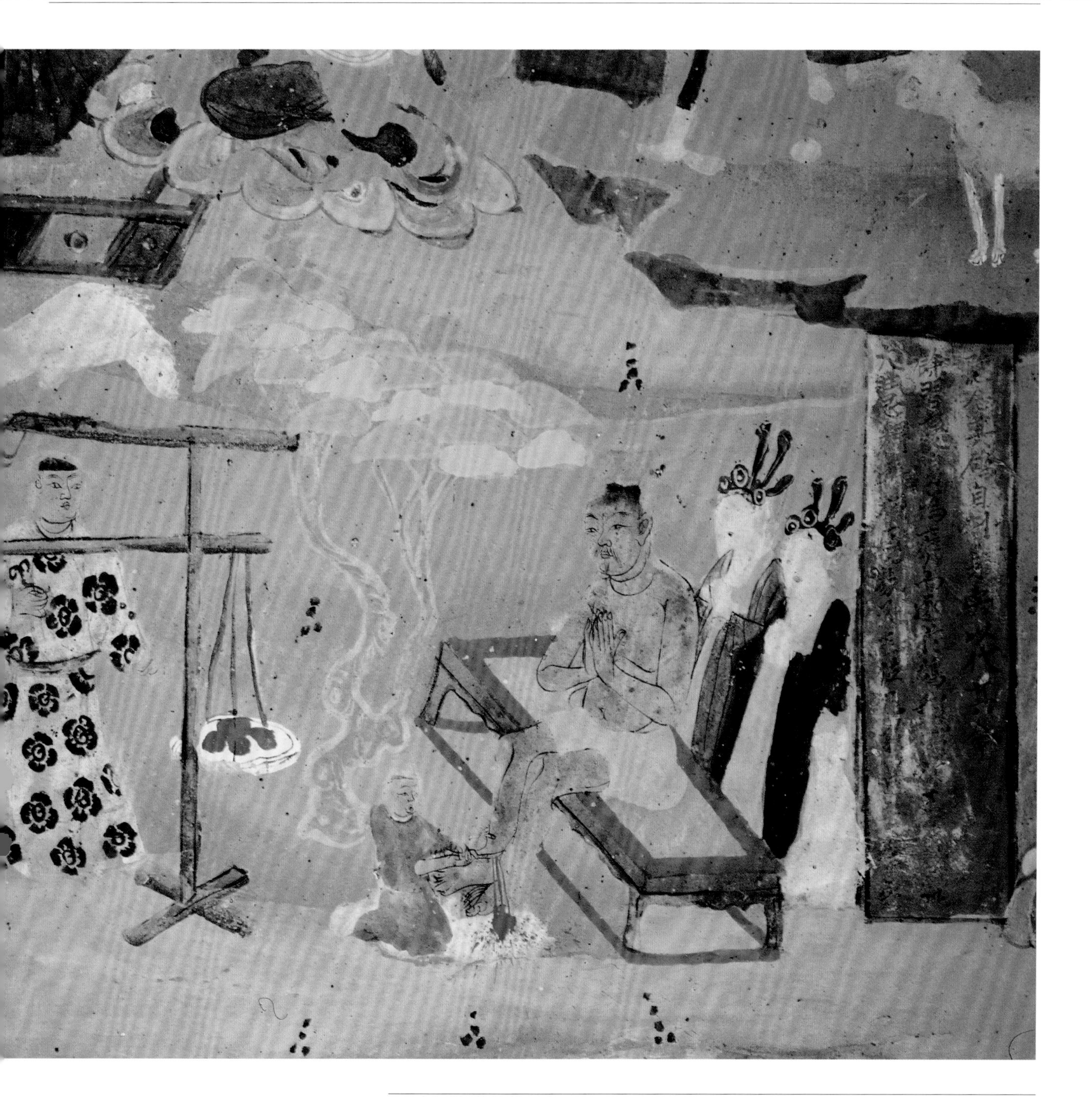

78 **尸毗王本生**

畫面以樹為界，分為兩部分：樹右側為穿綠色短褲的尸毗王，兩手合十，雙腿下垂，平靜地坐在几上。几前跪一人，着紅袍，正持刀割取尸毗王小腿上的肉，鮮血流地。尸毗王身後侍立二女眷，因線條脱落，面部表情不詳。樹左側畫一桿秤，左端秤盤上臥一隻藍色鴿子，右端秤盤上放四塊鮮紅的肉，中間立掌秤人。秤架上的白色老鷹，貪婪地盯着秤盤上的鮮肉。畫師為了突顯鮮紅的血肉，特以白色畫秤盤，紅白對比十分強烈。

晚唐 楞伽經 · 斷食肉品 莫85 窟頂東坡

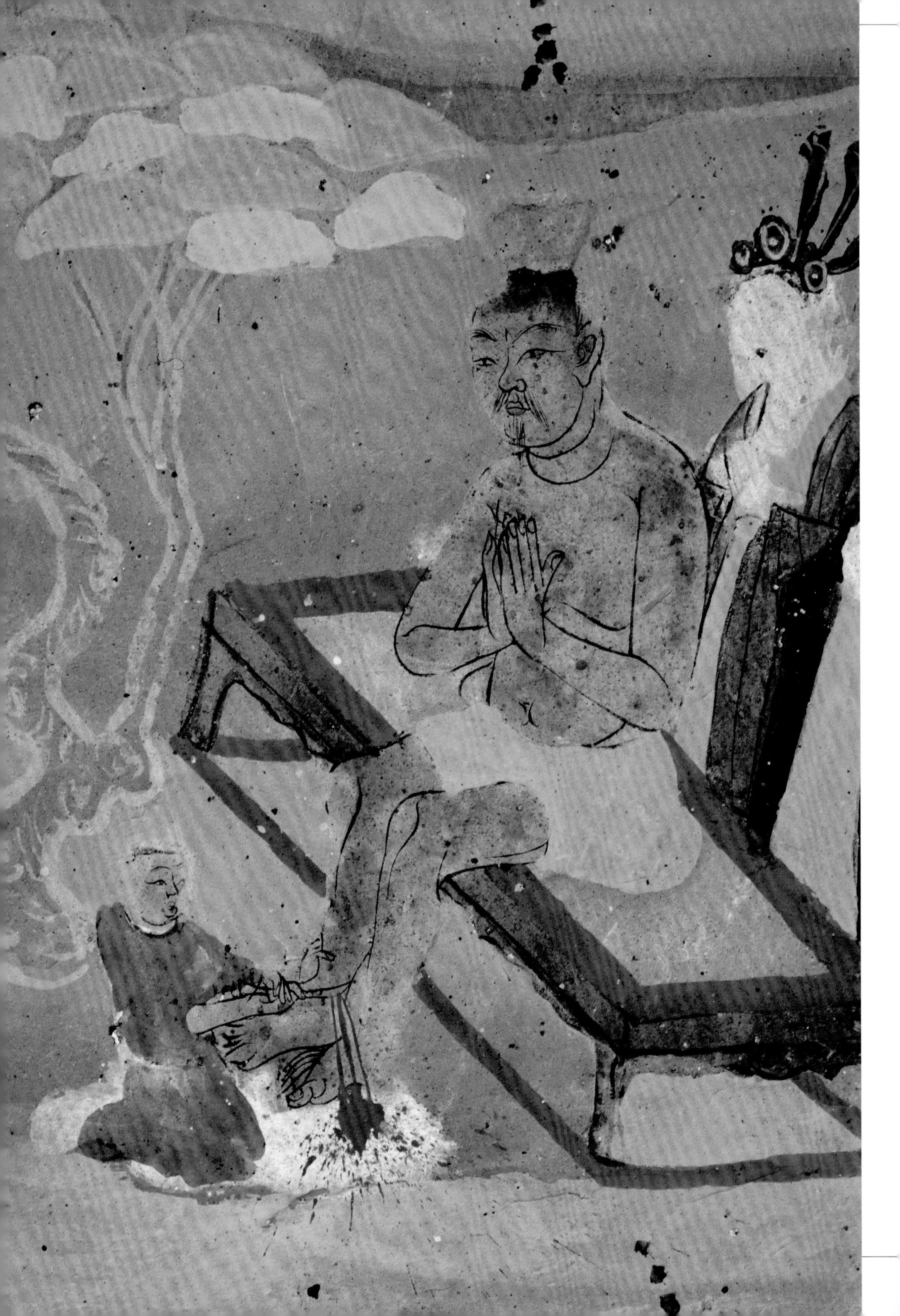

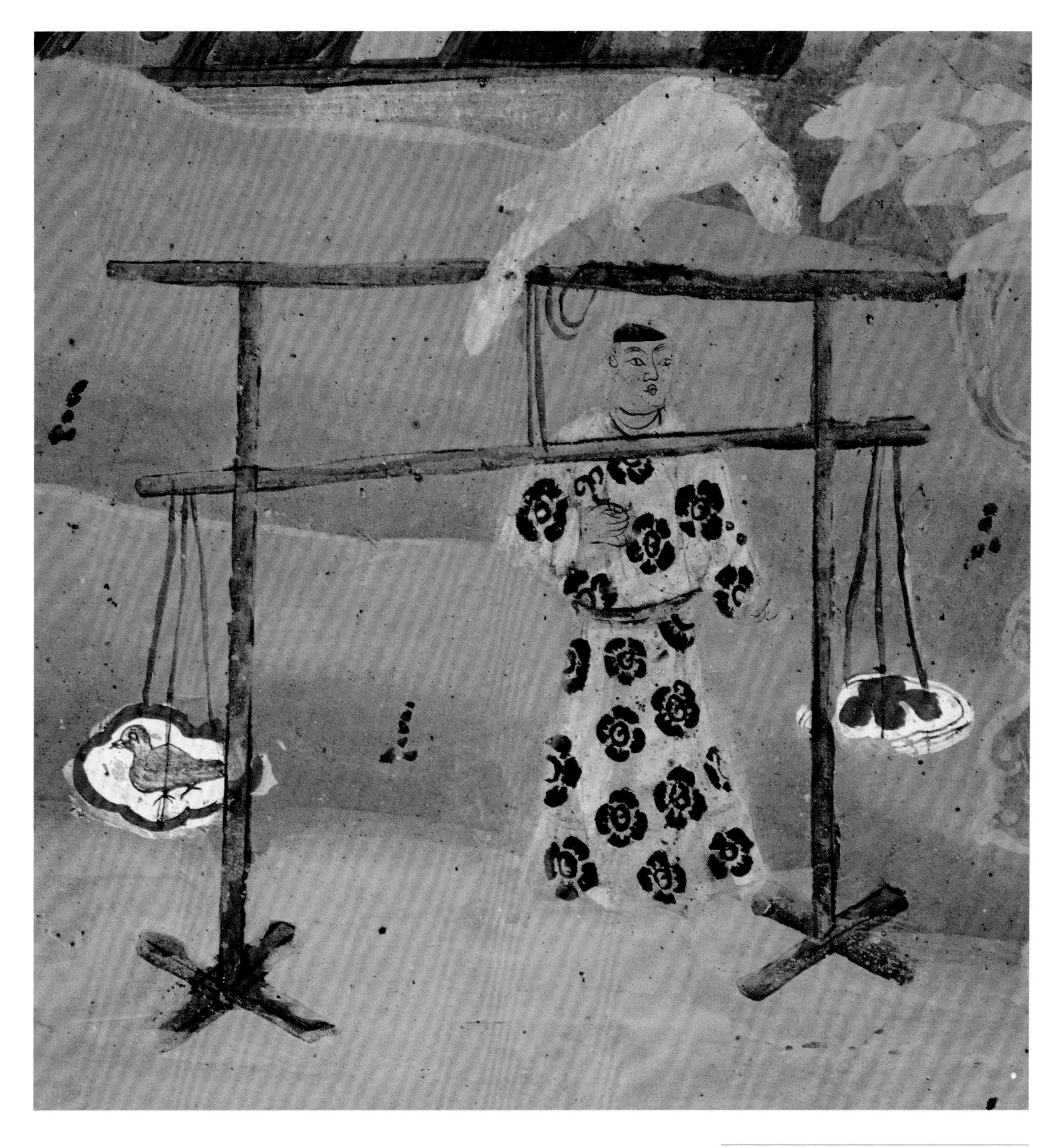

80 **尸毗王以肉換鴿（局部）**

此畫面按《賢愚經》繪製，經云：尸毗王與老鷹達成協議，尸毗王割取的股肉須與鴿子的重量相等。於是王敕左右，取一秤來，以秤鈎居中，兩頭秤盤，即時取一鴿，安置一盤中，所割自身股肉，放另一盤中。畫面與經文相合，畫師又有渲染：老鷹站在秤架上俯視，兩眼緊緊盯着秤盤上的鮮肉，其貪婪性，活靈活現。

晚唐 楞伽經．斷食肉品 莫85 窟頂東坡

79 **尸毗王割股（局部）**

晚唐 楞伽經．斷食肉品 莫85 窟頂東坡

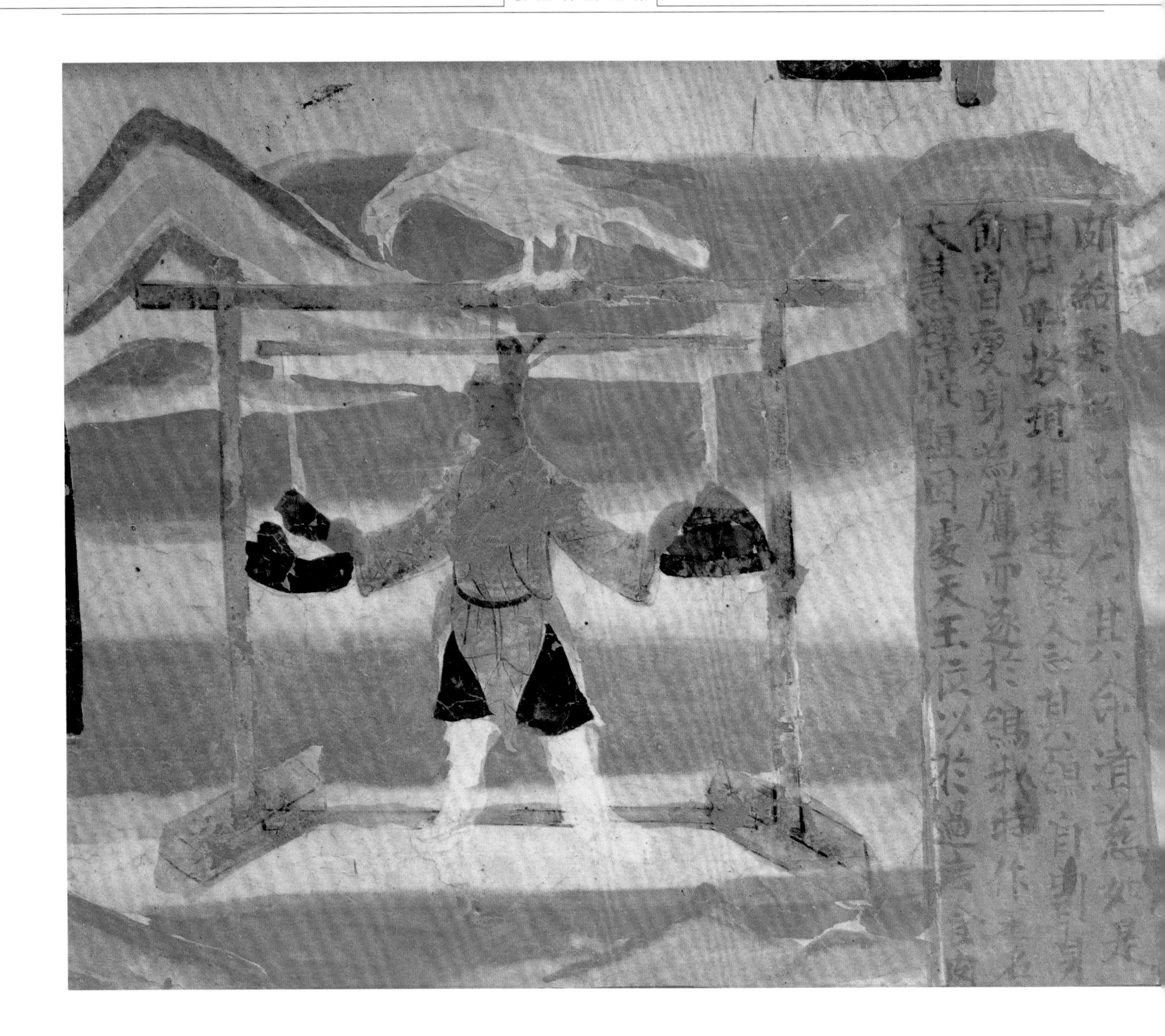

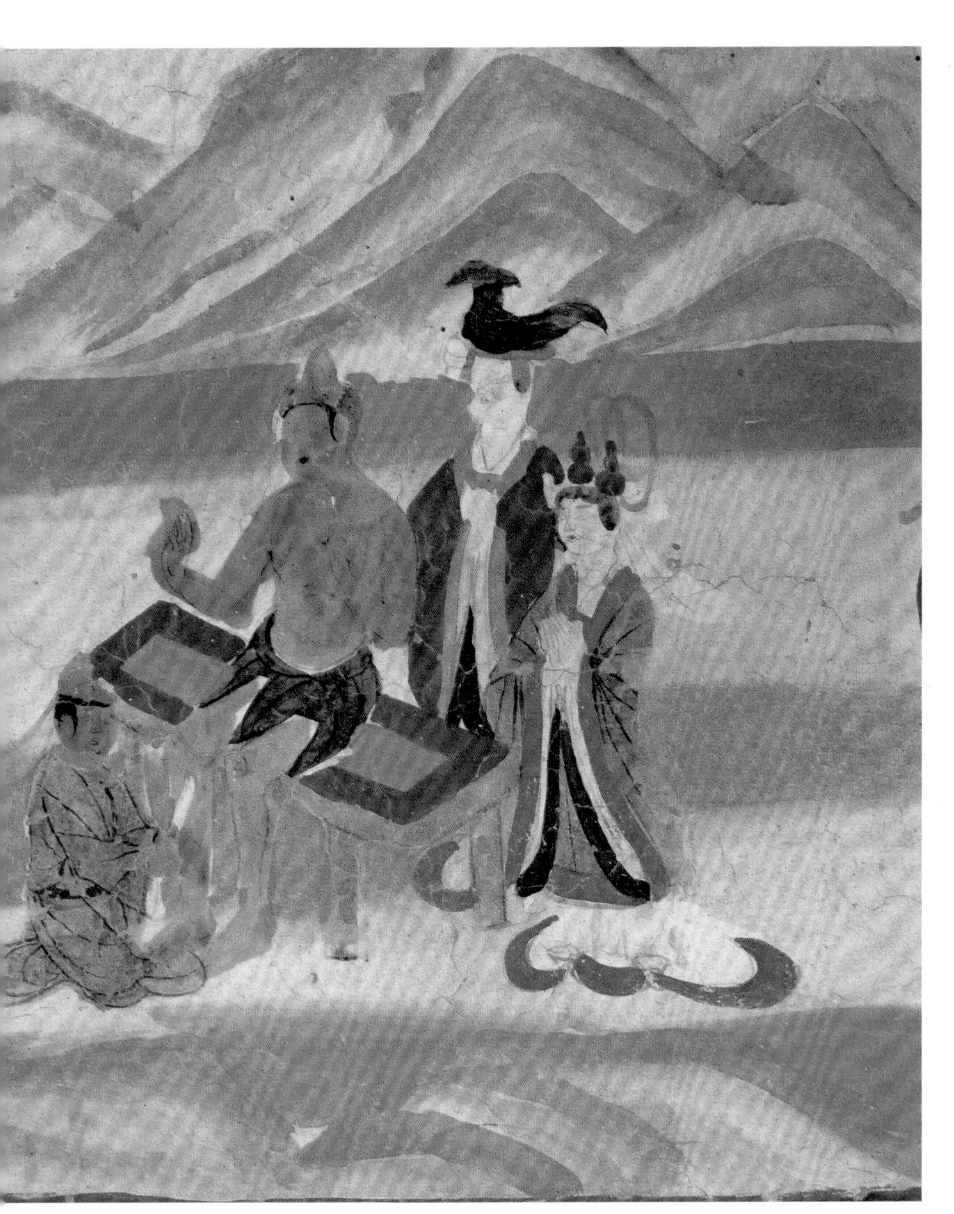

81 **尸毗王本生**

全圖表現了尸毗王本生故事，以墨書榜題為界，表達了這一故事的兩個重要情節：左側是尸毗王割肉，右側是一掌秤人正在專心致志地稱從尸毗王腿上割下的肉。有榜題概述了故事畫的全部內容。

五代 楞伽經 · 斷食肉品 莫61 南壁

82 **尸毗王本生**

此圖表現了尸毗王為救一隻鴿子而讓人割自身股肉的故事，讚揚了他的自我犧牲精神。

晚唐 楞伽經 · 斷食肉品 莫9 西壁

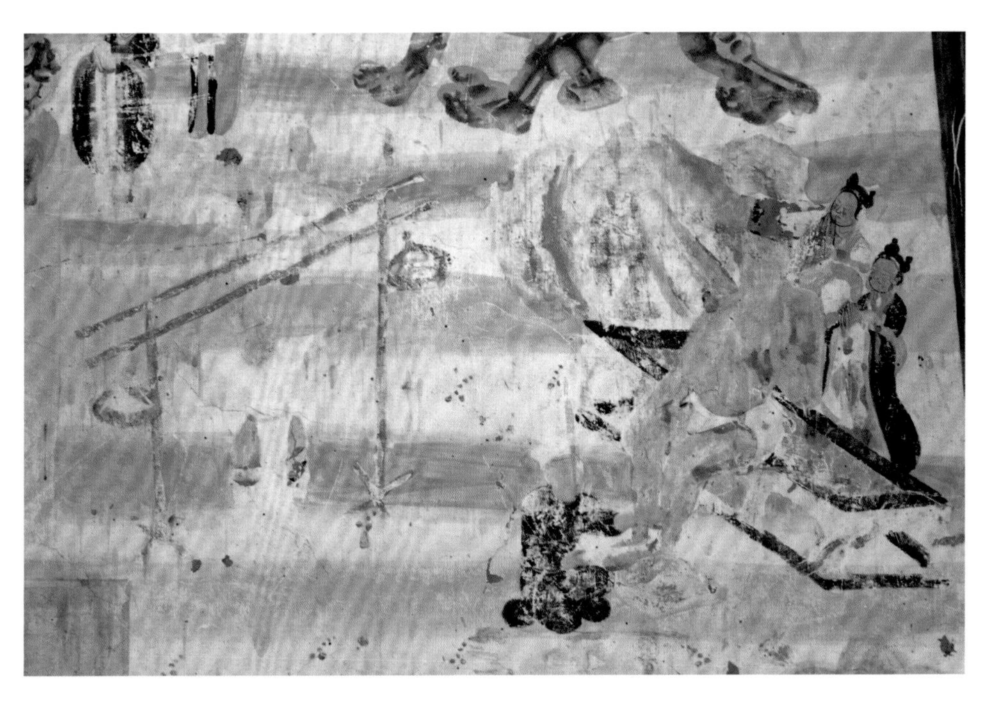

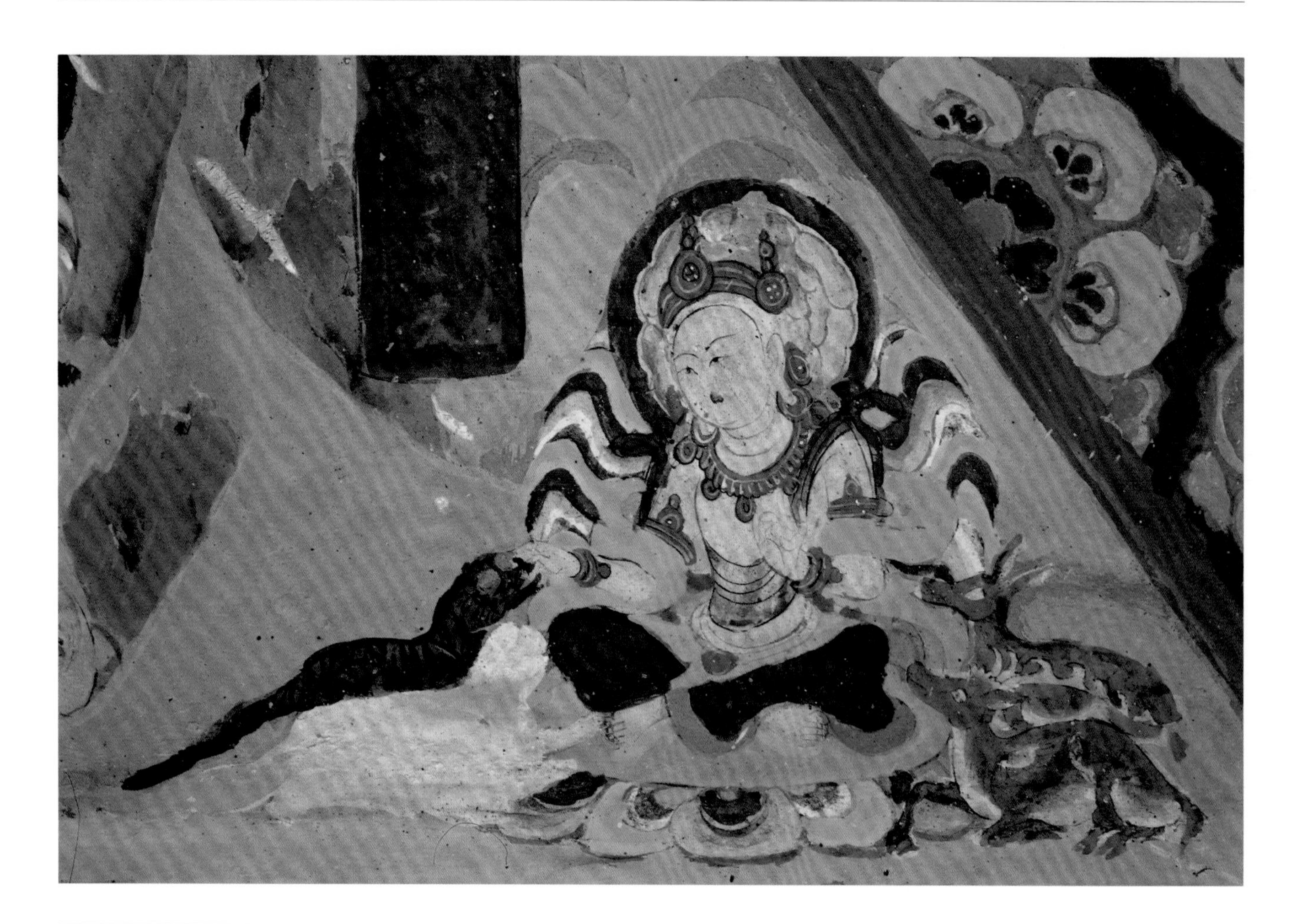

83 **菩薩為眾獸說法**

佛教反對殺生食肉，主張“獅子及虎狼，應共同遊止”。畫師據此，畫一幅菩薩為眾獸說法圖：大慈大悲的菩薩結跏趺坐，右手撫摸獸頭，左手置胸前，向眾獸說法。眾獸馴服地圍菩薩而坐，聆聽佛法。

晚唐 楞伽經·斷食肉品 莫85 窟頂東坡

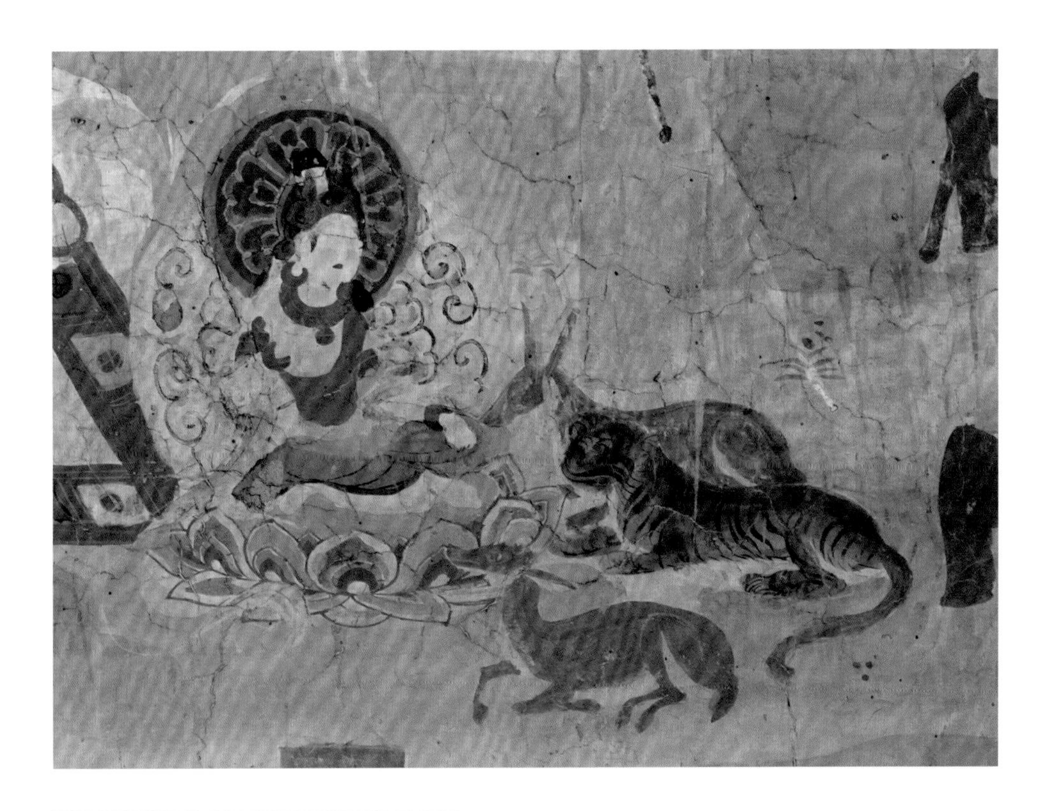

84 **菩薩為眾獸說法**

此圖表現了菩薩為眾獸說法的場面，其中老虎栩栩如生。

晚唐 楞伽經 · 斷食肉品 莫138 南壁

85 **菩薩為眾獸說法**

聆聽菩薩說法的鹿、虎、羊、狗，在菩薩面前已經失去了兇猛野蠻的本性，顯得格外馴服溫順。

晚唐 楞伽經 · 斷食肉品 莫156 窟頂東坡

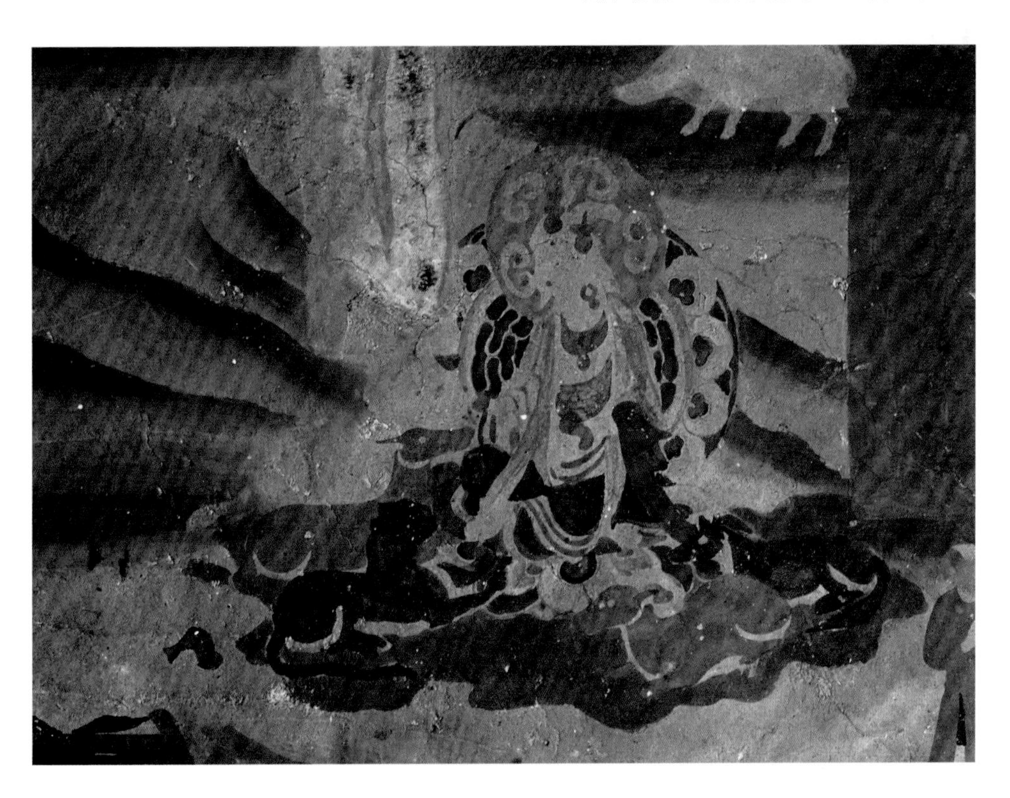

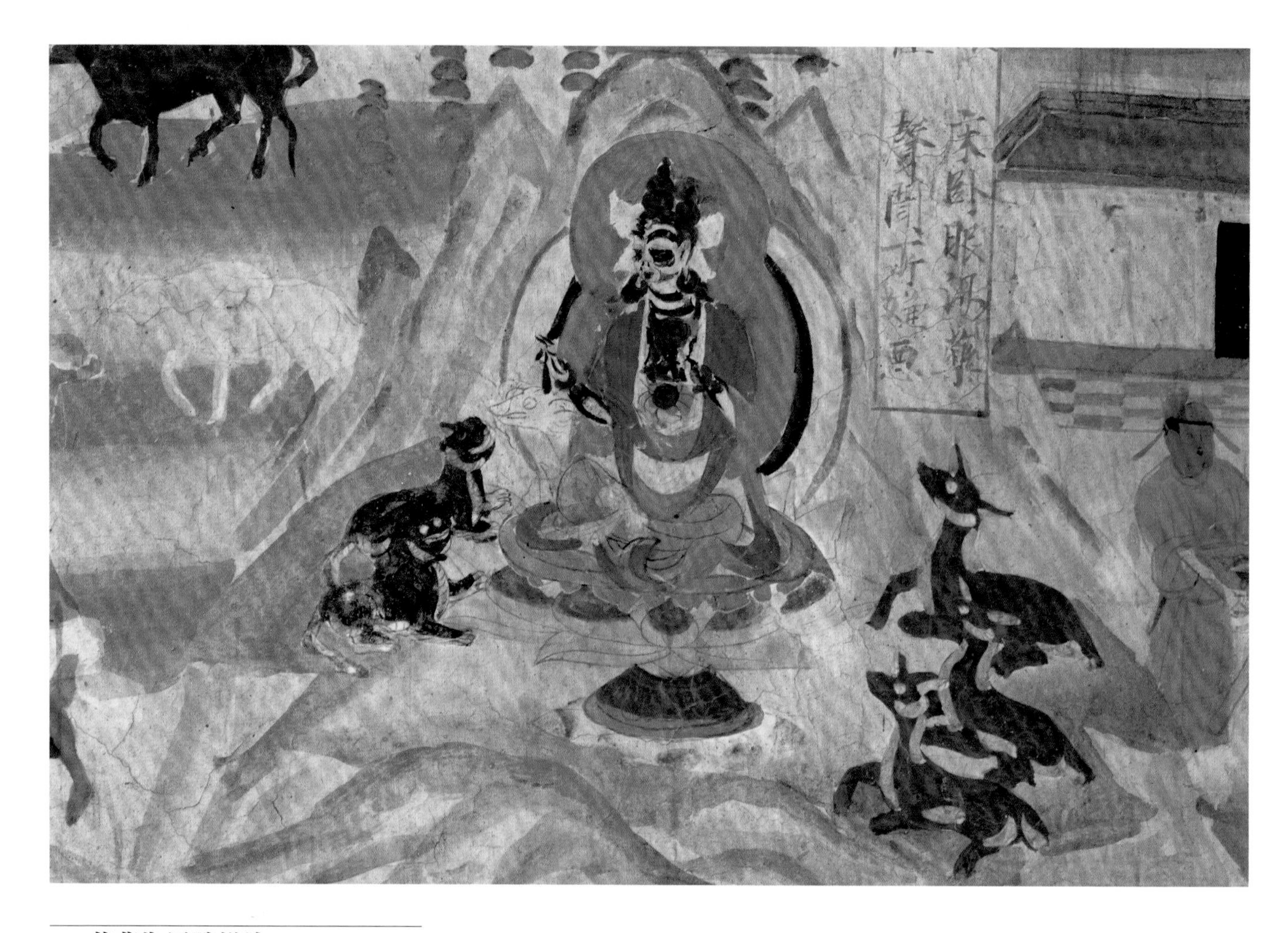

86 **菩薩為眾獸説法**

畫面表現了菩薩為眾獸説法的場面，而墨書榜題的內容與此圖無關。

五代 楞伽經 · 斷食肉品 莫61 南壁

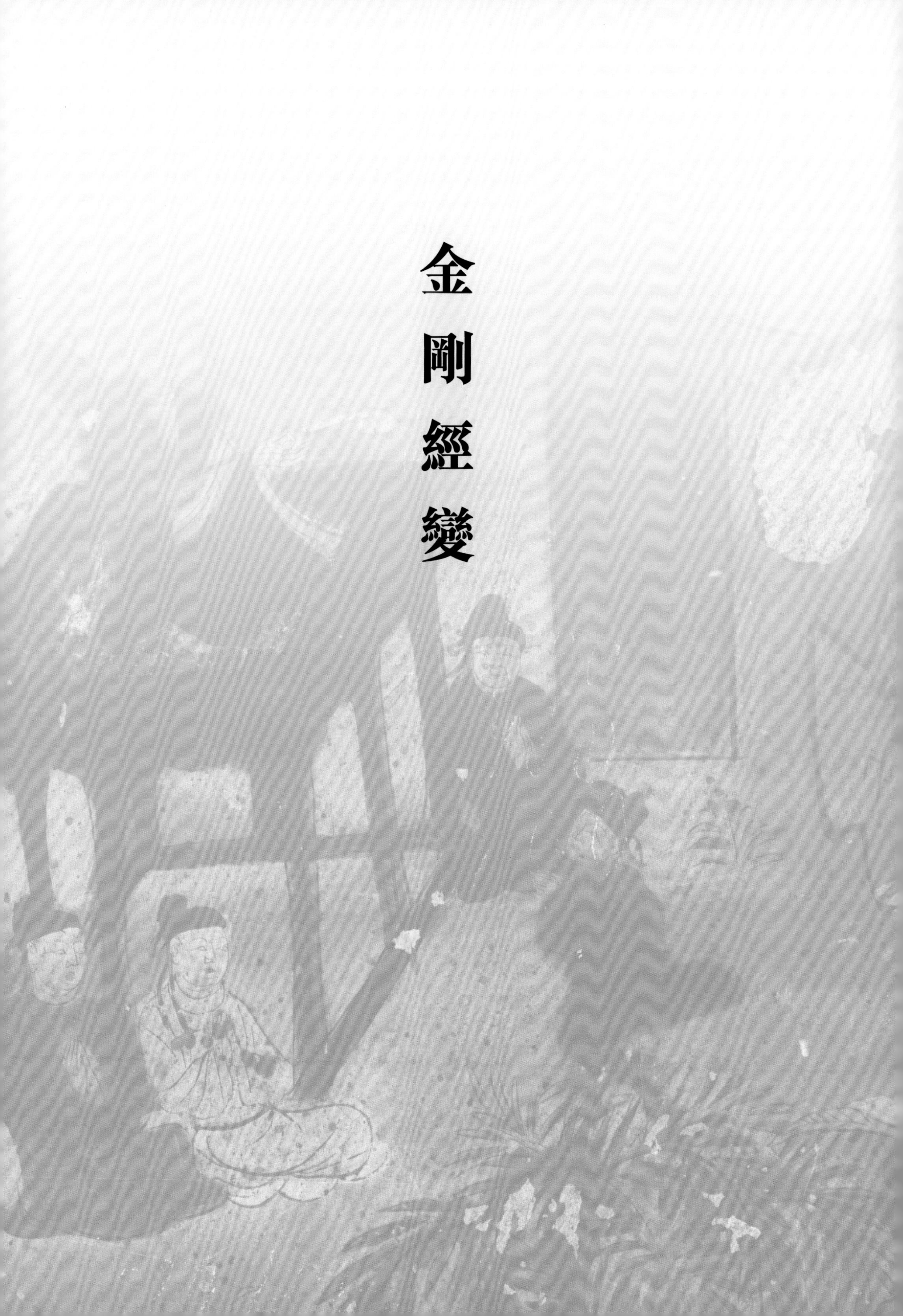

金剛經變

序論　闡發般若真義的金剛經

金剛經全稱《能斷金剛般若波羅蜜經》，又稱《金剛般若波羅蜜經》。“金剛”原指一種十分堅利的金屬，佛教以此比喻堅固、銳利，能摧毀一切；“般若”為梵文音譯，意為最高智慧；“波羅蜜”也是梵文的音譯，意為到達彼岸。“金剛般若波羅蜜”意謂以金剛般的最高智慧，斷除煩惱，獲得解脱，到達彼岸。

金剛經是佛教般若類經典中出現最早、影響最大的大乘佛典之一。經文以釋迦牟尼“十大弟子”之一的須菩提與釋迦佛問答形式展開，其基本思想可用卷末四句偈語來概括：“一切有為法，如夢幻泡影。如露亦如電，應作如是觀。“意思是説世界上的一切事物都是無常的，猶如夢幻、泡影、朝露、閃電，是空幻假有，“凡所有相，皆是虛空”。因此，人們也就不值得執着、迷戀、追求，能夠認識並且做到這一步，即可得到真正的解脱。金剛經傳入中國後，先後共有六種漢文譯本：

1、後秦．鳩摩羅什譯《金剛般若波羅蜜經》，一卷。

2、北魏．菩提流支譯《金剛般若波羅蜜經》，一卷。

3、陳．真諦譯《金剛般若波羅蜜經》，一卷。

4、隋陳．達摩笈多譯《金剛能斷般若波羅蜜經》，一卷。

5、唐陳．玄奘譯《能斷金剛般若波羅蜜多經》，一卷。

6、唐陳．義淨譯《能斷金剛般若波羅蜜多經》，一卷。

以上六種譯本，以後秦鳩摩羅什於弘始四年（公元402年）譯出的《金剛般若波羅蜜經》，時代最早，最為流行。由於此經以空慧為體，説一切法無我之理，義理較集中，且篇幅適中，不過於浩瀚，也不失之簡略，故歷來弘傳甚盛。據記載，唐玄宗時為了推行儒、釋、道三教並重的政策，從三教中各選一本典籍，唐玄宗親自註釋，頒行天下。三本典籍，於儒教選的是《孝經》，於道教選的是《道德經》，於佛教選的就是《金剛經》。唐代慧能以後，《金剛經》成為禪宗的主要典籍。

唐代是禪宗發展的重要時期。武則天對禪宗採取了承認、安撫、穩定的措施。唐久視元年（公元700年），武則天奉迎著名禪師弘忍的弟子神秀入京，

“推為兩京法主，三帝國師”。神秀所傳禪法升作官禪，它在歷史上被稱為禪宗北宗。神秀入寂後，其弟子普寂、義福一變而為國師，他們開法授徒，熾盛於秦洛。當時弘忍的又一弟子慧能橫空出世，他活躍於南方的荊吳一帶，慧能成為禪宗的正式創始人，被推為禪宗六祖，他所開創的宗派史稱禪宗的南宗。這是禪宗歷史上最重大的事件。

金剛經是南宗的重要經典。其實，早在五祖弘忍時，早期禪眾主要宗奉楞伽經的狀況已有所改變，金剛經漸為所重。弘忍要求門徒，“但持金剛經一卷，即得見性，直了成佛”。弘忍以後，禪宗分裂為南北二派，分別以神秀、慧能為領袖，時稱“南能北秀”。南宗領袖慧能出家之前，有一次，他到客店賣柴，聽一客人讀金剛經，“心明便悟”。他繼承弘忍衣缽後，尊奉金剛經為“最上乘法”，他說：“善知識，若欲入甚深法界，入般若三昧者，直修般若波羅蜜行，但持《金剛般若波羅蜜經》一卷，即得見性，入般若三昧，當知此人，功德無量。”安史之亂以後，慧能的再傳弟子摩訶衍西行，慧能倡導的頓悟禪學思想隨之傳到敦煌。除摩訶衍外，在敦煌宣傳金剛經的還有另一位高僧曇曠。曇曠也是“安史之亂”後西行敦煌的，他對金剛經很有研究，著有《金剛般若贊》二卷，流行於敦煌地區。

敦煌遺書中大約有二千餘件金剛經寫本，鳩摩羅什譯的《金剛般若波羅蜜經》為數居多。還有一冊咸通九年（公元868年）木刻本金剛經，現存大英博物館，是全世界現存有明確紀年的最早印刷本，十分珍貴。敦煌遺書《持誦金剛經靈驗功德記》(P. 2094），則是敦煌所提供的金剛經世俗化的重要資料。

由於吐蕃向唐王朝的控制區全面進逼，漢藏民族間的文化接觸空前增強，進一步拓寬了禪宗的傳播範圍。除敦煌遺書發現的經文典籍外，敦煌壁畫中亦保存了相當豐富的金剛經變。敦煌現存18鋪金剛經變，其中1鋪繪於盛唐，13鋪繪於吐蕃佔領時期（公元781～848年），4鋪繪於張氏歸義軍時期（公元848～910年）。從壁畫中所保存的大量壁畫榜題看，前述六種金剛經譯本中，鳩摩羅什譯《金剛般若波羅蜜經》在敦煌最為流行。莫高窟現存金剛經變即依據此譯本繪製。

在我國畫史上，以經變形式表現金剛經義理的記載始見於唐代。據張彥遠《歷代名畫記》卷三記載，畫聖吳道子（約公元685～758年）在長安興唐寺畫過金剛經變，並有自題。但這些金剛經變未能保存下來，現在唯有敦煌如此集中地保存了唐人的畫作，故無論是在經義的研究、理解，還是在藝術欣賞上，均為極寶貴的史料。

敦煌石窟金剛經變分佈表

朝代	公元	窟號	位置	附注
盛唐	742-781年	31	南壁	良好。
中唐	8世紀80年代至8、9世紀之際	112	南壁	良好。
	同上	150	南壁	一般。
	同上	154	東壁	良好。
	同上	198	南壁	一般。
	9世紀初至839年左右	144	南壁	下部剝落。
	同上	145	南壁	一般。
	同上	147	北壁	一般。
	同上	369	南壁	一般。
	同上	236	北壁	漫漶。
	同上	240	北壁	殘。
	9世紀40年代	359	南壁	良好。
	同上	361	南壁	一般。
	同上	135	東壁	一般。
歸義軍時期 晚唐	861-865年	156	南壁	張議潮窟，煙熏。
	862-867年	85	南壁	翟法榮窟，良好。
	900-910年	138	南壁	良好。
		18	北壁	剝落。

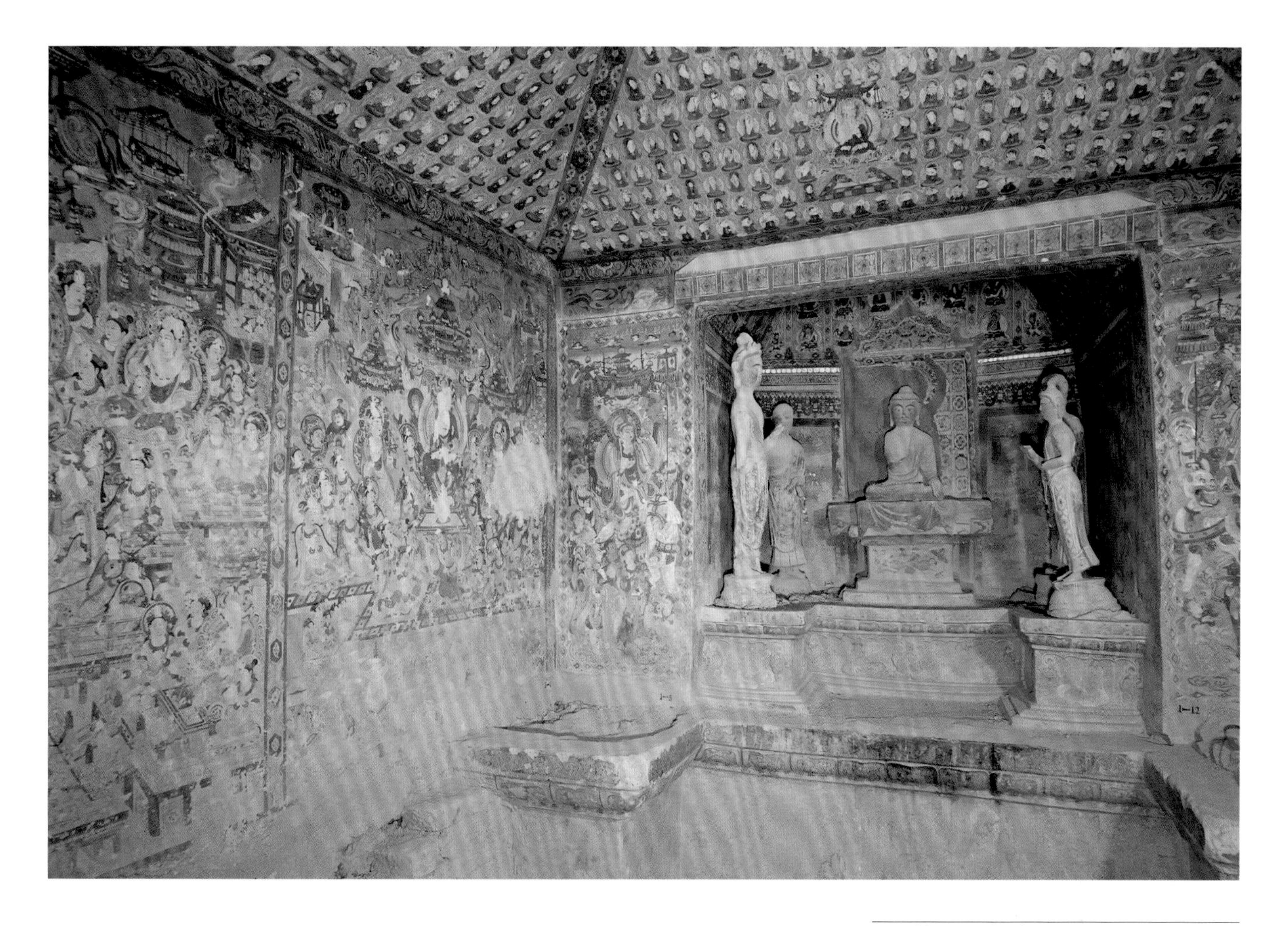

87 第112窟內景

此窟大約建於公元8世紀末，即吐蕃佔領的早期。平面方形，覆斗形窟頂。西壁龕內塑一佛、二弟子、二菩薩，均為清代重修。龕外北側畫文殊變，南側畫普賢變。主室南壁畫金剛經變、觀無量壽經變，北壁畫報恩經變、藥師經變，東壁窟門北側畫觀音經變，南側畫彌勒經變。整窟壁畫具有濃厚的盛唐餘韻。

中唐　金剛經　莫112　主室

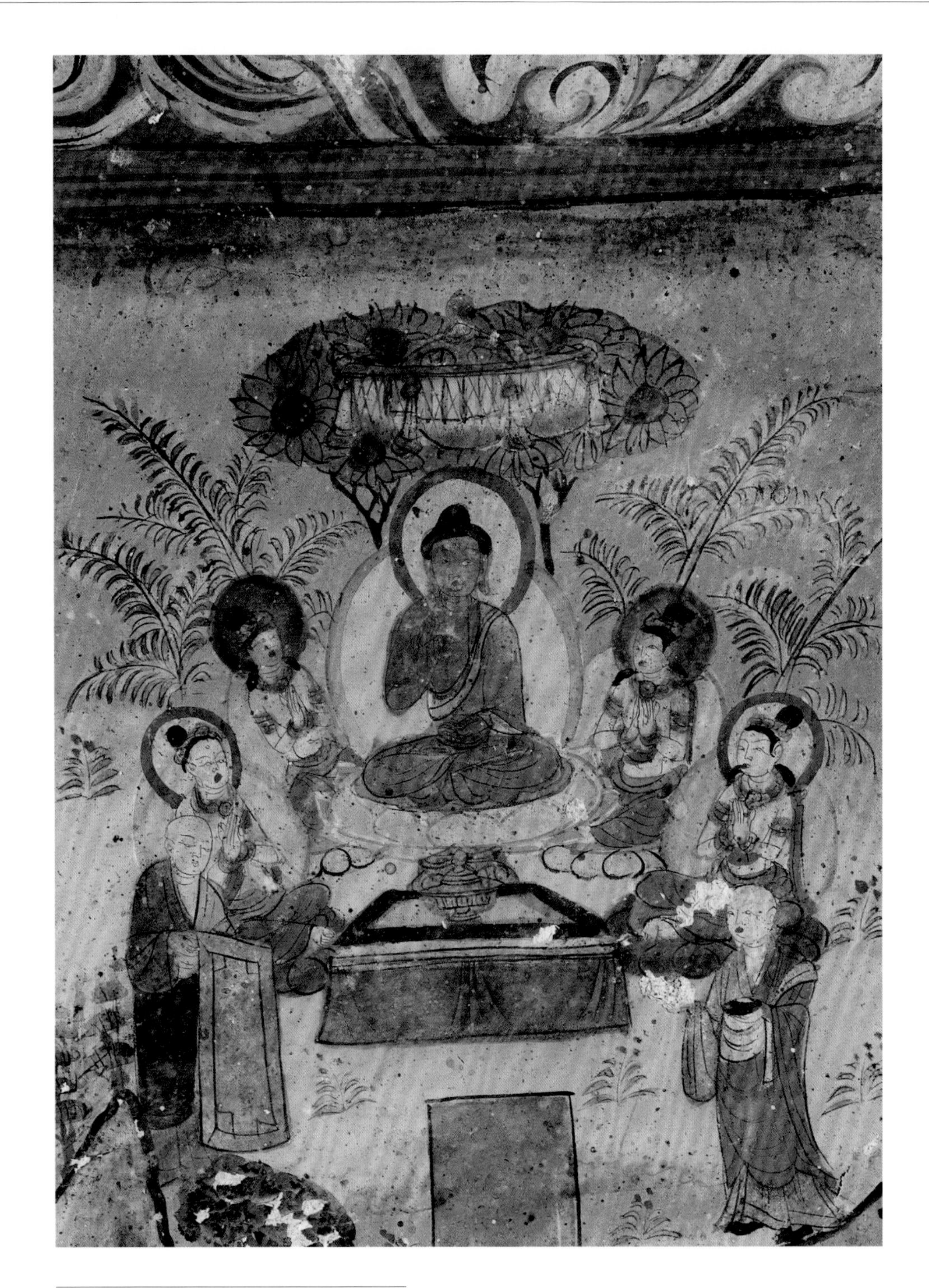

88 佛為菩薩、比丘說法

釋迦佛在為四菩薩和二弟子說法。左側的弟子手拿拜具，類似今天的坐墊，表現釋迦牟尼佛在飯後“敷座而坐”，開始講金剛經，弟子們將鋪墊坐地聽法的場面。右側舉手講話的弟子，可能就是向釋迦牟尼佛提問的須菩提。金剛經中一再強調受持、讀誦《金剛經》，所得福報無限，此圖表達的正是這一觀念。

中唐 金剛經 莫112 南壁

第一節 氣勢恢弘的金剛法會

敦煌現存金剛經變，從題材內容到構圖佈局，前後變化不大。絕大多數經變由金剛法會及其左右兩側及下部所繪各種小故事畫組成。其中，場面宏大的金剛法會是經變的主體，集中體現了金剛經變的藝術成就。

金剛經開首云“佛在舍衛國祇樹給孤獨園，與大比丘眾千二百五十人俱”，金剛法會即依據經文這一內容而繪。祇樹給孤獨園相傳為舍衛國給孤獨長者為迎請佛陀說法，同祇陀太子共建的精舍，太子獻樹，給孤獨長者獻園，所以這個精舍就叫做祇樹給孤獨園。金剛法會畫面以釋迦佛為中心，左右兩側諸弟子、菩薩及天王，表現釋迦牟尼在祇樹給孤獨園為僧眾宣講金剛經。為突出這一佛教聖地的宏偉莊嚴，還加入了山水和樂舞畫面。

第112窟金剛經變的金剛法會，人物刻畫生動細膩，線條勾勒勁挺流暢，賦彩明快淡雅，堪稱莫高窟金剛經變中的上乘傑作。

經變的上部天際畫山水，天光雲影，幽遠浩渺。左右兩側各空懸一隻束絲綢飄帶的琵琶、排簫，據說無需彈吹，即可自鳴。稍近，羣峰起伏，叢林鬱鬱，河水涓涓，一派淨土仙境。這大概就是古代畫師想像中的釋迦佛宣講金剛經的祇樹給孤獨園。

在羣峰環繞的盆地中，畫一巨大且十分富麗的華蓋，被兩身飛天的飄帶環繞。釋迦佛結跏趺坐於華蓋下的仰蓮座上，眉間放白毫相光，舉右手，宣講金剛經。按金剛經的說法，出席法會的只有“大比丘眾千二百五十人”，但畫面卻出現了二大上首菩薩，他們位於主尊釋迦佛的兩側，形體高大。上首菩薩率領諸小菩薩，圍繞釋迦佛，恭敬聽法。法會左右兩側外圍還畫了六身戴盔甲的天王護衛，使法會更加宏偉莊嚴。這些增加的菩薩、天王，都是受法華經變等的影響，為畫師錦上添花之舉。法會下部中央，一身舞伎，揮舞飄帶，翩翩起舞，兩側樂隊伴奏，更是畫師借用西方淨土變中的情節，以莊嚴金剛法會。

建於盛唐末年的第31窟最近新發現了一鋪金剛經變，金剛法會的畫面組合十分特殊。主尊不是常見的釋迦牟尼佛，而是盧舍那佛。盧舍那佛是釋迦牟尼佛永恆不變的法身。東晉佛馱跋陀羅譯《大方廣佛華嚴經》卷一云：“無盡平等妙法界，悉皆充滿如來身。”卷三云：“佛身充滿諸法界，普現一切眾生前。”據此經創作的盧舍那法界人中像，即在佛體上圖示法界諸形象，在漢地石窟造像中最早見於北魏雲崗石窟第18窟主尊，莫高窟出現於北周第428窟。第31窟主尊盧舍那佛身披佛衣袈裟，左手半舉，右手下垂於膝，結跏趺坐於須彌座上。在袈裟上細緻描繪了象徵天上世界的須彌山、人間百象和地獄掙扎的人羣，以此表現盧舍那佛法身的化現，渲染其法力無邊的思想，是典型的盧舍那法界人中像。盧舍那佛的左右兩側繪有金剛經中的故事畫。

為甚麼以盧舍那佛為金剛經變的主尊？主要原因有二：

一是與北壁的報恩經變相對應。《大方便佛報恩經》卷一《孝養品》云："是故如來乘機運化，應時而生，應時而滅。或於異刹，稱盧舍那。……或昇兜率陀天，為諸天師，或從兜率天下，現於閻浮提，現八十壽。"這就是説，如來有時以釋迦佛的身分講經，有時又以盧舍那佛的身分説法。第31窟北壁表現的是如來以釋迦佛的身分在耆闍崛山講報恩經，南壁表現的則是如來以盧舍那佛的身分在舍衛城講金剛經。如來的雙重身分，在中、晚唐時期的一部分報恩經變的構圖佈局中，表現為釋迦佛與盧舍那佛並存的情況，在中央的上部繪釋迦佛，下部繪盧舍那佛。

二是涉及到盛唐時期金剛經與盧舍那佛的關係。盧舍那佛早在小乘阿含經中已經出現，不過發展到大乘華嚴經中，盧舍那以法身佛的身分取代了釋迦牟尼佛的地位，成為了唯一的如來，真正的世尊。但是在大乘諸經典中，法身佛又不屬於某一具體佛的專利，一切佛都有三身：化身、應身、法身。金剛經的主旨是講"空"的，"凡所有相，皆是虛妄"。"相"是指事物的形象、狀態，相對於事物的性質、本性而言。在金剛經中化身佛與應身佛都屬於"有相"的範疇，當然都是"虛妄"，惟獨法身佛無形無相，不可名狀，是永恆而普遍的存在。盧舍那佛是諸佛的法身，當然也是釋迦牟尼佛的法身。"其佛（盧舍那佛）住處名常寂光，常波羅蜜所攝成處，我波羅蜜所安立處，淨波羅蜜滅有相處，樂波羅蜜不住身心相處，不見有無諸法相處，如寂解脱。"總之，是象徵大乘佛教的最高境界——常、樂、我、淨。第31窟的設計者將盧舍那佛置於金剛經變的主尊地位，兩側又有金剛經中的小故事，其用心即在於渲染盧舍那佛法力無邊的思想。

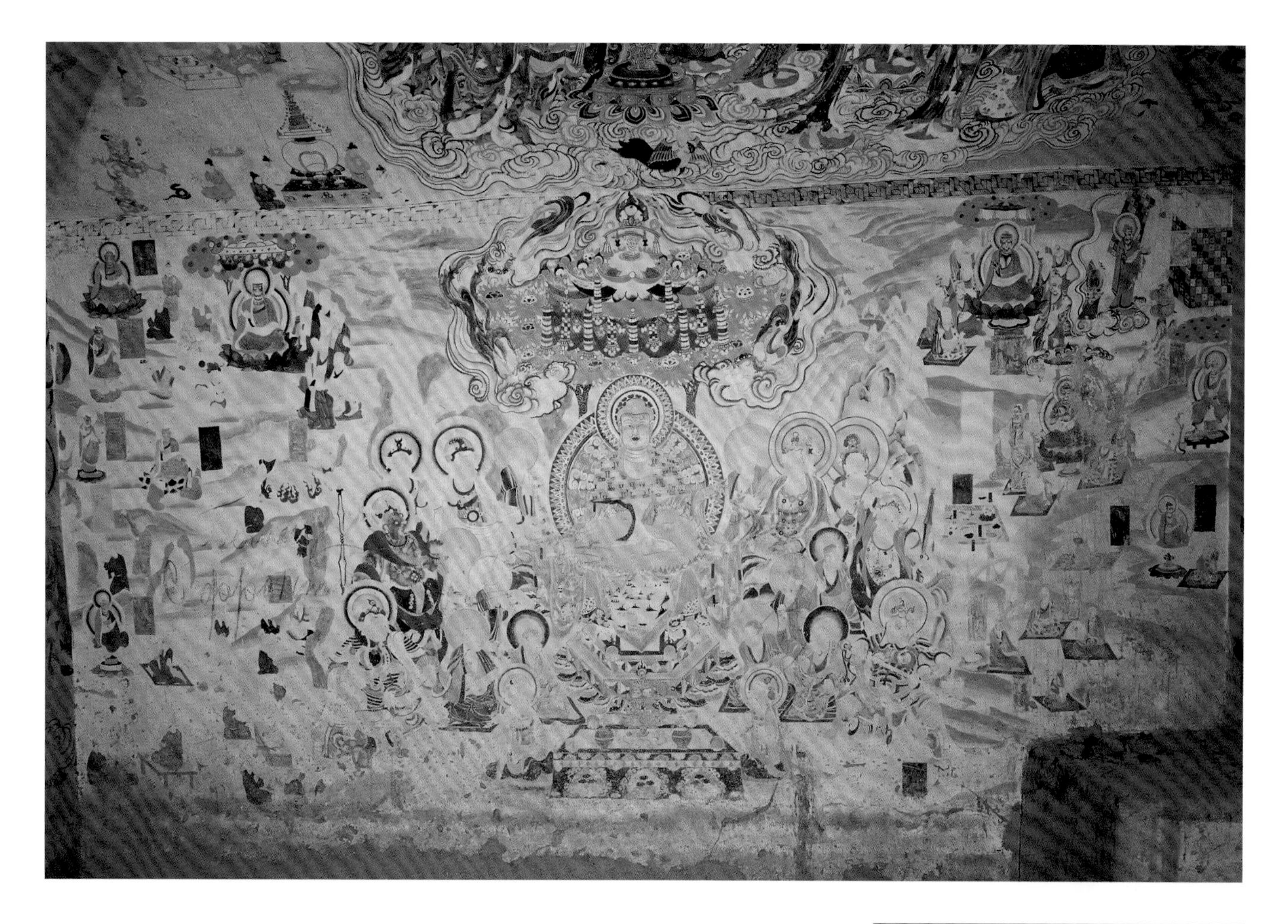

89 金剛經變全圖

在華麗的華蓋下，盧舍那佛結跏趺坐，宣講金剛經。左右兩側諸菩薩和弟子聽法，四大天王護衛。法會兩側有舍衛城乞食、筏喻、佈施及多鋪小說法圖。以盧舍那佛為金剛經變的主尊，在敦煌僅有此例。

盛唐 金剛經 莫31 南壁

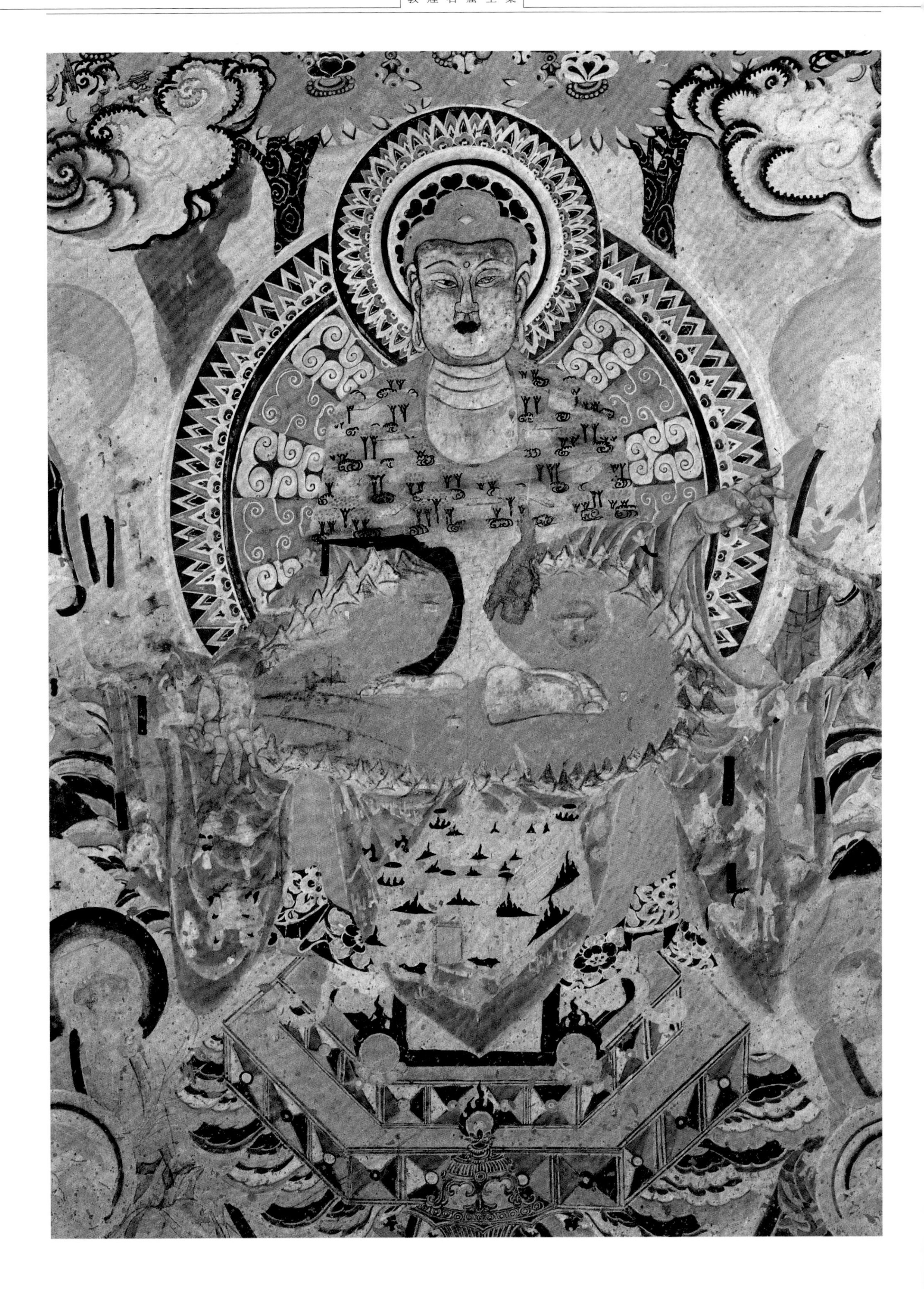

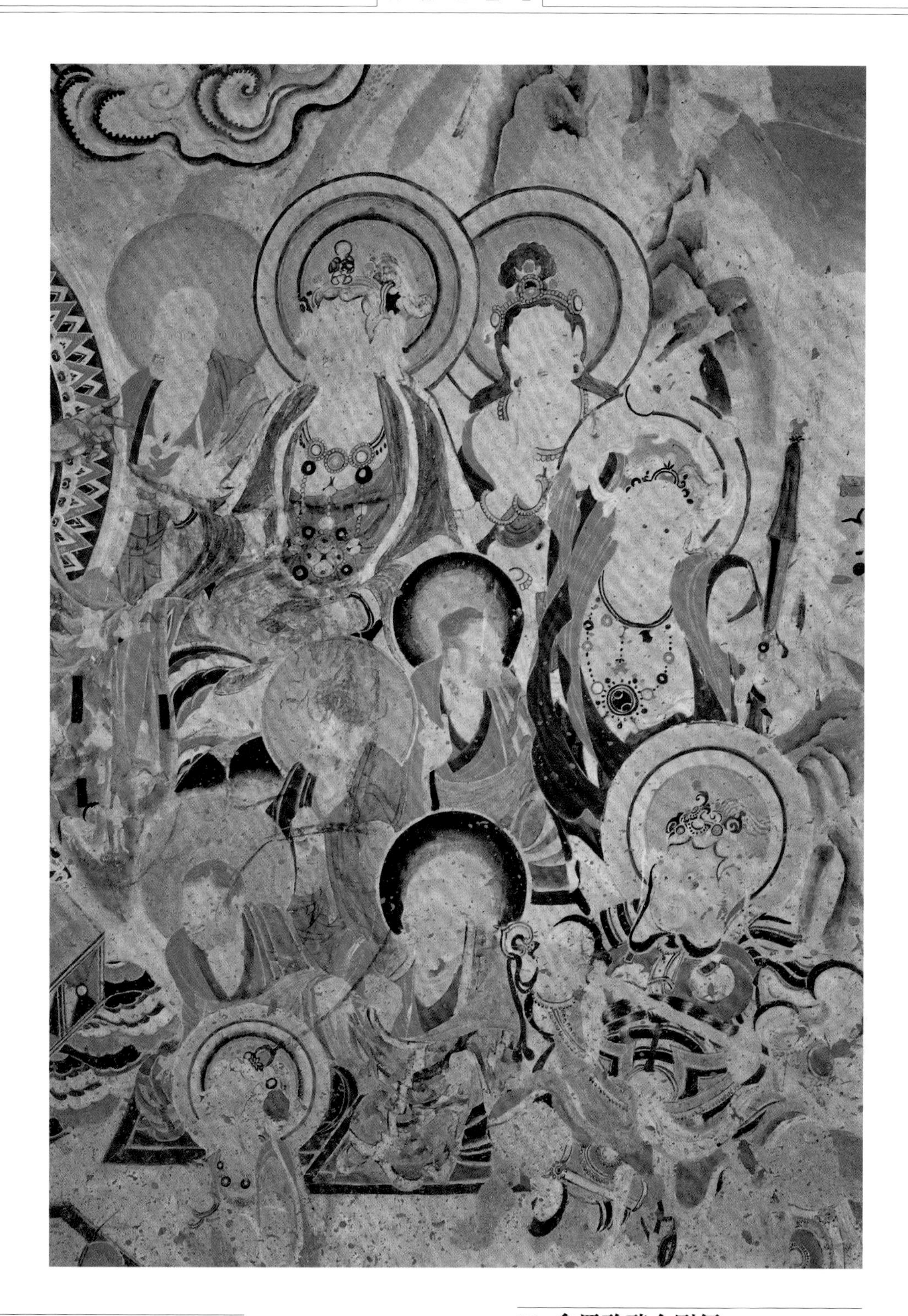

90 盧舍那佛

此盧舍那佛是釋迦牟尼佛永恆不變的法身。盧舍那佛袈裟上的天上、人間、地獄圖是由法身化現，渲染了法力無邊的思想。袈裟上有兩頭大、中間小的須彌山，聳立在大海中。須彌山頂密佈樹林房舍，象徵天上世界；袈裟兩袖襬上繪有人物和馬，象徵人間百象；袈裟前襟下襬繪有利劍、火燄和掙扎着的人物，象徵着地獄。

盛唐 金剛經 莫31 南壁

91 會眾聆聽金剛經

法會右側的會眾，有聆聽佛法的弟子、菩薩和護法天王。

盛唐 金剛經 莫31 南壁

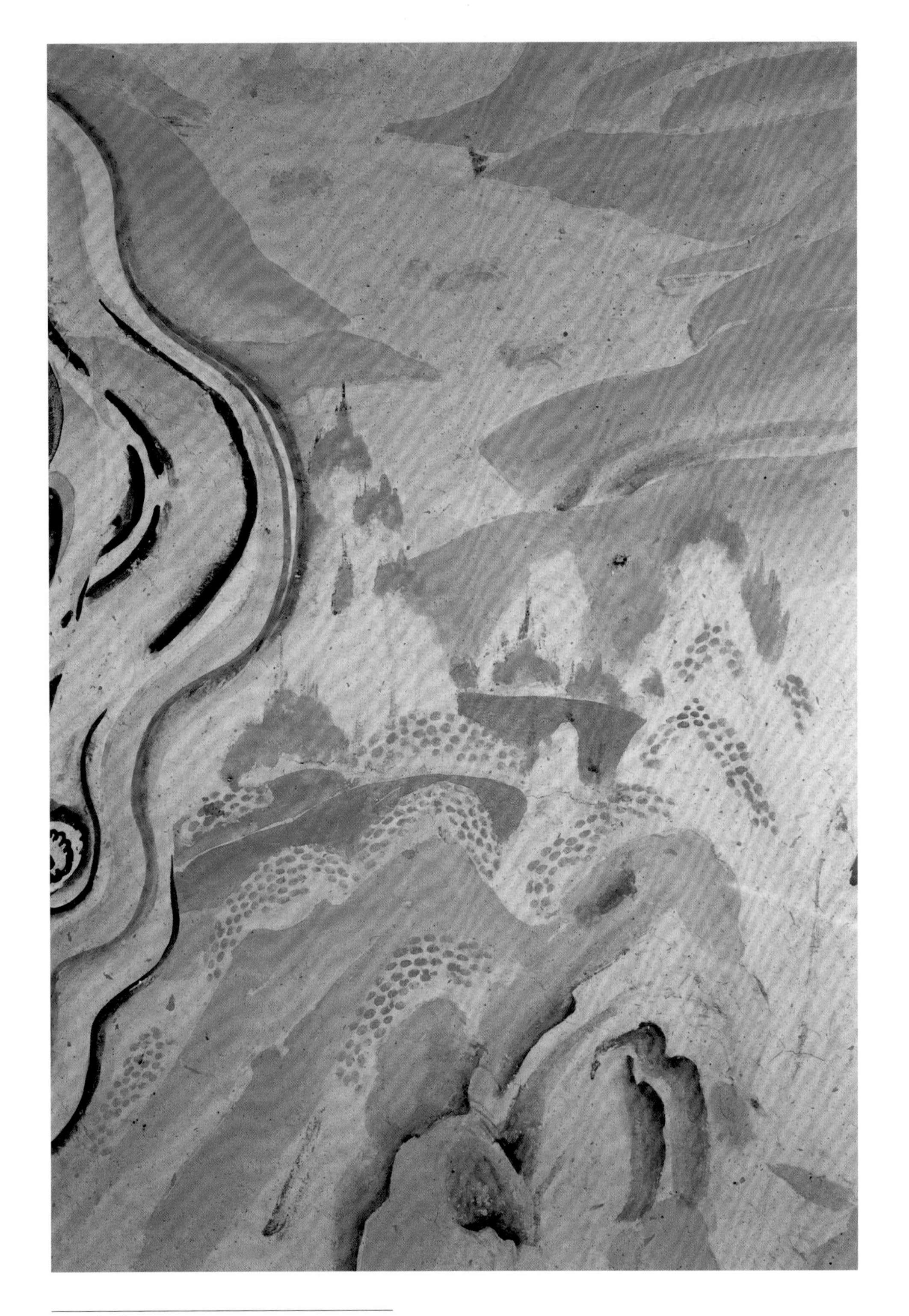

92 山水

在幽遠的山峰上，聳立着一座衝入雲霄的塔剎，有潺潺的溪流環繞其間。這大概就是唐代畫師想像中的釋迦牟尼宣講金剛經的聖地——祇樹給孤獨園。

盛唐 金剛經 莫31 南壁

93 金剛經變全圖

此圖堪稱敦煌金剛經變的典範。釋迦佛位於主尊，在舍衛城祇樹給孤獨園宣講金剛經，左右兩側簇擁諸弟子、菩薩及天王等。說法圖左右上角及下部配置舍衛城乞食、供養塔廟、歌利王本生等故事畫。

中唐 金剛經 莫112 南壁

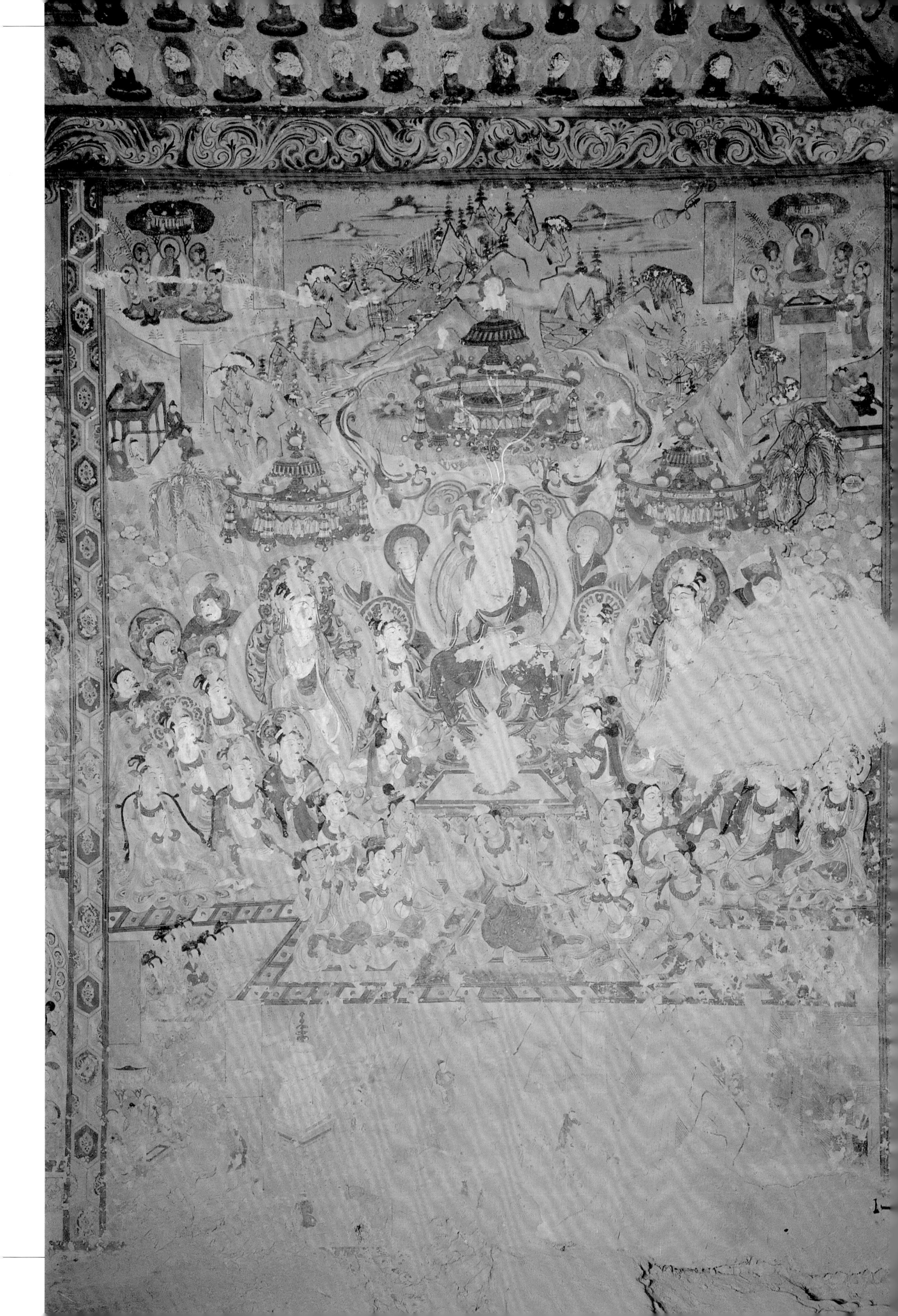

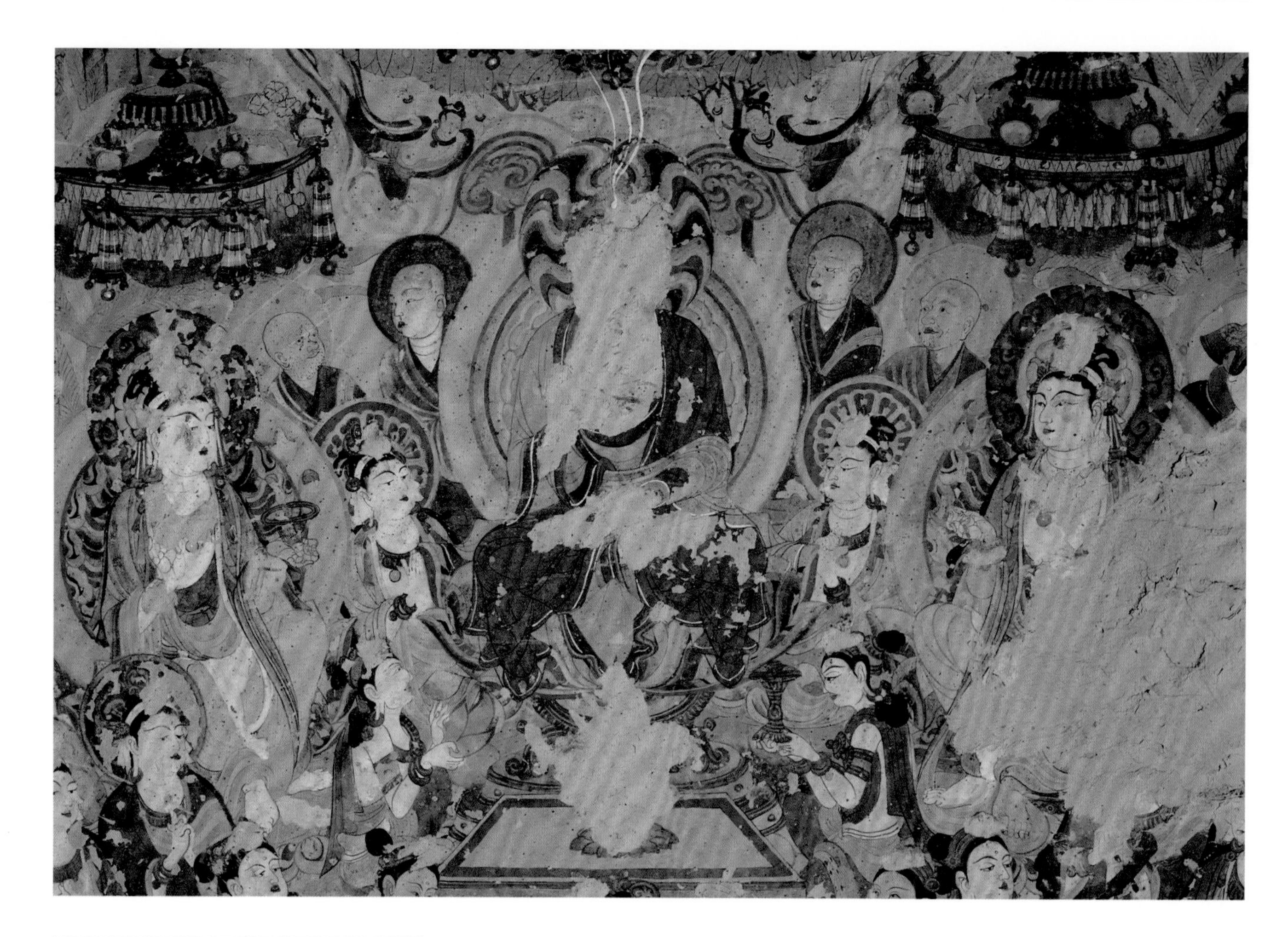

94 說法圖

釋迦佛宣講金剛經，可惜主尊面部殘損，但兩側的弟子、菩薩保存比較完整，描繪相當生動細膩。

中唐 金剛經 莫112 南壁

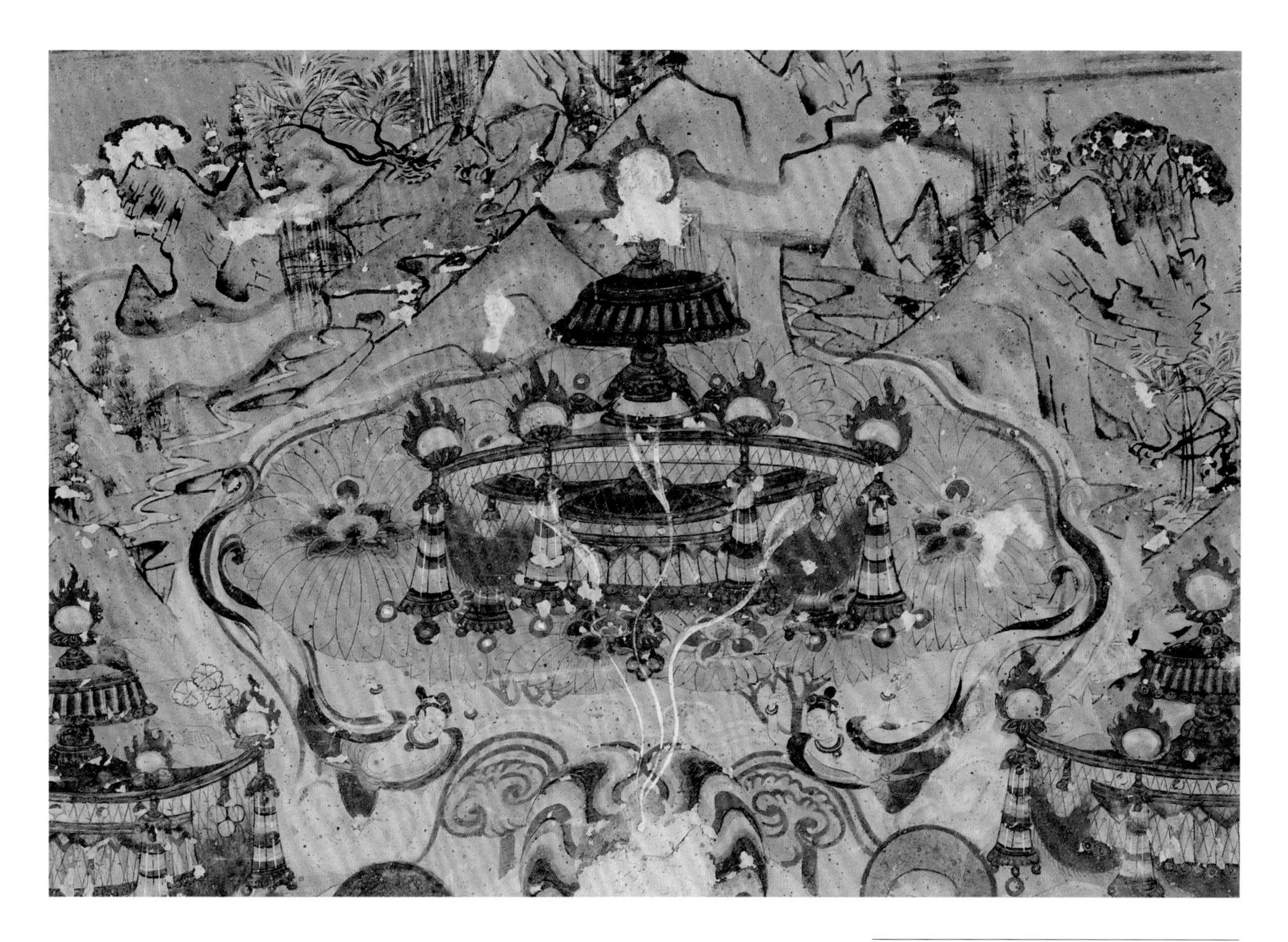

95 華蓋

華蓋又名天蓋、懸蓋，原本帝王出行時用以遮擋烈日的，後成為莊嚴佛像的用具，多畫於佛頭頂上方。此華蓋描繪十分華麗。一對飛天，拖着長長的飄帶，環繞華蓋翱翔，畫面生動美麗。

中唐 金剛經 莫112 南壁

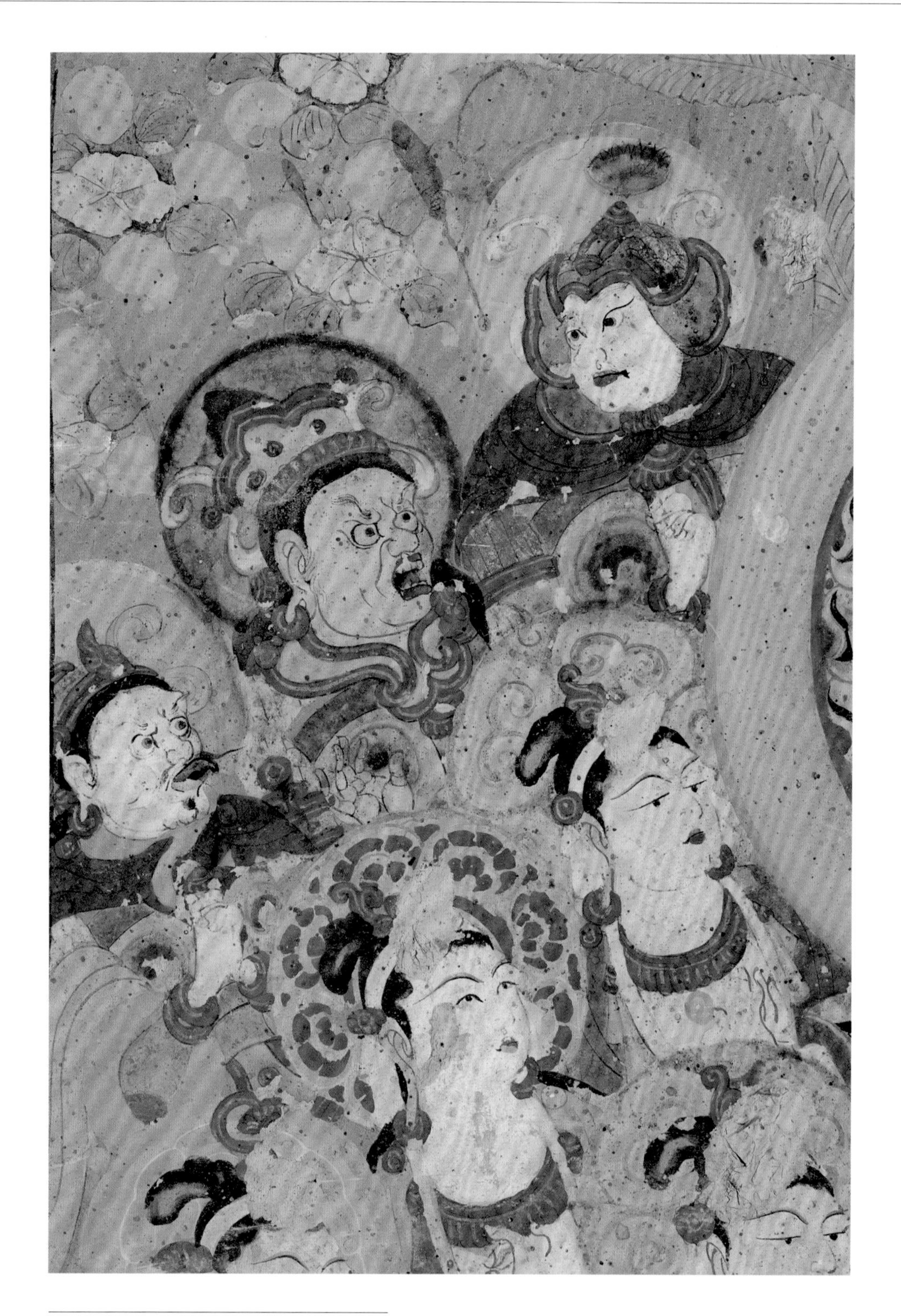

96 天王與菩薩像

上排三身為天龍八部，屬於護法神，目瞪口張，威武雄壯。下排二身是菩薩，神態寧靜安詳。兩者相互襯托，性格反差強烈。

中唐 金剛經 莫112 南壁

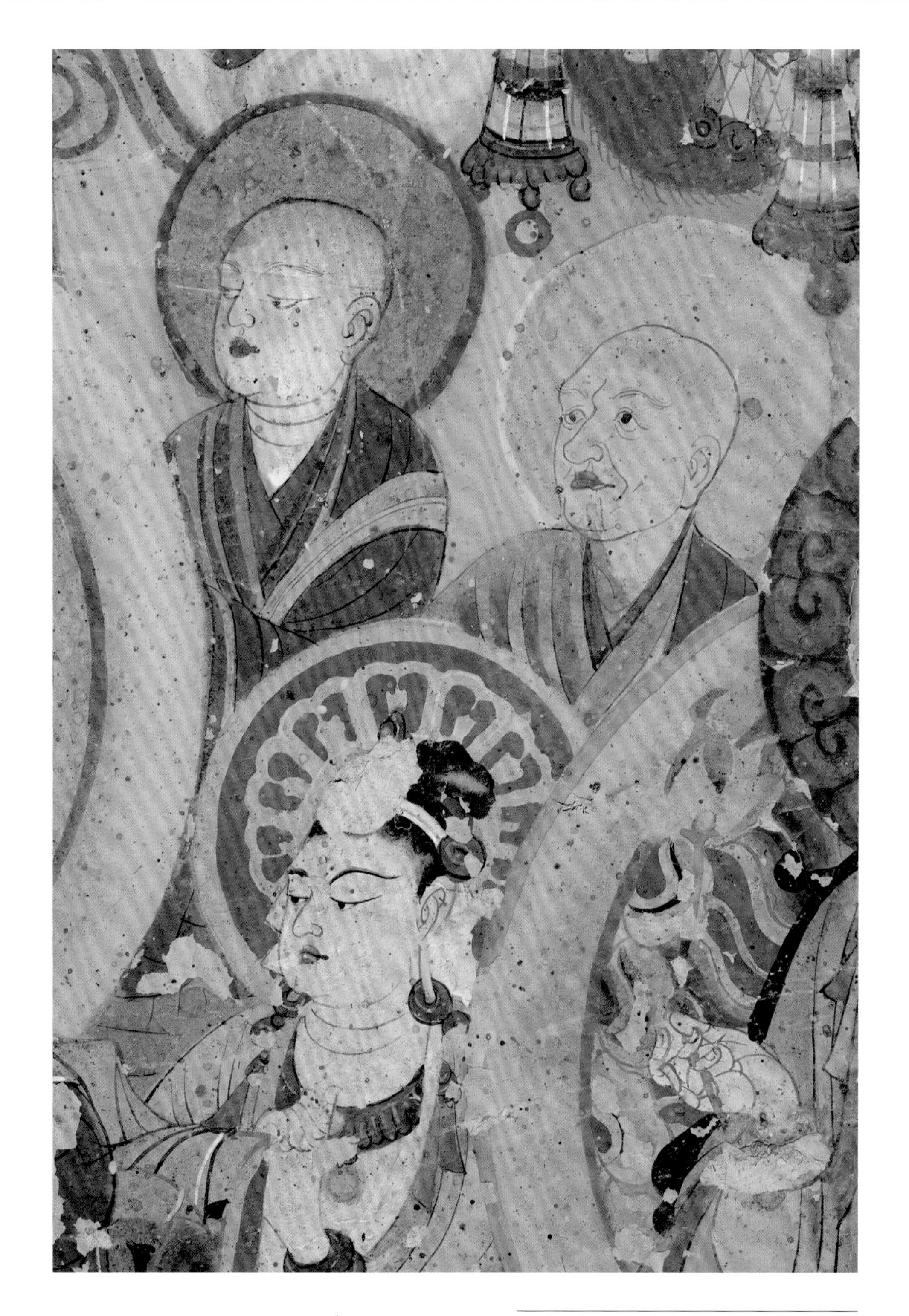

97 弟子迦葉、阿難

位於主尊釋迦佛左側，老者為勤於苦修的迦葉，年輕者為聰明智慧的阿難。在我國佛教造像中，這兩位弟子常常侍立於佛側。

中唐 金剛經 莫112 南壁

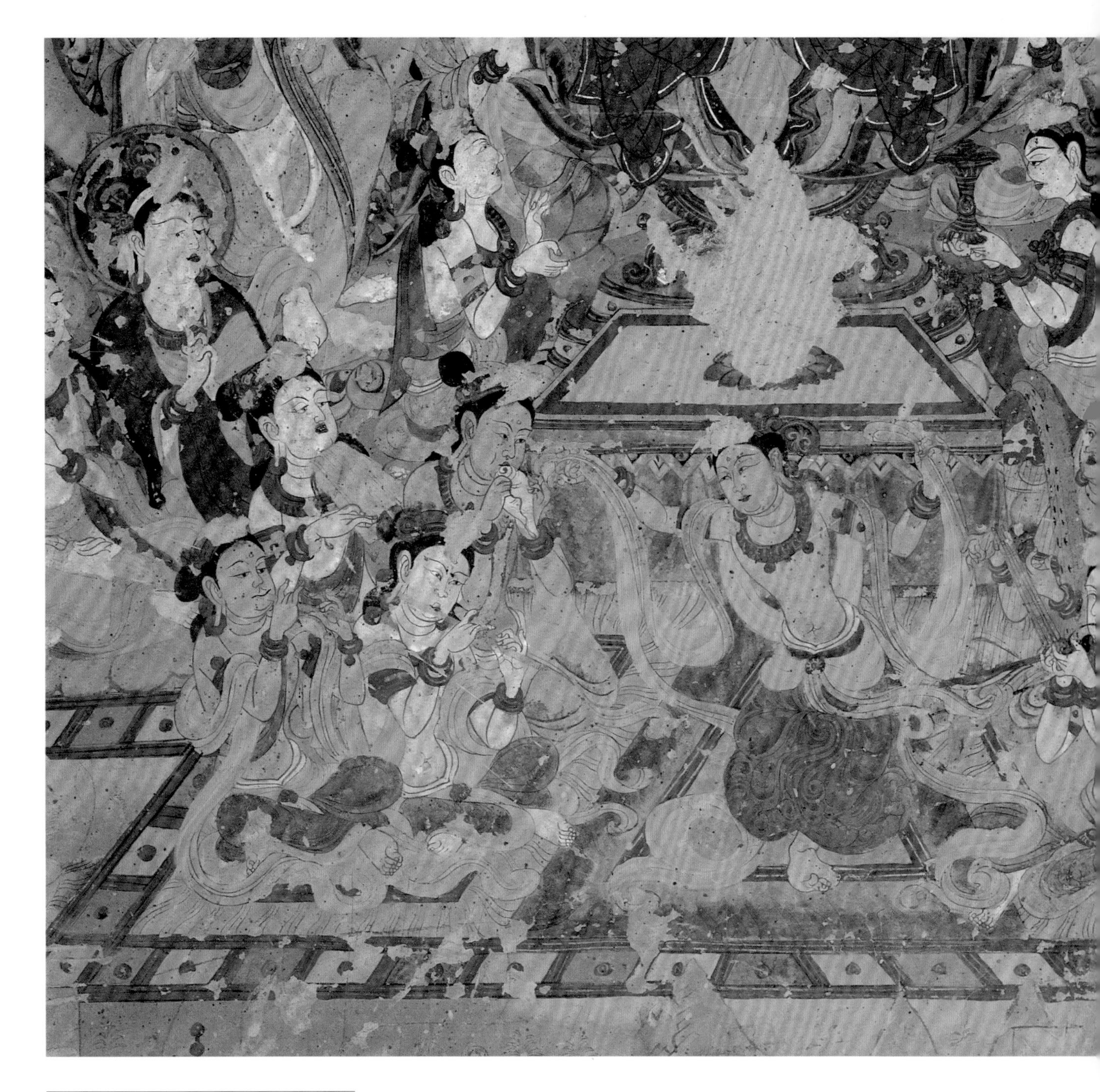

98 **樂舞**

中間一身舞伎翩翩起舞，穩健有力。兩側樂隊伴奏，自然生動。金剛經中沒有這些內容，是畫師借用西方淨土變中的一些內容以莊嚴金剛法會的。

中唐 莫112 南壁

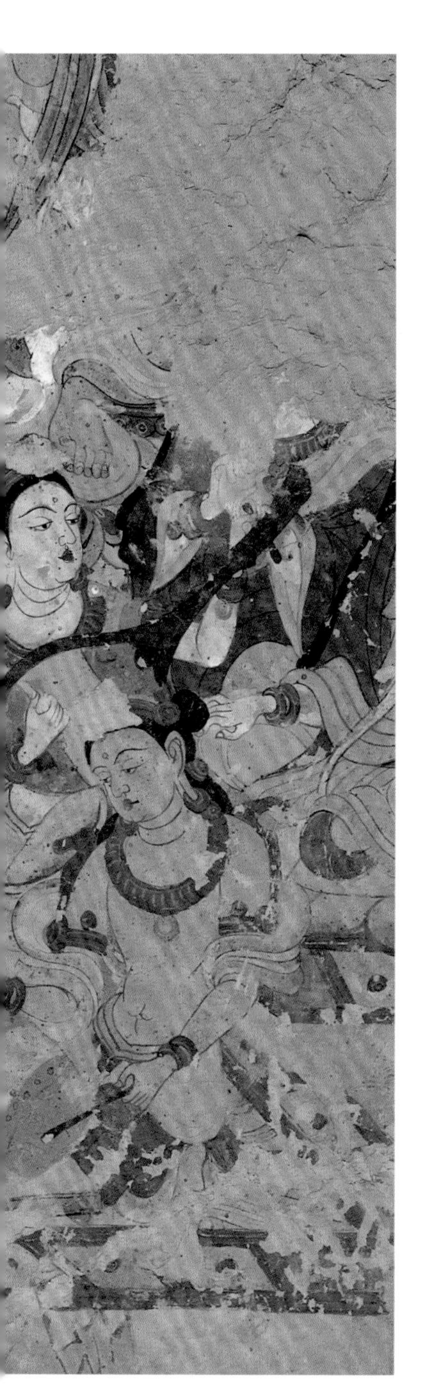

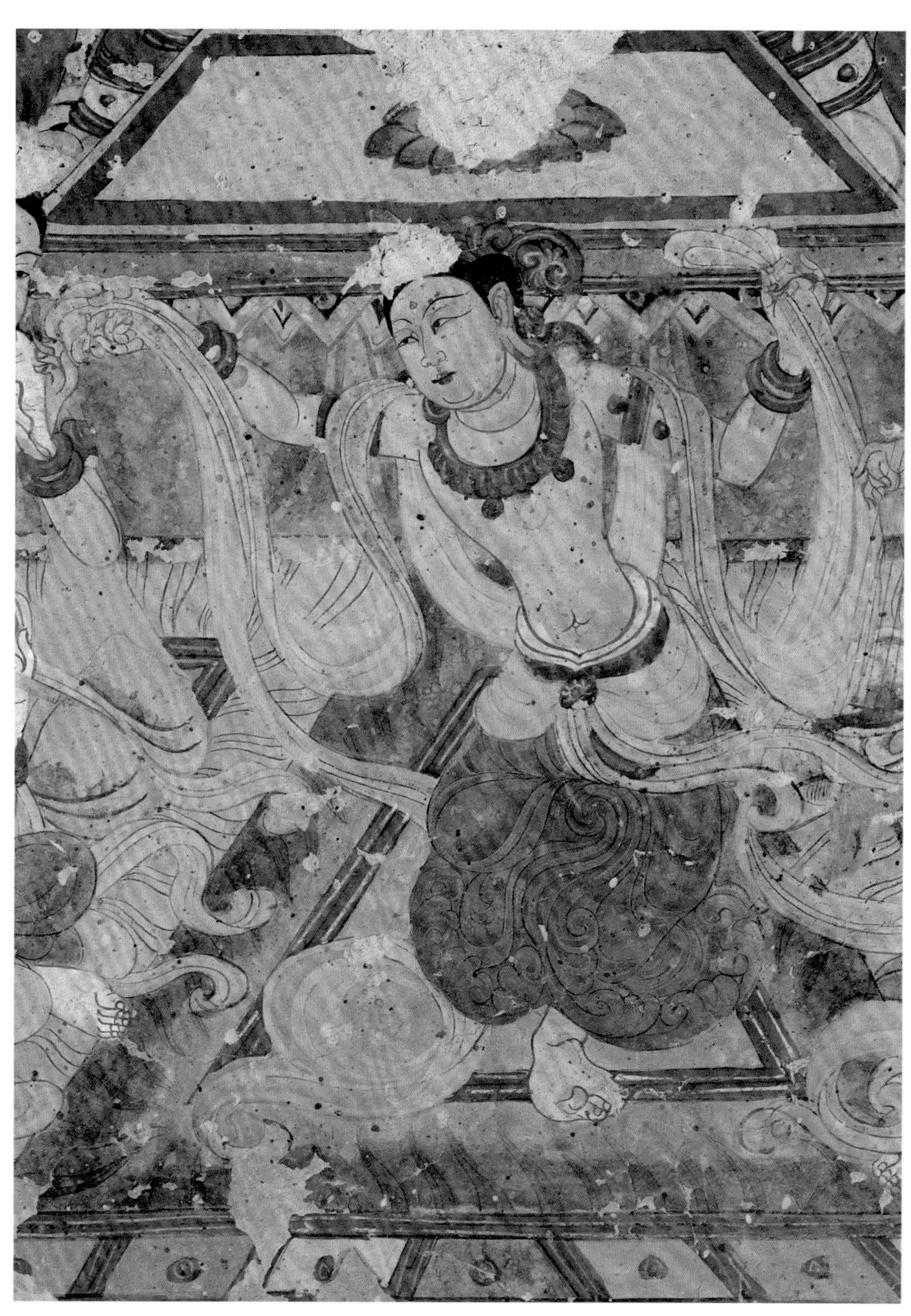

99 舞伎

舞伎裸上身，揮舞飄帶，動作優美而有力。

中唐 莫112 南壁

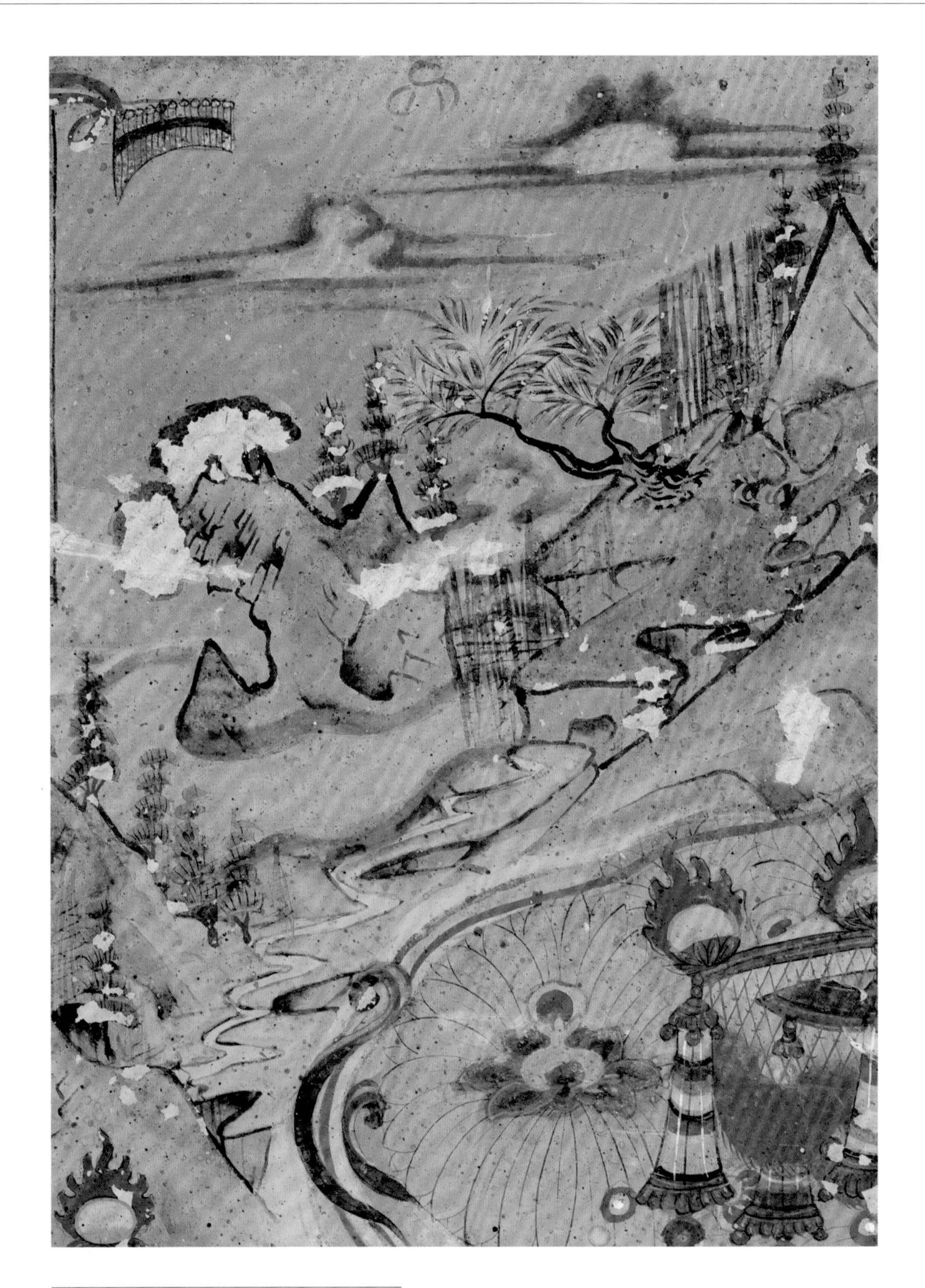

100 山水畫

此圖近看青山綠水，遠望天光雲影，浩渺深邃，是一幅傑出的山水畫。金剛經與禪宗的諸經典一樣，宣揚靜修，以求解脱，因此修持金剛經者，常寄情於山水之間。在金剛經變中，青山綠水也成為繪畫的主題，為當時畫師們發揮藝術情思提供了極大的空間。

中唐 金剛經 莫112 南壁

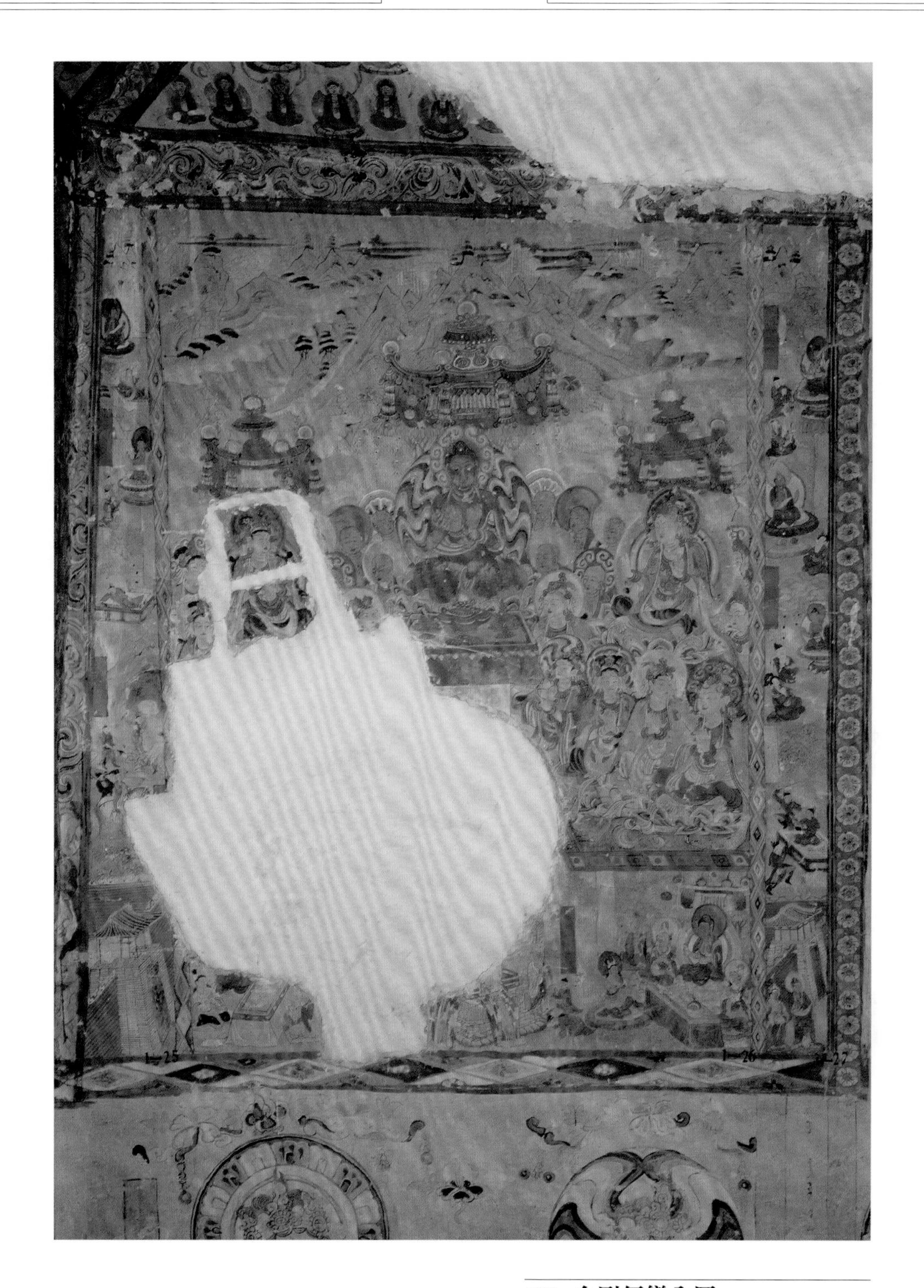

101 金剛經變全圖

此圖中部以巨大的空間表現金剛法會，左右兩側及下部邊沿，以花邊圖案間隔，畫有舍衛城乞食、塔廟供養、歌利王本生。左下側一塊畫面現已剝落。

中唐 金剛經 莫154 東壁

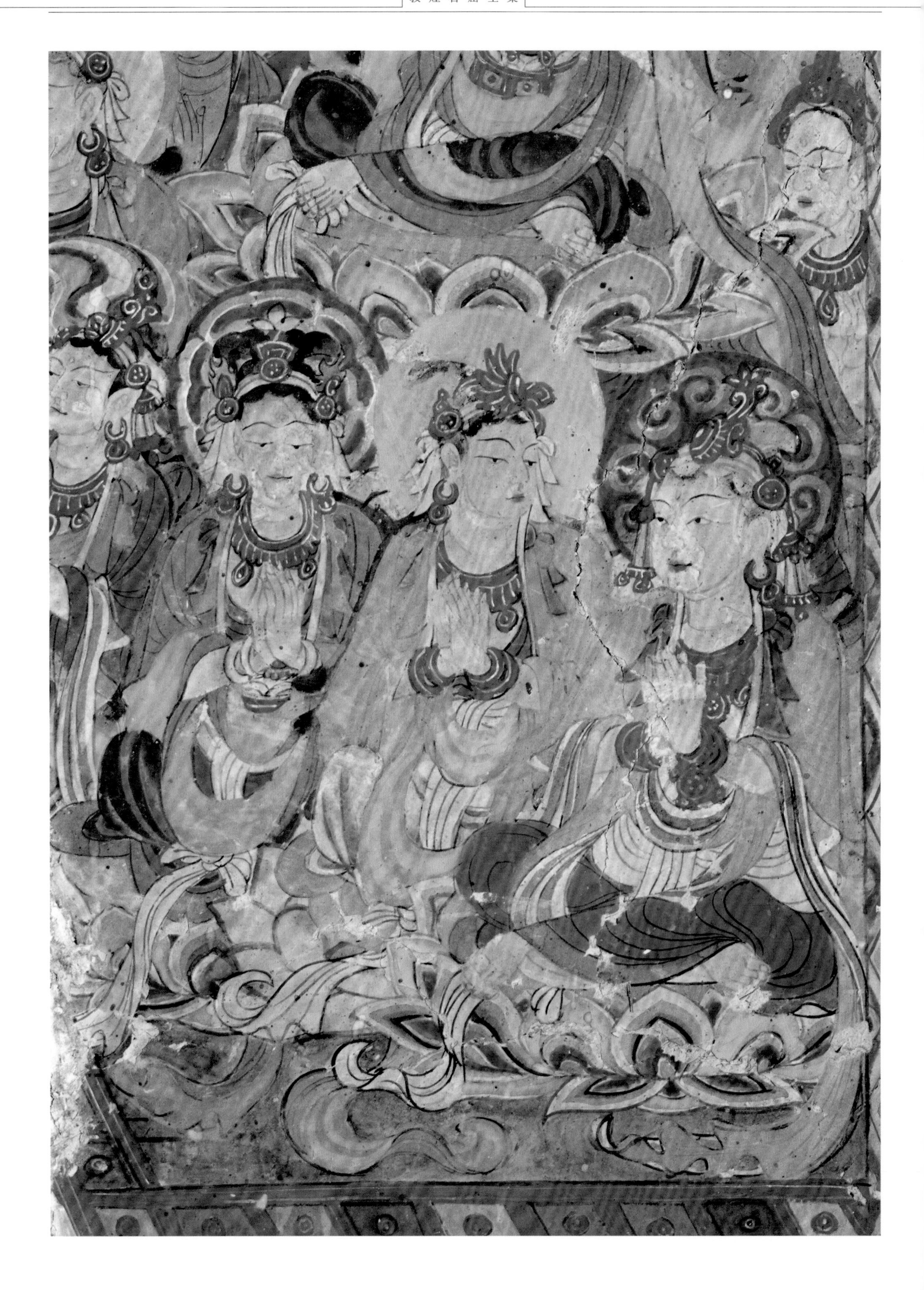

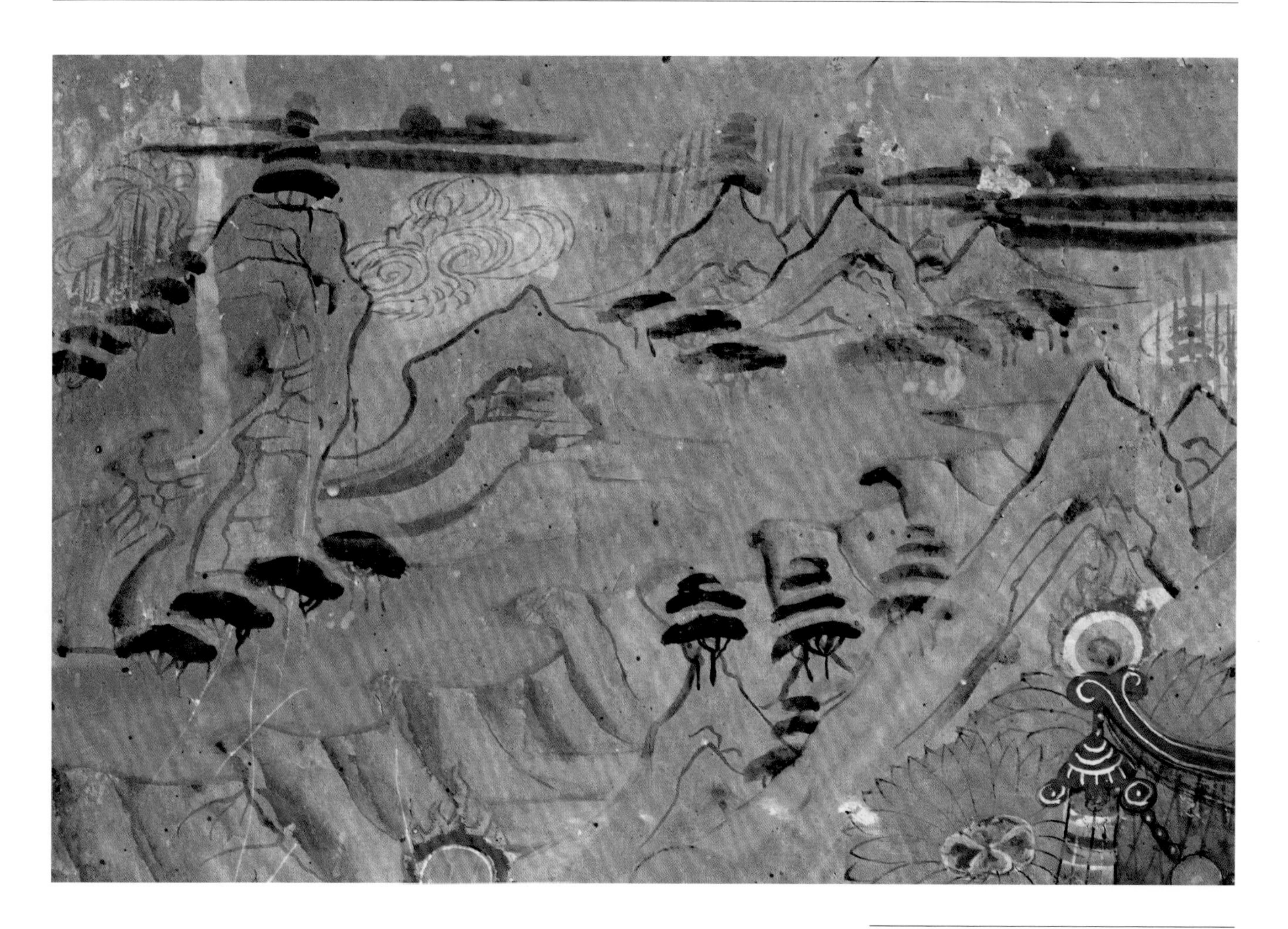

103 **山水畫**

山峰上的樹，表現很特別，畫幾個大小不等的圓圈疊壘起來，上小下大，有點類似塔剎。遠看風光很優美。

中唐 金剛經 莫154 東壁

102 **菩薩**

這是位於釋迦佛左下側的一組菩薩，人物刻畫細膩，色彩艷麗如新。

中唐 金剛經 莫154 東壁

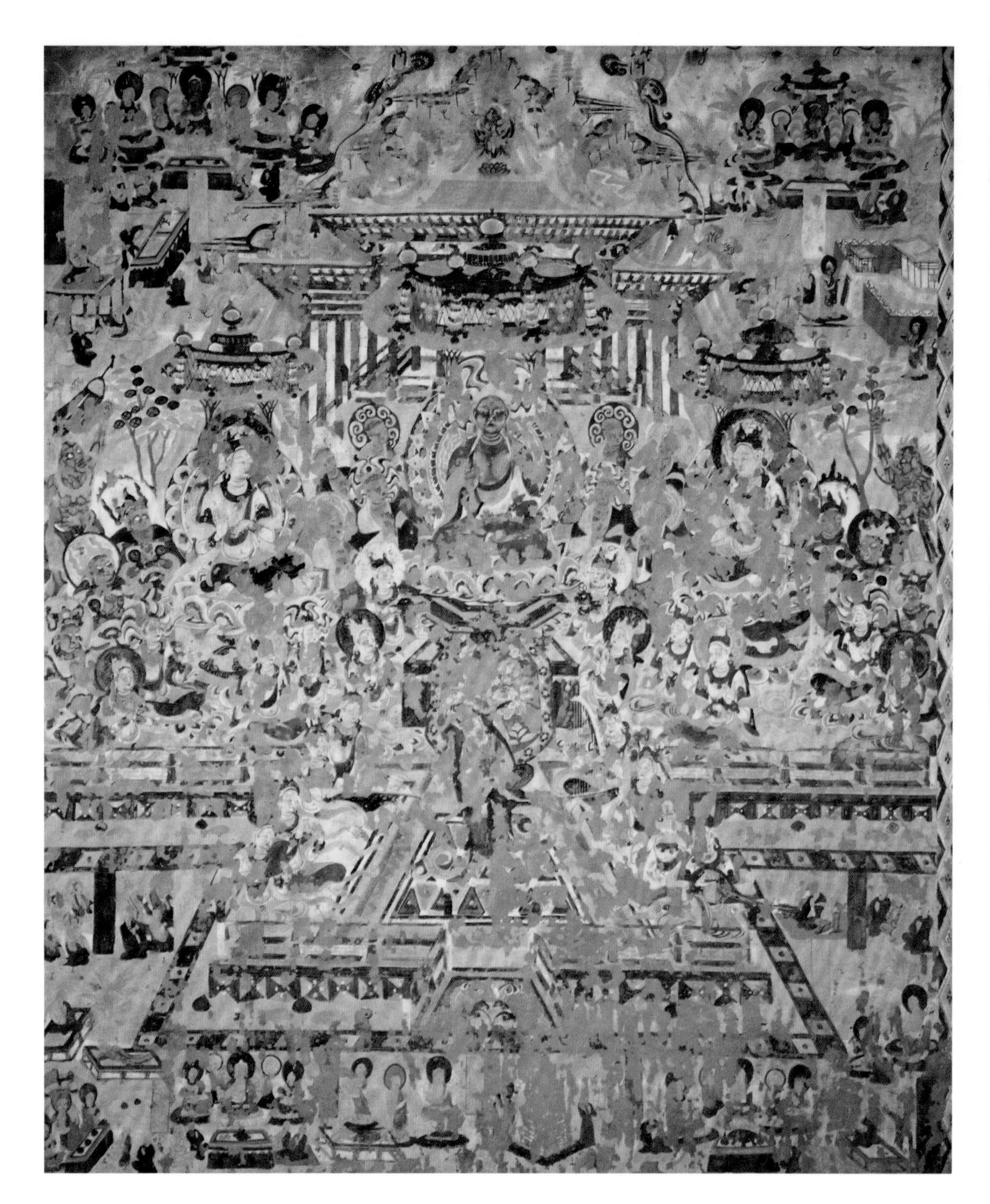

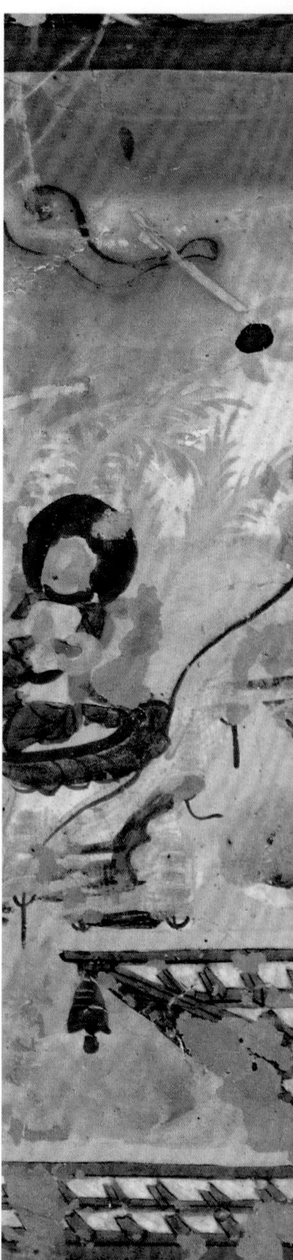

104 金剛經變全圖

中間以巨大空間畫金剛法會。左右上角對稱地畫釋迦佛宣講金剛經、舍衛城乞食（右）、比丘講經、佈施（左）。左右下角及下部邊沿畫四眾聽受金剛經、臥佛、忍辱及小說法圖等。畫面佈局滿而不亂。

中唐 金剛經 莫144 南壁

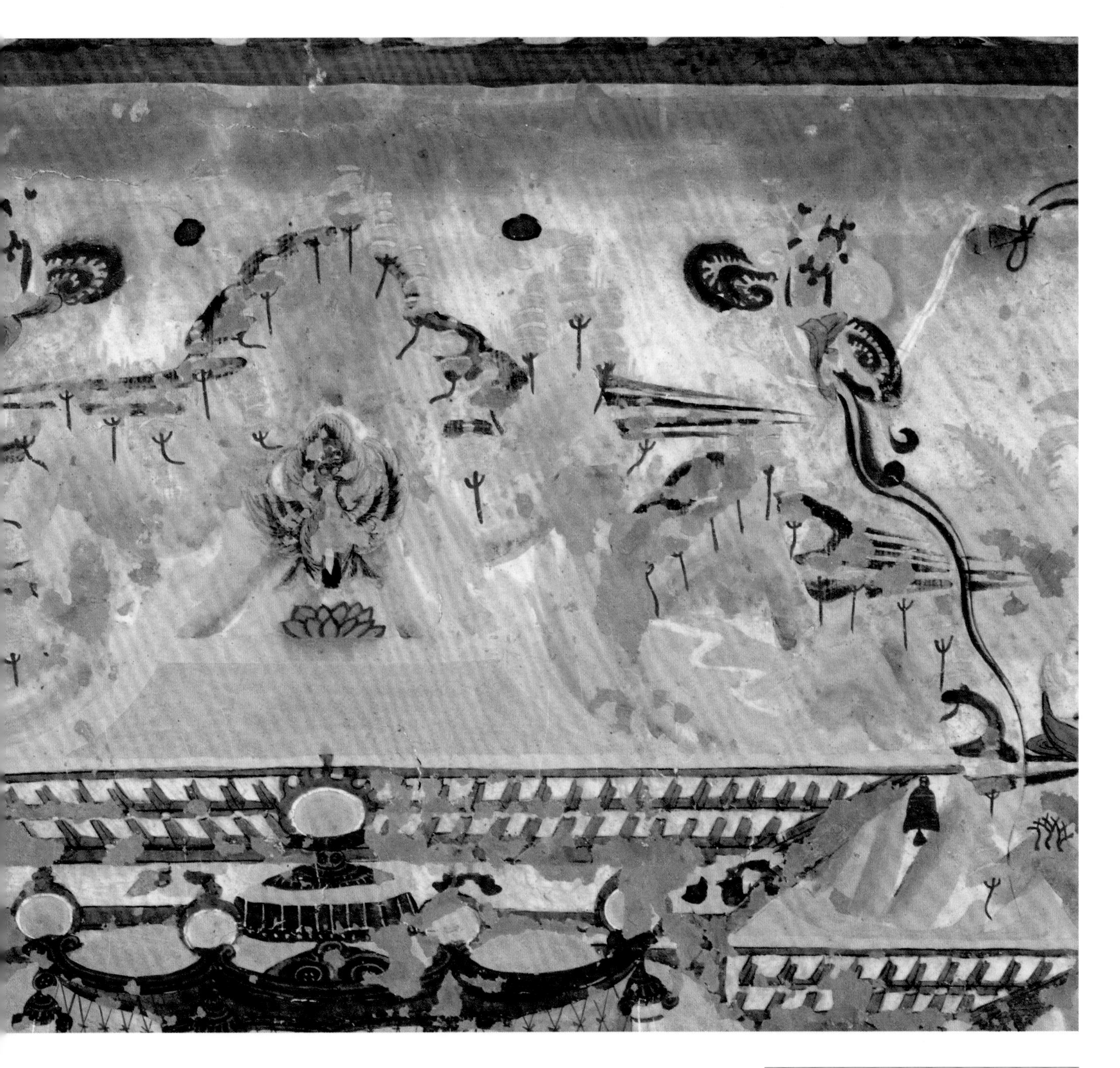

105 **雙飛天**

在一座大山的左右兩側，一對飛天，相向飛升，猶如李白詩中所寫：“西上蓮花山，迢迢見明星。素手把芙蓉，虛步躡太清。霓裳曳廣帶，飄拂升天行。”

中唐 金剛經 莫144 南壁

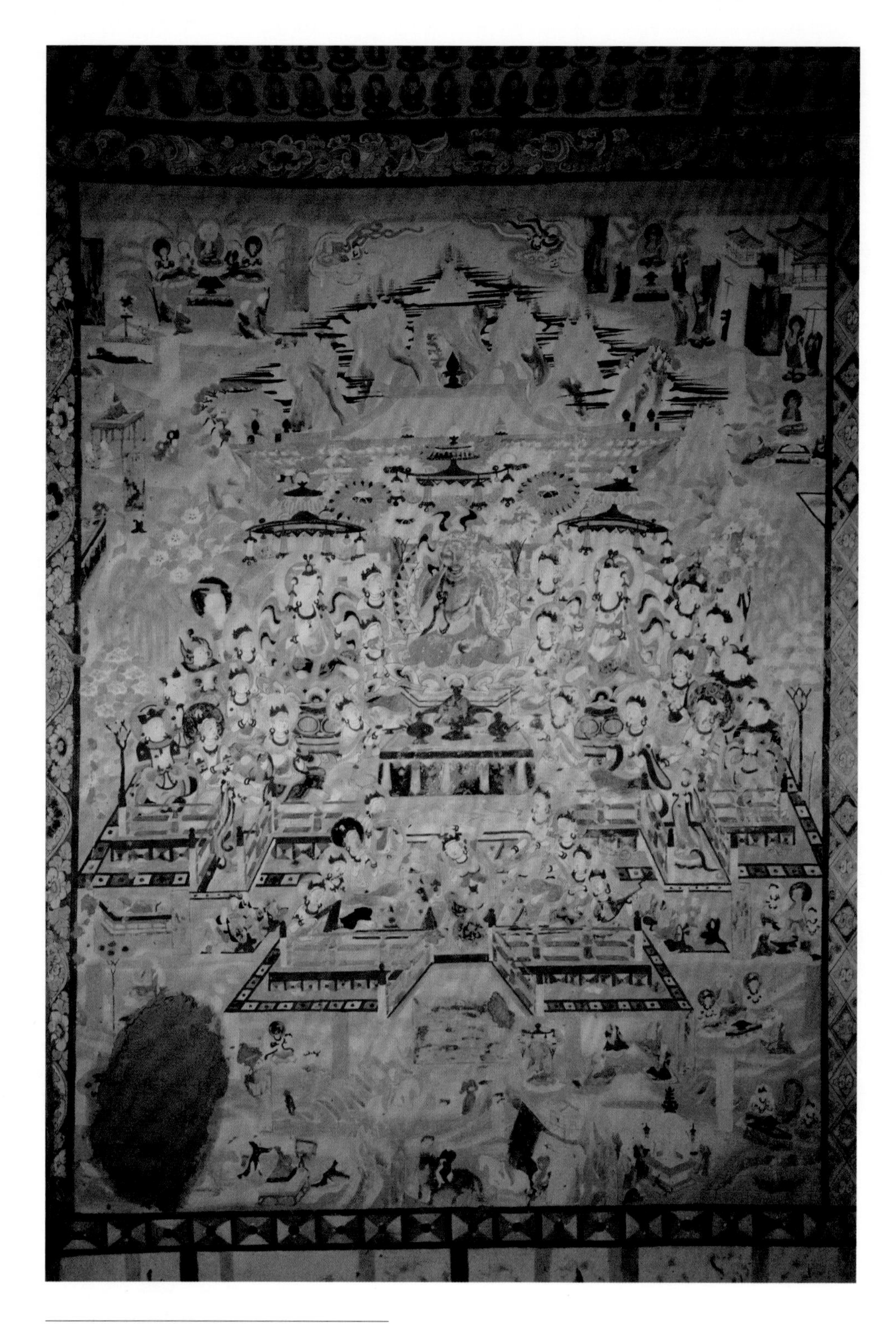

106 **金剛經變全圖**

金剛法會左上角繪佛說金剛經與比丘講經，右上角繪舍衛城乞食。法會下部主要表現歌利王本生。此外還有金剛經中塔廟供養與忍辱等重要情節。

中唐 金剛經 莫359 南壁

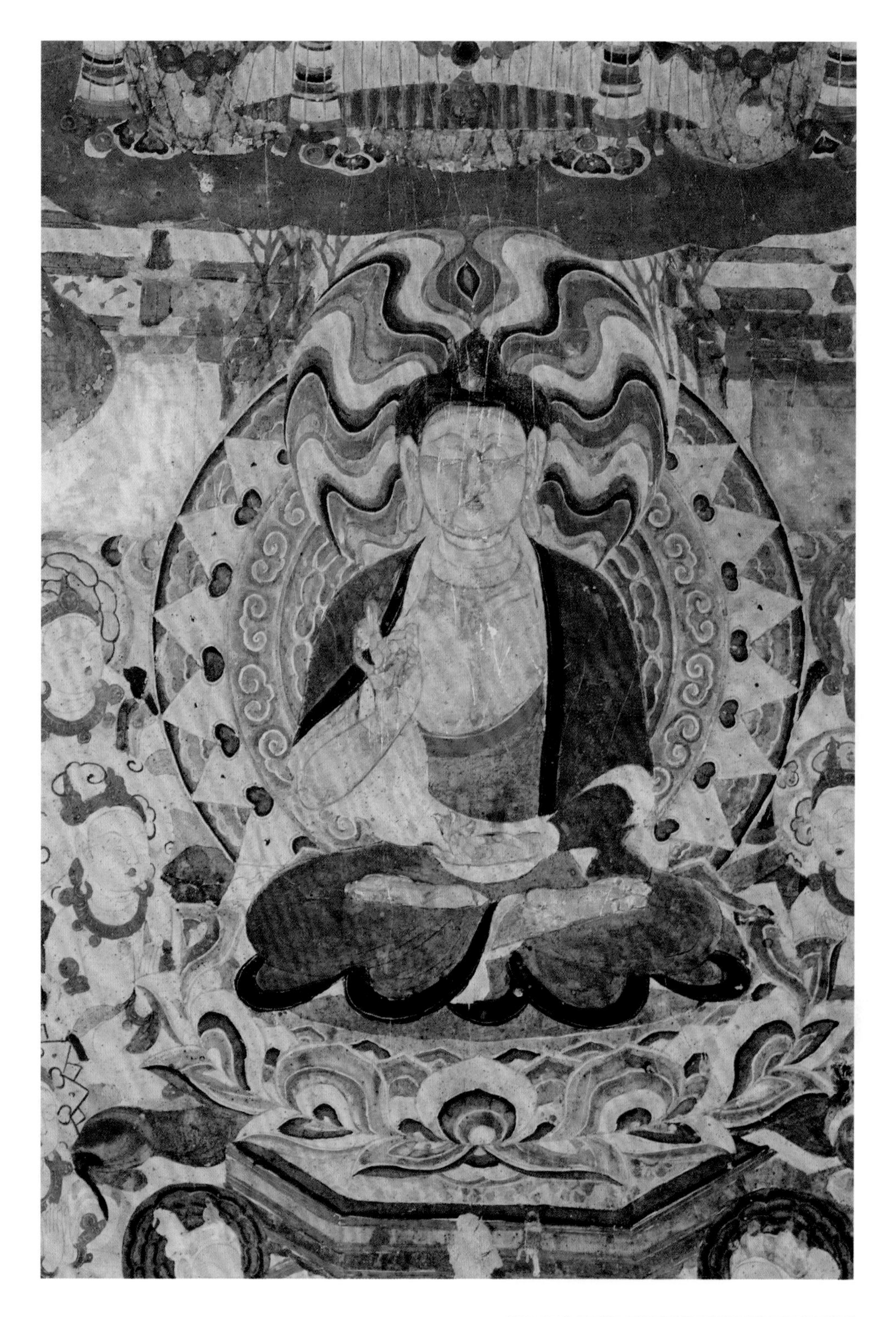

107 釋迦牟尼佛

釋迦佛結跏趺坐於蓮花座上，舉右手，宣講金剛經。

晚唐 金剛經 莫156 南壁

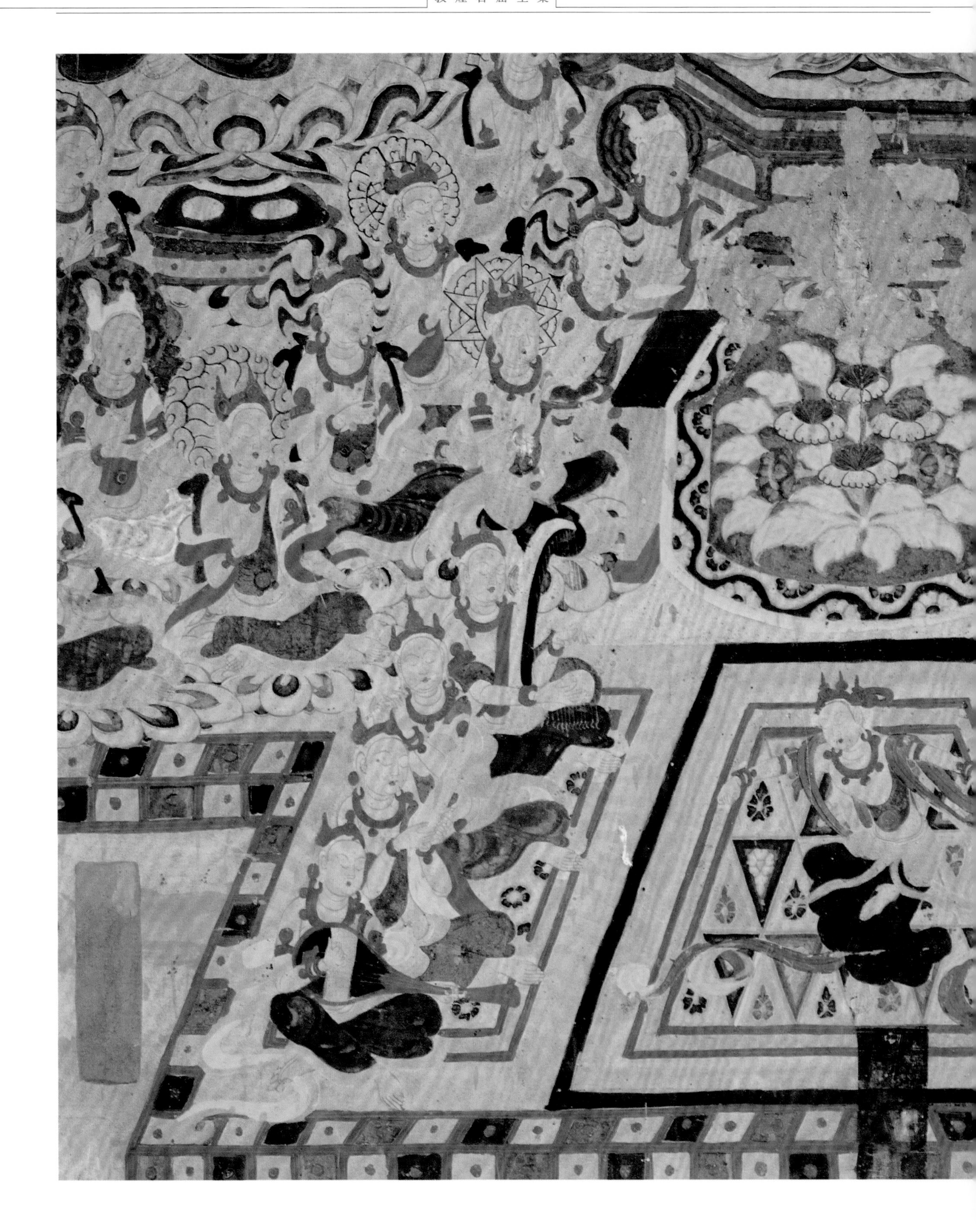

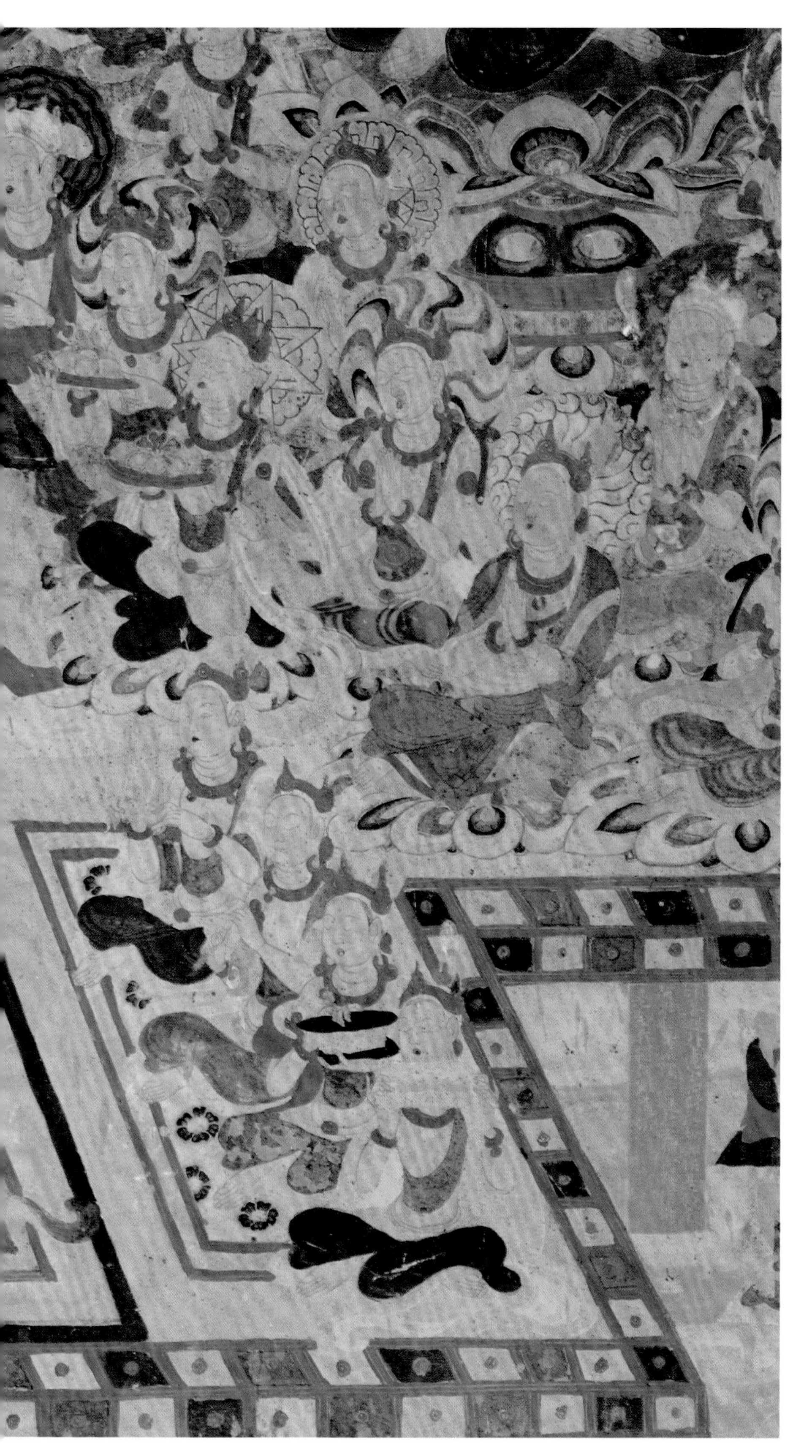

108 舞樂圖

中間一舞伎翩翩起舞，左右兩側有八人組成的樂隊伴奏。

晚唐 莫156 南壁

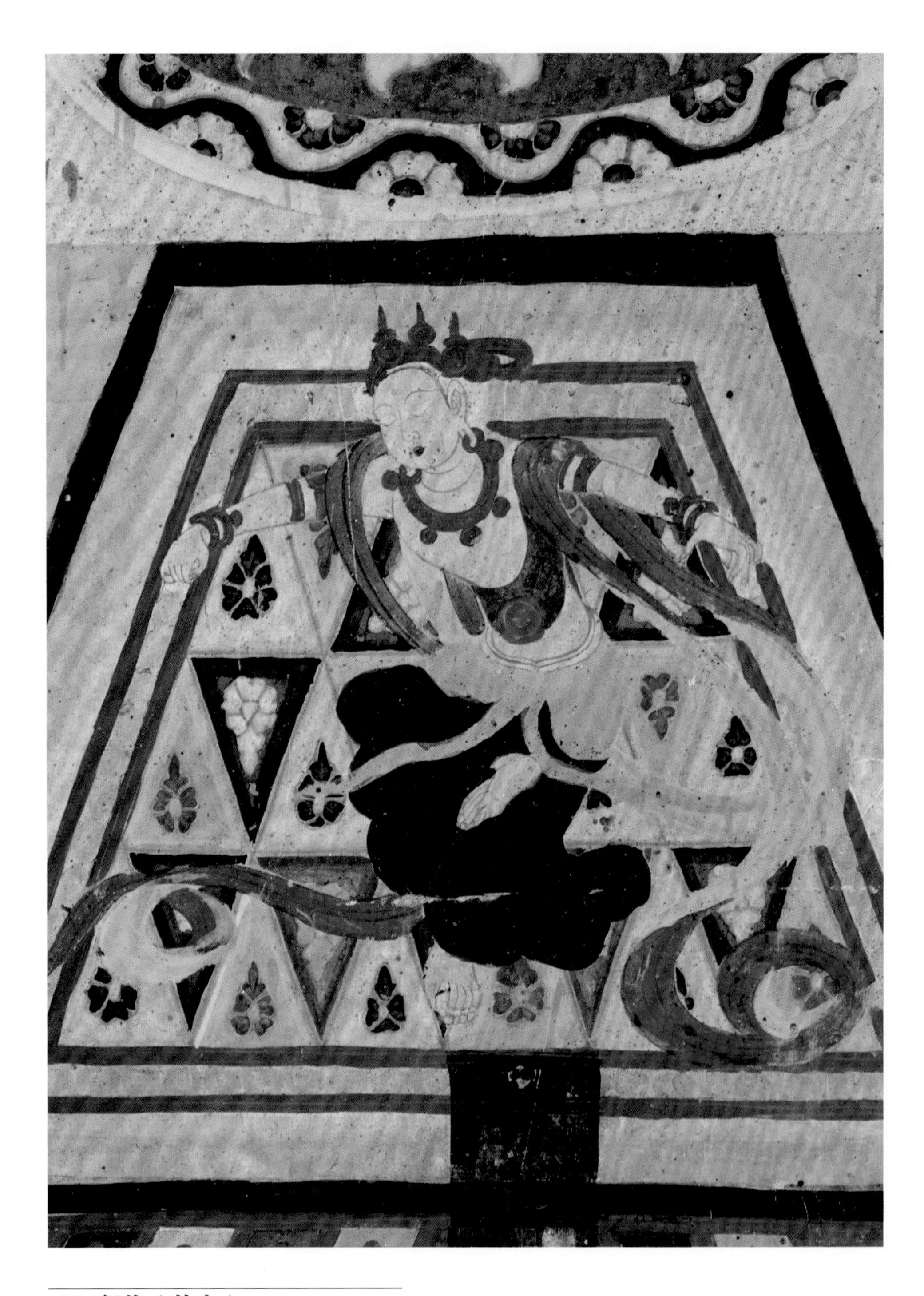

109 **舞伎（特寫）**

晚唐 莫156 南壁

第二節 金剛經變的標誌性故事畫

敦煌壁畫中，金剛經變的構圖以場面宏大的金剛法會為中心，左右兩側及下部邊沿配置各種小故事，有學者認為當屬於向心式構圖。敦煌大多數金剛經變畫都屬於這種形式，共有 11 鋪，繪於莫高窟第 112、135、150、154、198、236、359、361、85、138、156 窟。

繪於金剛法會左右兩側及下部邊沿的小幅故事畫面很多，內容相當豐富，如第 85 窟金剛法會左、右、下邊繪有將近四十幅小故事畫與小說法圖。它們雖然位置並不顯要，但卻是解讀金剛經變不可或缺的畫面，其中，依據經文所畫的舍衛城乞食、歌利王本生、供養塔廟等畫面，也是今天判斷和識別金剛經變的重要依據。

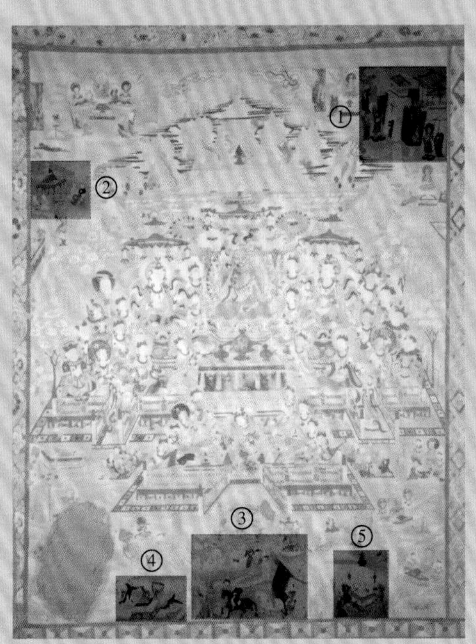

莫 359 窟金剛經變故事畫分佈示意圖

① 舍衛城乞食　② 比丘宣講金剛經
③ 歌利王本生　④ 被人輕賤　⑤ 供養塔廟

舍衛城乞食

金剛經開首云，釋迦佛着衣持缽，入舍衛城乞食。次第乞已，回到祇樹給孤獨園。食畢，收拾衣缽，洗淨手腳，敷好座位，結跏趺坐。這時德高望重的大弟子須菩提，右膝跪地，雙手合十，畢恭畢敬地向佛請教：如何保持菩提心常住不退？如何降伏妄念心？為甚麼是由須菩提提問的呢？按照佛教說法，須菩提是釋迦佛十大弟子中"解空第一"，而金剛經又是專講"空"的，當然由他提問最合適。

敦煌壁畫中的金剛經變，絕大多數畫有舍衛城乞食的情節。表現形式大多為釋迦佛領數弟子在一城門口乞食，施主或跪、或站，在城門口施捨。有的洞窟中還畫釋迦佛次第乞食已，在返回祇樹給孤獨園的途中，遇小孩迎接。

比丘講金剛經

《金剛經》有云，釋迦佛告訴須菩提，如果一個人受持、讀誦金剛經，或者為人演講金剛經，那麼他所得的福報，將大大超過以無量七寶佈施所得福報。根據第150窟金剛經變中高座下部的墨書榜題記載，比丘講金剛經的畫面表現的就是經文這一內容。不過畫師繪製壁畫時，將講經人釋迦佛改成一比丘。這位比丘很可能就是"解空第一"的須菩提，或者象徵禪宗的某位祖師。

金剛經變中的這類畫面一般畫一比丘，手執如意，坐高座上講經。高座前面，或者兩側，畫數僧俗善男信女，虔誠合十聽講。如意原為古代印度人使用的爪杖，柄長三尺，形狀如雲，或如手形，用以搔背止癢，故稱如意。傳到中國、日本後，它變成吉祥之物，法師在講經說法時使用。例如唐代高僧智炫與道士張賓辯論時，就手執如意。壁畫中如意通常為菩薩所執，亦有僧人執之。

歌利王本生

歌利王又譯為哥利王、羯利王、迦梨王、迦陵伽王等，均為梵文的音譯，意譯為鬥諍王、惡生王、惡世王等。歌利王本生故事的大意是：古代印度有一位忍辱仙人，在深山老林中修行，被歌利王夫人發現，心生敬意，並向其獻花。歌利王見之，頓生妒恨，拔劍砍掉忍辱仙人的雙手雙腳以及耳鼻。忍辱仙人不但不怨恨，反而對歌利王說："汝為女色，刀截我形，吾忍如地。我後成佛，先以慧刀，斷汝三毒。"佛經中說這位忍辱仙人就是釋迦佛的前身。這則故事的詳細記載見康僧會譯《六度集經》卷五、慧覺等譯《賢愚經》卷三等經，但在金剛經中則只有一句話："如我昔為（被）歌利王割截身體。"我國新疆克孜爾石窟第17、38窟繪此本生故事。這些佛經與壁畫宣傳歌利王本生，其目的是說明成佛不易，須經屢世苦修。

金剛經變中的歌利王本生故事畫，大多為歌利王與夫人騎馬離宮出遊，在山間遇忍辱仙人，令隨從將忍辱仙人打倒在地。忍辱仙人的住所都以草庵表示。十分遺憾的是現存畫面或殘破不全，或漫漶不清。歌利王本生故事出現在金剛經與金剛經變中，其意旨為宣傳"凡所有相，皆是虛妄"。"相"指客觀物體的形相、狀態。這句話的意思是說，一切客觀存在的物體都是虛假的，包括人的肉體。釋迦佛前世修行忍辱波羅蜜時，被歌利王割截身體而不生怨恨，就是因為釋迦牟尼深知自己的身體是由地、水、火、風四大合和而成的，它如朝露、泡影、閃電，很快就會消亡，用不着執着迷戀。所以金剛經中說："菩薩應離一切相。"這是金剛經的核心思想，金剛經變中的許多小故事畫都貫串着這一思想。

被人輕賤得佛道

經文說："善男子、善女人，受持讀誦此經，若為人輕賤，是人先世罪業，應墮惡道，以今世人輕賤故，先世罪業則為消滅，當得阿耨多羅三藐三菩提。"意思是說，讀金剛經時若受到打罵，受打罵的人會成佛道。金剛經變一般畫一人坐在方几上讀經，被另外一人打罵。也有畫一人坐在低座上讀經，被另外二人打罵。這基本上是對經文的圖解。

但在第144窟的同類畫面旁殘存墨書榜題："須菩提，忍辱波羅蜜（下缺）"這顯然又是圖解忍辱波羅蜜。從畫面來看，被人輕賤與忍辱都可以圖解為被人打罵。此圖既可以理解為被人輕賤，也可以解讀為忍辱，或許兩層含義兼而有之。

供養塔廟

畫一佛塔，周圍有數僧俗善男信女繞塔禮拜，或者跪地合十供養。根據第85窟金剛經變中塔廟旁的墨書榜題記載，畫師依據的是下述經文："須菩提，隨說是經，乃至四句偈等，當知此處一切世間天、人、阿修羅，皆應供養，如佛塔廟，何況有人能盡受持讀誦。"敦煌壁畫中凡畫金剛經變，多有此塔，故而俗稱"金剛塔"。

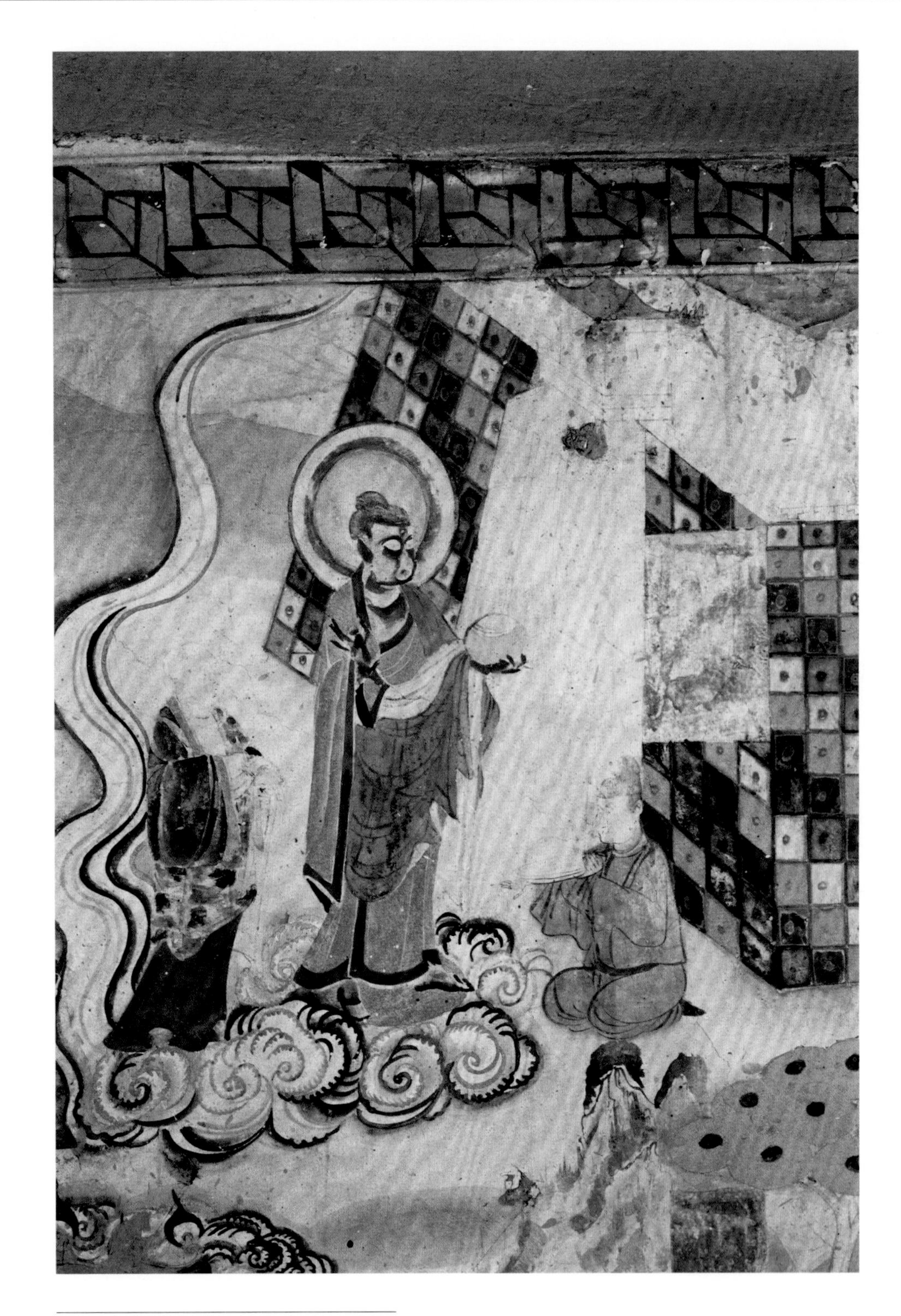

110 舍衛城乞食

用彩色寶石砌築的舍衛城城牆。釋迦牟尼佛攜一弟子，乘雲持缽至舍衛城下乞食。城門口跪一世俗男子，雙手端食物，虔誠地向釋迦佛施捨。

盛唐 金剛經 莫31 南壁

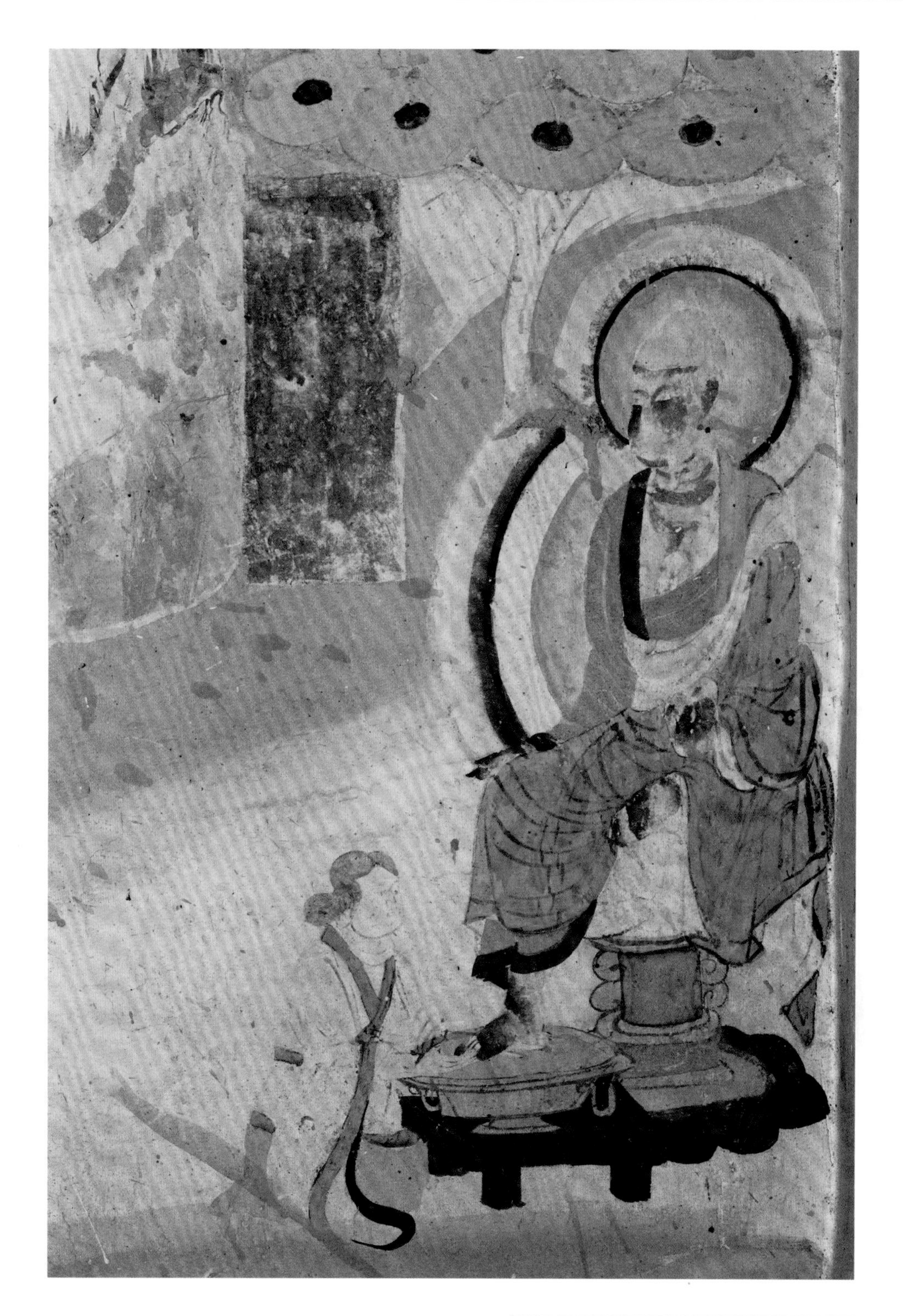

111 給釋迦佛洗腳

經云：釋迦牟尼從舍衛國乞食後回到祇樹給孤獨園，“飯食訖，收衣缽，洗足已，敷座而坐”。此圖表現釋迦牟尼坐高座之上，右腳置於盆中，一個世俗中年女子正在給他洗腳。反映此內容的畫面在敦煌壁畫中少見。

盛唐 金剛經 莫31 南壁

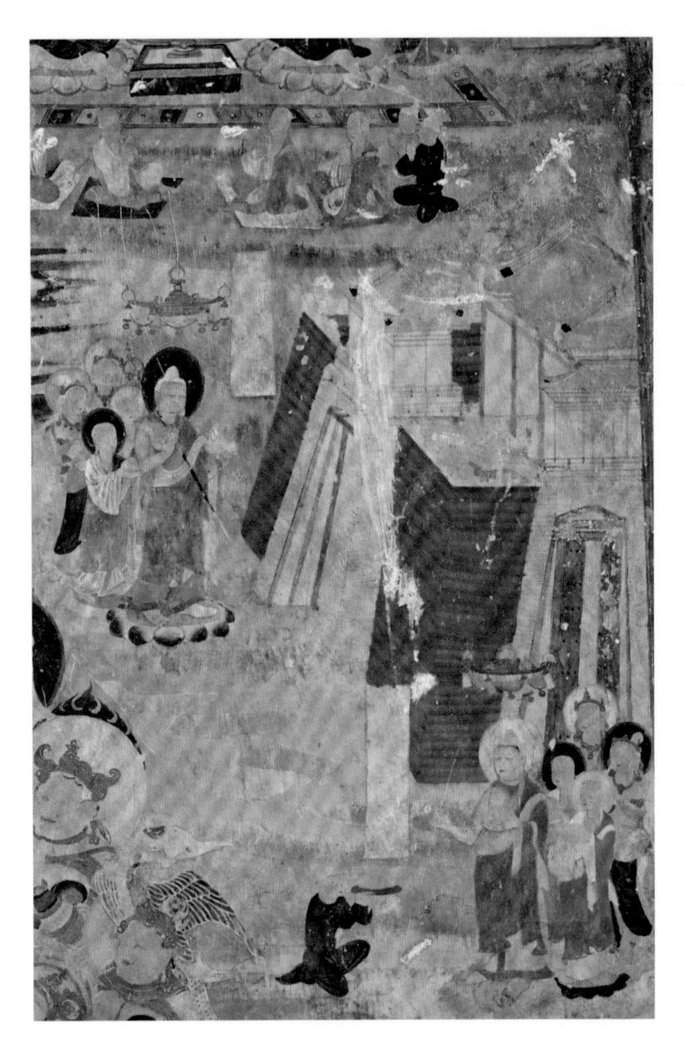

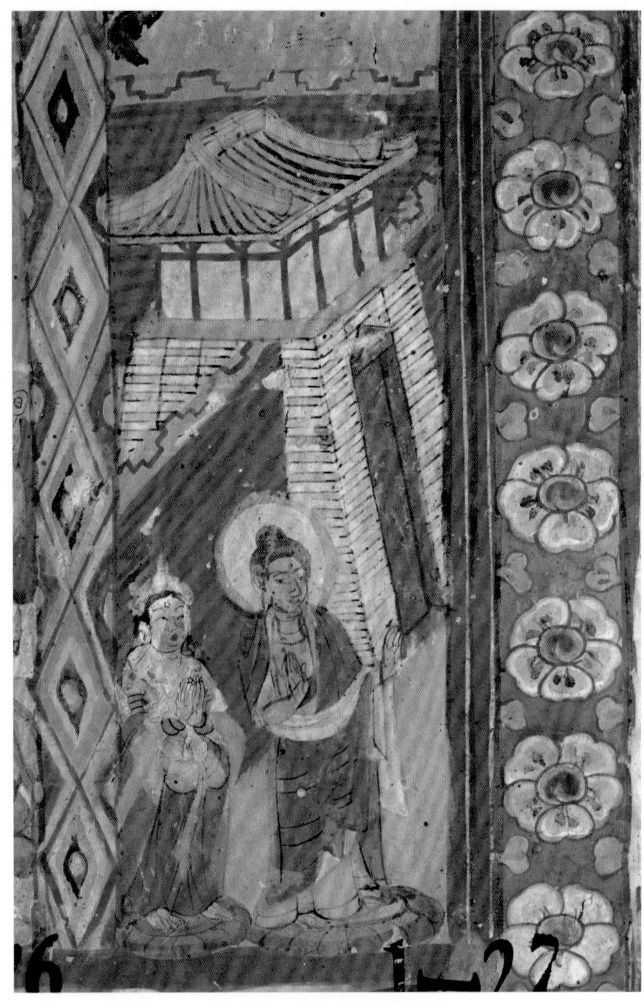

112 **舍衛城乞食**

此圖表現了釋迦牟尼行至舍衛城時乞食和返回祇樹給孤獨園的故事。

中唐 金剛經 莫150 南壁

113 **舍衛城乞食**

這是表現金剛經的開首，釋迦佛“着衣持鉢，入舍衛城乞食”的情節。城門樓表示“舍衛大城”。按經文，隨從釋迦佛乞食的弟子，應為着袈裟的和尚，此處畫成着天衣、戴寶冠的菩薩。

中唐 金剛經 莫154 東壁

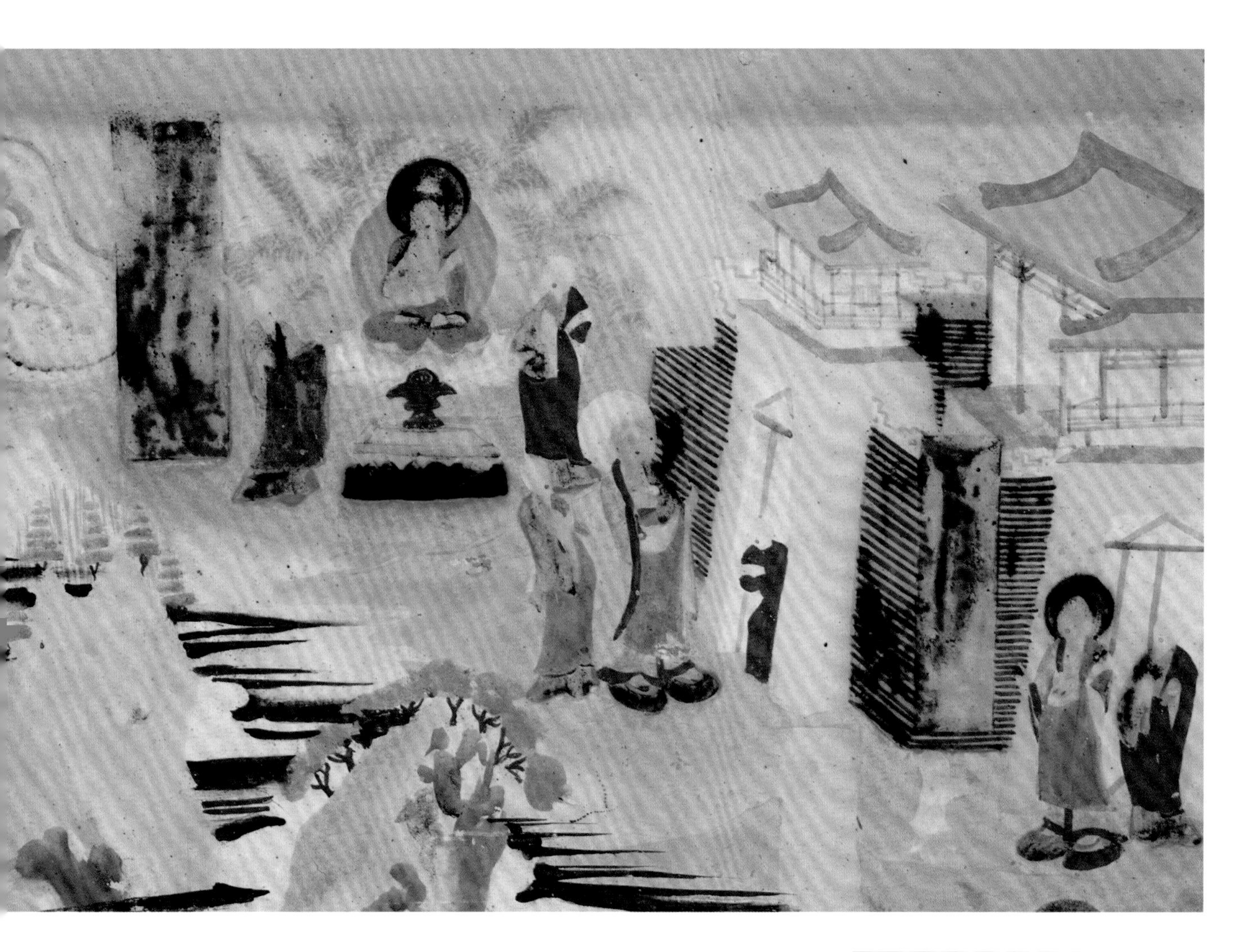

114 釋迦佛乞食與回園

釋迦佛攜一弟子，行至舍衛城門口，一位施主在城門口迎接。右下角的釋迦佛及弟子是表現他們“於其城中，次第乞已”，將要返回祇樹給孤獨園，路上遇見一個小孩恭迎。左側的說法圖是表現釋迦佛在飯後開始講《金剛經》。

中唐 金剛經 莫159 南壁

115 舍衛城乞食 見下頁 ▶

此圖表現釋迦牟尼行至舍衛城時乞食的故事。圖中大街上有一行人，五體投地，迎拜釋迦佛，這是古代印度的大禮。

中唐 金剛經 莫361 南壁

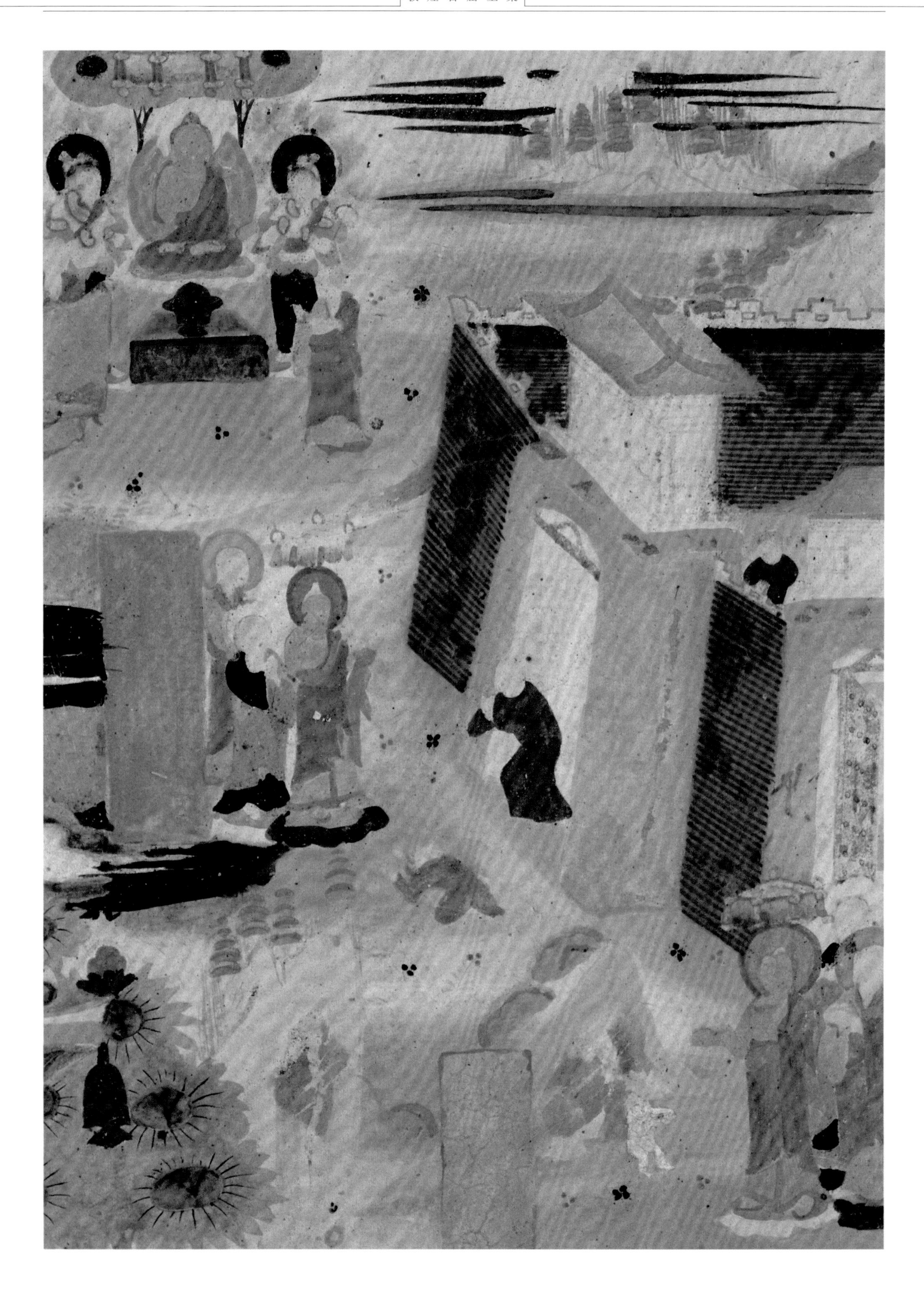

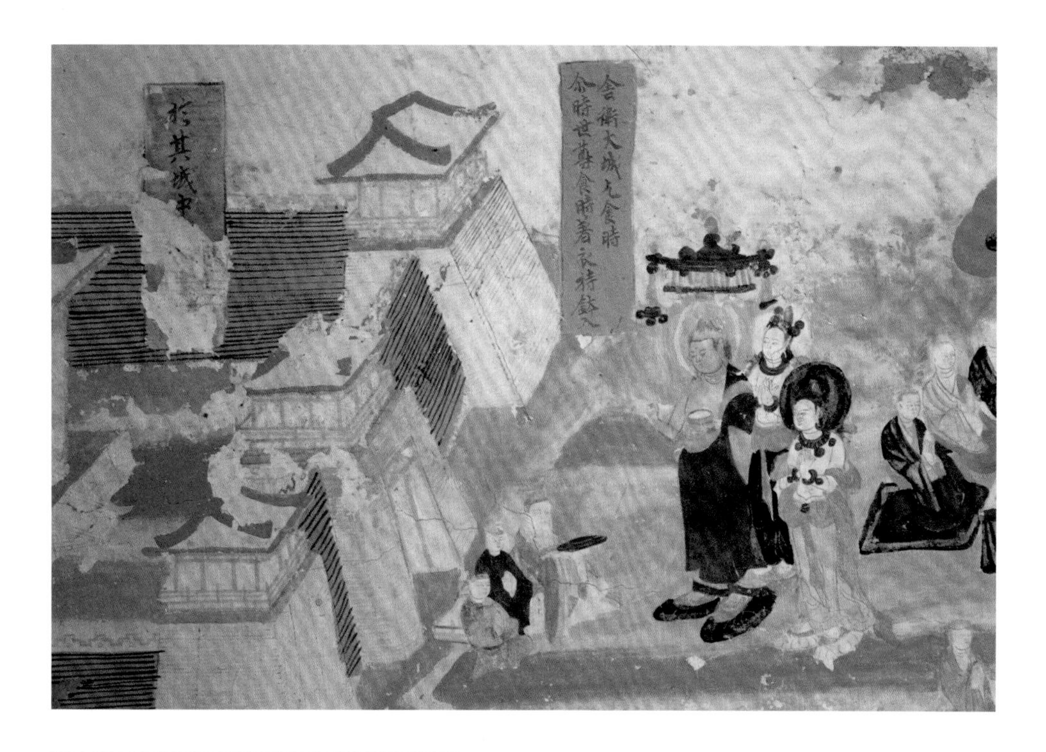

116 舍衛城乞食

畫面突出舍衛城，釋迦佛乞食在城門前。佛與施主在畫面的構圖相當講經主次位置，尊卑分明，並有清晰的榜題點明主題，是同類題材中表現最好的一幅。唯釋迦佛身後畫了二位菩薩，與經文不合。榜題："爾時世尊食時，着衣持鉢入舍衛大城乞食時"。

晚唐　金剛經　莫85　南壁

117 舍衛城乞食

右側的舍衛城城門高聳雄偉，左側釋迦佛一手持鉢，其後隨從四弟子，向人乞食。前面跪一世俗男子正在虔誠地施食。

晚唐　金剛經　莫156　南壁

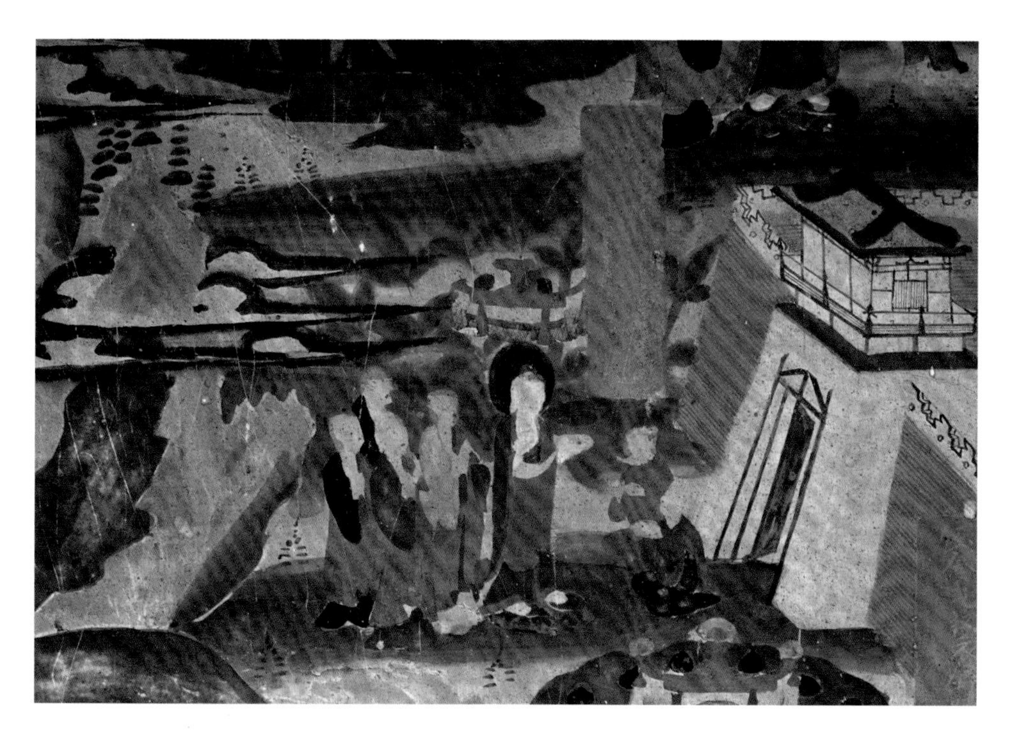

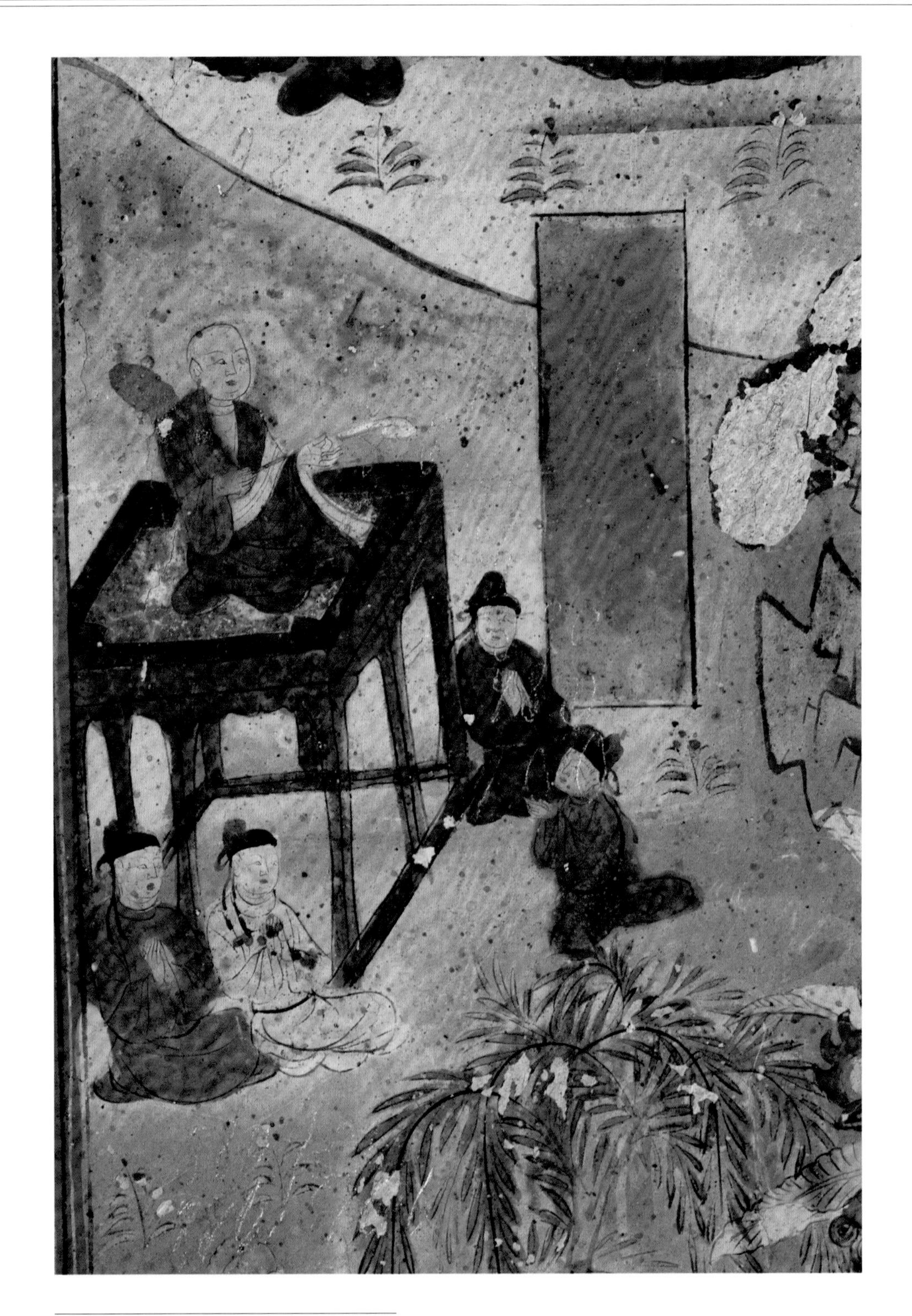

118 比丘宣講金剛經

比丘手持如意，坐高座，宣講金剛經，四個世俗男子合十，席地而坐，虔誠聆聽。此比丘可能是須菩提。

中唐 金剛經 莫112 南壁

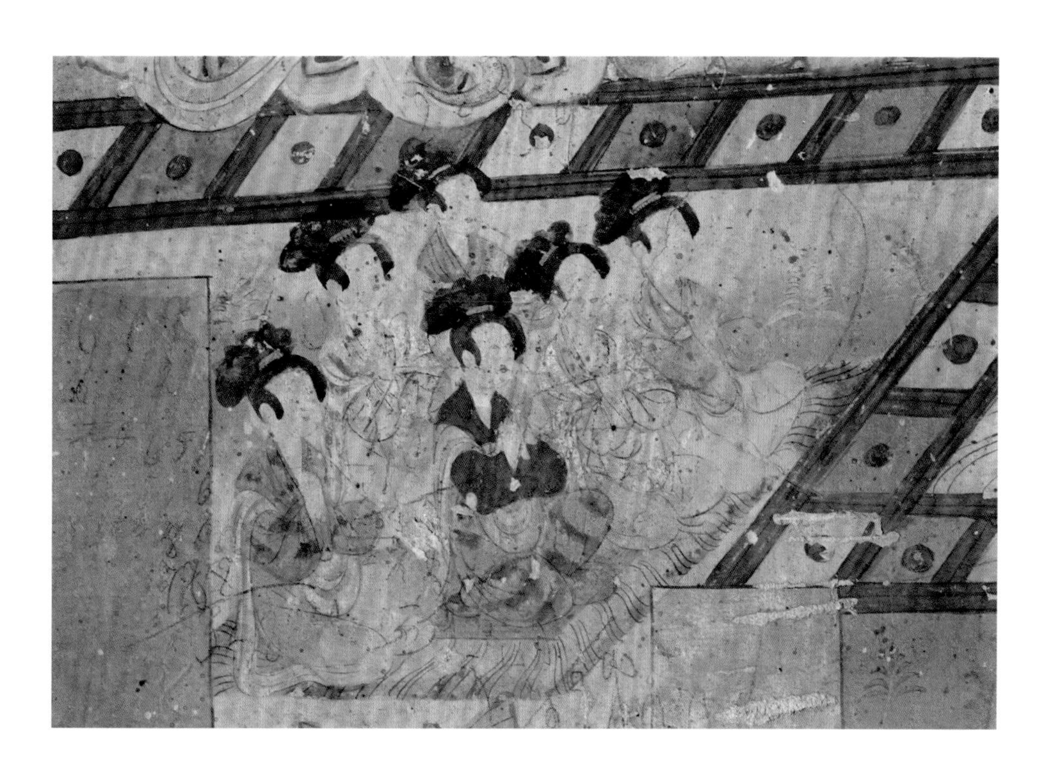

119 優婆姨聆聽金剛經

一組女子跪地合十聆聽金剛經。此圖雖然繪於吐蕃統治時期，但是這些女子全着唐裝，可見當時中原文化對敦煌的影響之深。

中唐 金剛經 莫112 南壁

120 比丘宣講金剛經

比丘坐高座上講金剛經，聽經的既有出家的比丘、比丘尼，也有在家的優婆塞、優婆姨。

中唐 金剛經 莫150 南壁

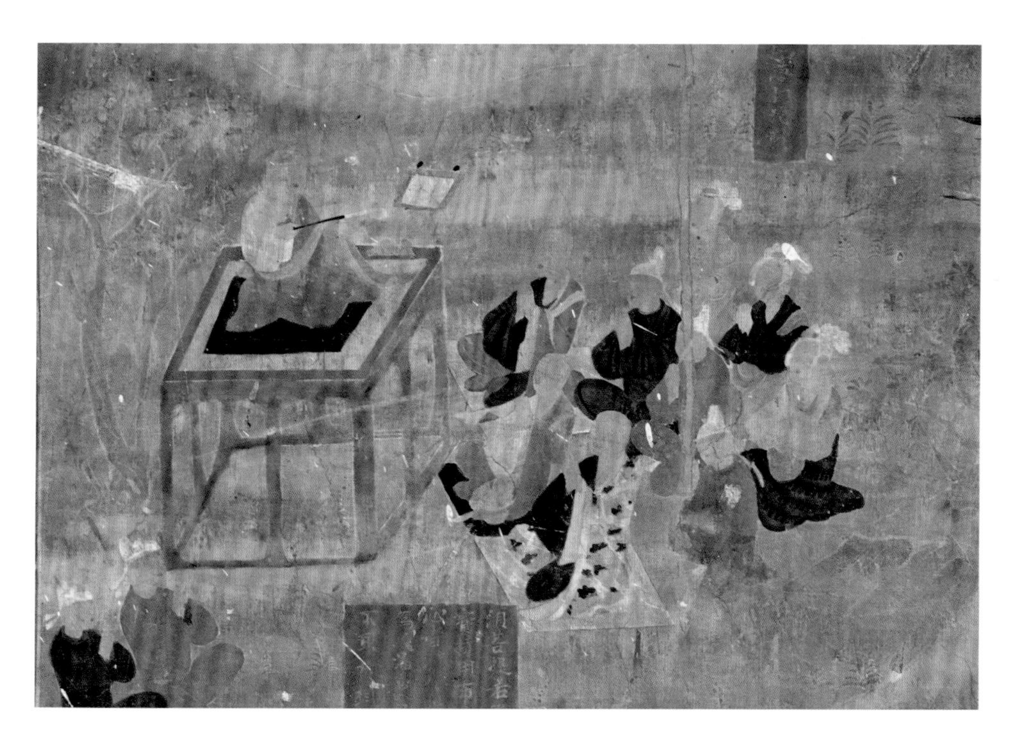

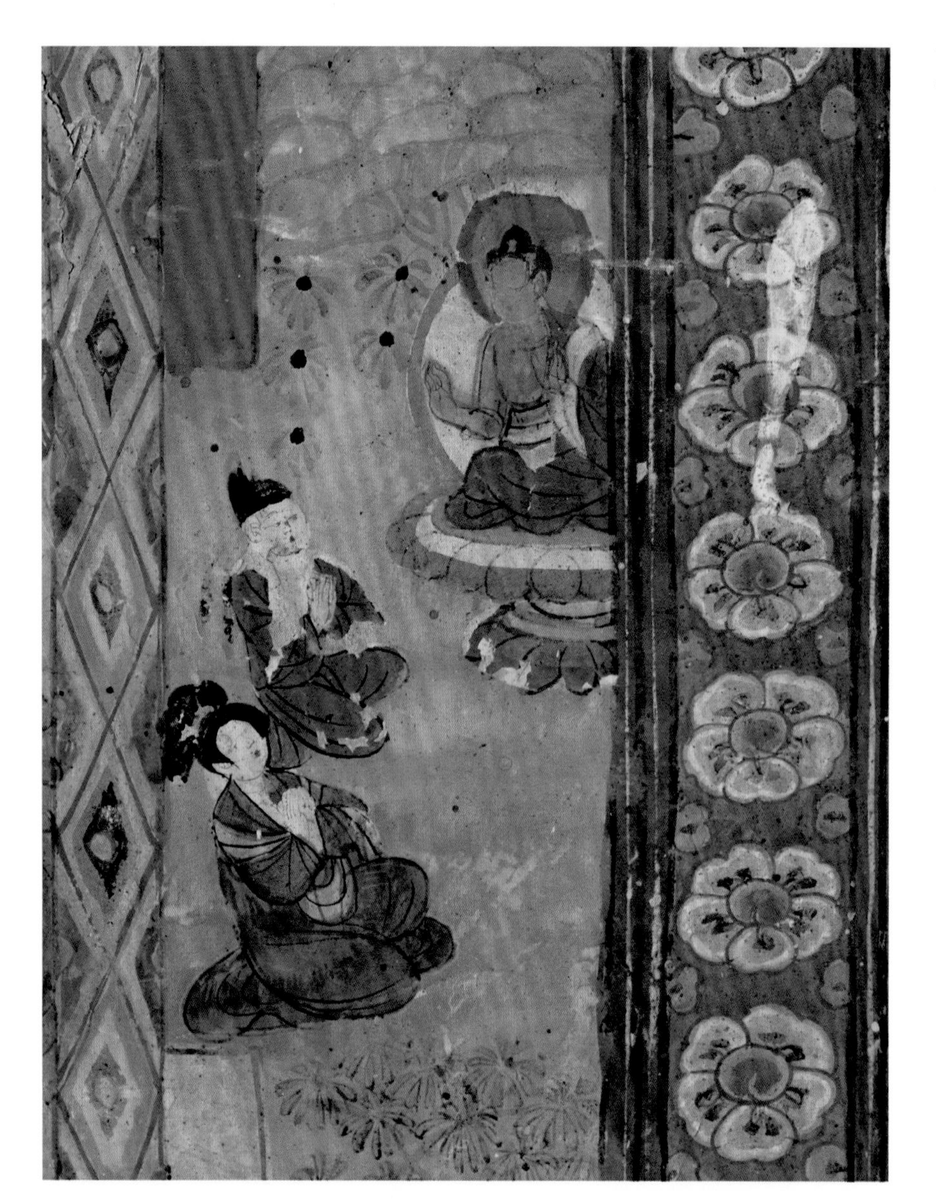

121 佛為在家信眾說法

此圖是釋迦佛向在家的優婆姨、優婆塞講受持、讀誦《金剛經》，所得福報勝於一切供養。

中唐 金剛經 莫154 東壁

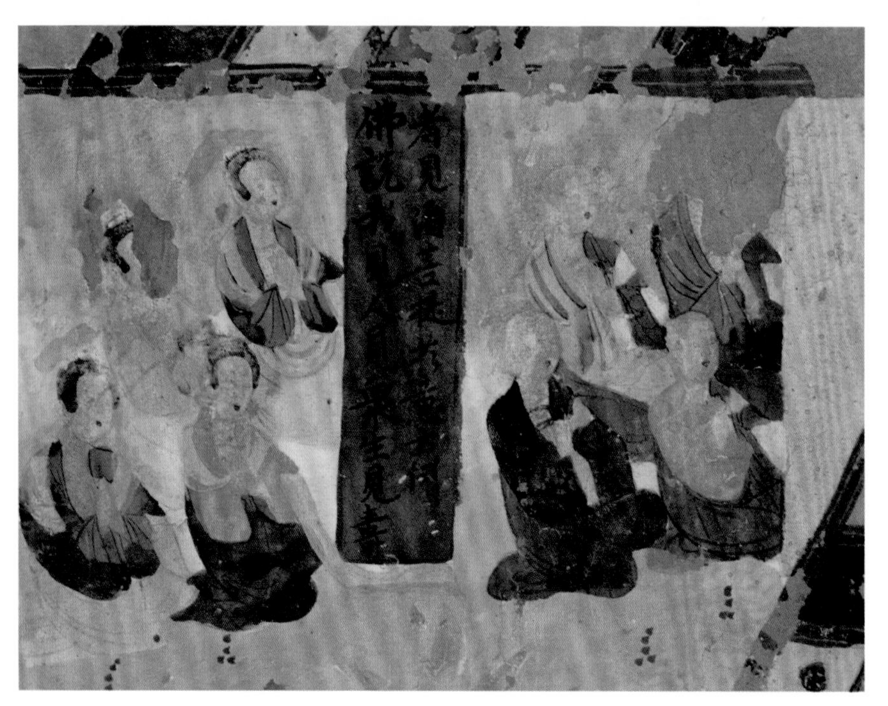

122 信眾聆聽金剛經

前面四身比丘尼，後面四身優婆姨，均跪地合十聽講《金剛經》。中間墨書榜題："佛說我見、人見、眾生見、壽者見，須菩提，於意如何？"

中唐 金剛經 莫144 南壁

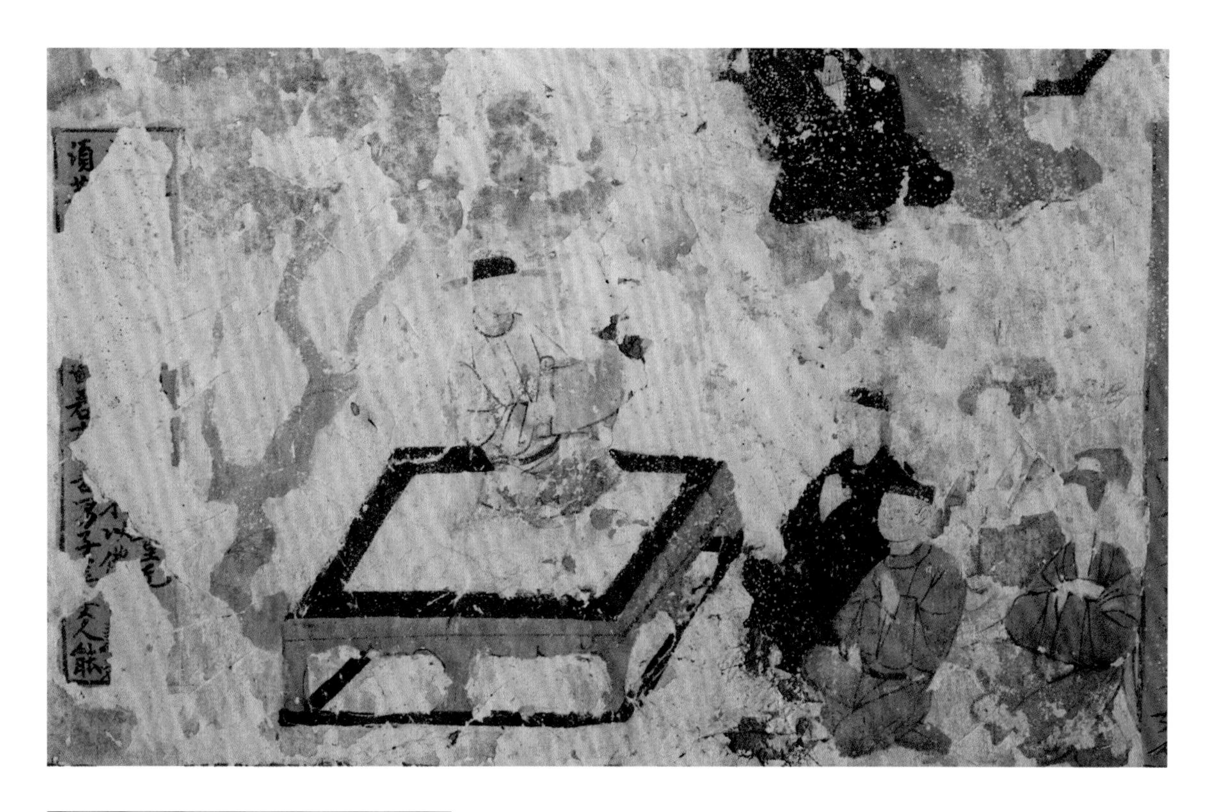

123 受持讀誦金剛經

一世俗男子，坐在大樹下的方台上，讀誦金剛經。方台下畫世俗男女各二，合十跪地，專心聽受。表現《金剛經》的經文："當來之世，若有善男子、善女人，能於此經受持讀誦……皆得成就無量無邊功德。"

晚唐 金剛經 莫85 南壁

124 歌利王本生

畫面從右下角開始。歌利王與夫人騎馬離宮出遊，行至山間，遇忍辱仙人。歌利王令二隨從肢解忍辱仙人。

中唐 金剛經 莫359 南壁

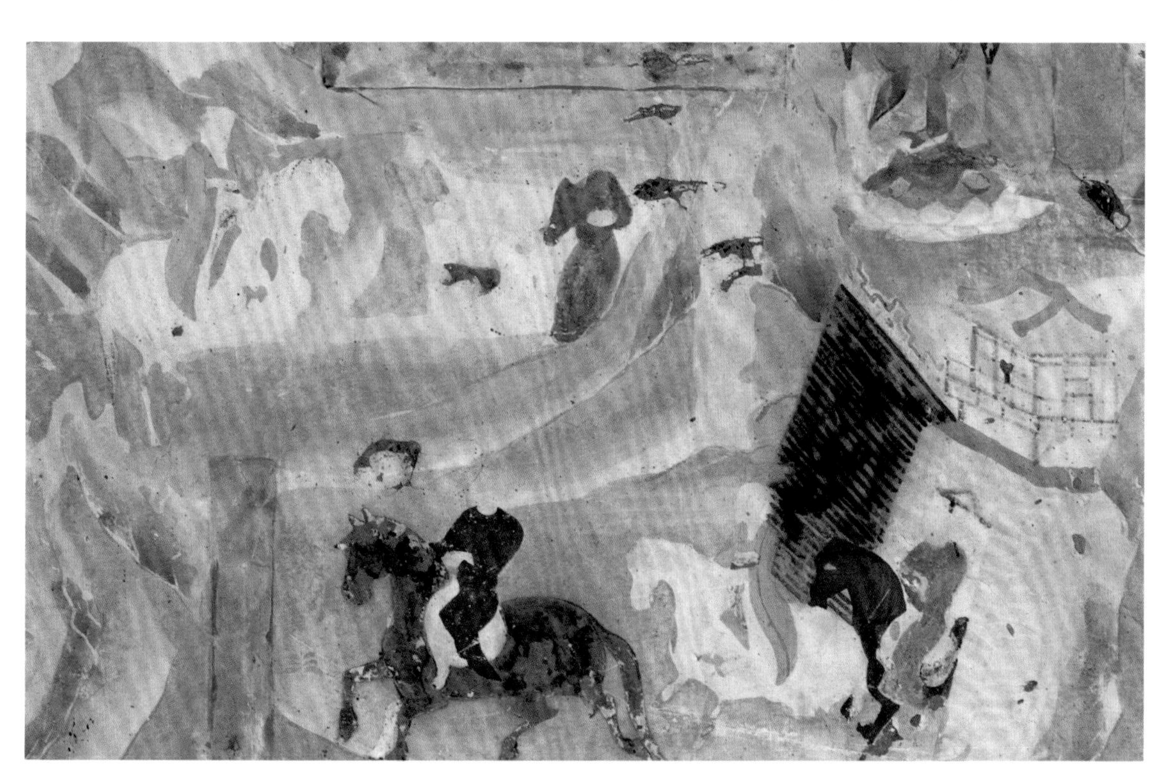

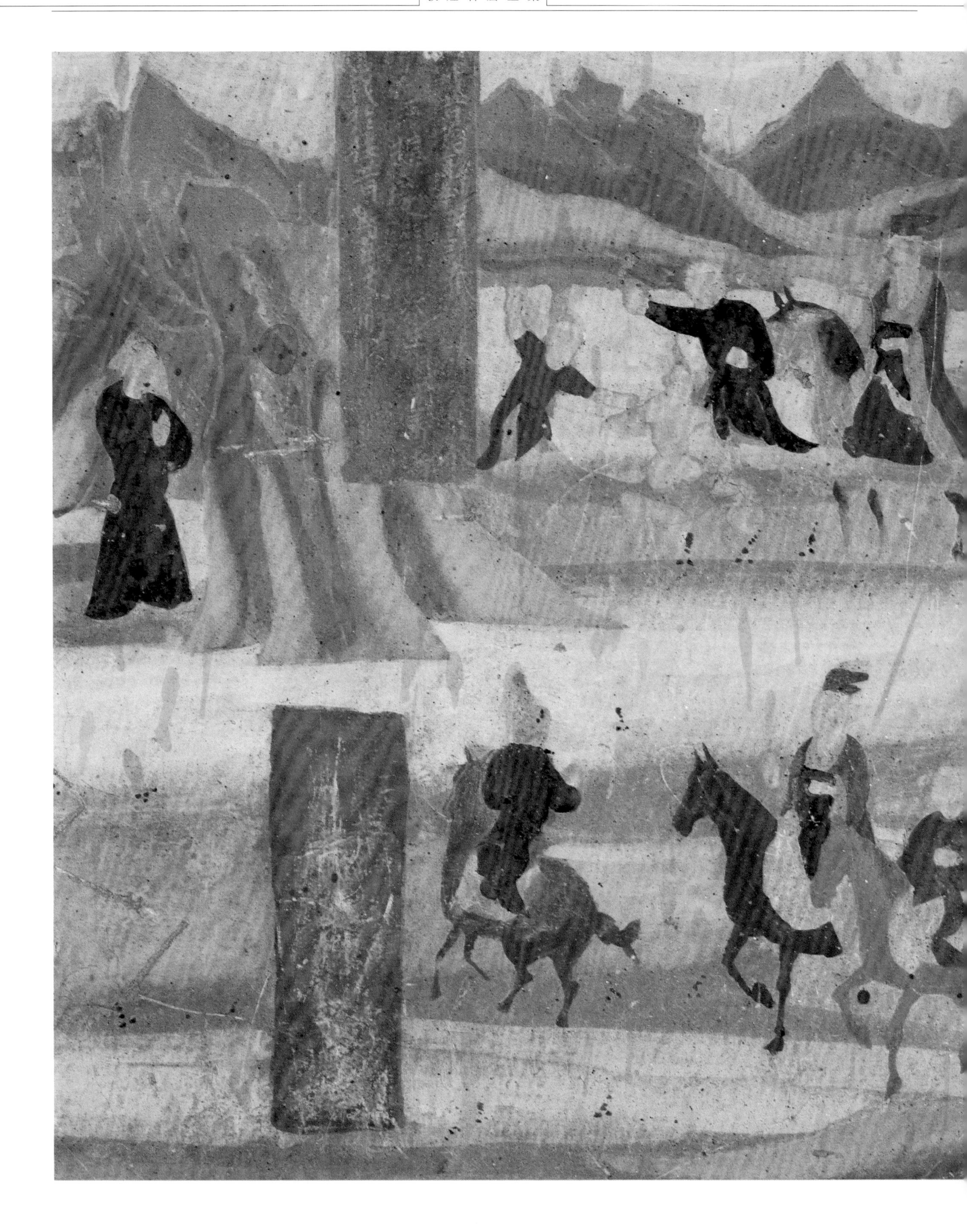

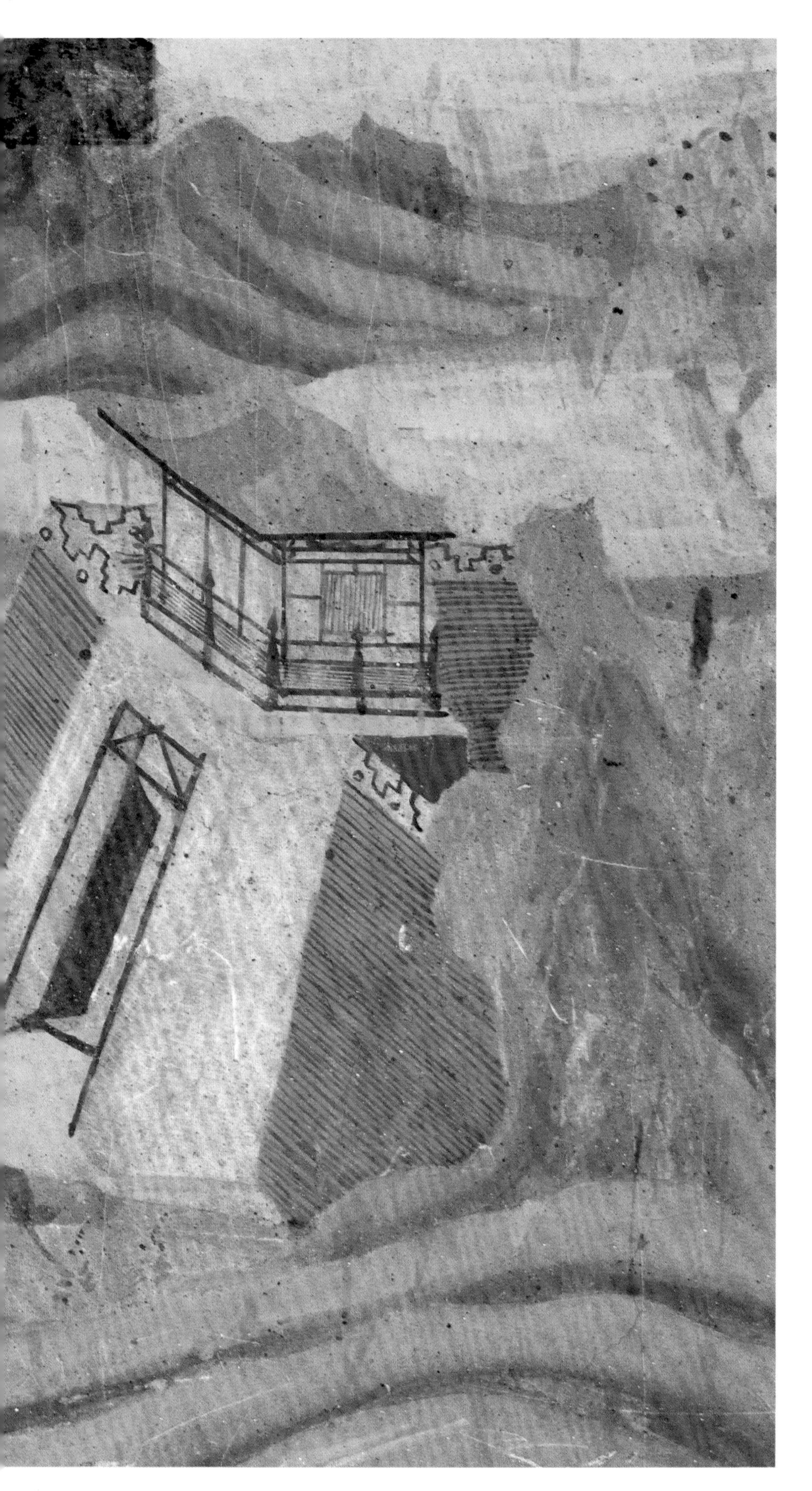

125 **歌利王本生**

此圖的下部畫有歌利王及其夫人騎馬出城。上部畫歌利王命令隨從割截忍辱仙人。坐於地上的就是被割截的忍辱仙人。

晚唐 金剛經 莫156 南壁

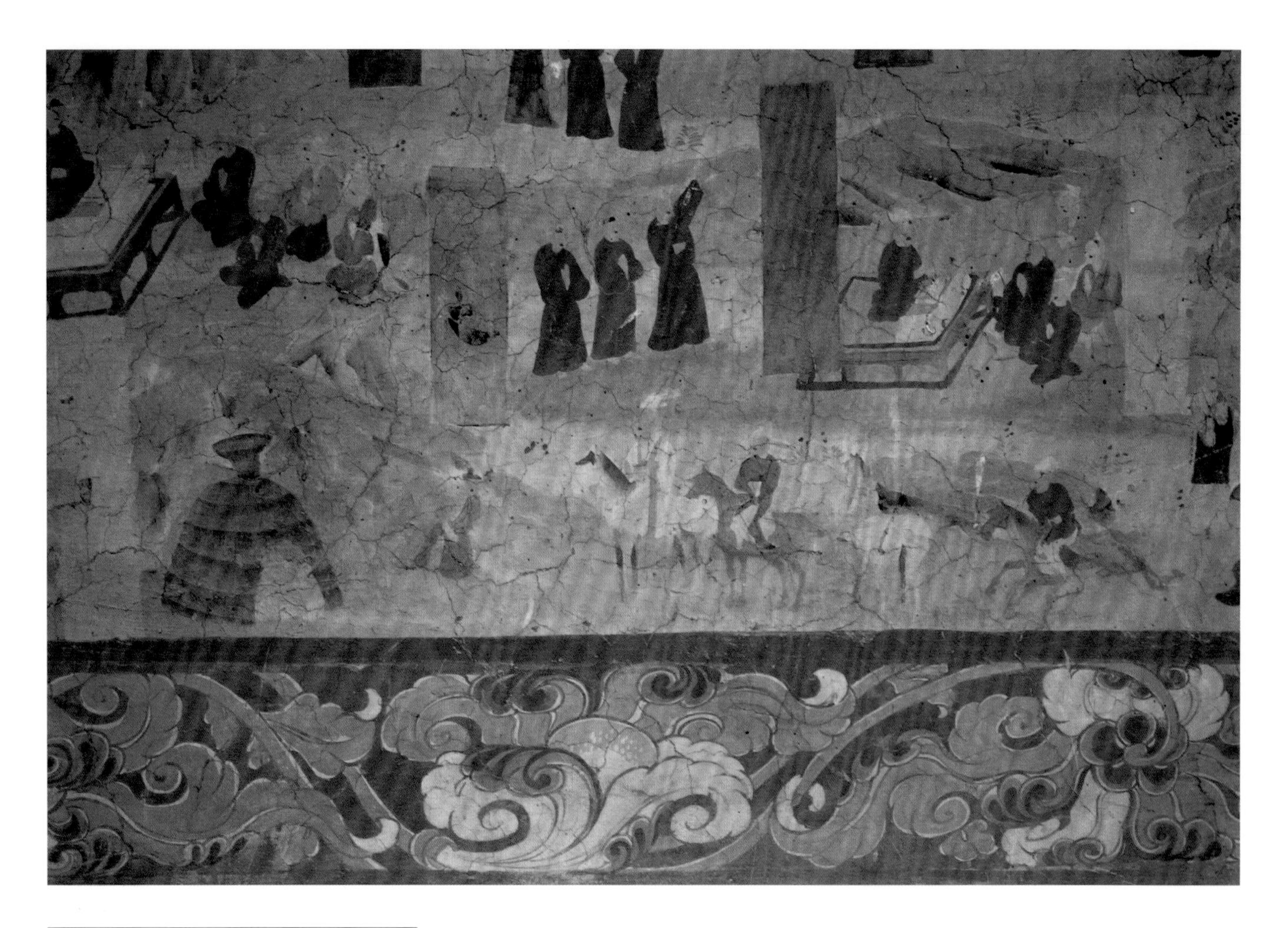

126 **歌利王本生**

此圖下部是金剛經中重要的歌利王本生的故事。歌利王及其夫人騎馬出遊至此，遇到了忍辱仙人，歌利王拔劍刺殺忍辱仙人。茅草庵是忍辱仙人的住所。

晚唐 金剛經 莫138 南壁

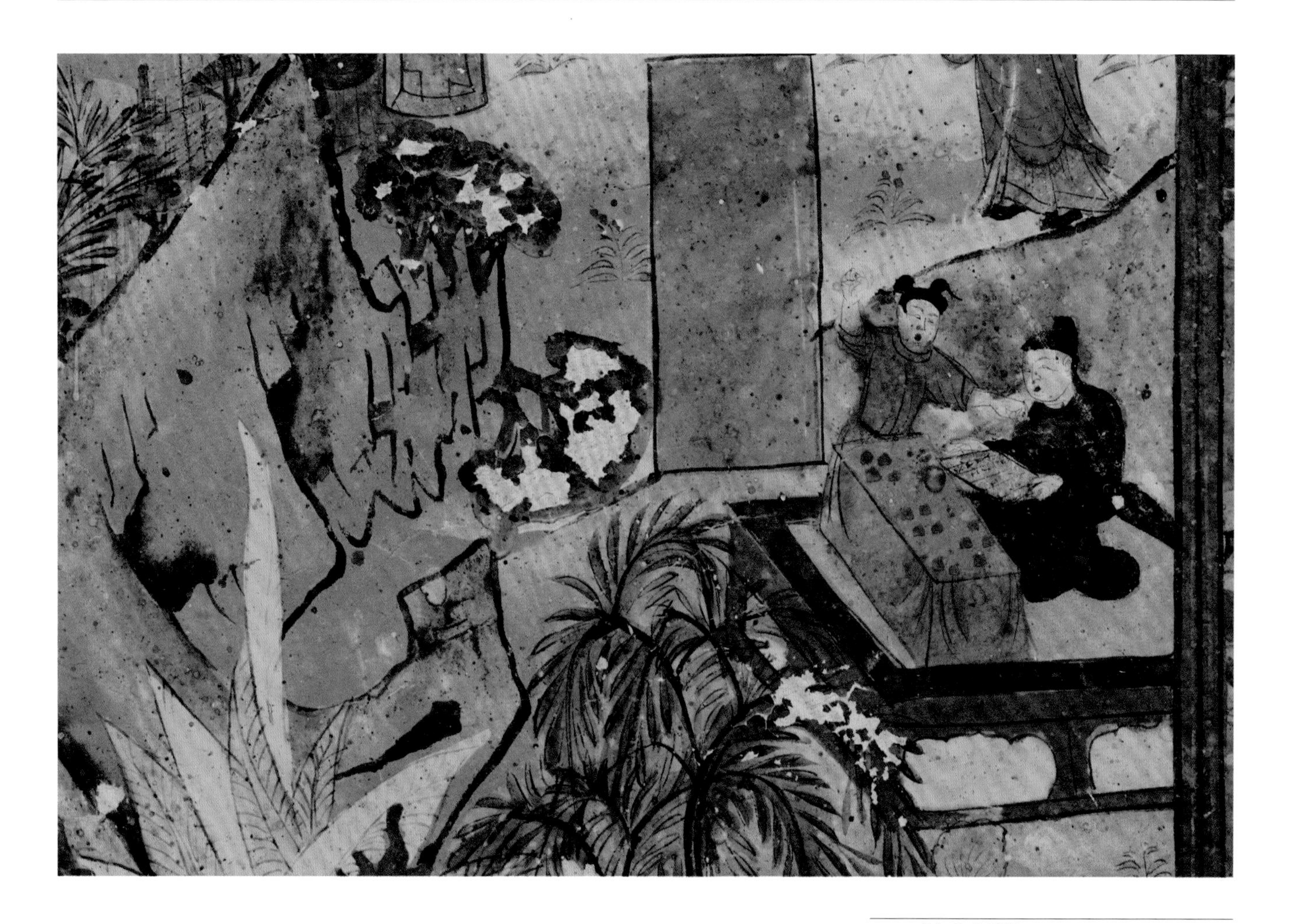

127 **被人輕賤**

一世俗男子坐方几上讀金剛經，被另外一人抓襟舉手痛打。這是表現下述經文："受持讀誦此經，若為人輕賤，是人先世罪業應墮惡道，以今世人輕賤故，先世罪業則為消滅，當得佛道。"

中唐 金剛經 莫112 南壁

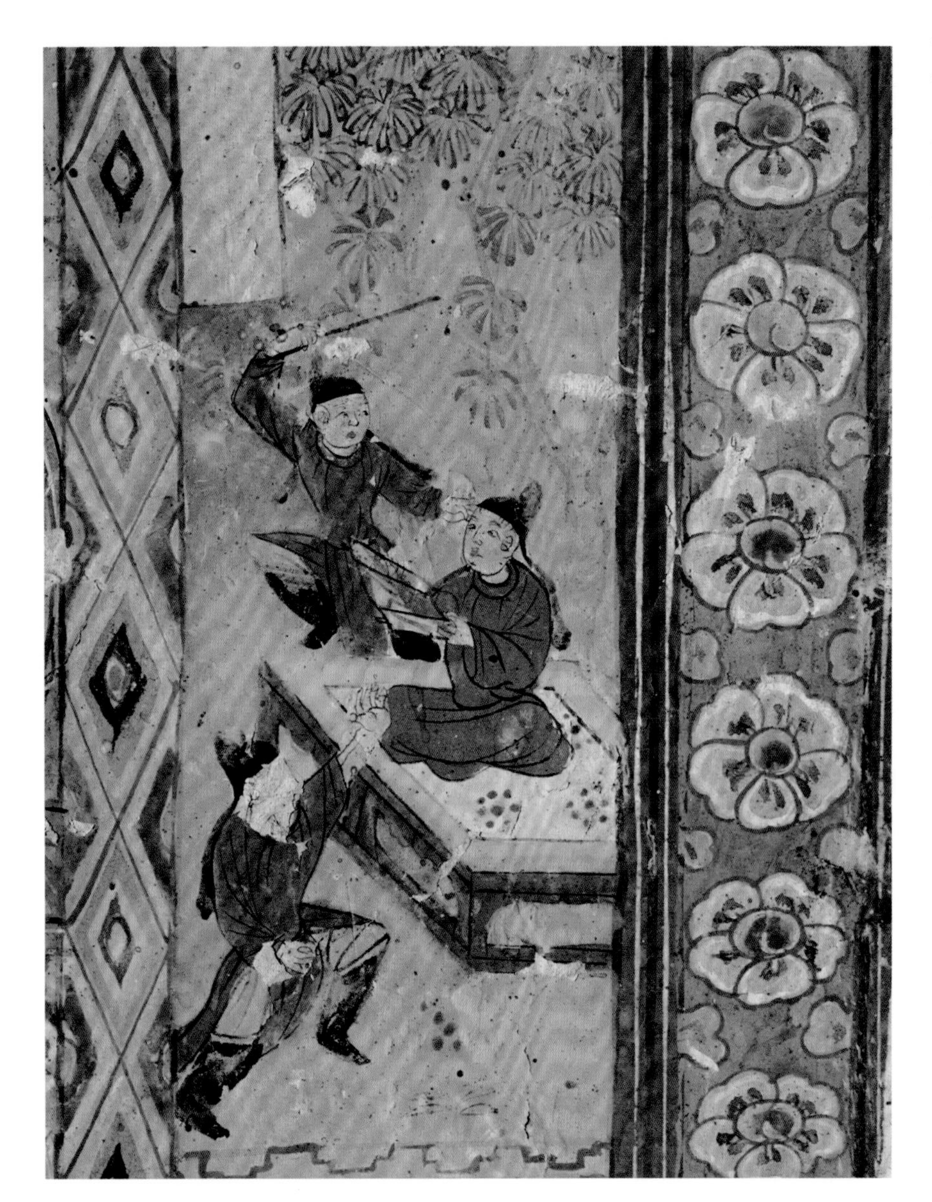

128 被人輕賤

一人坐在樹下的方几上讀金剛經，遭到二人毒打。《金剛經》說：今世遭受到別人的輕賤，可以消除往世的罪業，得成佛道。此圖中金剛經的信徒遭人毒打，應該解讀為被人輕賤的一種形式。

中唐　金剛經　莫154　東壁

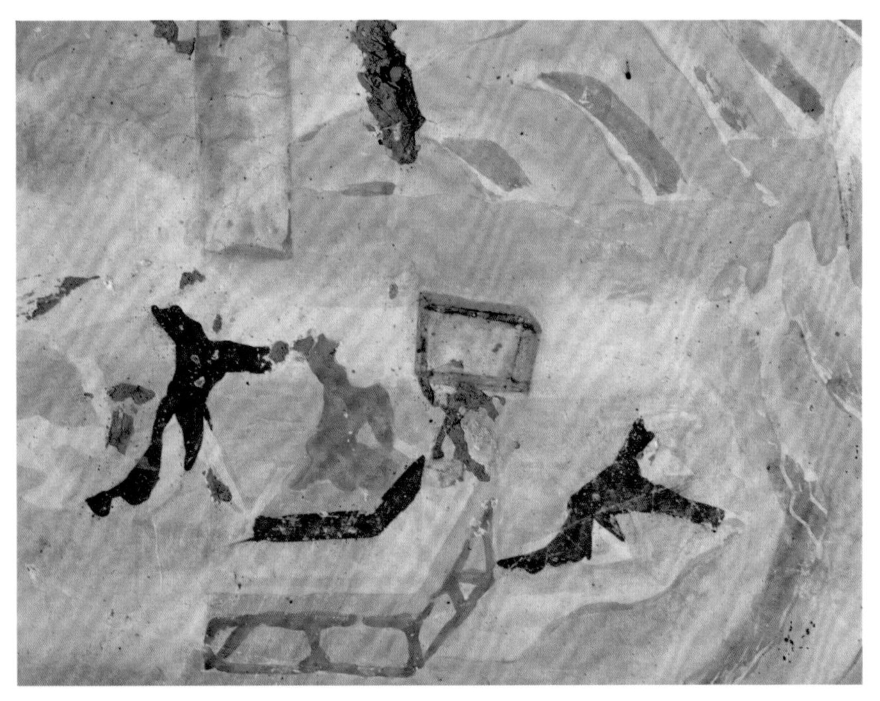

129 被人輕賤

被打倒在地者，應為聆聽金剛經的人。

中唐　金剛經　莫359　南壁

130 被人輕賤

一人坐在方几上正在讀《金剛經》，右側一人揮拳打來，另外一人已經被打倒在地。經云：被打者是前世罪業，今世報應。

晚唐 金剛經 莫156 南壁

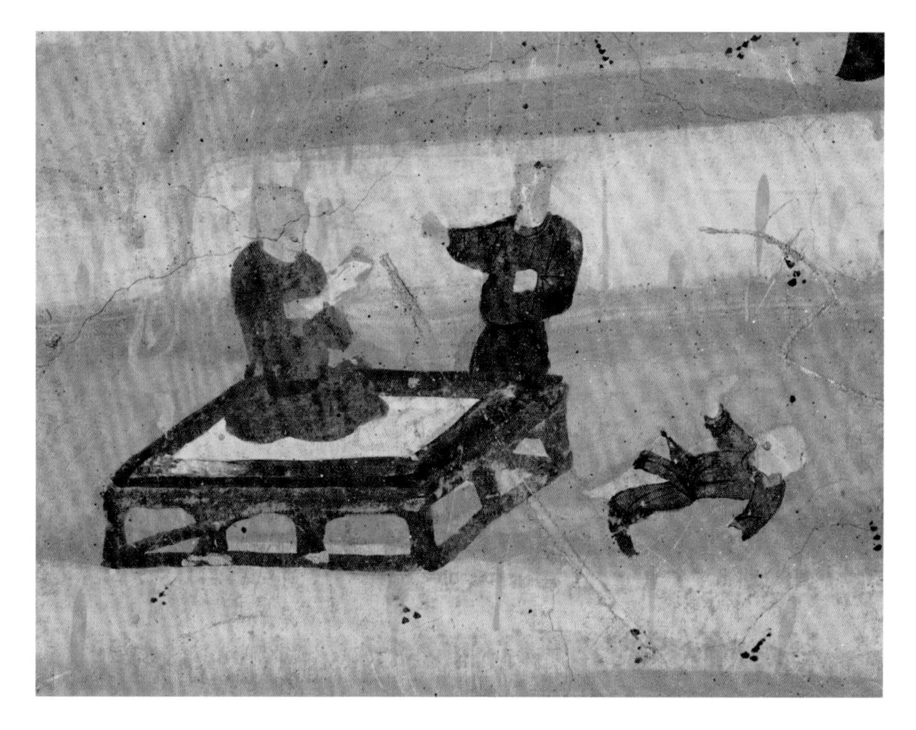

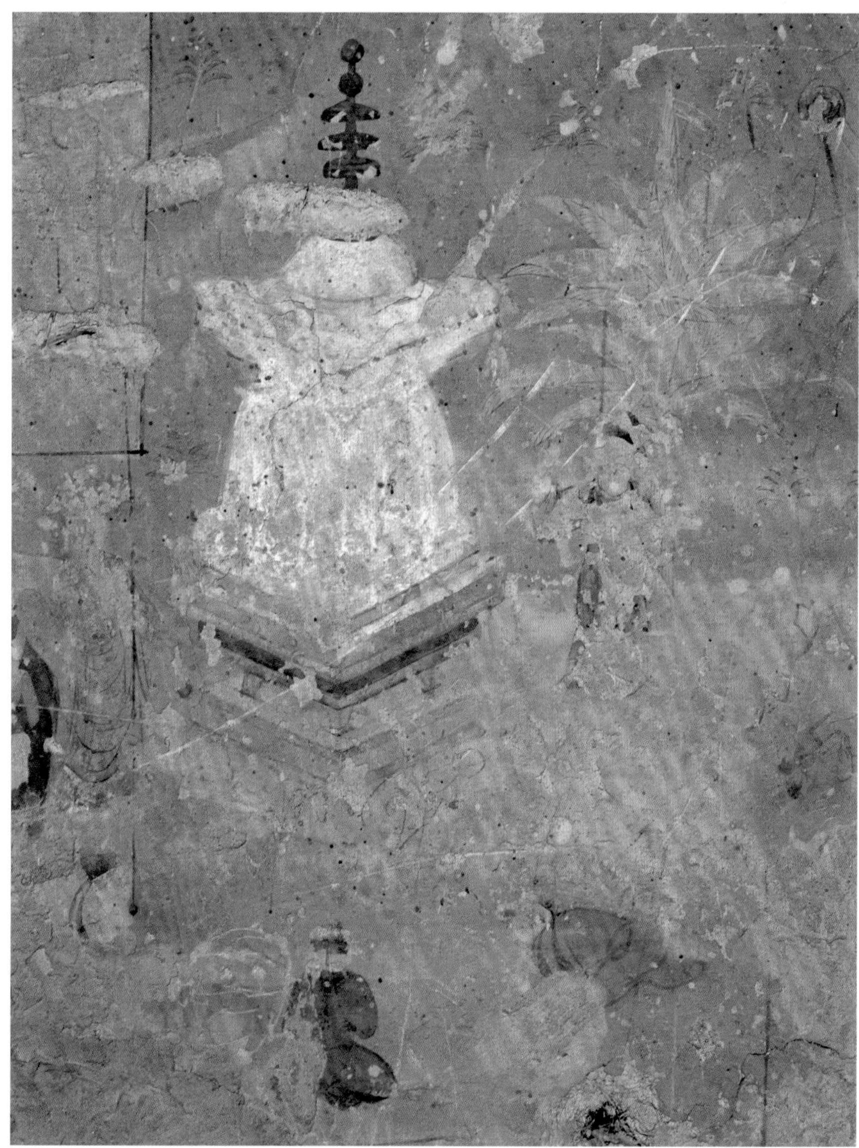

131 供養塔廟

經云：凡是有人講金剛經的地方，至尊至聖，一切天、人、阿修羅，都應像供養塔廟那樣，供養此講經處。畫師據此畫一佛塔，僧俗信徒或繞塔，或跪地，或合十，進行種種供養。俗稱此塔為“金剛塔”，它是識別金剛經變的重要標誌之一。

中唐 金剛經 莫112 南壁

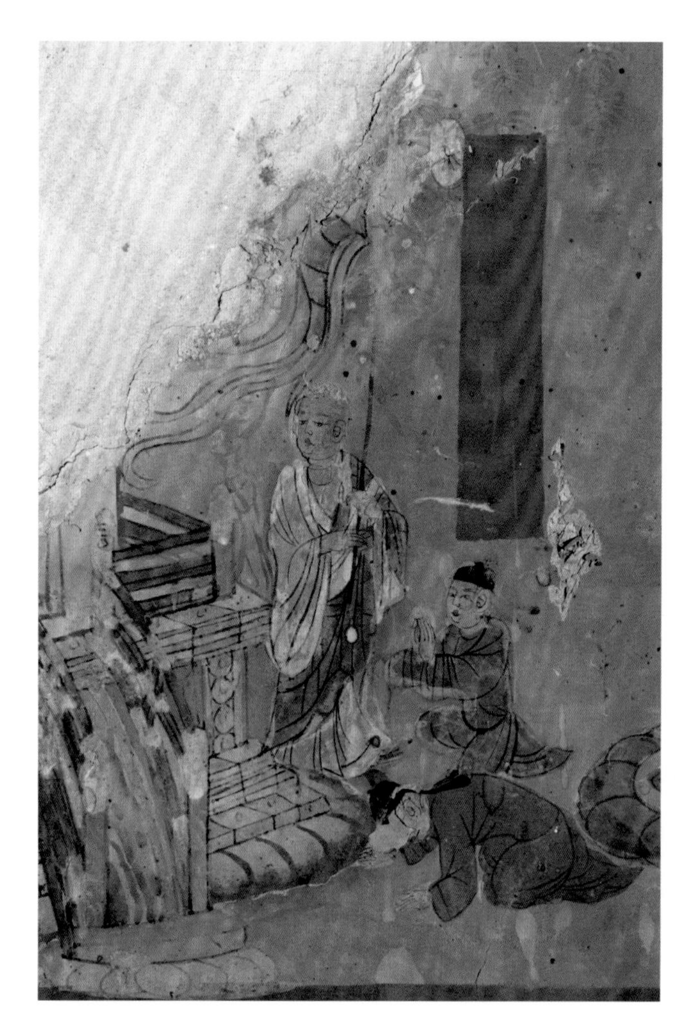

132 **供養塔廟**

此塔已殘，僅存塔基。一身供養比丘、二身世俗供養人，保存完好。

中唐 金剛經 莫154 東壁

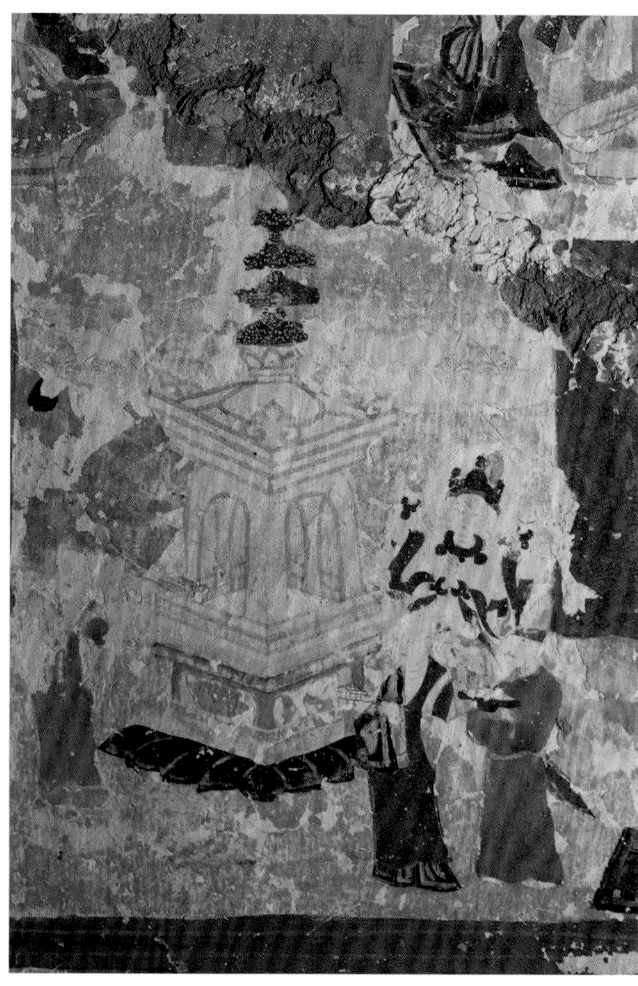

133 **供養塔廟**

此塔前除僧、俗供養人在繞塔供養外，還出現供養菩薩，甚為少見。

晚唐 金剛經 莫85 南壁

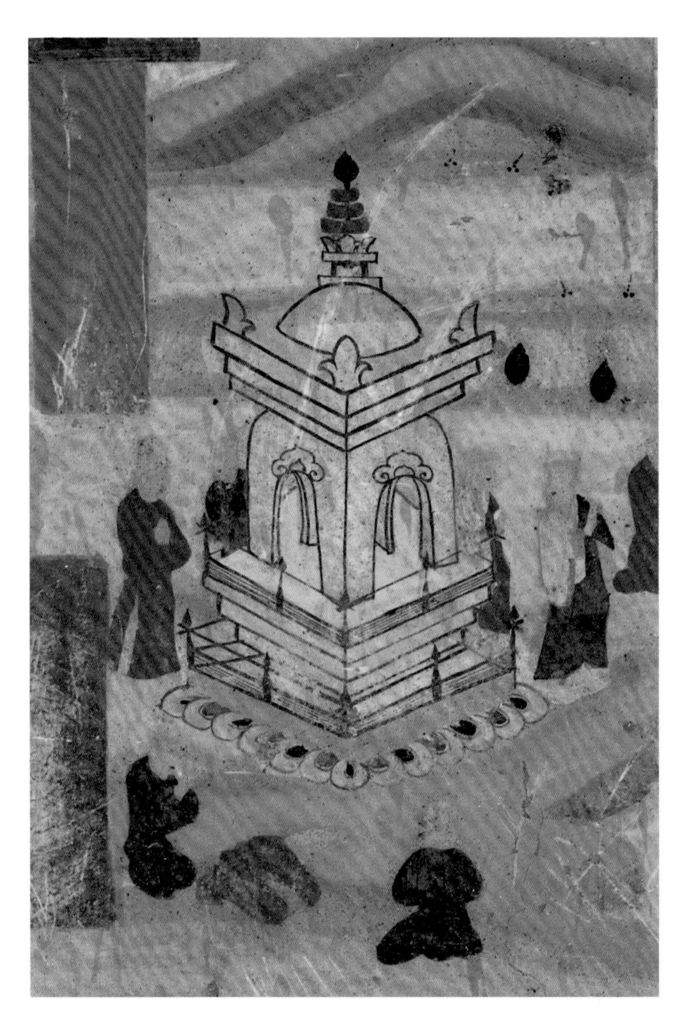

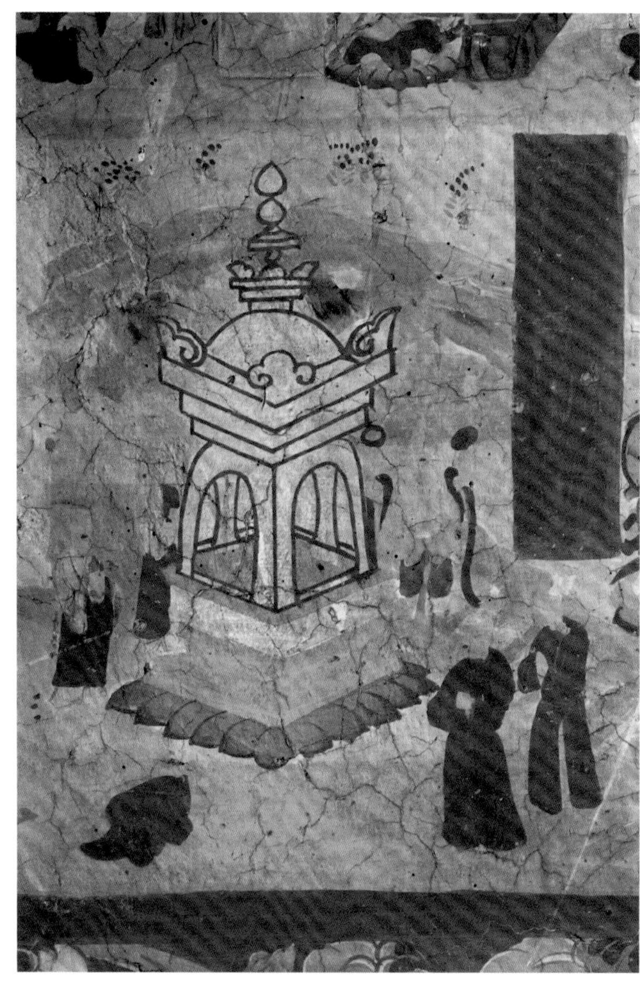

134 **供養塔廟**

在一座方塔前，一羣僧俗佛徒，或跪地供養，或繞塔供養。供養佛塔相當於供養金剛經，在金剛經變中是較常見的畫面。

晚唐　金剛經　莫156　南壁

135 **供養塔廟**

此圖為窣堵波式塔，平面方形，有四門。四周有繞塔供養的僧俗佛徒。

晚唐　金剛經　莫138　南壁

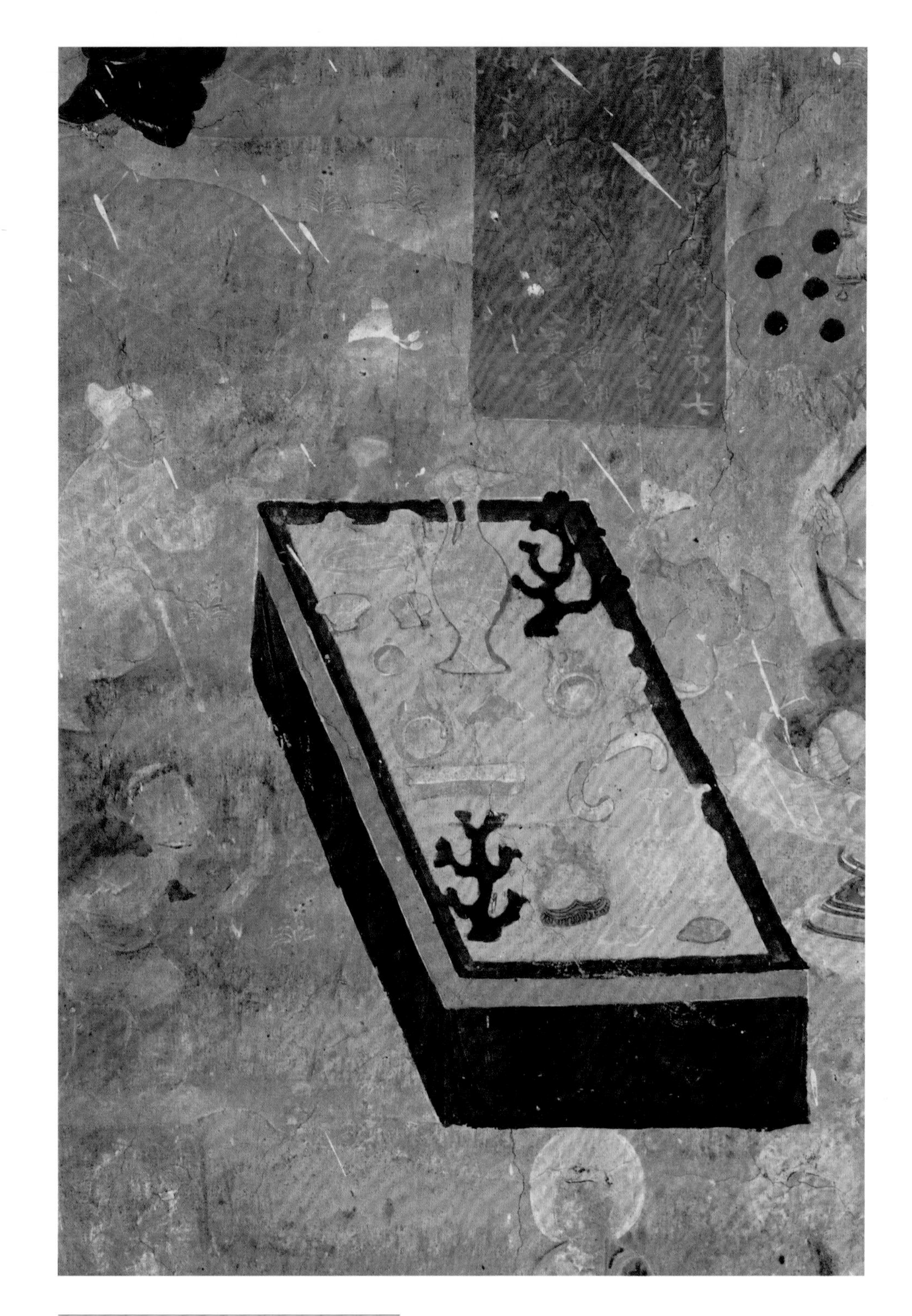

136 **佈施**

此圖中為佛教徒佈施的場面，佈施物為各種珠寶珍玩。右上角有榜題，大意是：如果有人以充滿三千大千世界的七寶佈施，所得到的福報還不如受持金剛經的多。

中唐 金剛經 莫150 南壁

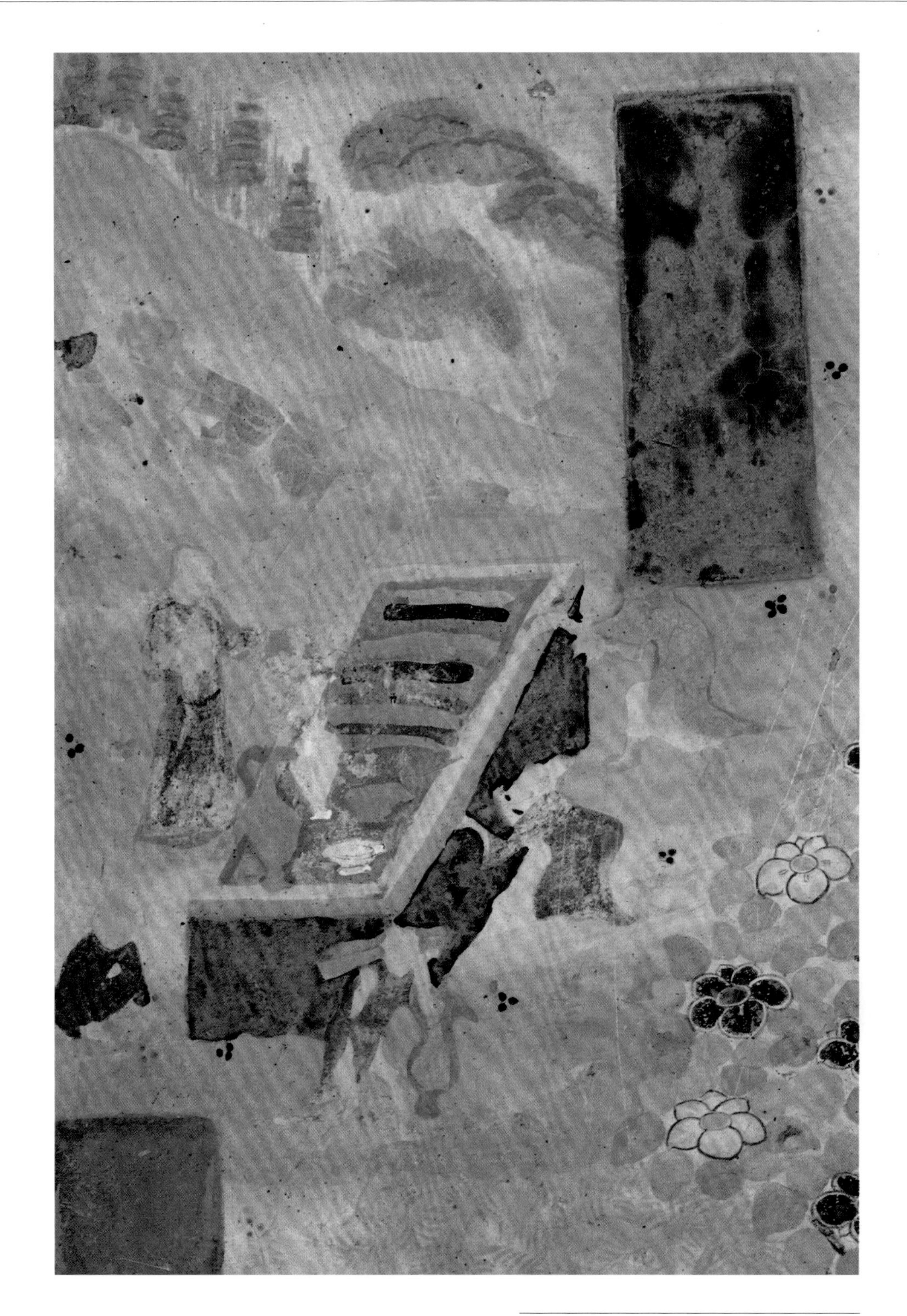

137 **佈施**

金剛經云：如果有人把三千大千世界的各種珍寶都用以佈施，其所得功德還不如弘揚金剛經所得功德多，因為一切佛與佛法都來自金剛經。這種抽象的教義很難形諸丹青，畫師於是畫一施主，站在桌前，向窮人施捨桌上的物品。

中唐　金剛經　莫361　南壁

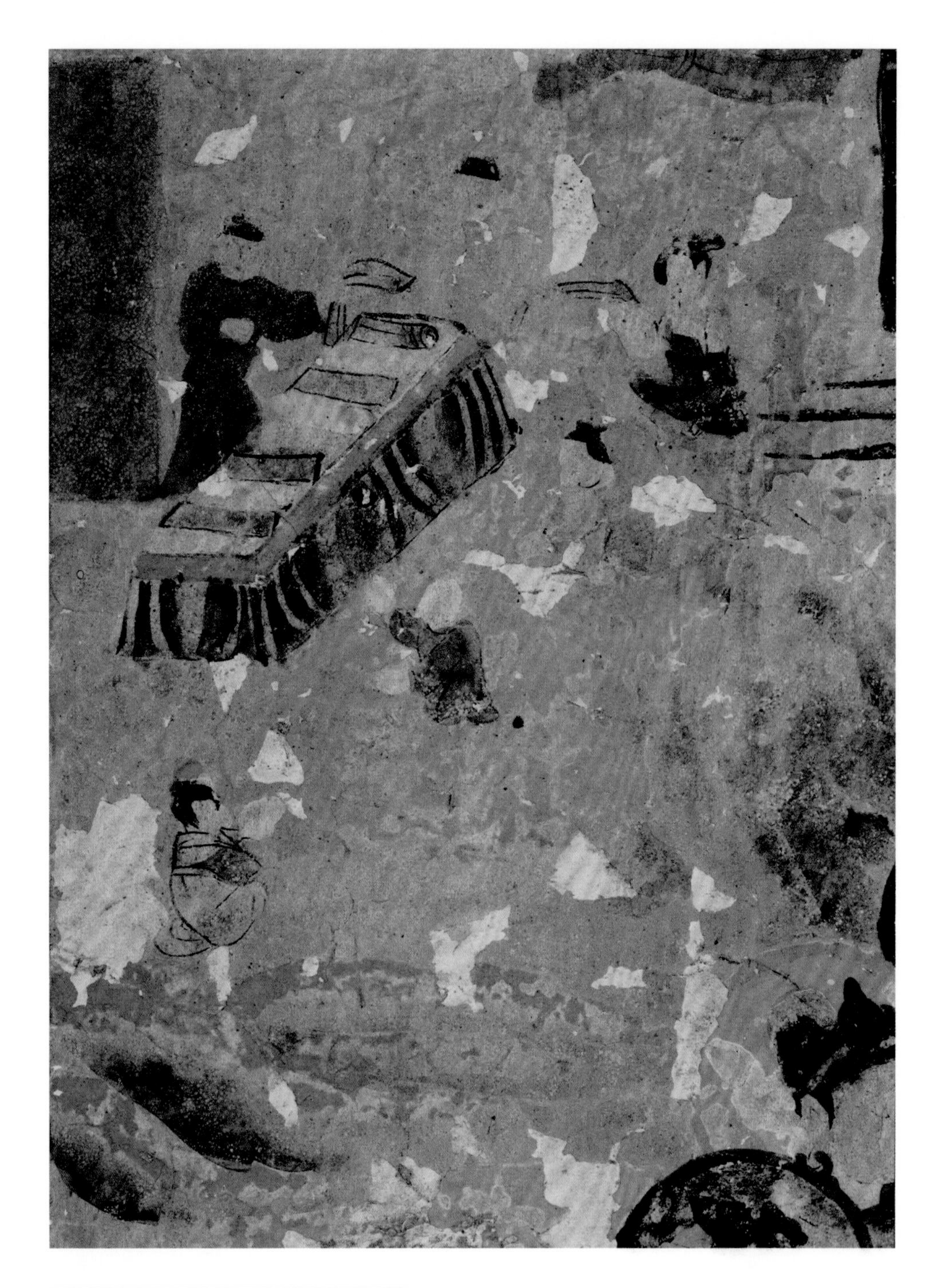

138 **佈施**

金剛經云："凡所有相，皆是虛妄"。金剛經宣揚無相佈施，即不要有佈施的我、受佈施的人、所佈施的物以及佈施求報的念頭，否則就是有相佈施。在金剛經變中所有的佈施圖都體現了這一觀念。此圖中一人在台前佈施物品，四人跪地領取。

晚唐 金剛經 莫18 北壁

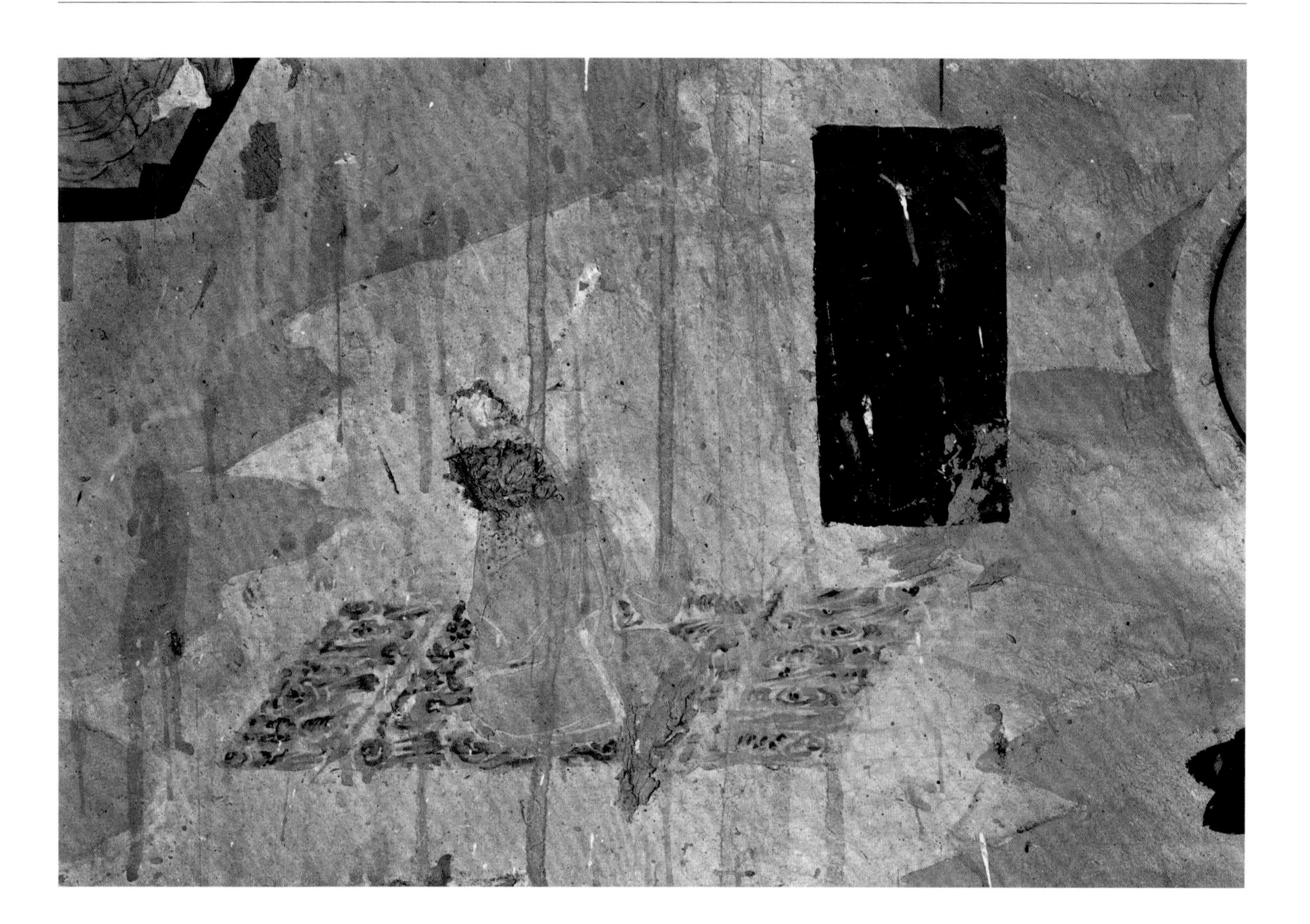

139 **筏喻**

一人坐在木排筏子上，漂流於大河中。右側殘存墨書榜題“法尚應捨，何況非法”。這是比喻禪僧未悟道時，必須依據經法修持，一旦悟道，就不必再執着於法。其寓意好比行人乘筏渡河，到達彼岸後，就不必再背着木筏，成為負擔。

盛唐 金剛經 莫31 南壁

140 筏喻

一人撐船而渡。榜題為："如來常說汝等比丘，知我說法如筏喻者。法尚應捨，何況非法。"

晚唐 金剛經 莫85 南壁

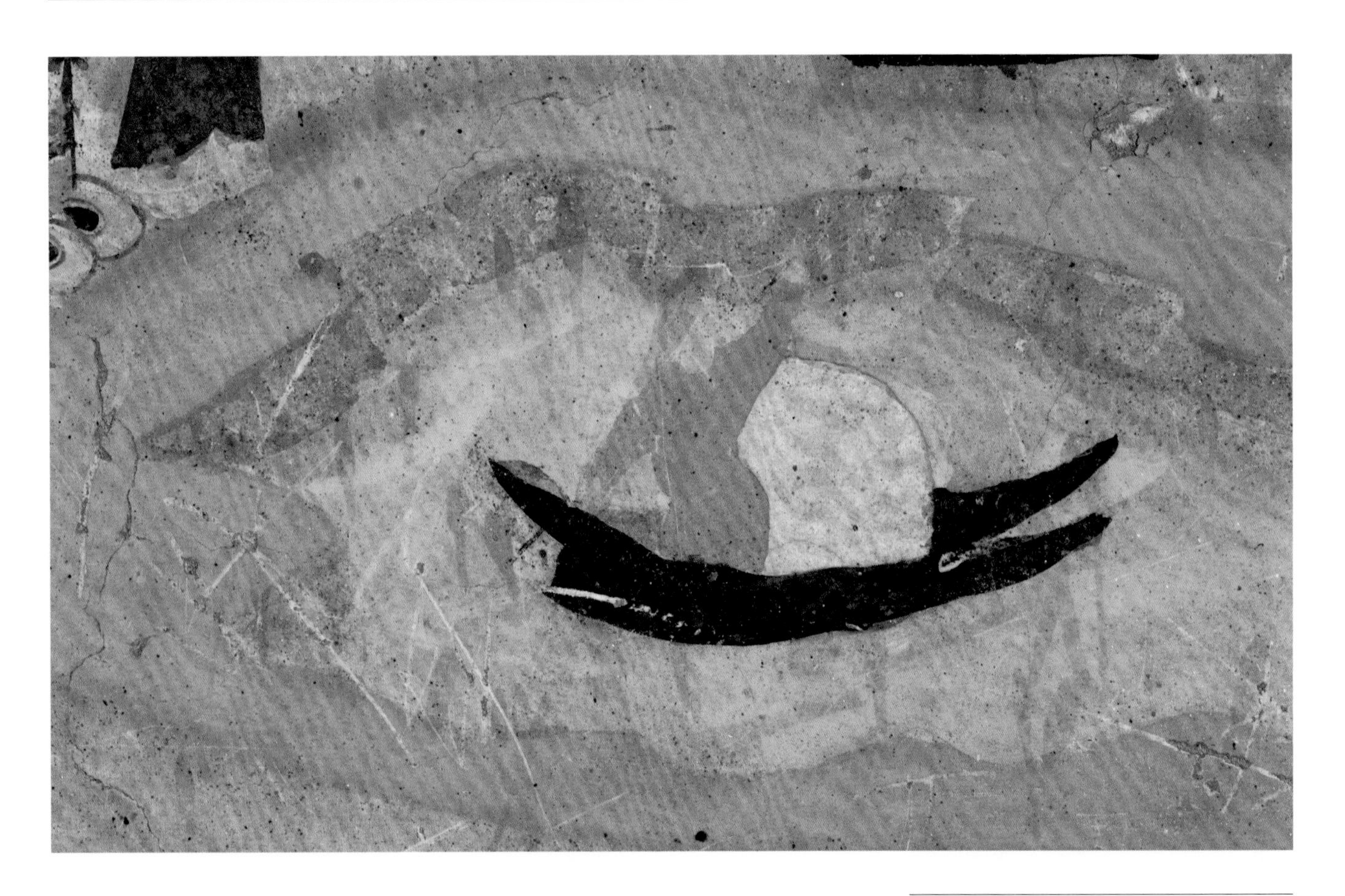

141 **筏喻**

一人在搖一隻雙尾船渡河。在金剛經中，釋迦佛對眾比丘說：“我講的佛法，對於你們修行求佛來說，猶如渡河用的筏，過了河，登上彼岸，就要捨棄。佛法尚且如此，何況章句經文，有何不可捨棄的呢？”

晚唐 金剛經 莫156 南壁

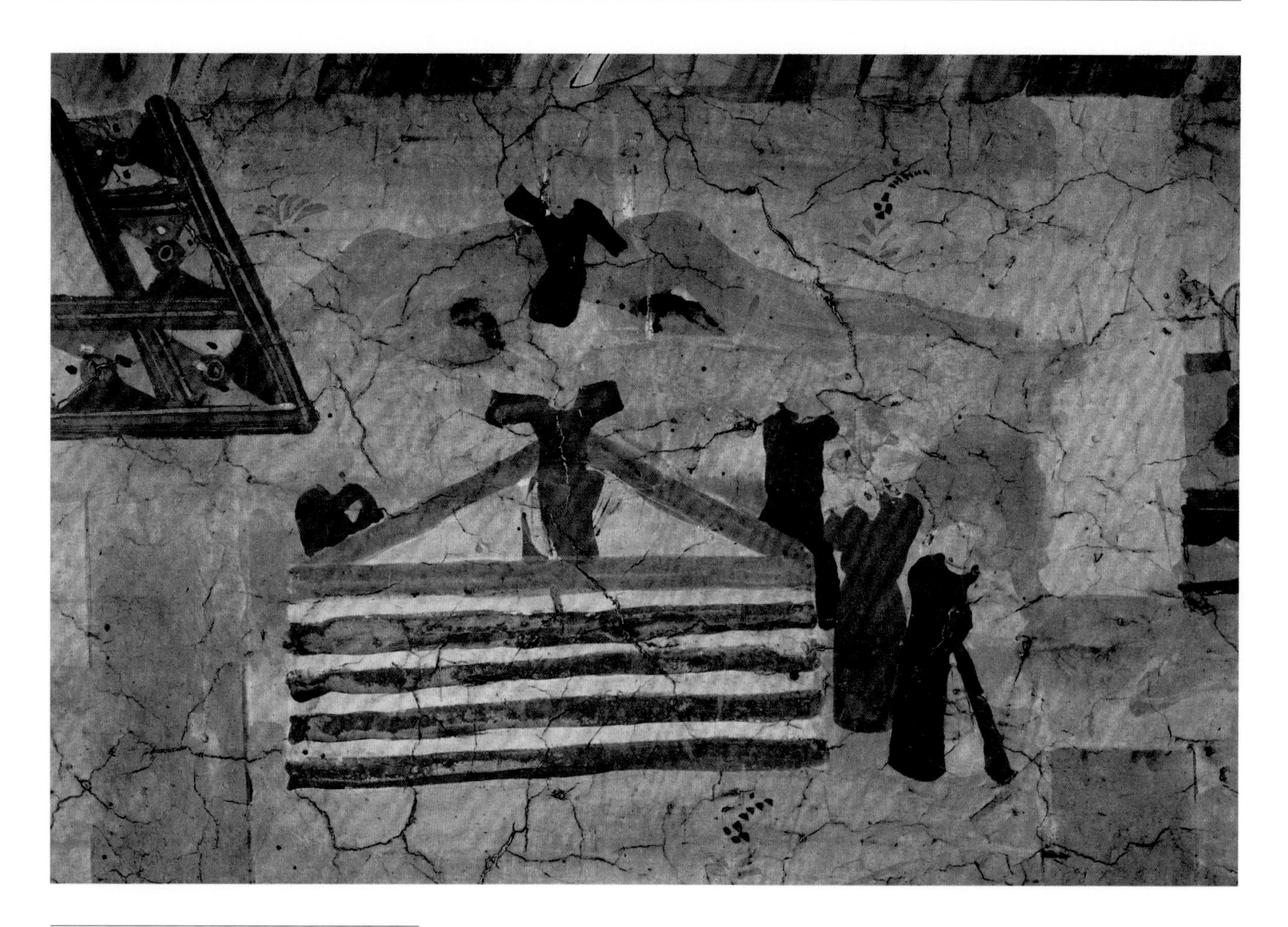

142 橦技喻

有人在耍雜技，旁有人伴奏。此圖也許是圖解金剛經中所説的“凡所有相，皆是虛妄”。按照這種説法，橦技屬於“有相”，當然也是“虛妄”，人們不應執着迷戀。這是金剛經變中慣用的一種以描繪客觀物體來否定客觀存在的手法。

晚唐 金剛經 莫138 南壁

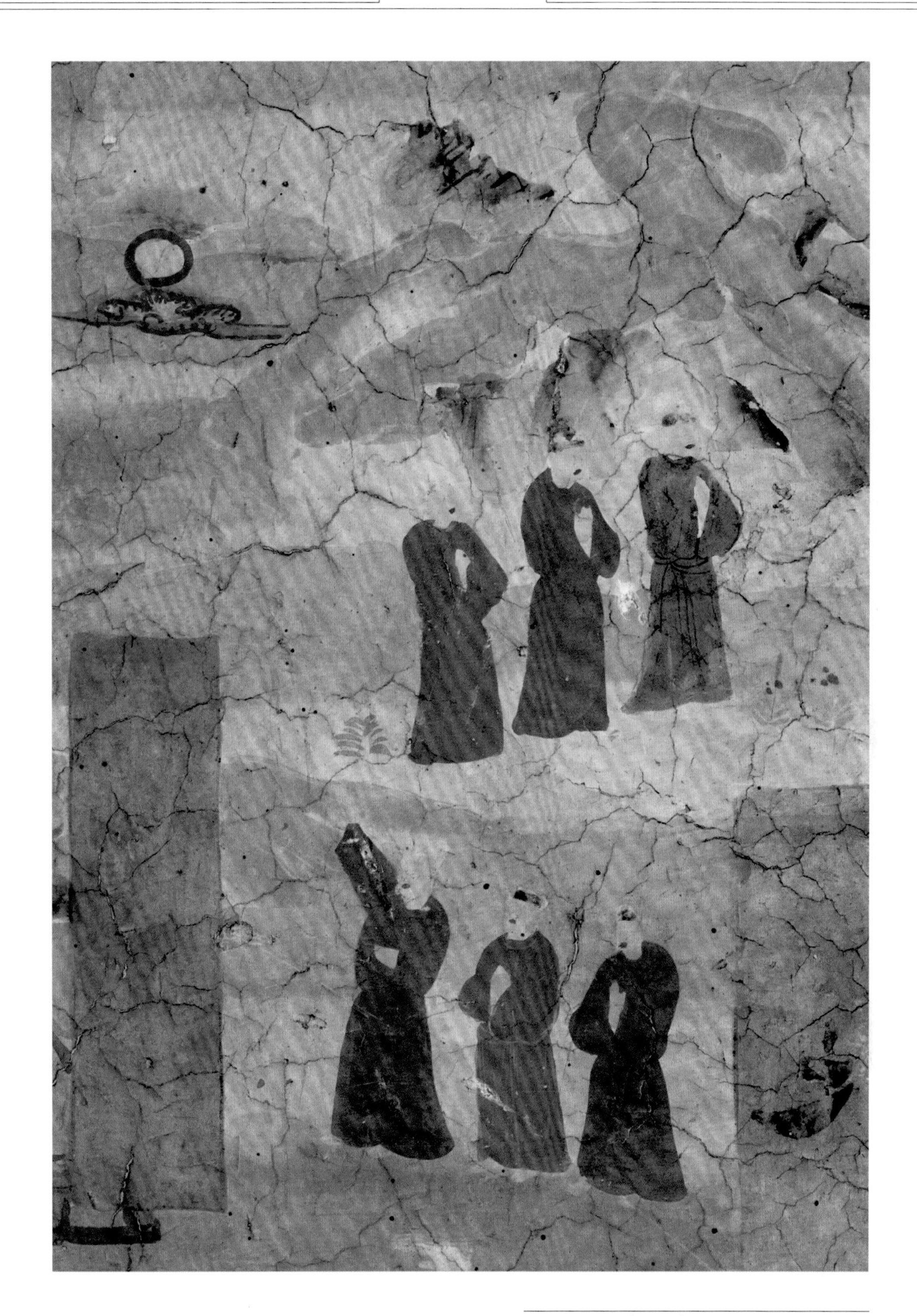

143 紅日高照喻

金剛經云：如果菩薩的心裏有一個執着可以佈施的法而進行佈施，就會像一個人走進暗處，四周甚麼也看不到。如果菩薩的心能夠不執着於法而進行佈施，就像人有雙眼，在陽光下，能清楚地看見一切萬物。畫師據此喻意，畫一輪紅日高照，六人行進於光明的路上，有一人還舉手指日。畫面雖簡單，卻體現了畫師豐富的想像力。

晚唐 金剛經 莫138 南壁

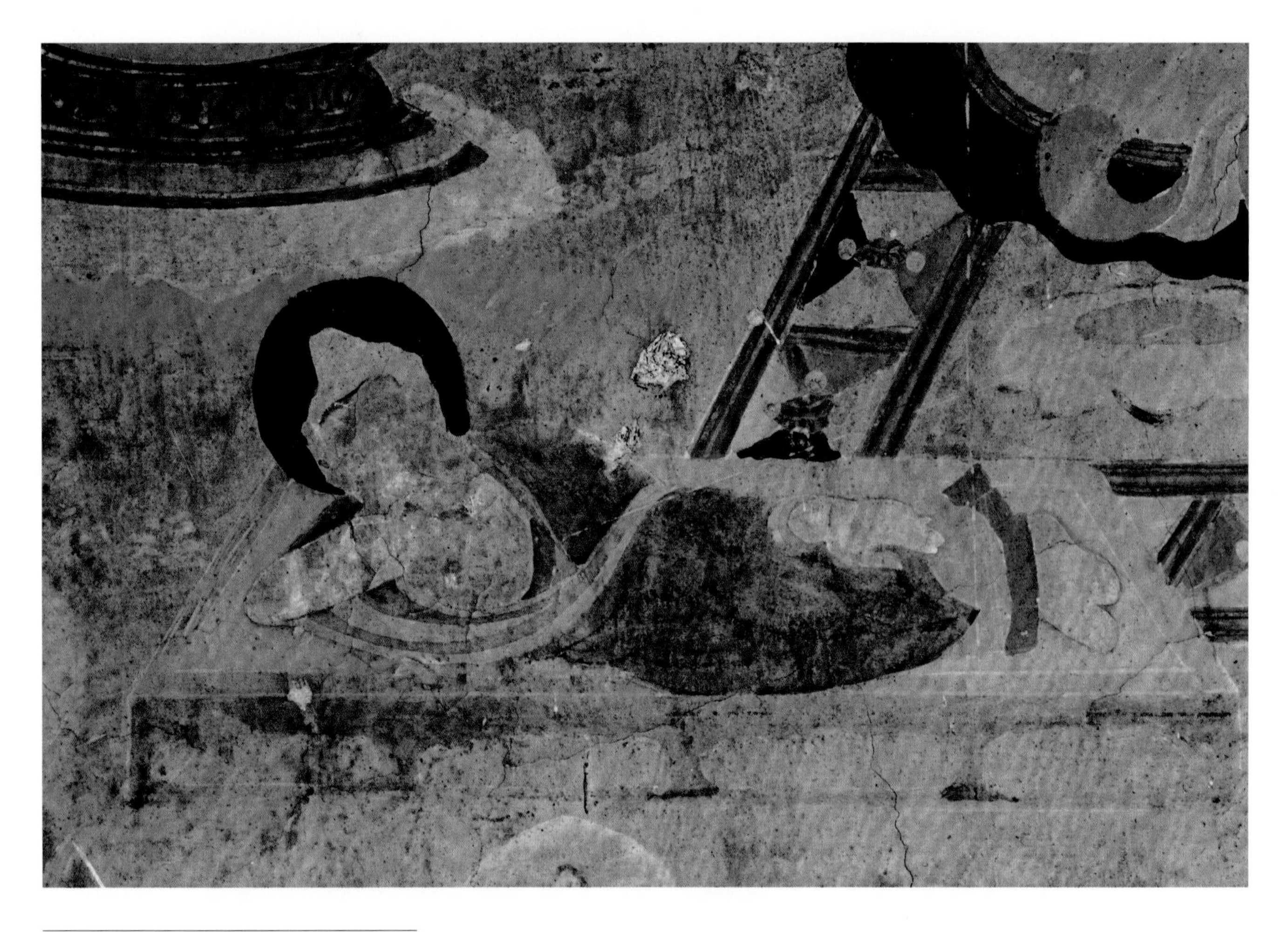

144 臥佛

金剛經云：如果有人以為“如來”就是若來、若去、若坐、若臥，那就錯了。“如來者，無所從來，亦無所去，故名如來”。此圖中的臥佛不是表示佛涅槃，而是表現有人將“如來” 錯誤理解為就是佛臥。

中唐 金剛經 莫150 南壁

思益梵天所問經變

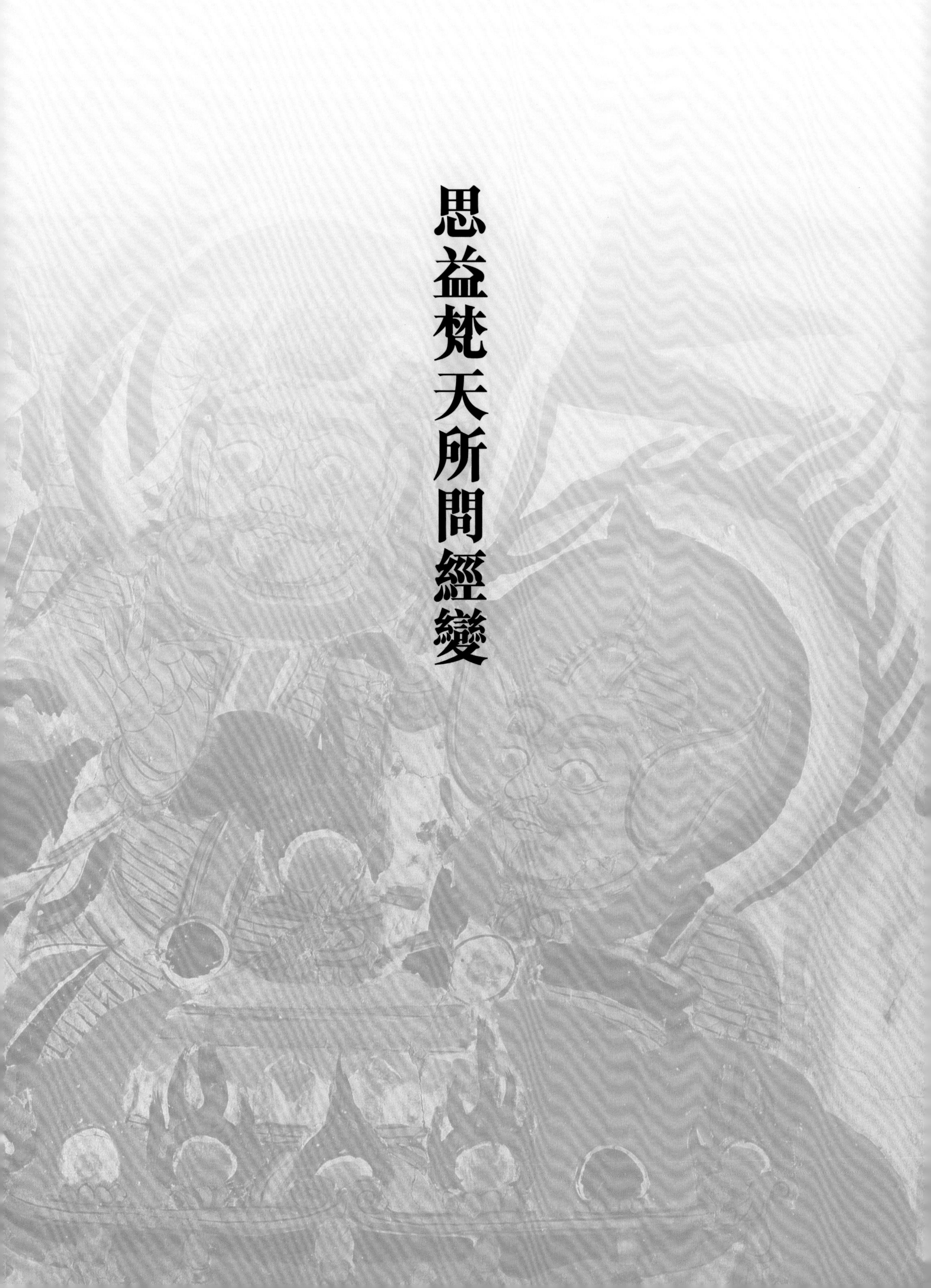

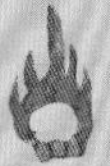

《思益梵天所問經》，四卷，簡稱《思益經》，由鳩摩羅什譯於後秦弘始四年（公元402年），是佛教大乘般若空宗重要經典之一。同本異譯者還有兩種：一為《持心梵天所問經》，四卷，竺法護譯於西晉太康七年（公元286年）；二為《勝思惟梵天所問經》，六卷，菩提流支譯於北魏神龜元年（公元518年）。對於這三種譯本，道宣撰《大唐內典錄》卷九評價："文理大同。隨時尚者，《思益》為重。"在敦煌遺書中發現的寫本思益經主要是鳩摩羅什譯本，大約有一百二十餘件。經核對，敦煌壁畫中現存的思益梵天所問經變都是依據鳩摩羅什譯本繪製的。

哲理深奧的思益梵天所問經

關於思益經的由來，據《思益梵天所問經 · 序品》記載：釋迦牟尼佛住王舍城迦蘭陀竹林，有大比丘僧眾、文殊師利、網明等眾菩薩、天龍夜叉、乾闥婆、緊那羅等大眾來到佛所，恭敬圍繞在佛的周圍，佛為大眾說法。佛受網明菩薩之請，全身大放光明，普照三千大千世界，普及十方無量佛土，於是諸方無量百千萬億菩薩也見到佛光，都來到此娑婆世界。爾時東方過七十二恆河沙佛土的清潔國，有菩薩梵天名曰"思益梵天"，見到佛光後，就到娑婆世界釋迦佛所，向佛頂禮膜拜，以偈讚佛，還提出種種疑問，向佛請教，佛一一予以解答。通過思益梵天與釋迦牟尼佛的問答，宣示出《思益梵天所問經》，全面闡發大乘空宗的義理，批判小乘學說。

思益經的基本思想同禪宗其他兩部經典楞伽經、金剛經有許多相似之處，對禪宗的形成和發展影響頗大。如思益經宣揚諸法空寂，了無自性，本無生滅的空觀思想，如"我所得法，不可見不可聞，不可覺不可識，不可取不可著，不可說不可難。出過一切法相，無語無說，無有文字，無言說道。……此法如是，猶如虛空"、"諸法平等，無有往來，無出生死，無入涅盤"，與《楞伽經》極為相近，故為禪宗所重視，到唐代，尤其得到北宗神秀系的大力弘揚。在神秀"五方便"思想中，思益經成為第四"明諸法正性"之經典。他引證《思益梵天所問經》卷一《分別品》中所說的"諸法離自性，離欲際，是名正性"，

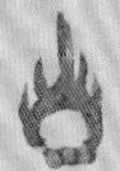

認為修行者擺脱主觀意識和情欲，即可達到解脱，而解脱就是“諸法正性”。神秀傳法普寂時，令其“看思益，次楞伽”。並告曰：“此兩部經，禪學所宗要者。”這裏思益經被列在楞伽經之上。

中晚唐時禪宗在敦煌流行，思益經也隨之開始傳播。有學者考證，公元8、9世紀之交，北宗神秀系的普寂與義福在敦煌均有傳人，《思益梵天所問經》應該是他們弘傳的重要經典之一。在敦煌遺書中就發現一件根據鳩摩羅什譯本寫的《思益經節抄》，首尾完整，內容相當於原經的六分之一。尾題“思益經妙（抄）卷四。丙戌年三月二日拓跋守節寫”。丙戌年是公元806年，正值吐蕃佔領敦煌時期。同期敦煌遺書《頓悟大乘正理訣》中，引用各種佛經20餘種，其中提到《思益經》多達11次，僅次於《楞伽經》。又如，敦煌遺書《七祖法寶記下卷》係我國禪宗僧人編纂的經典文獻，分為兩部分，第一部分是諸經摘錄，就有摘自《思益梵天所問經》卷三《談論品》中的一段經文；第二部分《諸經大乘要抄》，抄自《思益梵天所問經》的，有卷一《分別品》中的三段、卷三《談論品》中的一段。凡此種種，可見思益經在敦煌受到重視。

與禪宗傳人在敦煌弘傳《思益梵天所問經》相適應，這一時期在敦煌壁畫中出現了思益梵天請問經變。

敦煌的思益梵天所問經變

儘管《思益梵天所問經》在佛教中比較重要，但依據該經所繪經變卻不見於佛教文獻和畫史資料，亦不見於除敦煌以外的寺壁繪畫，當屬敦煌畫師獨創，故彌足珍貴。敦煌現存15鋪思益梵天所問經變，在壁畫榜題中簡稱思益經變。始見於吐蕃佔領時期（公元781～848年），歷經張氏歸義軍（公元848～914年）時期、曹氏歸義軍時期（公元914～1036年），延續時間達二百五十年。其中，屬於吐蕃佔領時期的2鋪，繪於第141、158窟東壁；張氏歸義軍時期2鋪，繪於第85窟北壁、第156窟南壁；曹氏歸義軍時期11鋪，繪於第61、98窟等。

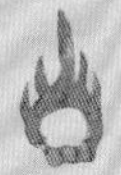

敦煌石窟思益梵天所問經變分佈表

<table>
<tr><th colspan="2">朝代</th><th>公元</th><th>窟號</th><th>位置</th><th>附注</th></tr>
<tr><td colspan="2" rowspan="2">中唐</td><td>9 世紀初至 839 年左右</td><td>141</td><td>東壁</td><td>一般。</td></tr>
<tr><td>9 世紀初至 839 年左右</td><td>158</td><td>東壁</td><td>良好。</td></tr>
<tr><td rowspan="13">歸義軍時期</td><td rowspan="2">晚唐</td><td>861-865 年</td><td>156</td><td>南壁</td><td>張議潮窟，良好。</td></tr>
<tr><td>862-867 年</td><td>85</td><td>北壁</td><td>翟法榮窟，良好。</td></tr>
<tr><td rowspan="9">五代</td><td>915-925 年</td><td>98</td><td>北壁</td><td>曹議金窟，良好。</td></tr>
<tr><td>935-939 年</td><td>100</td><td>北壁</td><td>隴西李氏窟，良好。</td></tr>
<tr><td>935-939 年</td><td>108</td><td>北壁</td><td>張淮慶窟，良好。</td></tr>
<tr><td>947-951 年</td><td>61</td><td>北壁</td><td>曹元忠窟，良好。</td></tr>
<tr><td></td><td>146</td><td>北壁</td><td>良好。</td></tr>
<tr><td></td><td>榆 16</td><td>北壁</td><td>良好。</td></tr>
<tr><td></td><td>榆 19</td><td>南壁</td><td>良好。</td></tr>
<tr><td></td><td>榆 34</td><td>北壁</td><td>良好。</td></tr>
<tr><td></td><td>榆 38</td><td>南壁</td><td>良好。</td></tr>
<tr><td rowspan="2">宋</td><td>962 年前後</td><td>55</td><td>北壁</td><td>曹元忠窟，良好。</td></tr>
<tr><td>974-980 年</td><td>454</td><td>北壁</td><td>曹延恭窟，良好。</td></tr>
</table>

《思益梵天所問經》共分四卷十八品，從壁畫榜題看，主要表現《思益梵天所問經》中《序品》、《四法品》、《分別品》、《解諸法品》，其中又以《分別品》所佔比重最大，這也符合神秀、普寂一系的思想要求，因為他們所強調的“明諸法正性”就是出自《分別品》。

作為一部哲理很強的佛典，思益經含義晦澀，難以釋讀，沒有任何生動的故事，更不易入畫，敦煌畫師採用小說法圖加榜題的形式來表現，可謂獨具匠心。敦煌思益經變主要由兩大部分內容構成，畫面主體是位於經變正中的說法會，而識別該經變的標誌則是配有榜題的小說法圖。說法會以釋迦牟尼佛為中心，周圍有大比丘、大菩薩、天龍夜叉圍繞聽法。背景繪有城郭、殿堂、樓閣，以示釋迦牟尼佛的住所。除佛說法圖以外，在經變下部(個別畫面甚至包括上部)，有幾組至二十幾組小型佛說法圖，思益梵天作跪禮狀以示問答，並配榜題，書寫《思益梵天請問經》的部分經文。

思益經變的構圖形式及內容

從思益經變的畫面佈局上看，主要有三種構圖形式：

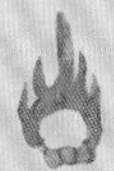

第一種：上部為向心式大說法圖，下部為屏風畫，僅見於第158窟；

第二種：整個畫面明顯分成上中下三部分，上部為十方佛土，正中為說法圖，小型說法圖加榜題的畫面以花邊圖案間隔，散佈在下方，這是大部分思益經變的構圖形式；

第三種：正中為說法會，兩側為條幅，這種“三聯式”構圖僅見於第55窟。

需要說明的是，在構圖形式和畫面表現上，敦煌的天請問經變，與思益經變極為相似。特別是向佛問法的畫面完全一樣，如不參考榜題，兩種經變難以區別。第158窟的思益經變最早就曾被定名為天請問經變。

1、第158窟的向心式說法圖及屏風畫

第158窟的思益經變以巨大的空間描繪了說法會的情景，釋迦佛為整幅畫面的中心，結跏趺坐於仰蓮座上，左右兩側簇擁着“七萬二千”菩薩，以文殊菩薩為上首，恭敬聽法。

文殊菩薩作為思益經中的上首菩薩，在經中居有重要地位，文殊菩薩不僅在說法會上位居上首，而且他與思益梵天菩薩、釋迦佛都對談過佛法，因此《思益梵天請問經》又名《文殊師利論議》。這鋪經變釋迦牟尼佛右側的菩薩手執如意，橫置胸前，面向釋迦佛，側身而坐。在敦煌壁畫中，手執如意的菩薩形象，始見於初唐第220窟東壁維摩詰經變中的文殊菩薩。盛唐時期開鑿的第103窟東壁維摩詰經變中，文殊菩薩手執如意。據此推斷，第158窟的這身手執如意的菩薩，應該也是文殊菩薩。在《天請問經》中並未出現文殊菩薩，因此，可以肯定，該鋪經變是思益經變，而非天請問經變。

在文殊菩薩下部為一着金剛力士裝的人物，身穿鎧甲，頭戴寶冠，他就是網明菩薩。釋迦佛正是受網明菩薩之請，才在王舍城迦蘭陀竹林“放諸菩薩光”，普照“十方無量佛土”，引來思益梵天。菩薩為甚麼要穿力士裝呢？這也許是由於網明菩薩在密宗中密號方便金剛、普願金剛，故而在此圖中畫成金剛力士形象。網明菩薩是思益經中與思益梵天對談的重要菩薩之一，據該經卷二《難問品》記載，網明菩薩受佛教旨，從右手指間放大光明，普照十方無量

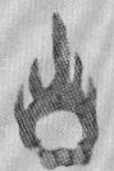

佛國，使身處地獄的餓鬼、畜牲等皆得光明快樂，故名網明。網明菩薩身後畫二世俗女供養人，這可能是《思益梵天所問經·問難品》中所說的“優婆夷眾”。

與網明菩薩相對應，南側畫一天人頭戴通天冠，身穿寬袖大袍，側身跪地合十，供養釋迦佛，他就是思益梵天菩薩，來自東方清潔國光明如來佛土。佛經中有所謂“菩薩比丘”，即內證菩薩位而外現比丘形。這位身着天人裝的“思益梵天菩薩”，正是內證菩薩位而外現梵天形象。思益梵天菩薩身後畫二着世俗裝的比丘尼，這可能是《思益梵天所問經·問難品》中所說的比丘尼眾。

值得一提的是，這鋪説法圖受淨土變的影響很大。如水榭樓台、化生童子、伽陵頻迦及天空樂器等，為淨土變中常見的內容，在思益經中隻字未提，而經變竟出現這些畫面，無疑是受到淨土變影響。此外，説法會中的三佛佈局為“∴”形，這種佈局在唐代前期的觀無量壽經變中早已有之。“∴”符號見於北涼曇無讖譯《大般涅槃經》卷二《壽命品》，讀作“伊”，稱“伊字三點”，當代著名的印順法師説它代表大乘涅槃，究竟圓滿的佛。

經變下部共畫八扇屏風畫。在每一屏風畫內，上部邊沿畫天空雲際，曠遠空闊。雲際下部各畫兩幅小型釋迦佛與思益梵天等菩薩對談思益經旨圖，共有十六幅。這些聽法人中還有戴軟幞頭的世俗官員，可見思益經已經滲透在上層社會中，並有相當的影響力。

2、佔據主流的上中下三列式構圖

在思益經變中，這種構圖形式佔絕大多數，共13鋪。畫面構圖明顯分成上中下三部分。上部為十方佛土，畫釋迦佛在王舍城迦蘭陀竹林“放諸菩薩光”，普照“十方無量佛土”。如第85窟是在釋迦佛放諸菩薩光的雲端，畫一碑形榜題，墨書“思益經變”，左右兩側為祥雲，雲上各坐一佛二菩薩，象徵“十方佛土”。第98窟畫九朵祥雲，雲上各坐一佛，佛旁有墨書榜題，現在尚可看清者有“南……”、“西方……”。其餘諸窟大多以樓台亭閣象徵“十方佛土”。

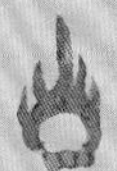

中部為釋迦說法，繪在“十方佛土”下面。在這部分以巨大的空間繪釋迦佛宣講思益經的情景，釋迦佛形象高大，居中說法，左右兩側“大眾恭敬圍繞”。說法會下部中央，大多畫一、二名舞伎，揮舞絲綢飄帶，翩翩起舞；兩側有十餘人組成的大型樂隊伴奏，使用的樂器有琵琶、箜篌、鳳首箜篌、法螺、羯鼓、拍板、鼗鼓、篳篥、銅鈸、笙箏等十餘種，場面壯觀熱鬧。

這時的三佛佈局，有的洞窟是在一條平行線上畫三佛，如第85窟，有的則取消了兩側的二佛（如第156窟），僅畫中間一尊釋迦佛。文殊菩薩、網明菩薩以及思益梵天菩薩也不再作特別的表現，故而很難辨識。

畫面的最下部是以花邊圖案間隔的小型說法圖。這些說法圖形式大同小異，表現釋迦佛與諸菩薩、諸菩薩相互之間對談思益經旨的場面，前跪有二、三天人聽法。旁邊都有墨書榜題，摘抄《思益梵天所問經》片斷，作為畫面內容的注解。每鋪經變的小說法圖多少不一，一般十餘幅。

3、 三聯式

思益經變三聯式構圖僅存第55窟一例，中間的主聯部分約佔五分之四，構圖佈局、題材內容與前述第二種大同小異。比較特別的是在法會下部左右兩側，各畫一組一佛二菩薩小說法圖，載祥雲上，相向飄遊而下。與上部的主尊釋迦牟尼形成“∴”形三佛佈局。二佛之間，有九行榜題，原文抄自《思益梵天所問經》卷一《序品》。

主聯左右兩邊的副聯窄小，約佔五分之一，豎長方形。聯內各畫六組小型說法圖，為佛與思益梵天等對談思益經旨。每幅小說法圖旁都有墨書榜題，標明畫面的內容。

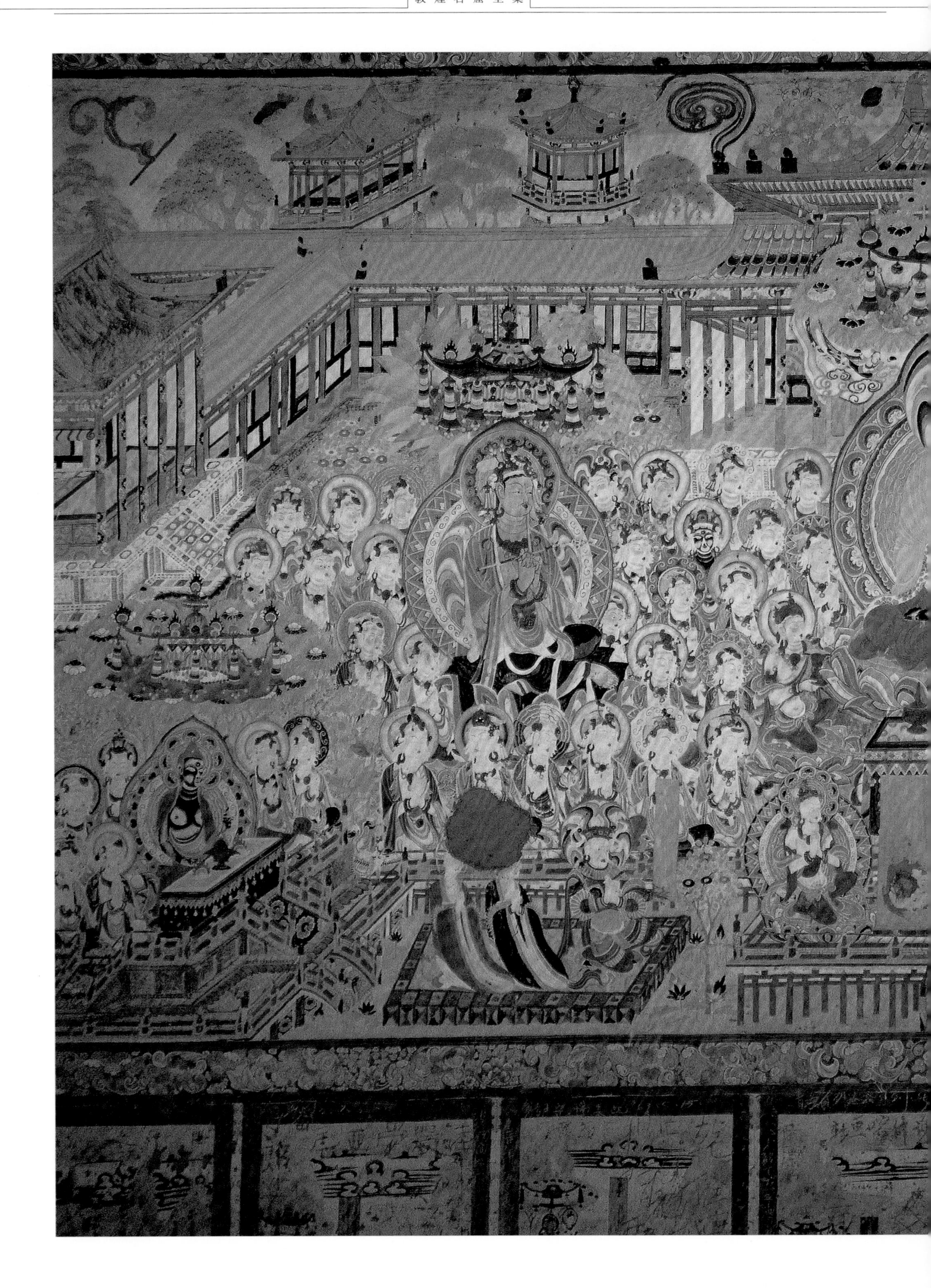

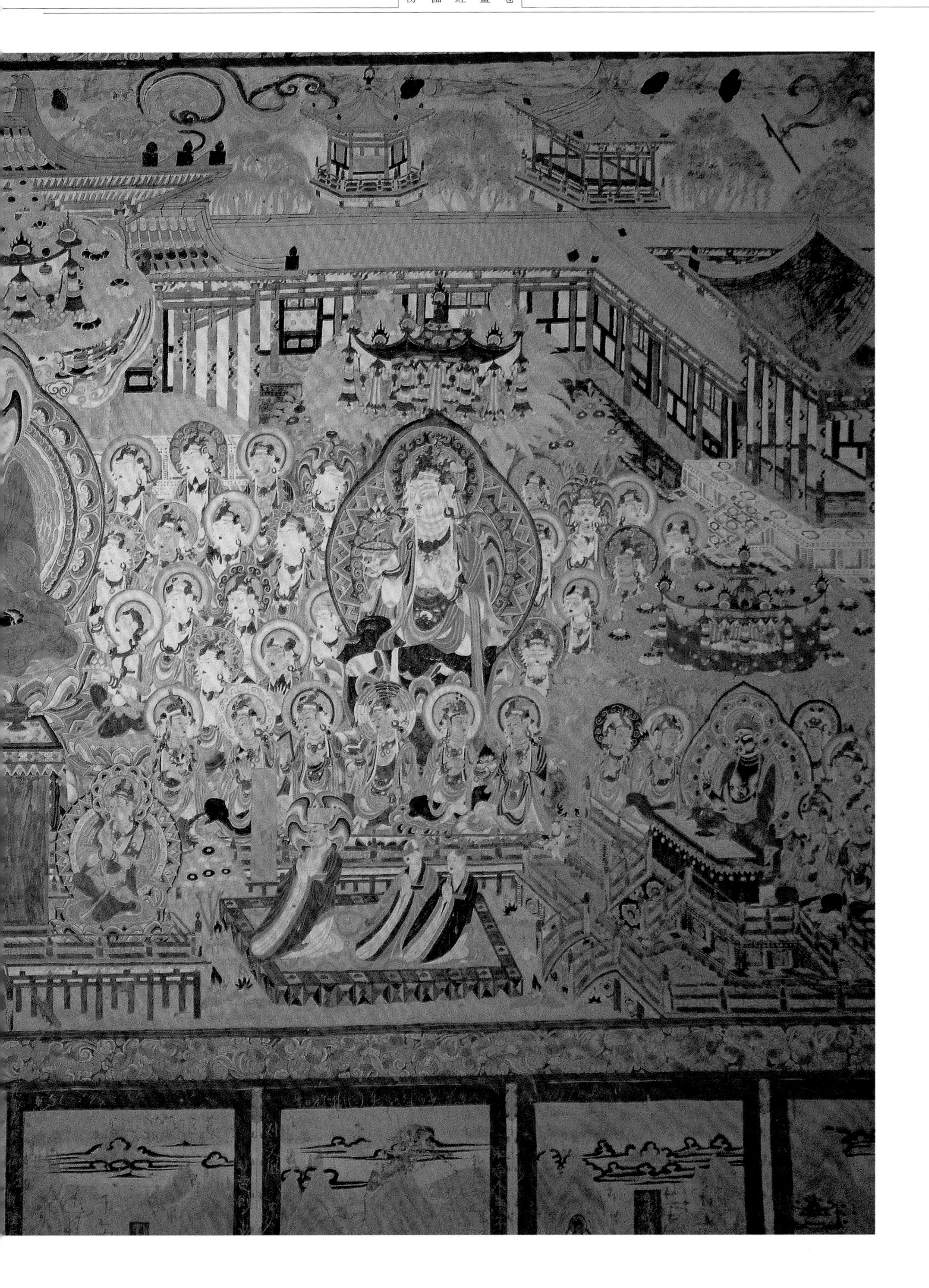

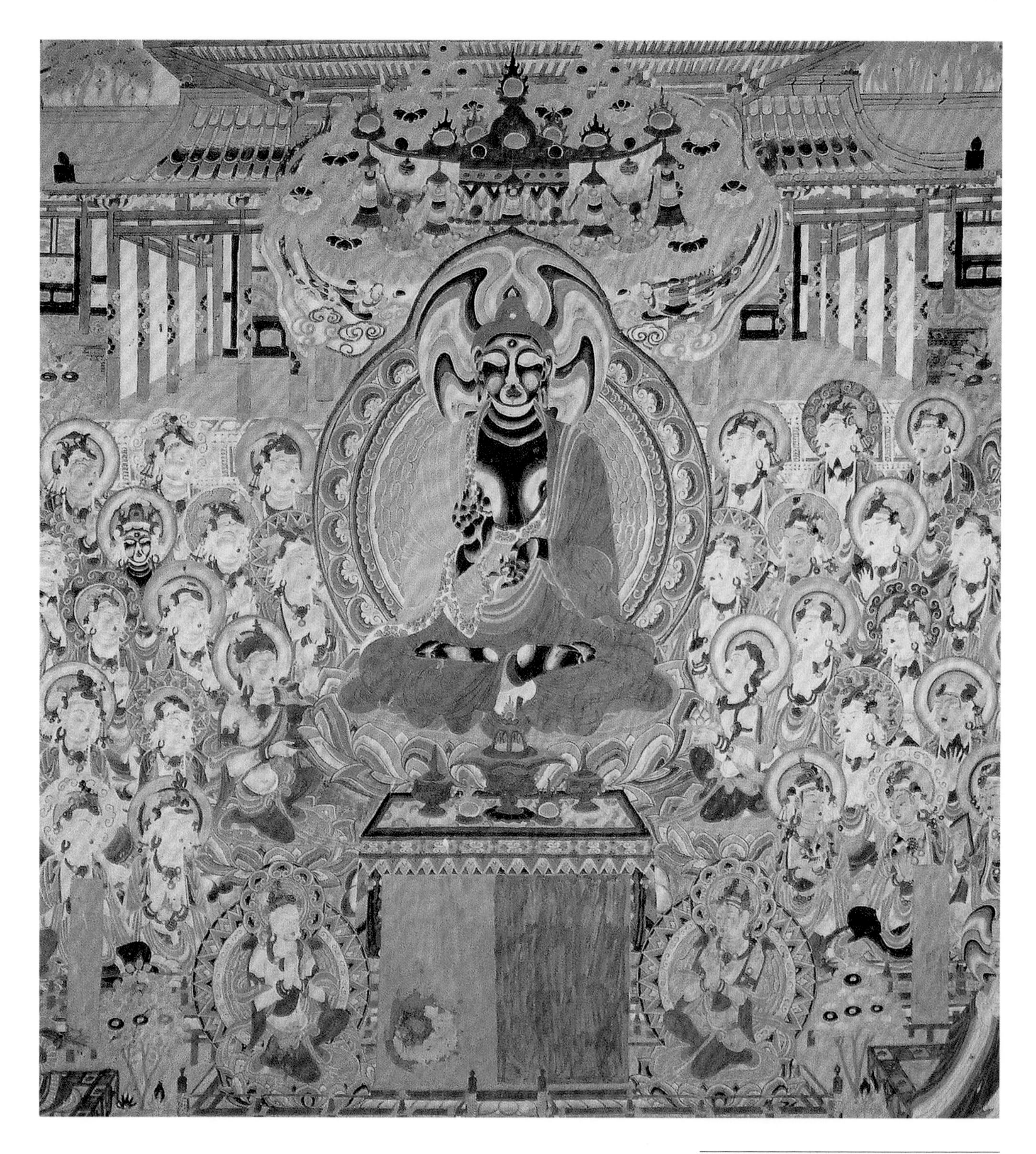

146 釋迦佛說法

釋迦佛着淺藍色內衣，左肩披土紅色袈裟，雙手似轉法輪手印，結跏趺坐於仰蓮座上說法，臉、手、足、皮膚暈染變色，左右兩側簇擁眾菩薩聽法。

中唐 思益經 莫158 東壁

145 向心式思益經變全圖 ◀見上頁

第158窟思益經變的上部是向心式大說法圖，表現釋迦佛在王舍城蘭陀竹林向諸菩薩講思益經。下部畫八扇屏風，表現釋迦佛與諸菩薩以及諸菩薩之間，對談思益經旨。諸多的水榭樓台等顯示該經變受淨土變的影響很大。

中唐 思益經 莫158 東壁

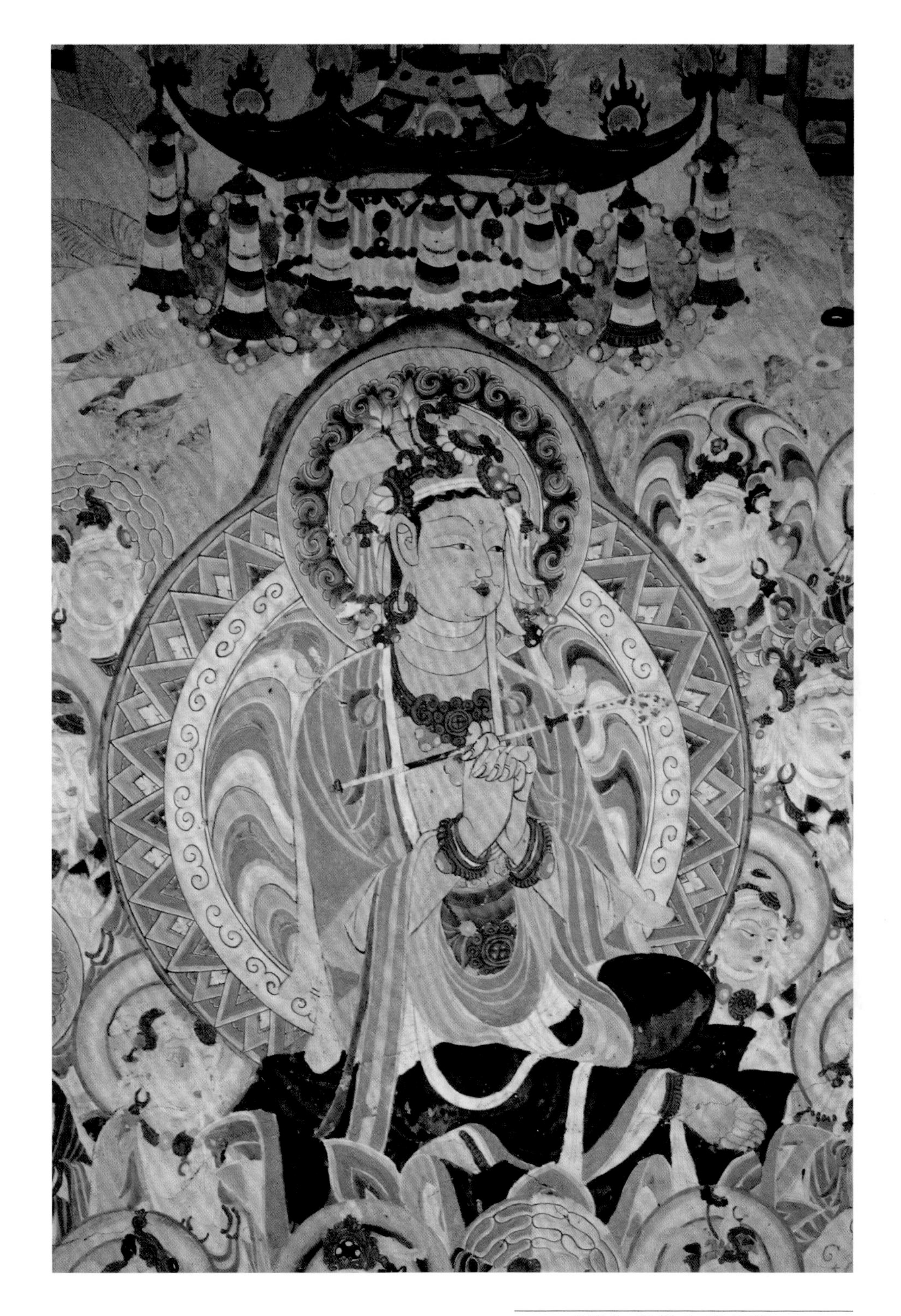

147 手持如意的文殊菩薩

文殊菩薩為思益經中的上首菩薩，頭戴寶冠，身披天衣，雙手持如意，結跏趺坐於蓮花座上。手持如意的文殊菩薩對於斷定此圖為思益經變具有重要意義。

中唐 思益經 莫158 東壁

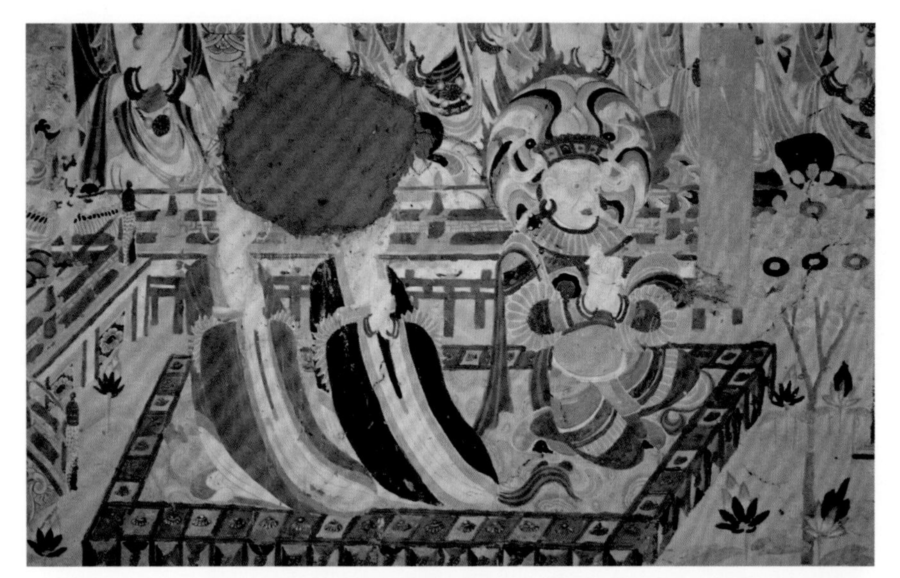

148 **網明菩薩及二優婆姨**

網明菩薩身着金剛力士裝，身後着俗裝的二女子，當係優婆姨，即在家信佛修行的女子。網明菩薩着金剛力士裝在思益經變中僅此一例。

中唐 思益經 莫158 東壁

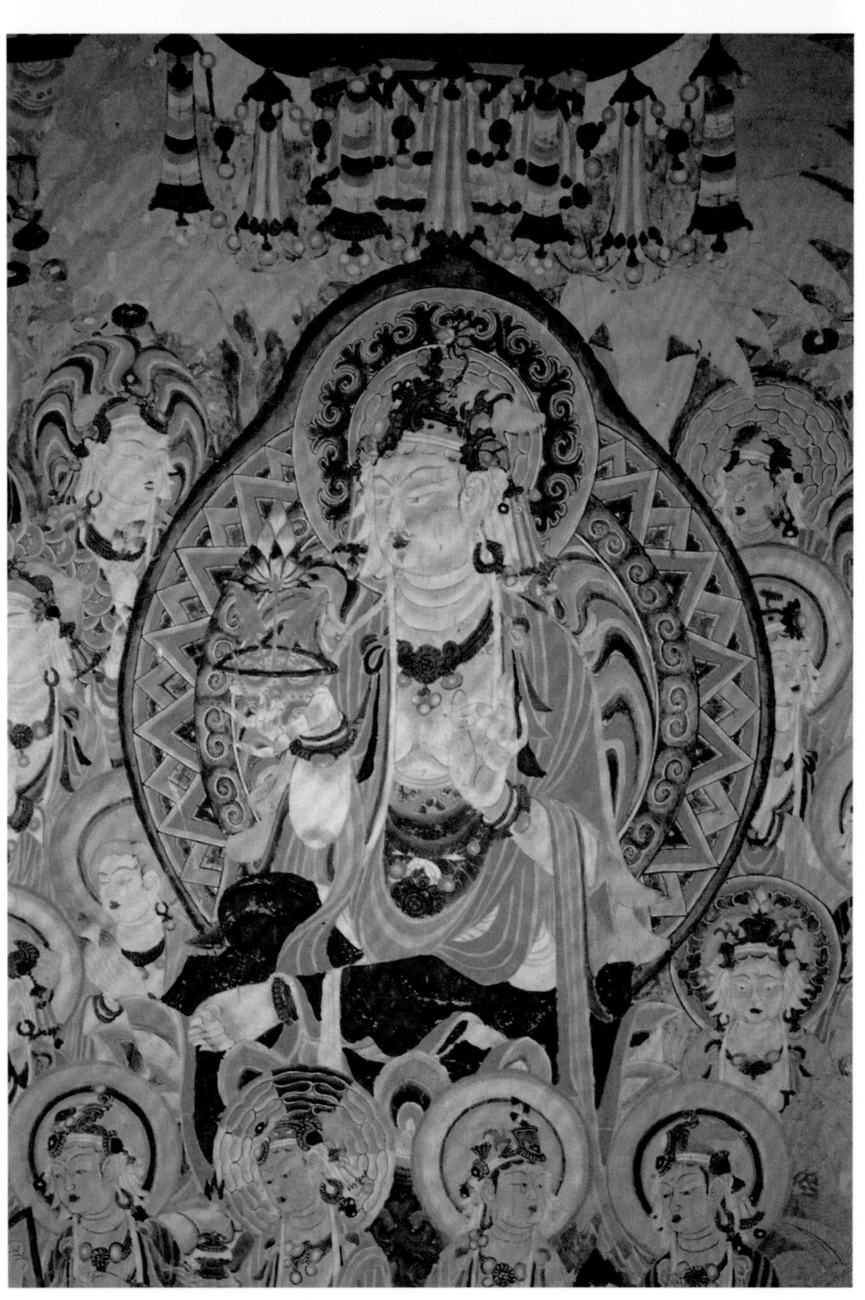

149 **大脅侍菩薩**

此菩薩頭戴寶冠，身披天衣，右手托蓮花，左手置胸前，結跏趺坐。因無明顯特徵，難以斷定其名號。

中唐 思益經 莫158 東壁

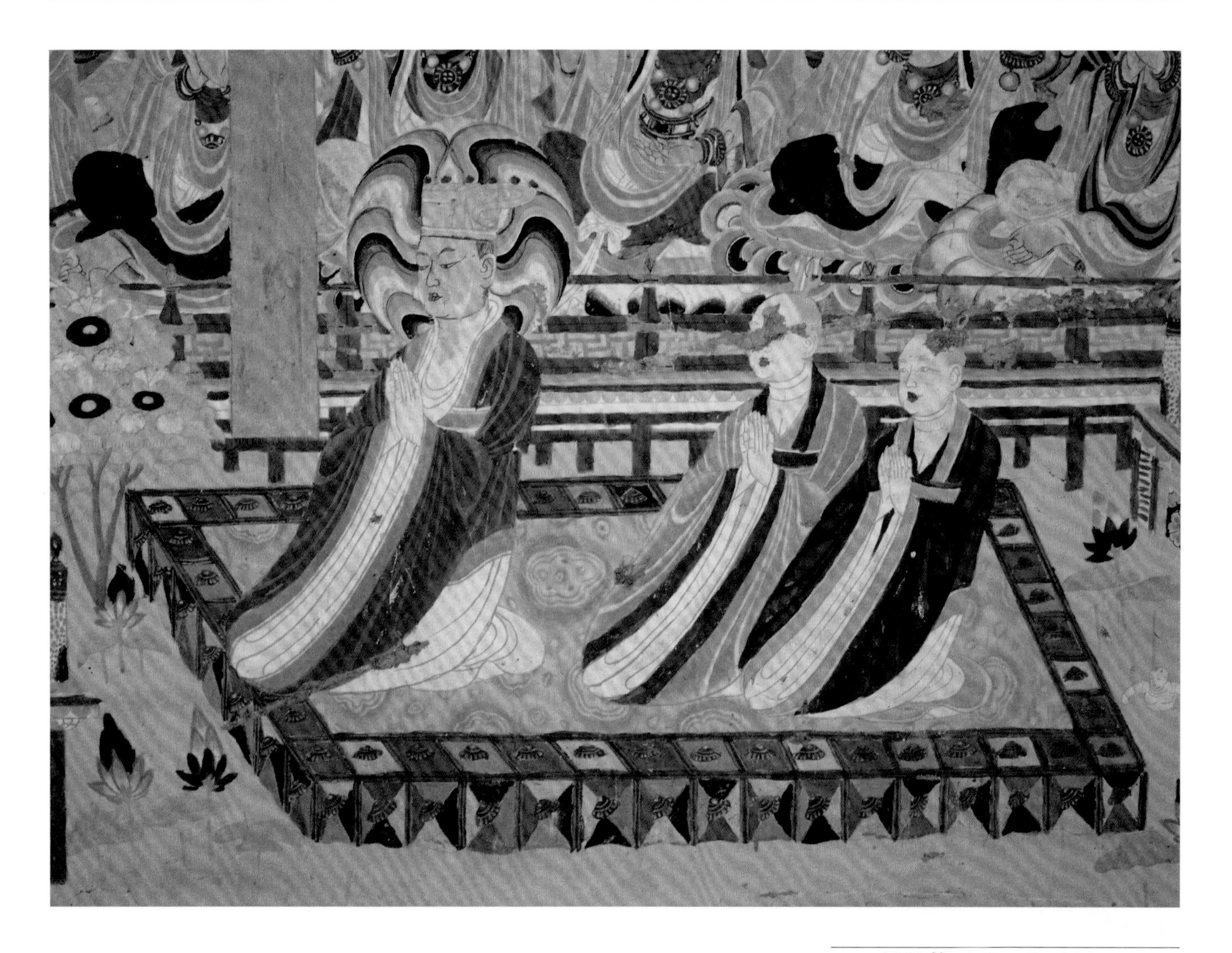

150 思益梵天及二比丘尼

頭戴通天冠，身穿寬袖大袍，跪地合十供養者，為思益梵天菩薩。後兩身着世俗裝，跪地合十供養者為比丘尼。

中唐 思益經 莫158 東壁

151 聽法菩薩 見下頁 ▶

菩薩頭戴寶冠，手捧鮮花，側面向佛，正在聽法，神態非常虔誠而慈祥。

中唐 思益經 莫158 東壁

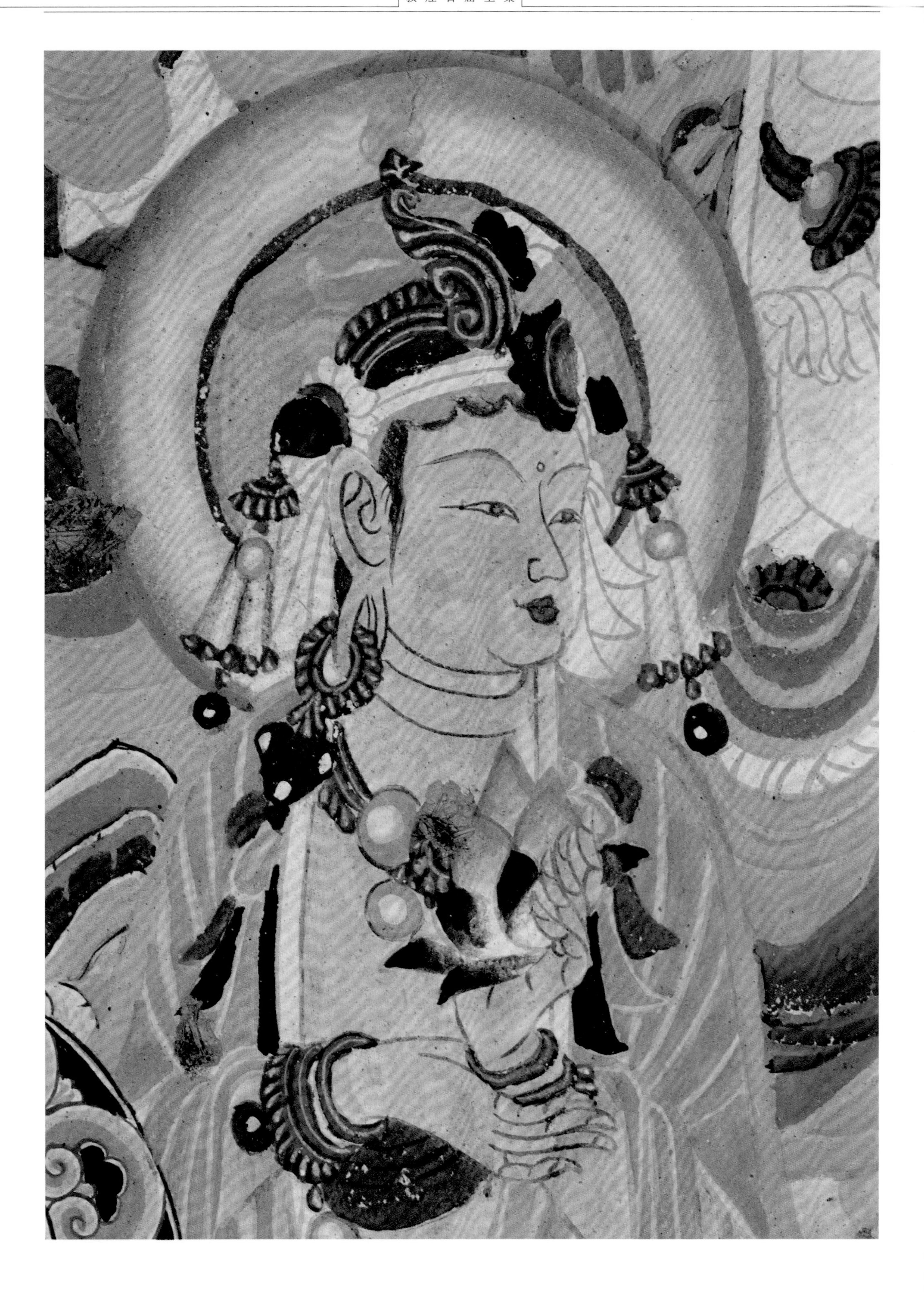

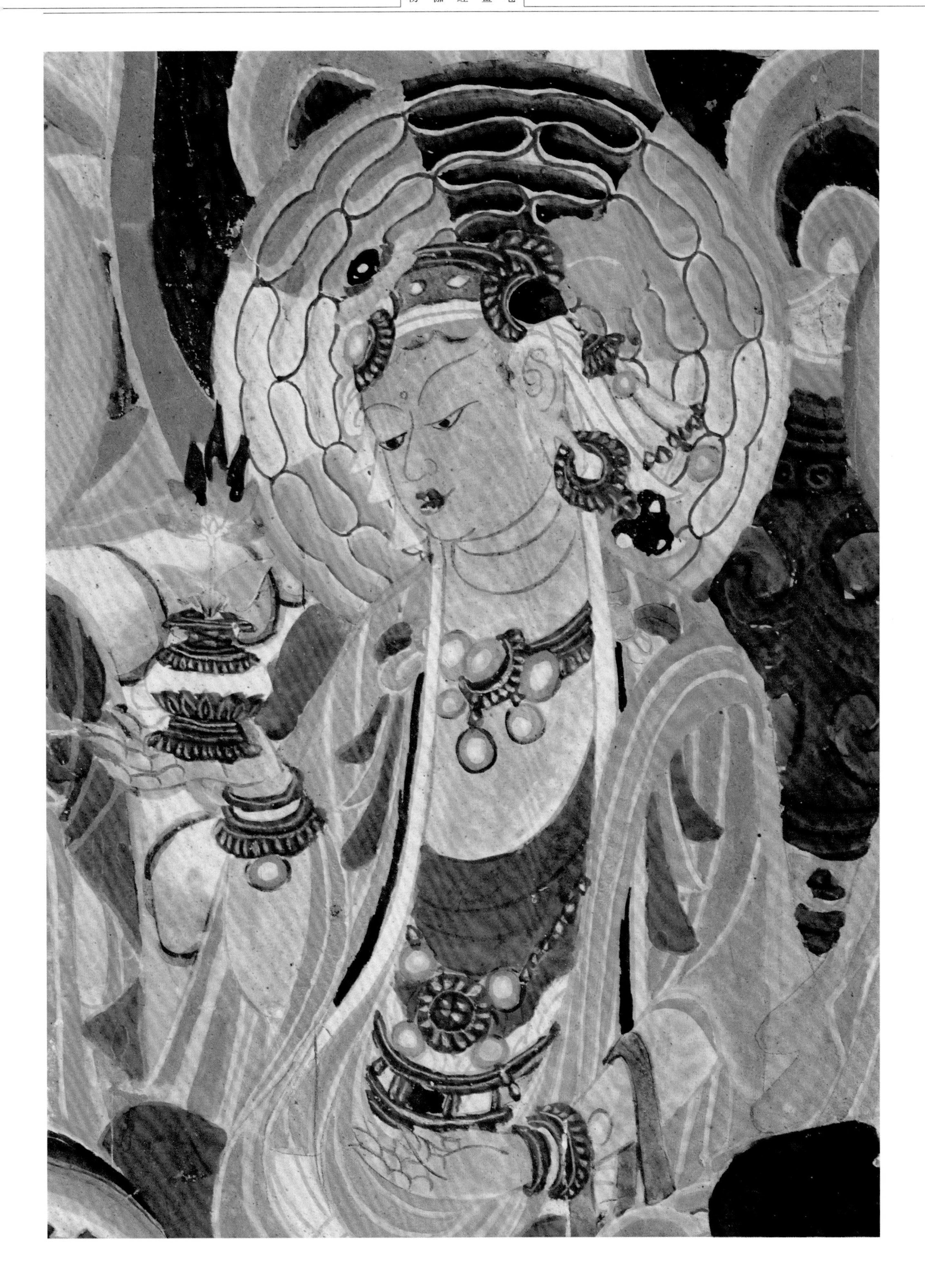

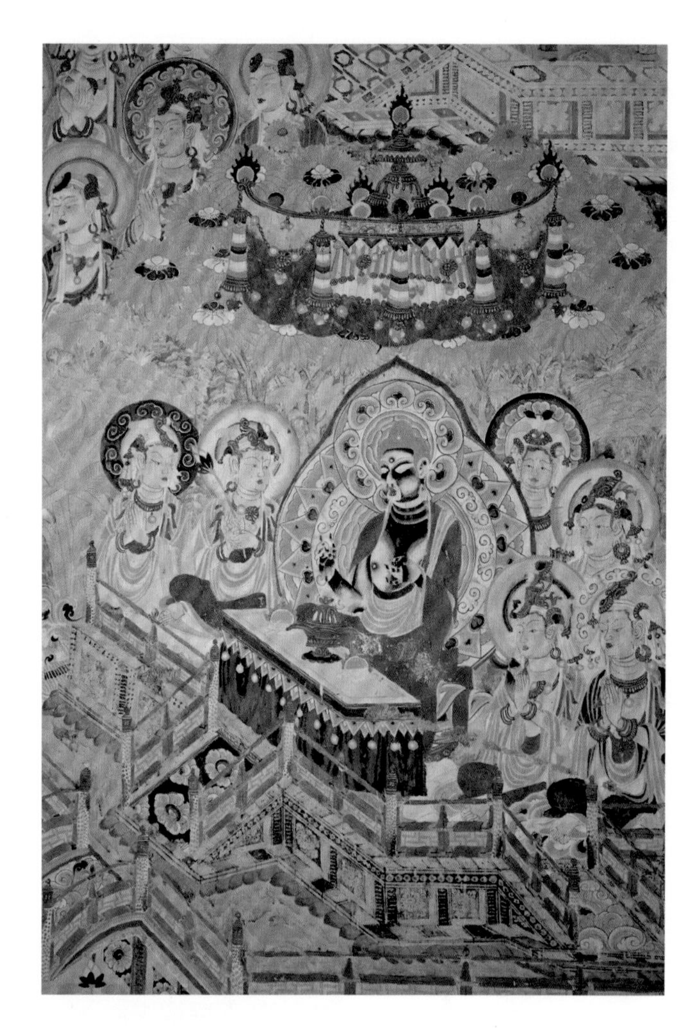

153 **三佛佈局之一**

此為“∴”形三佛佈局中的右側佛說法圖。水榭、化生童子以及伽陵頻迦等都借用自西方淨土變。

中唐 思益經 莫158 東壁

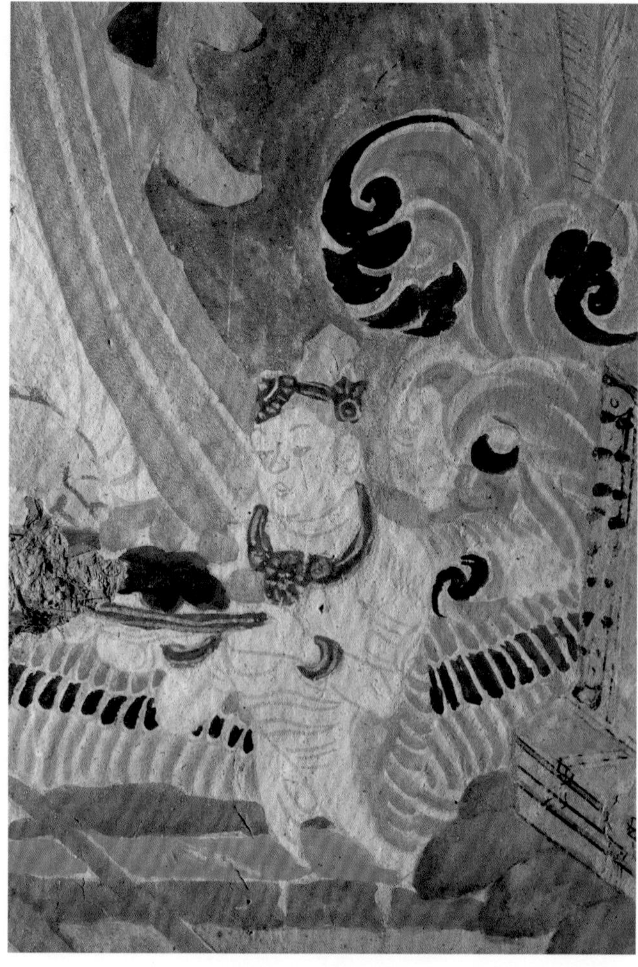

154 **伽陵頻迦鳥**

“伽陵頻迦”為梵文音譯，意譯為美音鳥、好聲鳥。該鳥人首鳥身，佛家說是極樂世界中的吉祥鳥，西方淨土變中常畫此鳥。

中唐 思益經 莫158 東壁

152 **聽法菩薩** ◀ 見上頁

菩薩頭戴寶冠，頸飾項鏈，右手托一插花的寶瓶，微側身，面帶少女的幾分稚氣，虔誠供養佛。

中唐 思益經 莫158 東壁

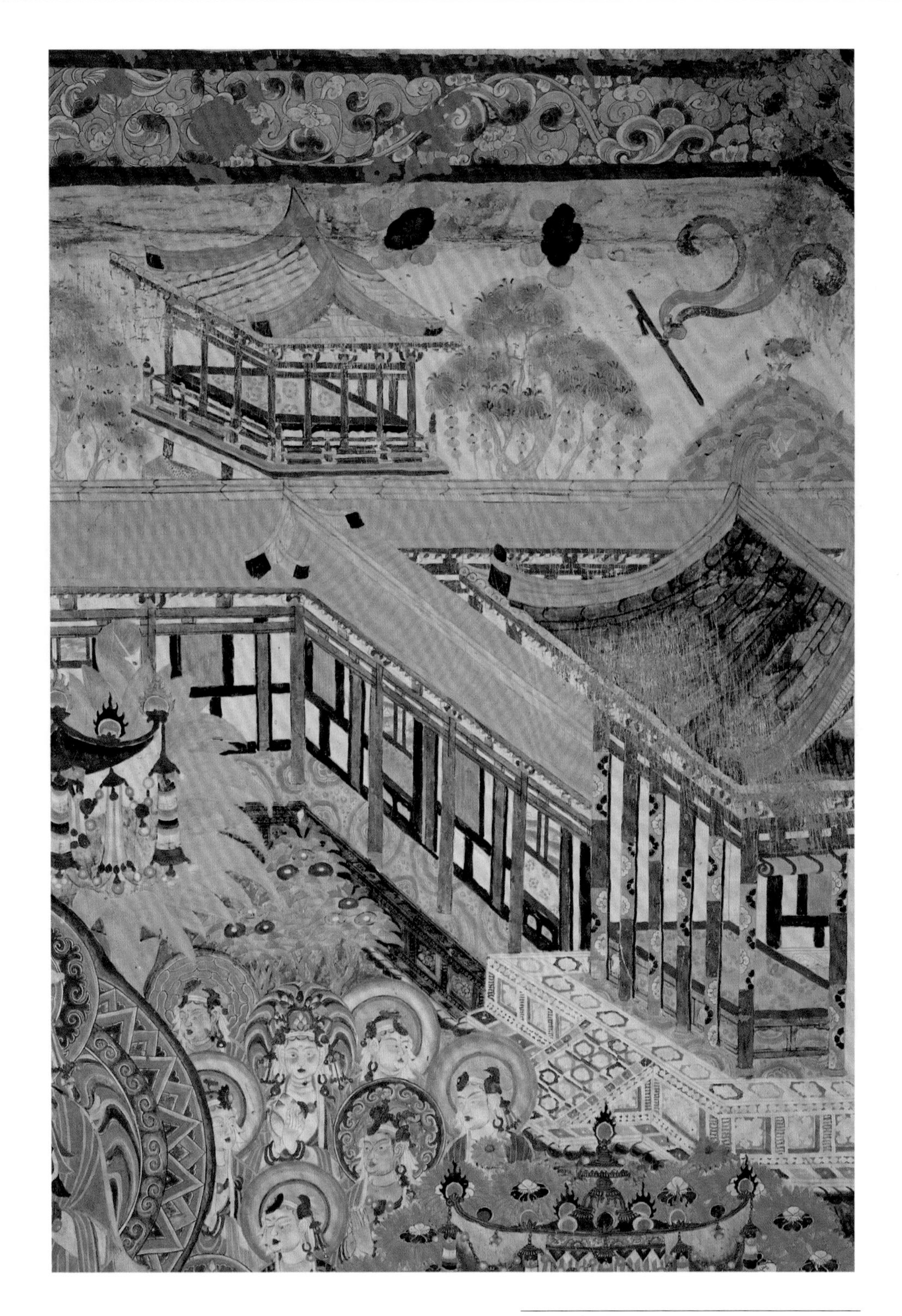

155 華麗的建築

這是經變右上角的佛殿、迴廊，很華麗。有趣的是空中還飄遊着一隻束絲帶的橫笛，佛經中說它可以不吹自鳴。這也是受西方淨土變的影響。

中唐 思益經 莫158 東壁

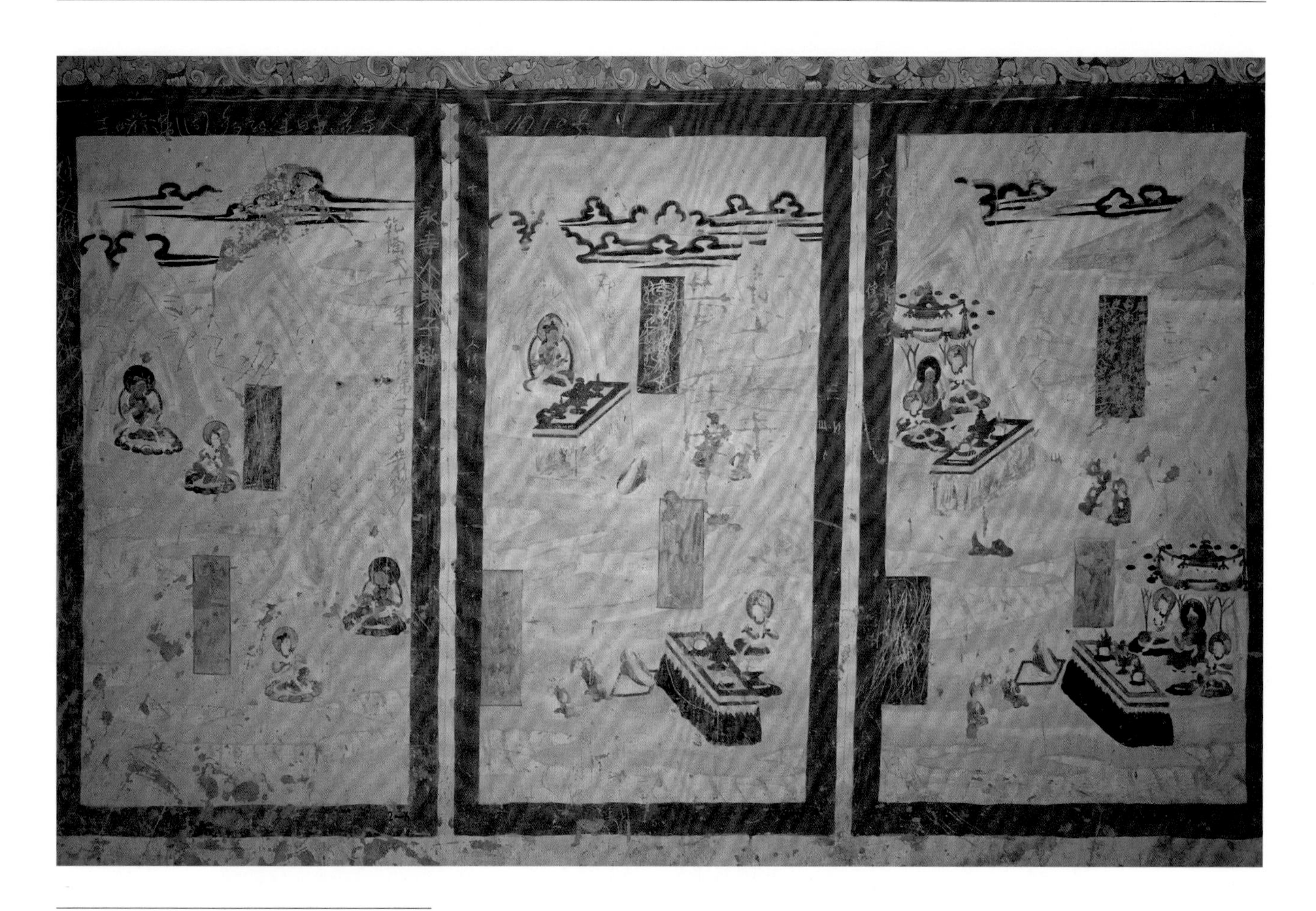

156 **屏風畫**

上部邊沿畫天空雲際，曠遠空闊。雲際下部各畫兩幅小型說法圖，為釋迦佛與思益梵天等菩薩對談思益經旨。

中唐 思益經 莫158 東壁

157 **上中下三列式思益經變全圖**

此圖由上中下三部分構成。其特徵是上部天際表現“十方淨土”；中部以巨大的空間表現釋迦佛宣講思益經的場景；下部以凹形花邊圖案間隔，共畫十七幅小說法圖，表現佛與思益梵天等對談思益經旨。

晚唐 思益經 莫85 北壁

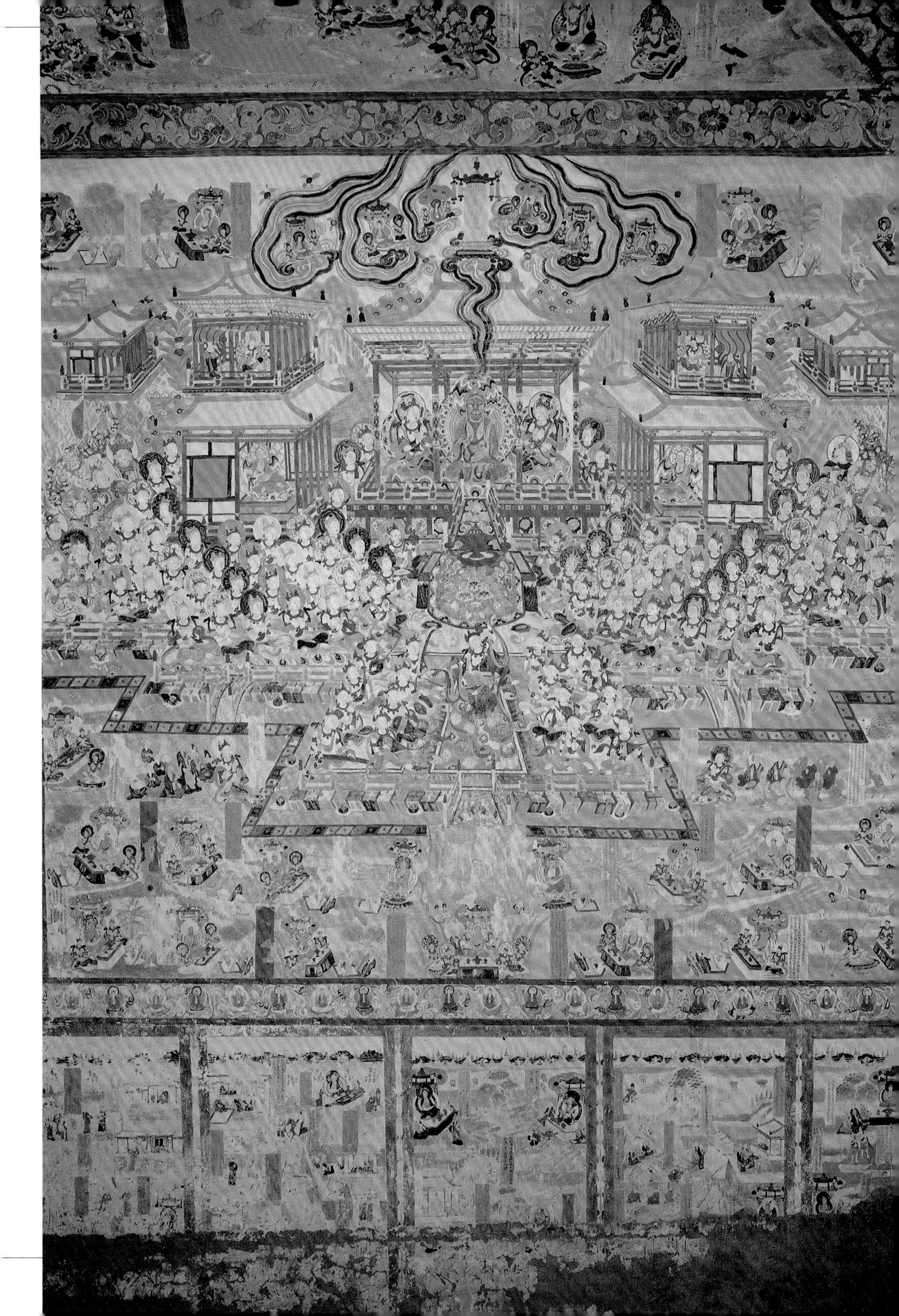

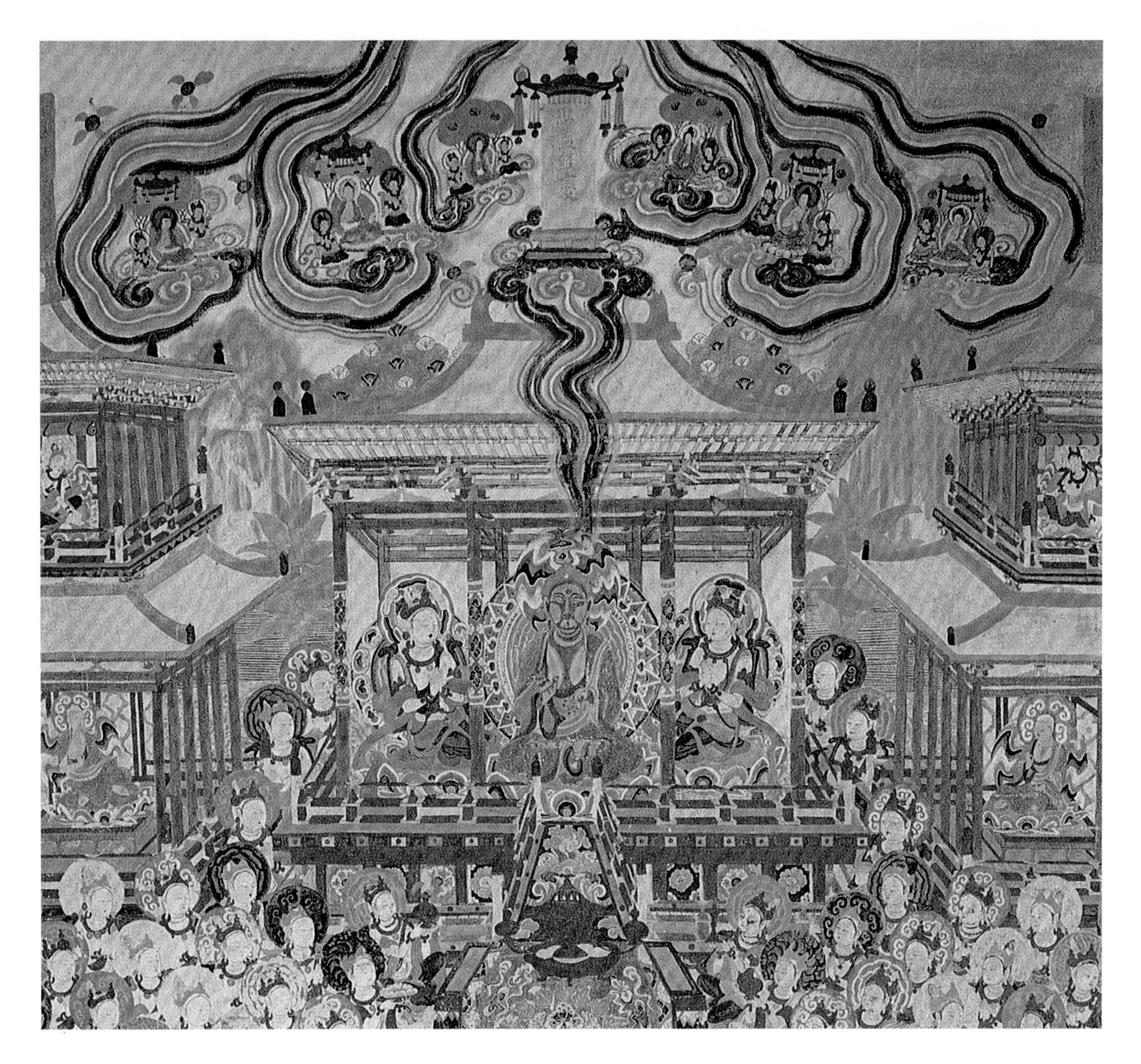

158 **十方佛土**

釋迦佛頭頂放射出“菩薩光”，在光的上端畫一碑，碑上墨書“思益經變”。碑左右兩側，各畫三片祥雲，雲端畫一佛二菩薩說法，象徵由“菩薩光”普照的“十方無量佛土”。

晚唐 思益經 莫85 北壁

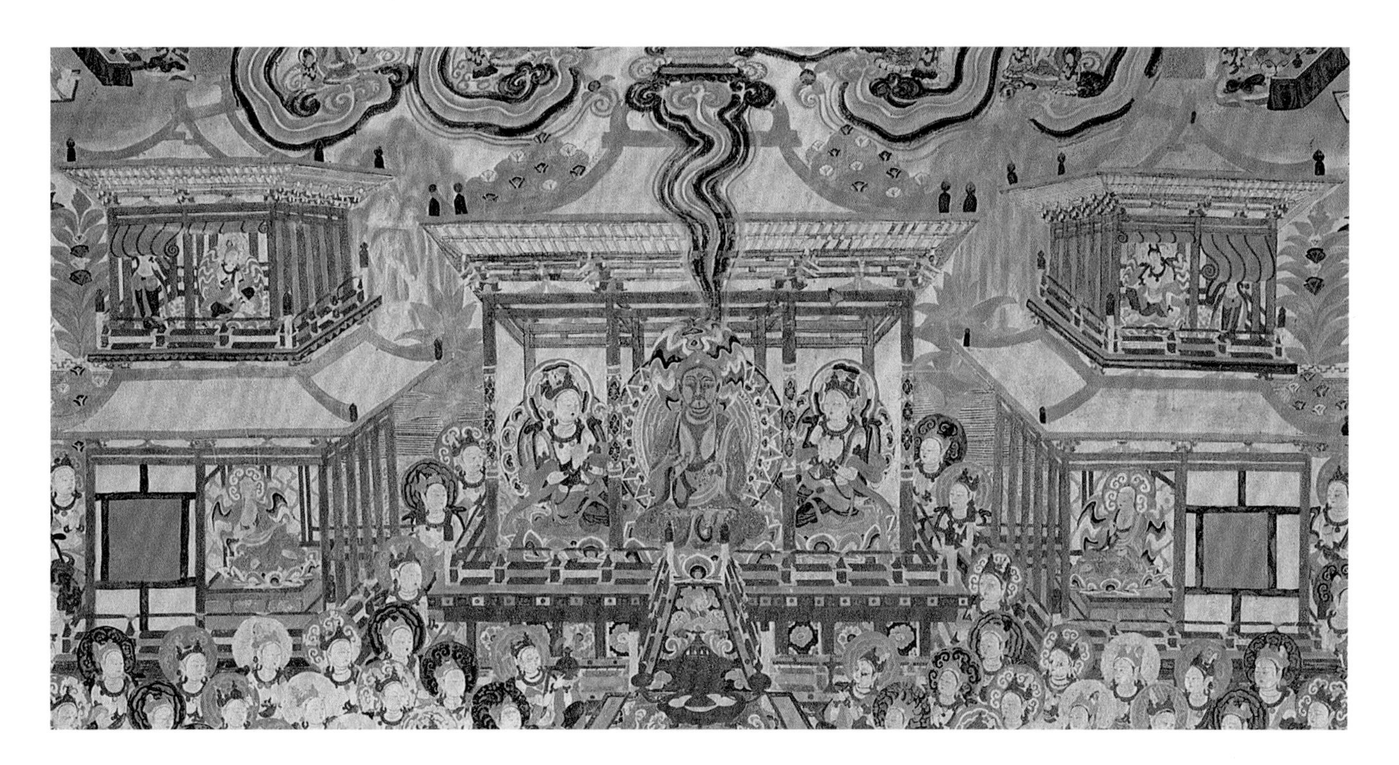

159 佛殿

三開間的主殿十分華麗，釋迦佛結跏趺坐，舉手宣講思益經，左右兩側各坐一脅侍菩薩聽法。主殿左右的配殿內各坐一佛，形成三佛成一線的新三佛佈局。

晚唐 思益經 莫85 北壁

160 舞樂圖

在佛宣揚思益經的法會上，常伴有熱鬧非凡的舞樂場面。花毯上舞伎手揮絲綢長帶，翩翩起舞，兩側十六人組成的大型樂隊在伴奏，載歌載舞，歡快而熱烈。

晚唐 思益經 莫85 北壁

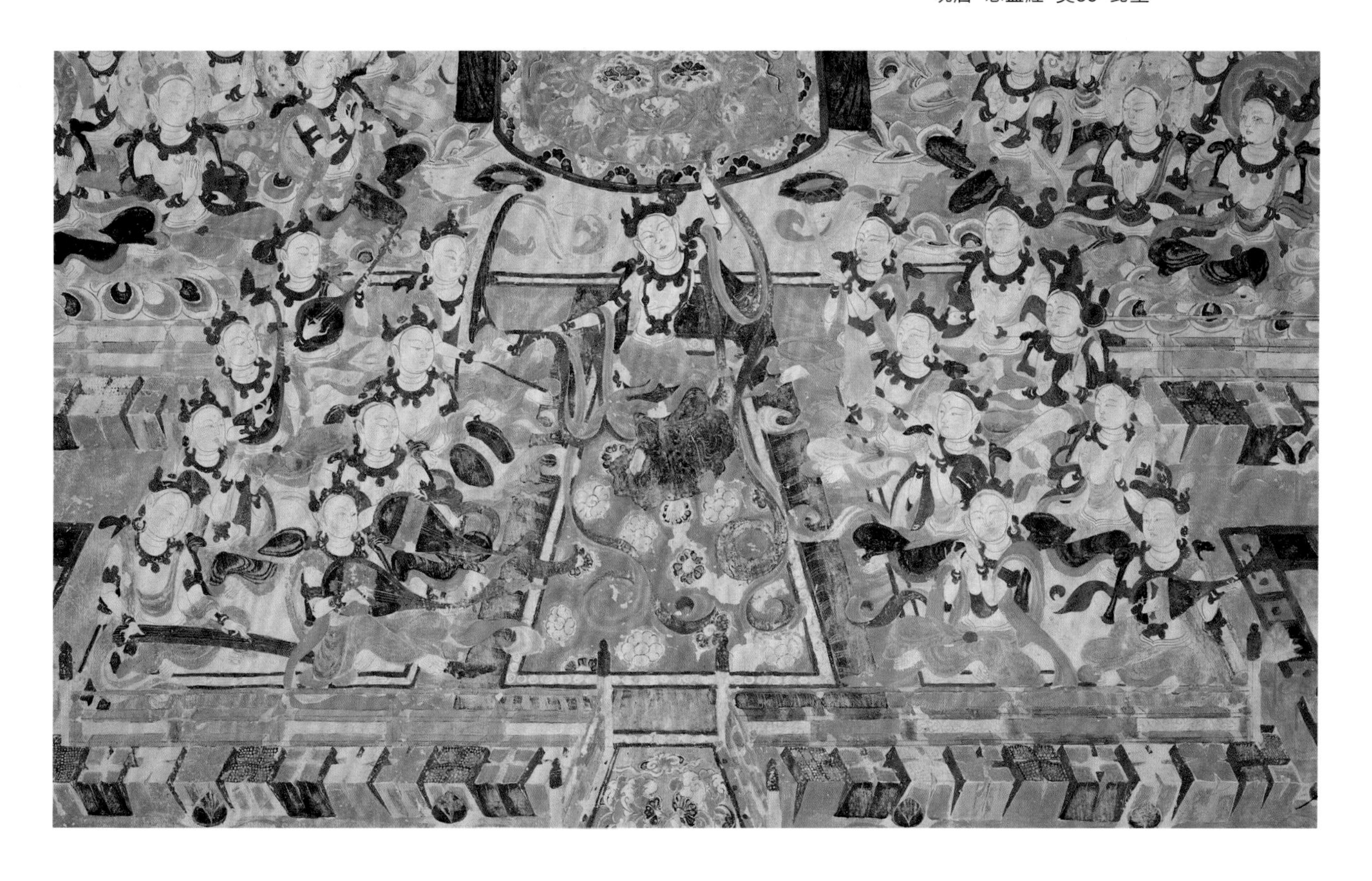

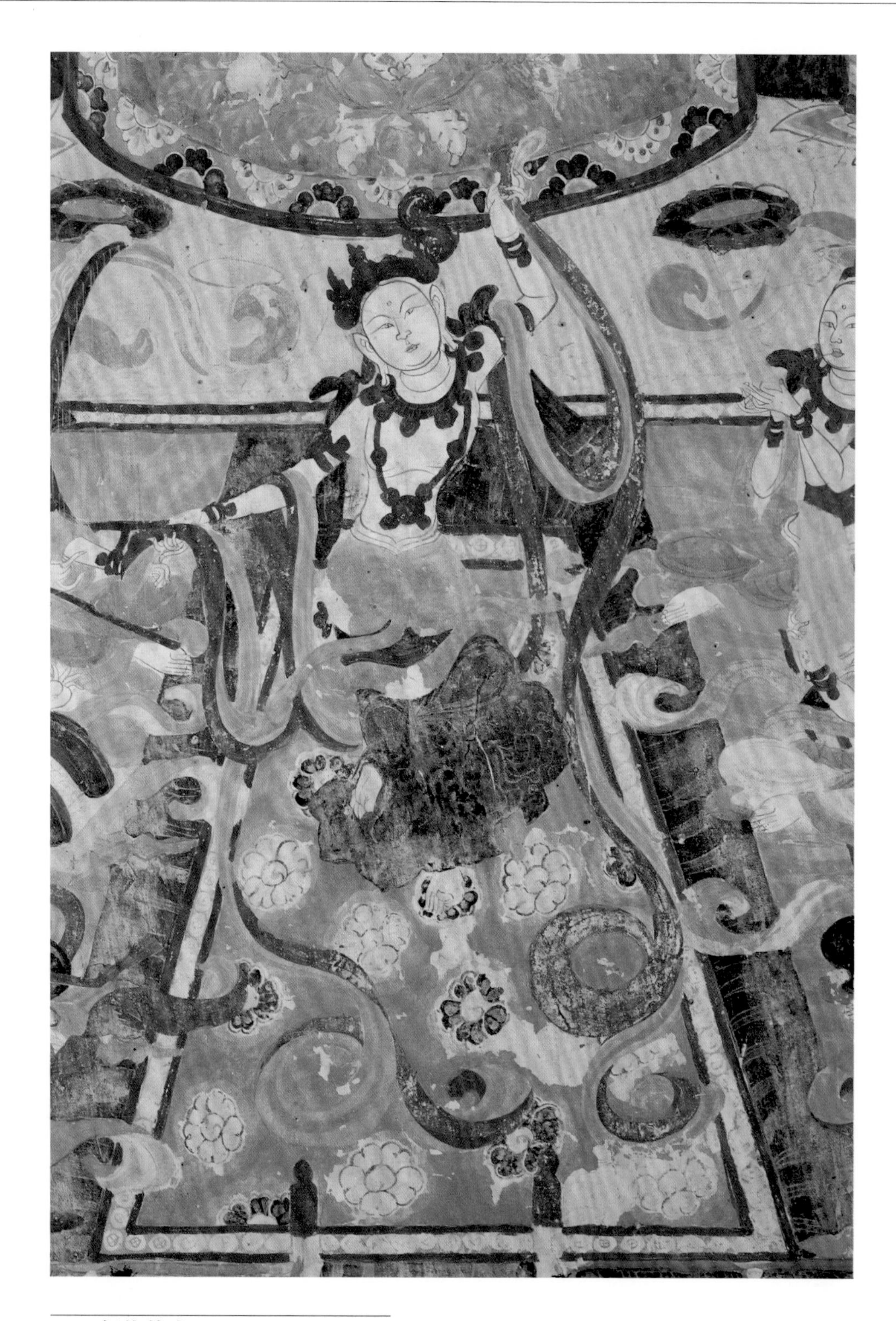

161 **舞伎特寫**

在長方形的花地毯上，舞伎雙手揮舞長長的紅綠飄帶，翩翩起舞，舞姿穩健優美。

晚唐 思益經 莫85 北壁

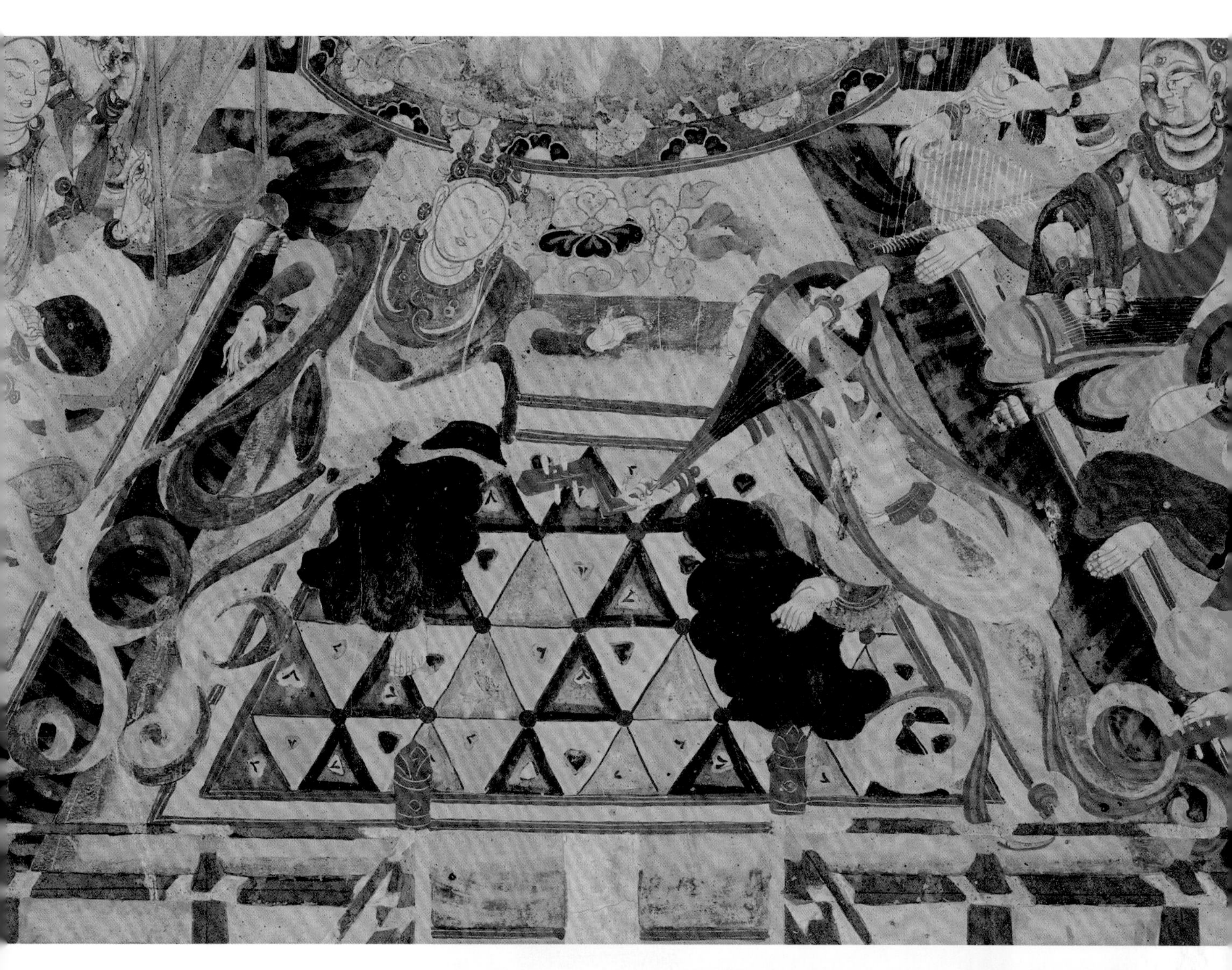

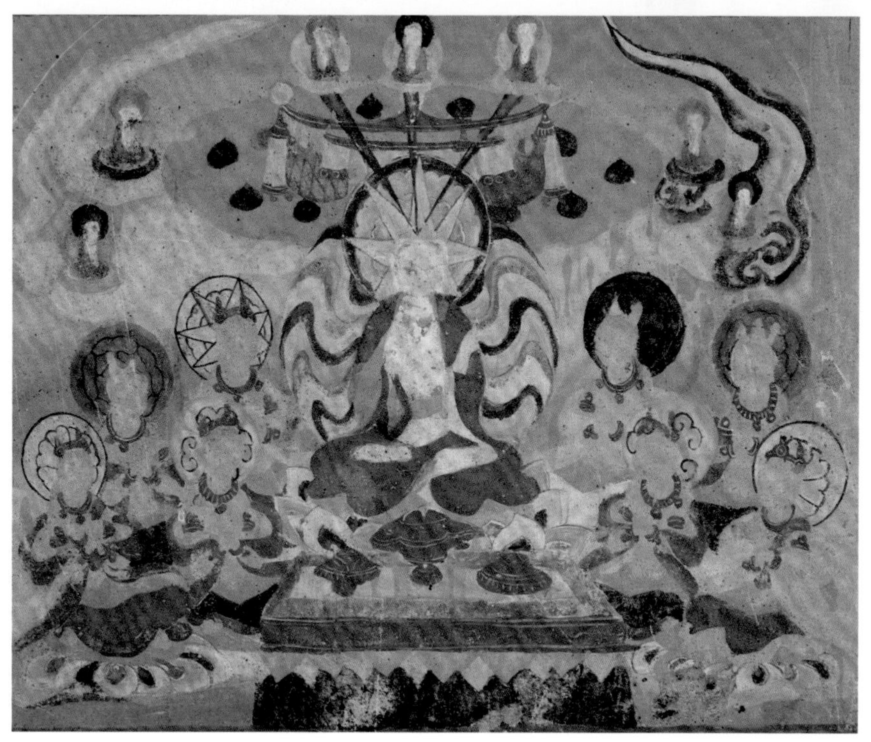

162 雙舞伎

一舞伎雙手拍打腰鼓，另一舞伎反彈琵琶，二者舞姿優美，配合默契。

晚唐 思益經 莫156 南壁

163 釋迦佛放光

思益經云：釋迦佛受網明菩薩之請，即放光明，“普照十方無量佛土”。圖中釋迦佛頂放出三束光，每一束光端坐一佛，象徵“十方無量佛土”。

晚唐 思益經 莫156 南壁

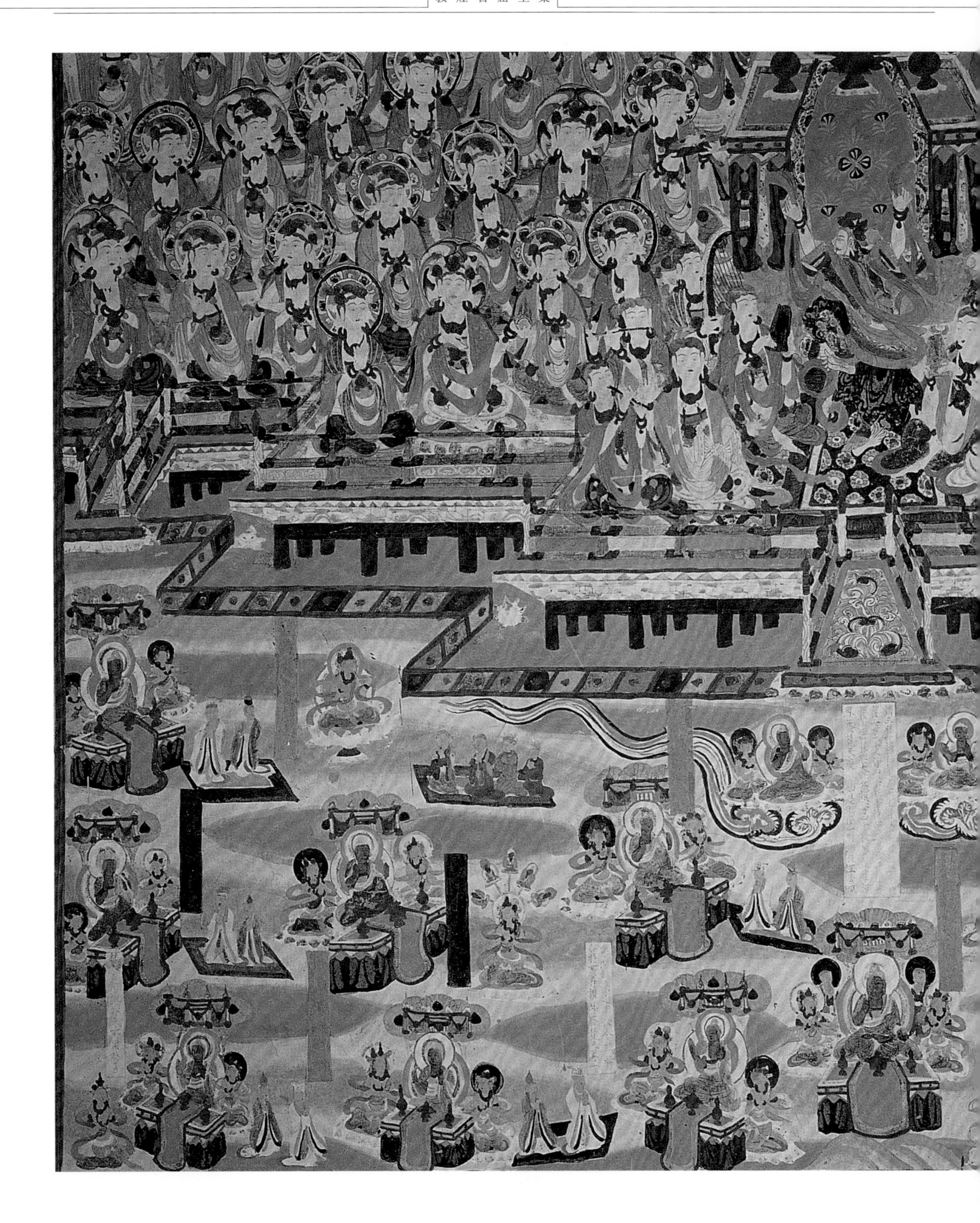

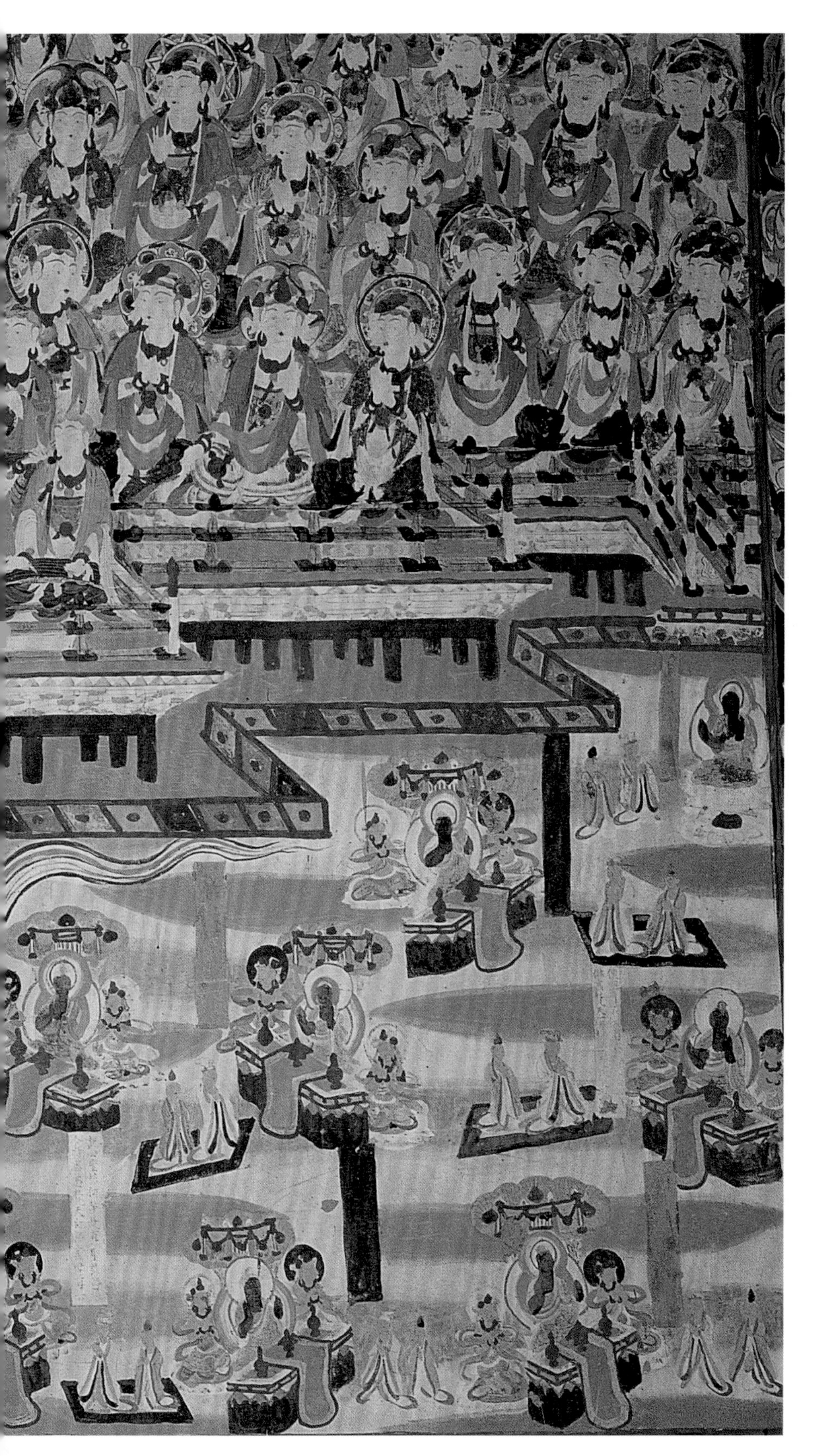

164 佛與菩薩談經

此圖以小說法圖的形式，表現了釋迦佛與諸菩薩、諸菩薩相互之間對談思益經旨的場面。有十一組，每組都有墨書榜題，內容都是抽象的佛教哲理。如下排右起第三組榜題為："爾時思益梵天白佛言：世尊所說四聖諦，何等是真聖諦？"

五代 思益經 莫61 北壁

165 上中下三列式思益經變之上部和中部

上部的天宮樓閣之間，有漂浮的四朵祥雲，雲上各有一佛，象徵着十方佛土。中間為釋迦佛宣講思益經法會，場面十分壯麗。

五代 思益經 榆19 南壁

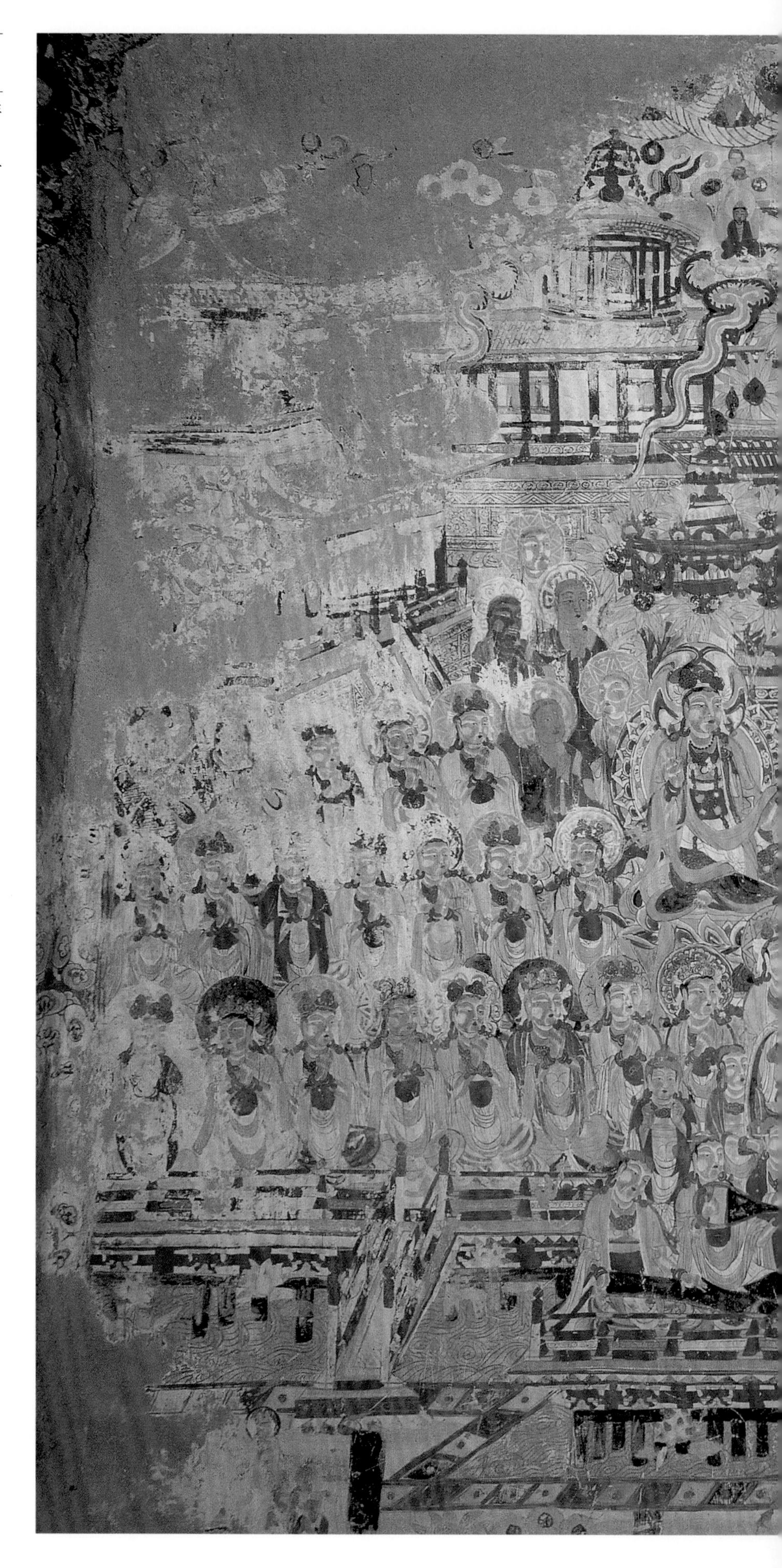

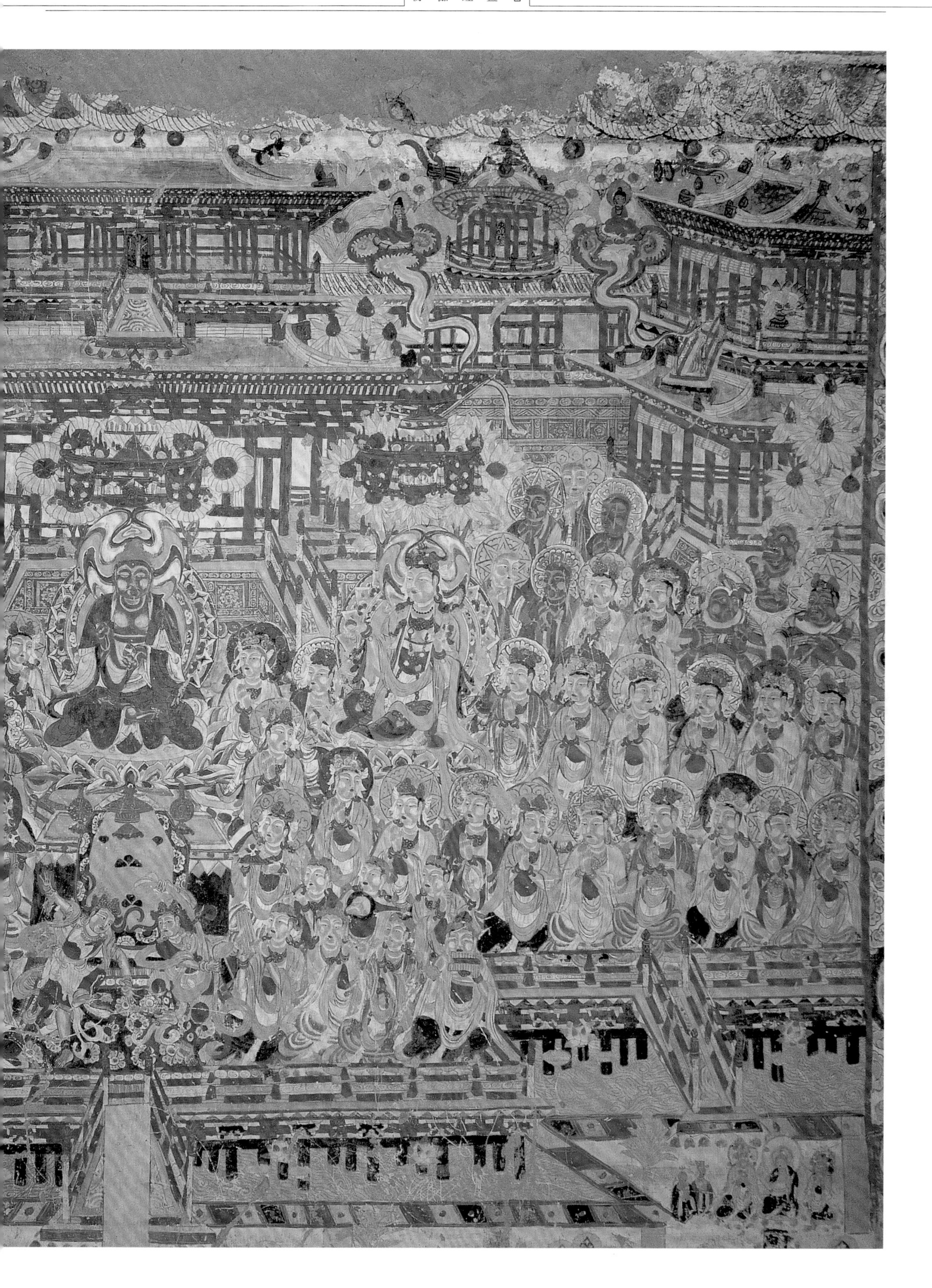

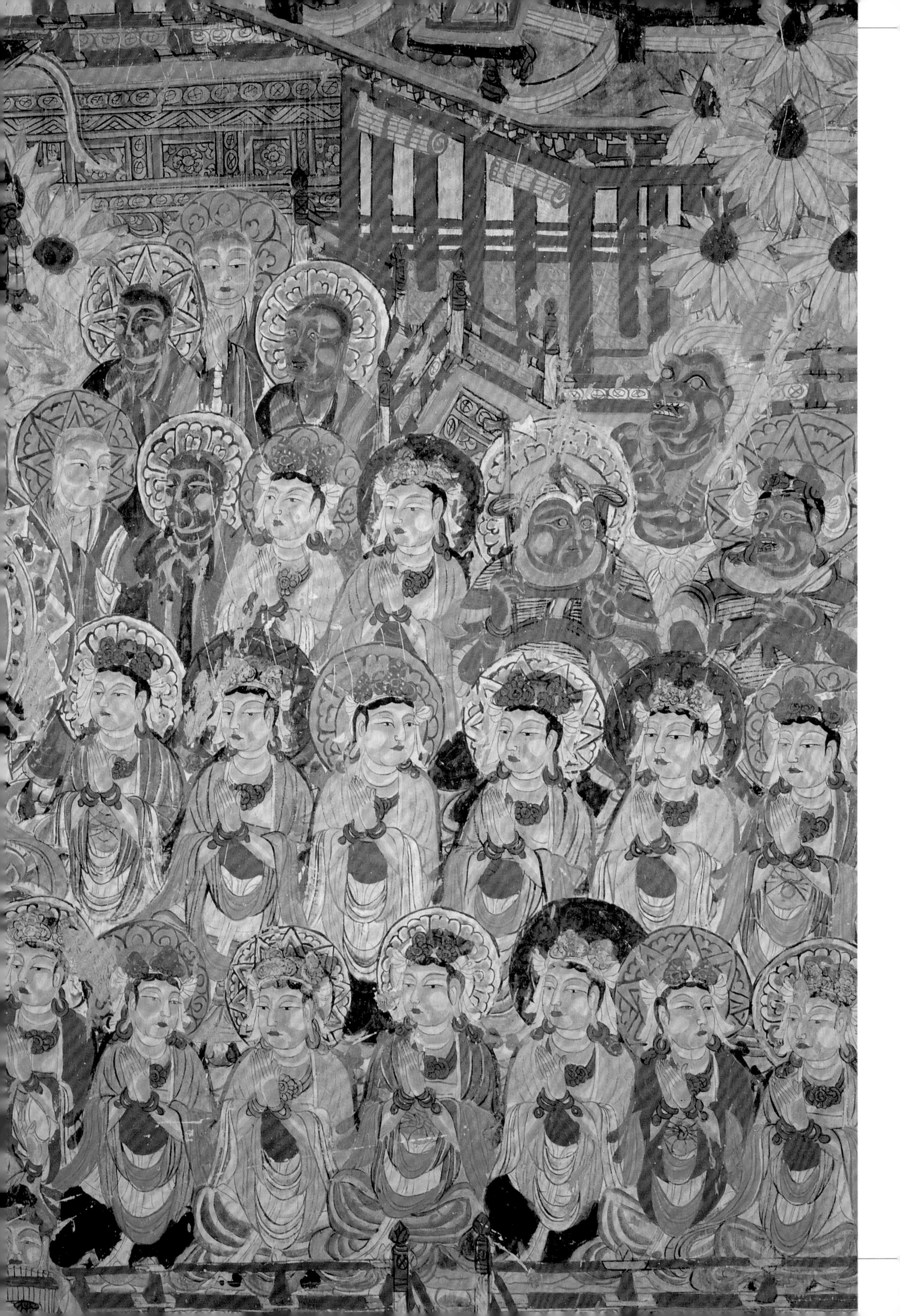

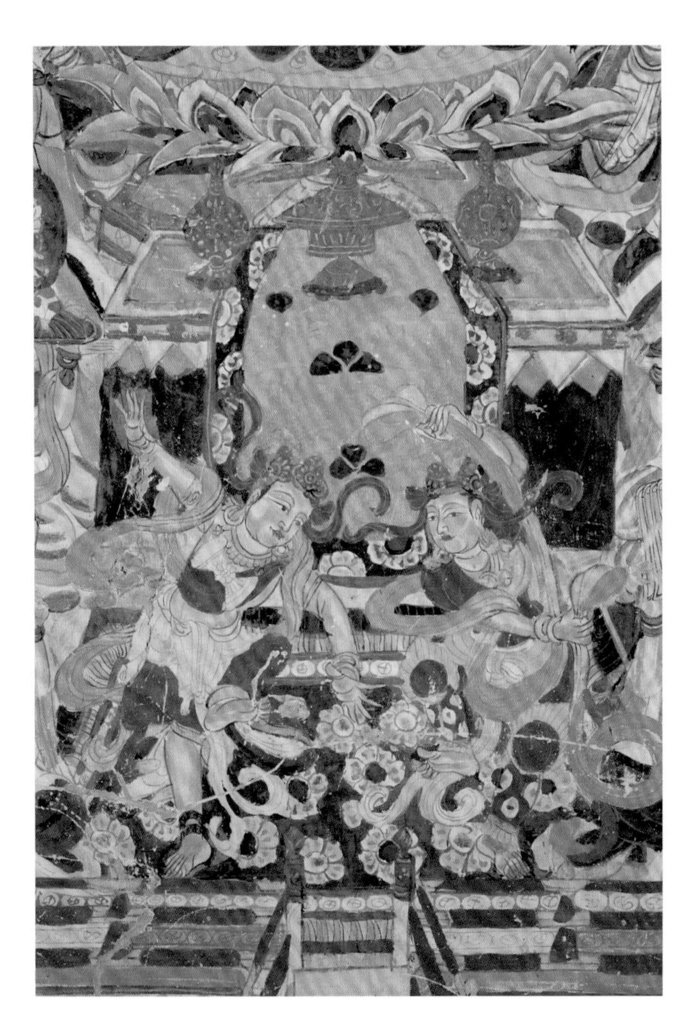

167 **雙舞伎**

在法會上舞蹈的舞伎，相互對舞，配合默契。

五代 思益經 榆19 南壁

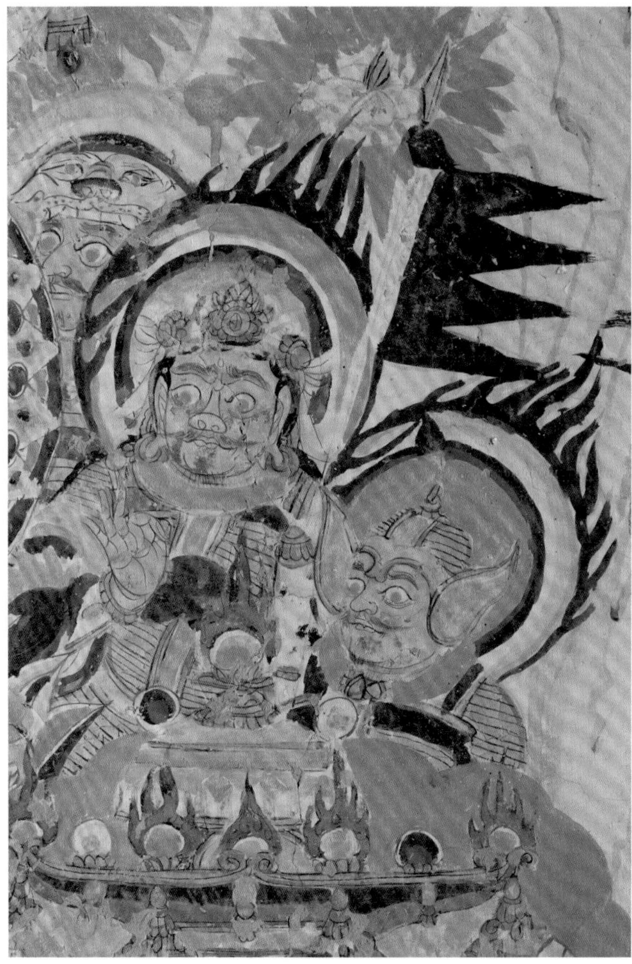

168 **二天王**

赴法會的二天王，形象威武有力，堪稱五代人物畫的傑作。

五代 思益經 榆38 南壁

166 **赴法會眾**

這些都是赴法會的眾菩薩和天神，他們前去聽佛說思益經。

五代 思益經 榆19 南壁

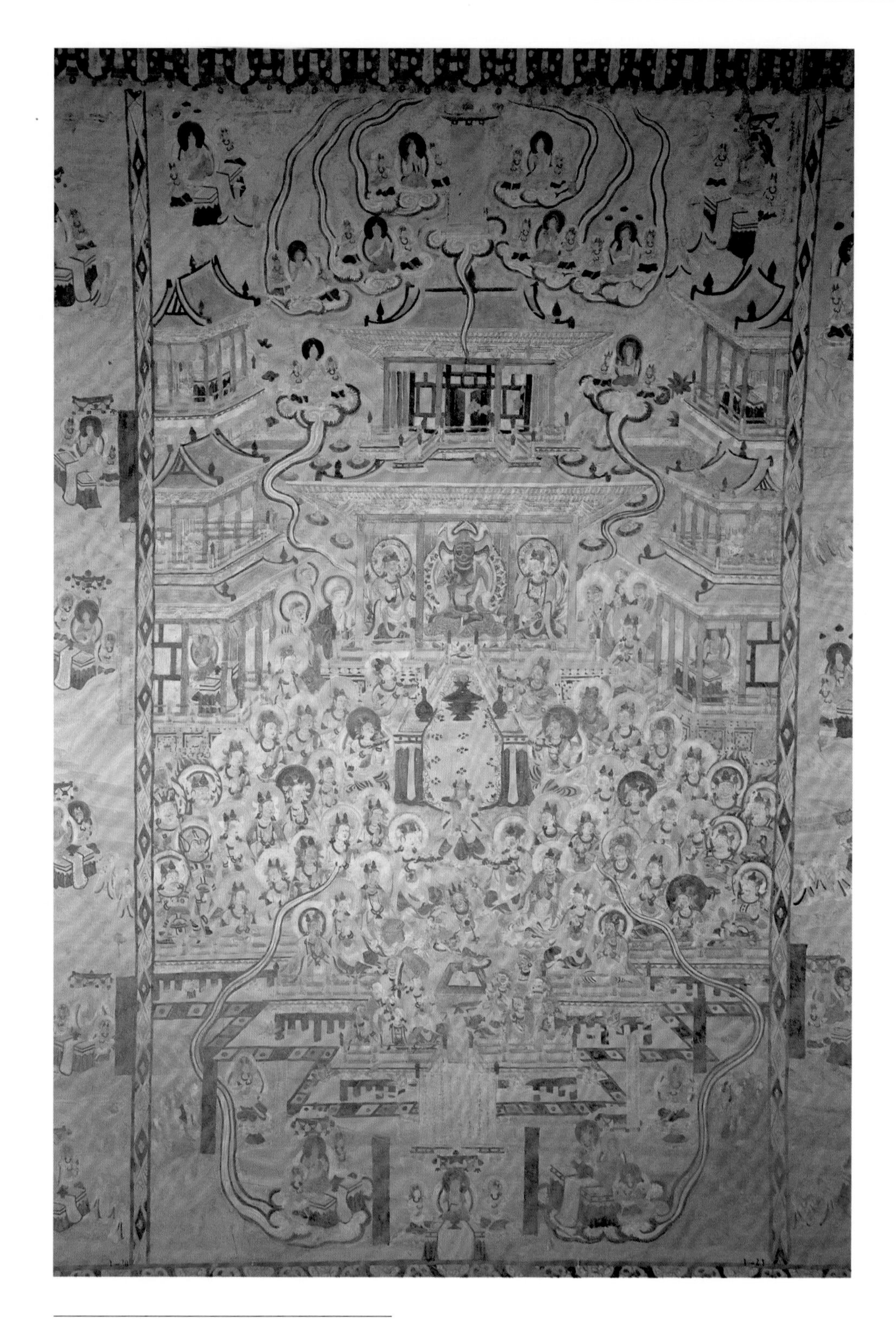

169 **三聯式思益經變全圖**

敦煌僅存的一鋪三聯式思益經變。中間主聯表現佛說法。在法會下部舞樂圖左右兩側，各畫一組一佛二菩薩小說法圖，乘祥雲，相向飄遊而下。兩邊的副聯內各畫六組小型說法圖，為佛與思益梵天等對談思益經旨。每幅小說法圖旁都有墨書榜題，標明畫面的內容。

宋 思益經 莫55 北壁

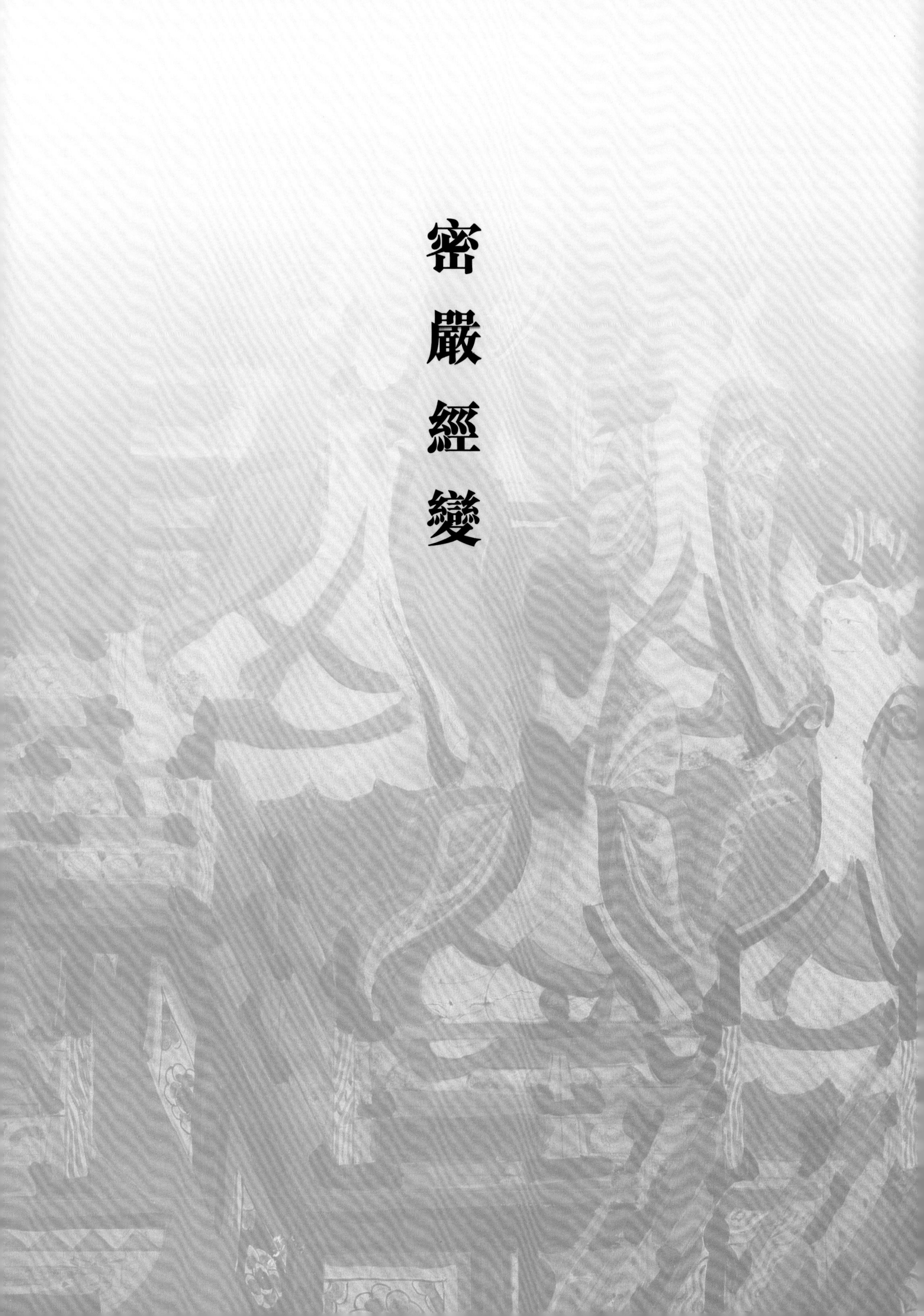

密嚴經變

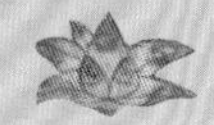

敦煌壁畫中的密嚴經變始見於吐蕃佔領時期，終於曹氏歸義軍時期，現存4鋪，雖數量不多，卻值得關注。密嚴經變既不見於古代印度和中亞石窟，亦不見於中國其他地區的石窟或佛寺，中國古代畫史更未見記載，當屬古代敦煌畫師的獨創，彌足珍貴。

敦煌石窟密嚴經變分佈表

<table>
<tr><th colspan="2">朝代</th><th>公元</th><th>窟號</th><th>位置</th><th>附注</th></tr>
<tr><td colspan="2">中唐</td><td>8世紀80年代至8、9世紀之際</td><td>150</td><td>北壁</td><td>殘。</td></tr>
<tr><td rowspan="3">歸義軍時期</td><td>晚唐</td><td>862-867年</td><td>85</td><td>北壁</td><td>翟法榮窟，良好。</td></tr>
<tr><td>五代</td><td>947-951年</td><td>61</td><td>北壁</td><td>曹元忠窟，良好。</td></tr>
<tr><td>宋</td><td>962年前後</td><td>55</td><td>東壁</td><td>曹元忠窟，良好。</td></tr>
</table>

萬物唯心的密嚴經

《密嚴經》，全稱《大乘密嚴經》，屬於印度大乘佛教的經典，中國佛教法相宗所依“六經”之一，亦為禪宗所宗。漢文譯本有二：

1、地婆訶羅譯《大乘密嚴經》，三卷八品。據甘肅師範大學藏敦煌遺書004《大乘密嚴經卷上並序》(實為武則天撰《方廣大莊嚴經．序》)記載，此經譯於垂拱元年（公元685年）七月。

2、不空譯《大乘密嚴經》，三卷八品。據《大唐貞元續開元釋教錄》卷上記載，此經於永泰元年(公元765年)“校定”，並有代宗李豫寫的《序》。

兩種譯本中，地婆訶羅譯本較流行。敦煌遺書中現存六十餘件《大乘密嚴經》寫本，均屬地婆訶羅譯本。根據對敦煌壁畫榜題的核對，敦煌的密嚴經變也是依據地婆訶羅譯本繪製的。

經云：釋迦佛出過三界，在密嚴國(大日如來之淨土)的無垢月藏殿，應如實見菩薩與金剛藏菩薩的邀請，開演法會，宣講“如來藏”不生不滅以及八識、法相等，此即《密嚴經》之由來。全經旨在闡釋諸法乃心識所變，通過佛答金剛藏菩薩問，宣揚如來體性不由根境界和合而生，也不因蘊界處離散而壞，不生不滅，清淨無垢；提出必須通達五法、三性、八識、二無我等法相，通達諸法唯識的佛理，方可生於密嚴，得無量壽。其“內外諸世間，一切唯心

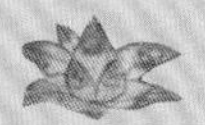

現”，“內外一切物，所見唯自心”的觀點與《楞伽經》相同。《密嚴經》強調密嚴佛土乃“諸觀行人所住之處”，“得正定人之所住處”，所謂的“觀行人”、“正定人”都屬於修禪者。因此，此經亦為敦煌著名禪師摩訶衍所重，將之列為其修禪所依據的經典之一。

密嚴經變的內容

密嚴經變主要由三部分畫面組成：密嚴佛國、密嚴法會和小說法圖。《密嚴經》云：“密嚴佛土能淨眾福，滅一切罪，諸觀行人所住之處，於諸佛國最上無比，十方諸佛咸樂俱往。”所謂“密嚴佛國”，亦稱“密嚴淨土”，即是大日如來的淨土，與《華嚴經》所說的華嚴世界，淨土宗所說的極樂世界，名異義同。因此，畫師在表現“密嚴佛國”時，借鑑了前人對西方極樂世界的描繪，以華麗壯觀的宮殿樓閣，象徵“密嚴佛國”，並在諸宮殿之間，或畫諸佛乘祥雲冉冉升空，或畫諸菩薩坐彩雲逶迤而下，使畫面生機頓顯。第55窟的密嚴經變在密嚴法會中央，繪有七隻人首鳥身的迦陵頻伽鳥繞寶池飛翔，也是仿照西方淨土變的表現方式。

密嚴經變的主體是佔近一半空間的宏幅說法圖“密嚴法會”，即據佛經而繪，反映釋迦牟尼佛在密嚴國土為眾菩薩宣說法要的場面。畫面以主尊釋迦牟尼佛為中心；主尊左右兩側畫數十身菩薩、弟子，猶如眾星捧月，簇擁着釋迦佛，虔誠聽法。

密嚴經中有許多比喻故事，如“乾闥婆城”、“陶師造瓶”、“幻化所作人馬”等，與楞伽經中的同類比喻大同小異。楞伽經變中許多比喻故事被畫師創作成情節動人的故事畫，有些還表現得頗富想像力。但是在密嚴經變中，除了唯一的“船師喻”入畫外，其餘都沒有畫，而是用小說法圖的形式，來突出釋迦佛與金剛藏菩薩等對談密嚴經旨的情景。這些小說法圖大多為佛坐高座說法，二菩薩脅侍左右，一菩薩跪在佛前提問。旁邊的墨書榜題，絕大部分摘抄自地婆訶羅譯《大乘密嚴經》卷上《密嚴會品》，卷中《妙身生品》、《胎生品》、《顯示自作品》以及《分別觀行品》中的經文。這些小說法圖，雖然從

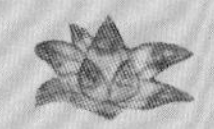

經變體現佛經義理的角度來看，不無道理，但缺乏藝術創造，畫面千篇一律。

從總體來看，密嚴經變格式化比較嚴重，不同時代的經變畫面幾乎相同，如果不借助榜題，很難直接從畫面了解所繪佛經的內容，屬於敦煌壁畫中難以釋讀的經變畫之一。

密嚴經變的構圖形式

密嚴經變的構圖佈局，與思益經變甚為相似，可以分為兩種形式：

第一種是向心式，如第150窟、85窟、61窟；經變依次呈上中下三段式排列。畫面上段畫一橫列的華麗壯觀的宮殿樓閣，象徵"密嚴佛國"；"密嚴佛國"之下，即畫面的中段，描繪巨幅密嚴法會。主尊釋迦佛形象高大，莊重肅穆，結跏趺坐，居中說法。左右兩側各有一身上首大菩薩及數十身小脅侍菩薩，畫面莊嚴宏偉。密嚴法會下部，即經變的下段，畫師以花邊圖案界隔，繪出數量不等的小說法圖，如第85窟有16幅，第61窟有8幅，第150窟因被清代重畫道教圖像覆蓋，數目不詳。

在第85窟的密嚴會眾中有八大神將，即梵天、帝釋、持國、增長、廣目、多聞、密迹、金剛，位於法會左右兩邊，護衛法會。這樣描繪，雖然使畫面莊嚴威武，但它顯然與經義不合。按照《密嚴經》的說法，"密嚴佛國……非諸有色者所能往詣"，而八大神將都屬於"有色者"，他們沒有資格往詣。不過有一例外，螺髻梵王，作為梵天中的王之一，"承佛威力"，特許往詣。第61窟的密嚴經變中，也特意突出了梵天、帝釋以及不見於密嚴經的香幢菩薩、月愛菩薩等，把他們配置於法會寶池左右兩側的顯著位置，這也是不合經義的。

第二種是三聯式，僅存第55窟一鋪，繪於公元962年前後。橫向三聯，中間主聯佔將近五分之四的畫面，描繪密嚴佛國和密嚴法會。在主聯左右兩邊以五分之一畫面，畫二豎條幅。每一條幅內各畫六組小型說法圖，表現釋迦佛與諸菩薩談密嚴經旨。這種三聯式密嚴經變類似觀無量壽經變兩側所畫"未生怨"與"十六觀"條幅。

第55窟的密嚴會眾中還出現了四身弟子像，位於主尊釋迦佛左右兩側。地婆訶羅譯《大乘密嚴經》卷上《密嚴會品》所列會眾名單中，只有文殊師利、金剛藏等十大菩薩，一個弟子也沒有。不空譯《大乘密嚴經》卷上《密嚴道場品》中也沒有弟子赴會。為甚麼經中不提弟子呢？據説是因為“密嚴之國非諸外道、二乘行處”。二乘即聲聞、緣覺，都屬於弟子。在不空譯《大乘密嚴經》卷上《密嚴道場品》中，就直接譯為“密嚴世界……非彼外道、聲聞、緣覺所行之處”。也就是説，弟子是沒有資格參加密嚴法會的。

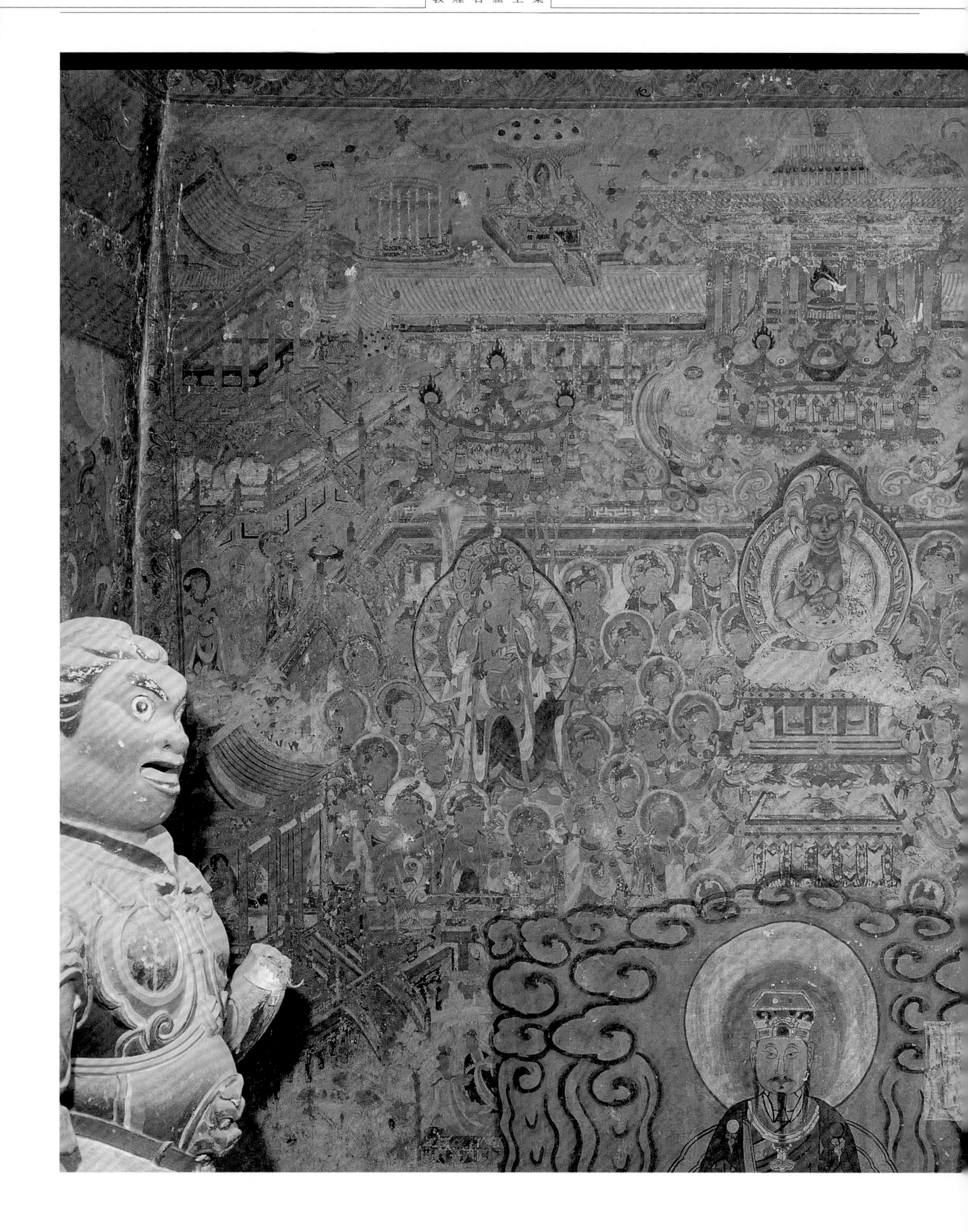

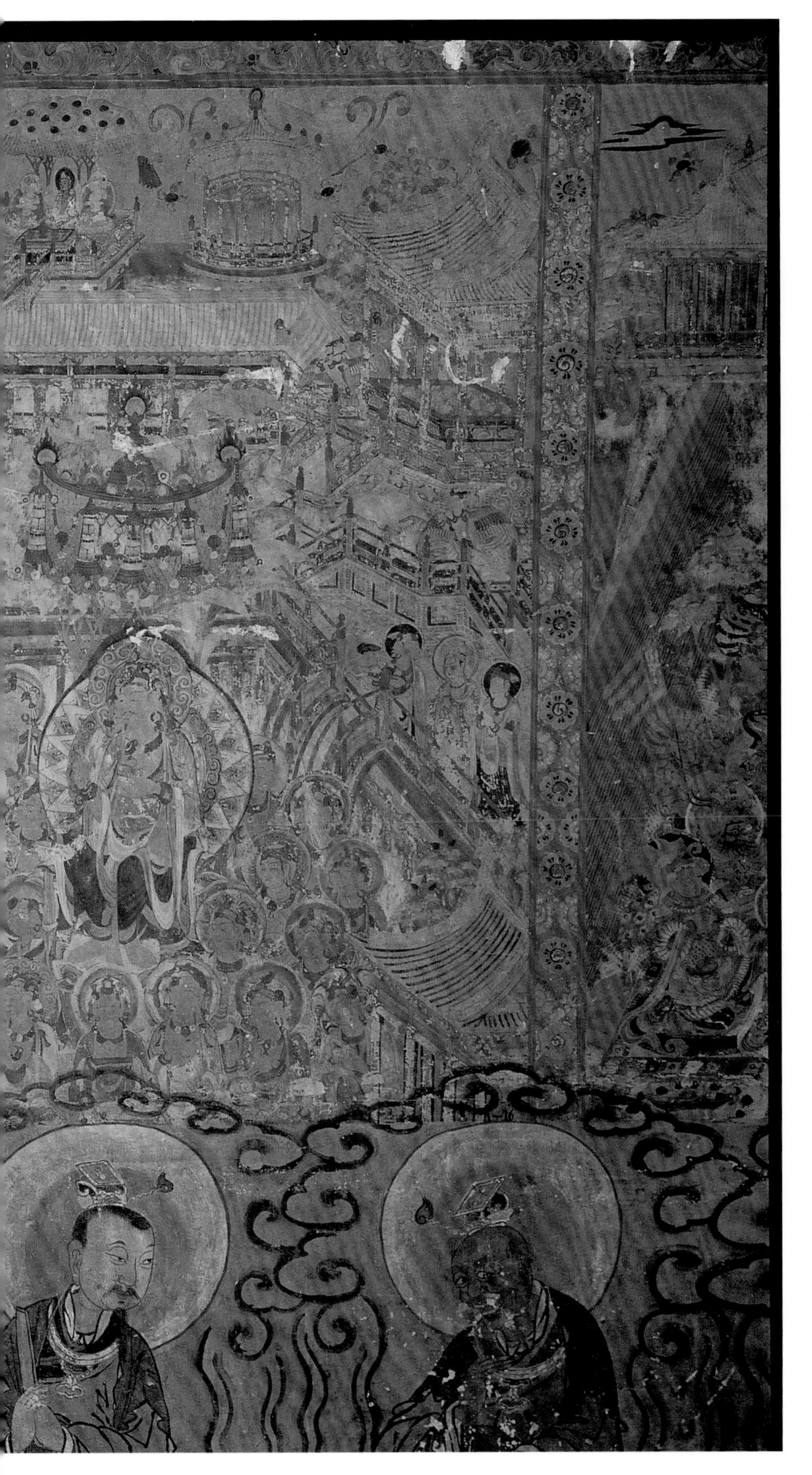

170 **向心式密嚴經變全圖**

此圖屬於向心式密嚴經變構圖形式，上部的天宮樓閣象徵密嚴佛國，中間的大說法圖表現密嚴法會，有晚唐殘存的墨書榜題“大乘密嚴……如是我聞……”八字，據此確認此圖為密嚴經變。下部的人物為清代重繪道教圖像，與密嚴經變內容無關。

中唐 密嚴經 莫150 北壁

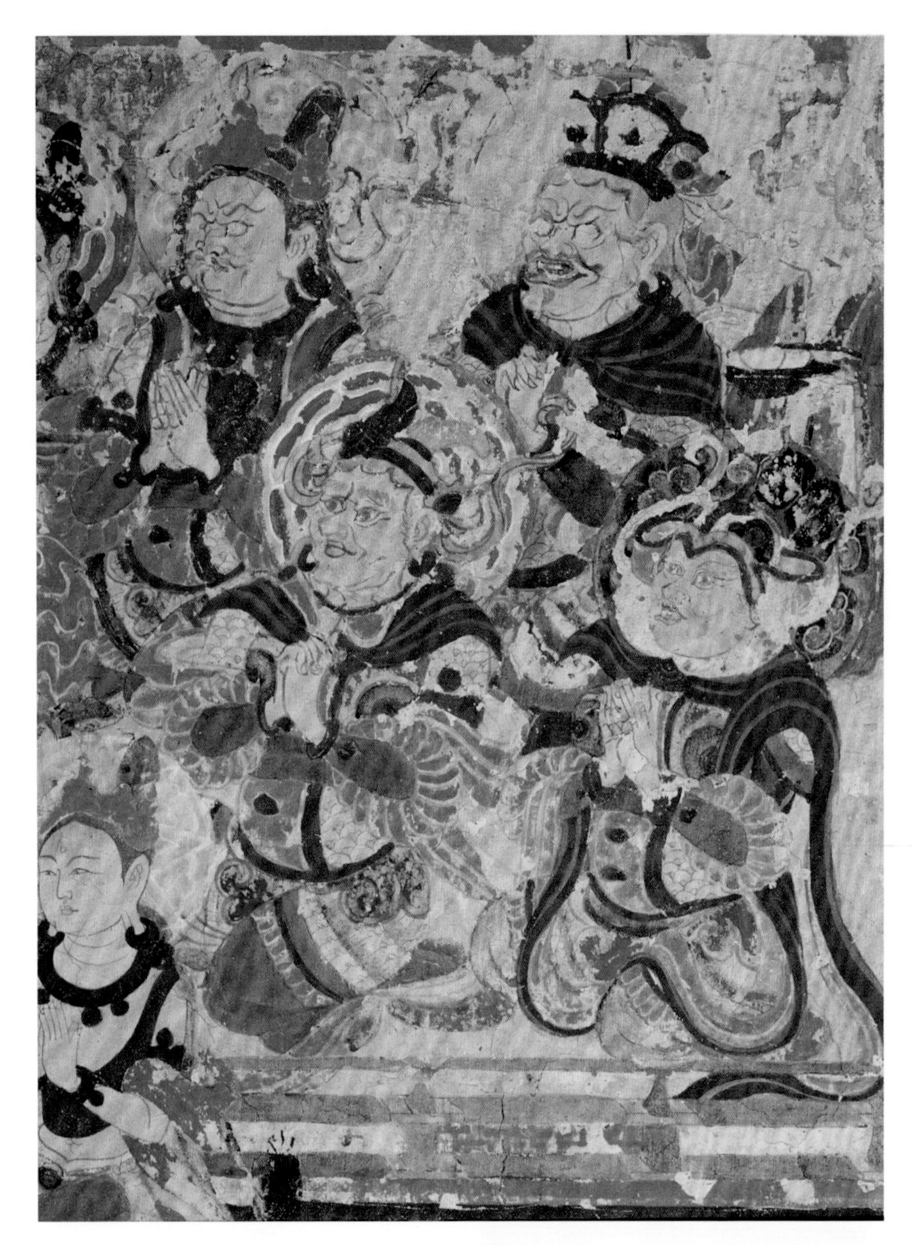

171 八大神將

這是其中的四大神將，位於法會西側邊沿，均屬護法神，跪地合十，或憤怒，或微笑，刻畫較生動。由於圖像特徵不明顯，難以識別具體神名。密嚴經中未提到此八大神將，為畫師自行加繪的，與密嚴經義不符。這種現象在敦煌經變畫中比較特殊。

晚唐 密嚴經 莫85 北壁

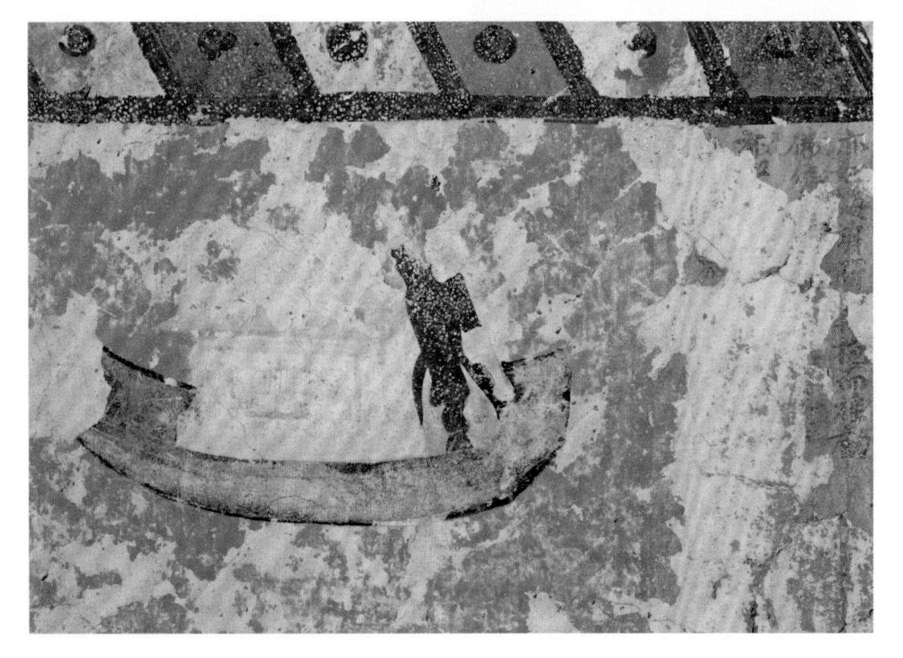

172 舟師喻

一人在大海中撐船，右側墨書榜題："亦如海舟師，執舵而搖動。"密嚴經云：釋迦佛善於方便說法，普渡眾生，猶如船師掌舵，在大海中航行，運用自如。這是密嚴經諸多比喻中唯一創作成故事畫的。

晚唐 密嚴經 莫85 北壁

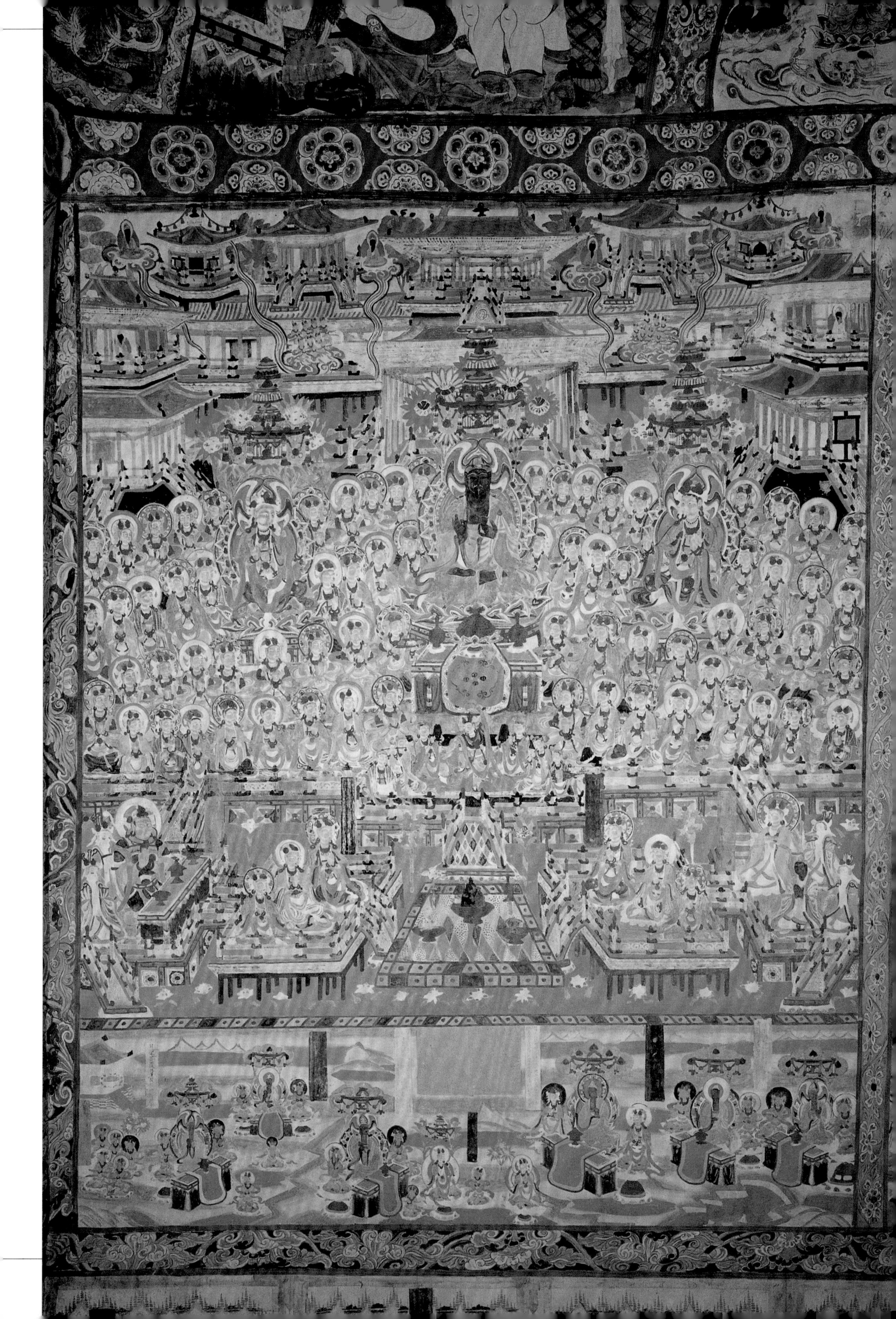

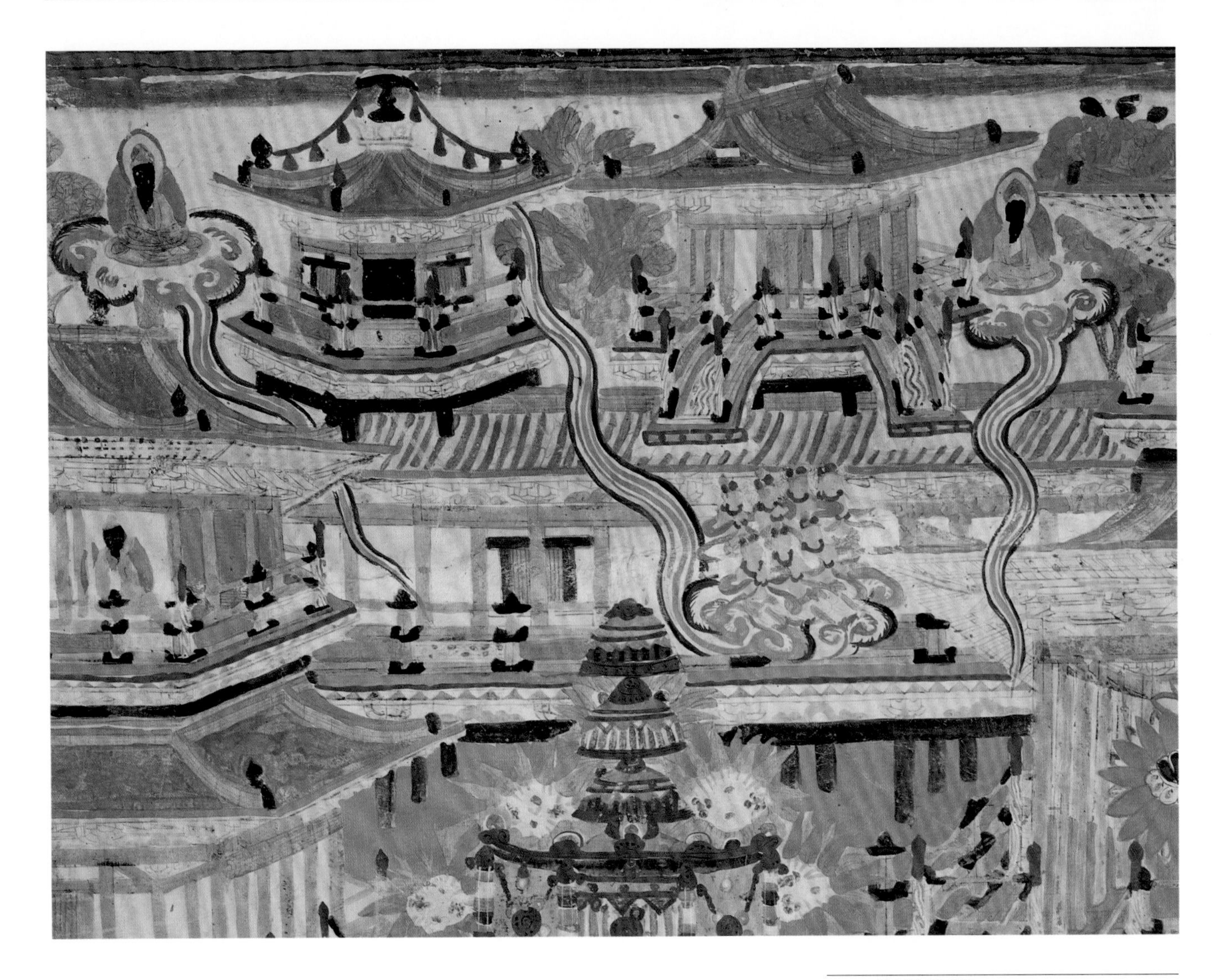

174 密嚴佛國

密嚴佛國，亦稱密嚴佛土、密嚴世界、密嚴道場，為佛教的極樂世界之一。圖中的天宮樓閣與乘祥雲上下遨遊的諸佛菩薩，就是畫師想像中的密嚴極樂世界。

五代 密嚴經 莫61 北壁

173 密嚴經變全圖 ◀見上頁

此圖繪於公元847～951年間，是一鋪保存完整的密嚴經變全圖。上部的天宮樓閣以及遨遊其間的諸佛菩薩，表現密嚴佛國；中間的巨型說法圖為釋迦佛宣講密嚴經時的法會情景；下部為六組小說法圖，表現釋迦佛與金剛藏等菩薩談密嚴經旨。

五代 密嚴經 莫61 北壁

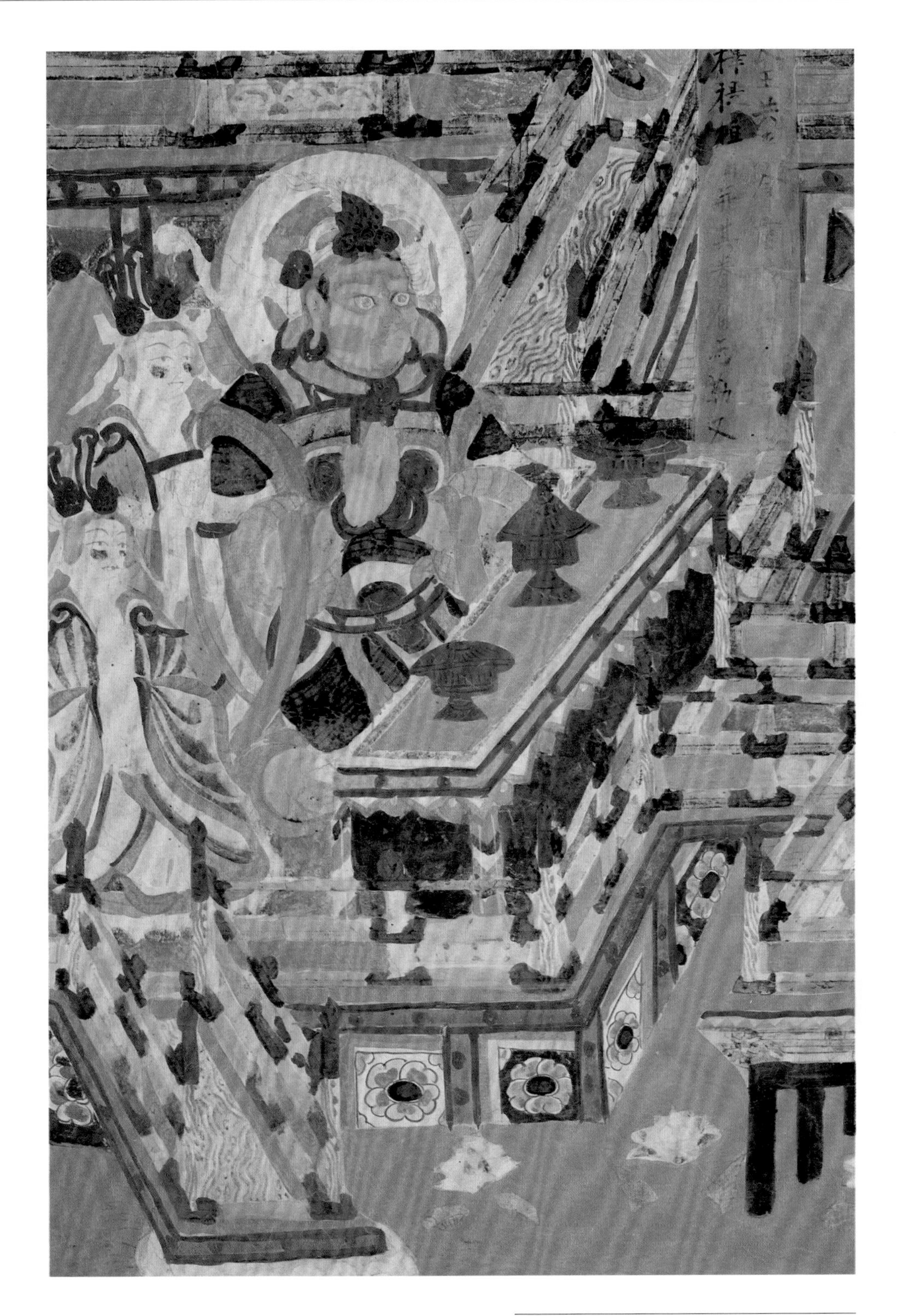

175 帝釋天赴會

根據壁畫榜題，這是表現“釋提桓因並其眷屬……共來會座，聽微妙音”。釋提桓因即帝釋天，圖中着天王裝者即是。密嚴經中沒有帝釋天赴密嚴法會之說，當係畫師所加。

五代 密嚴經 莫61 北壁

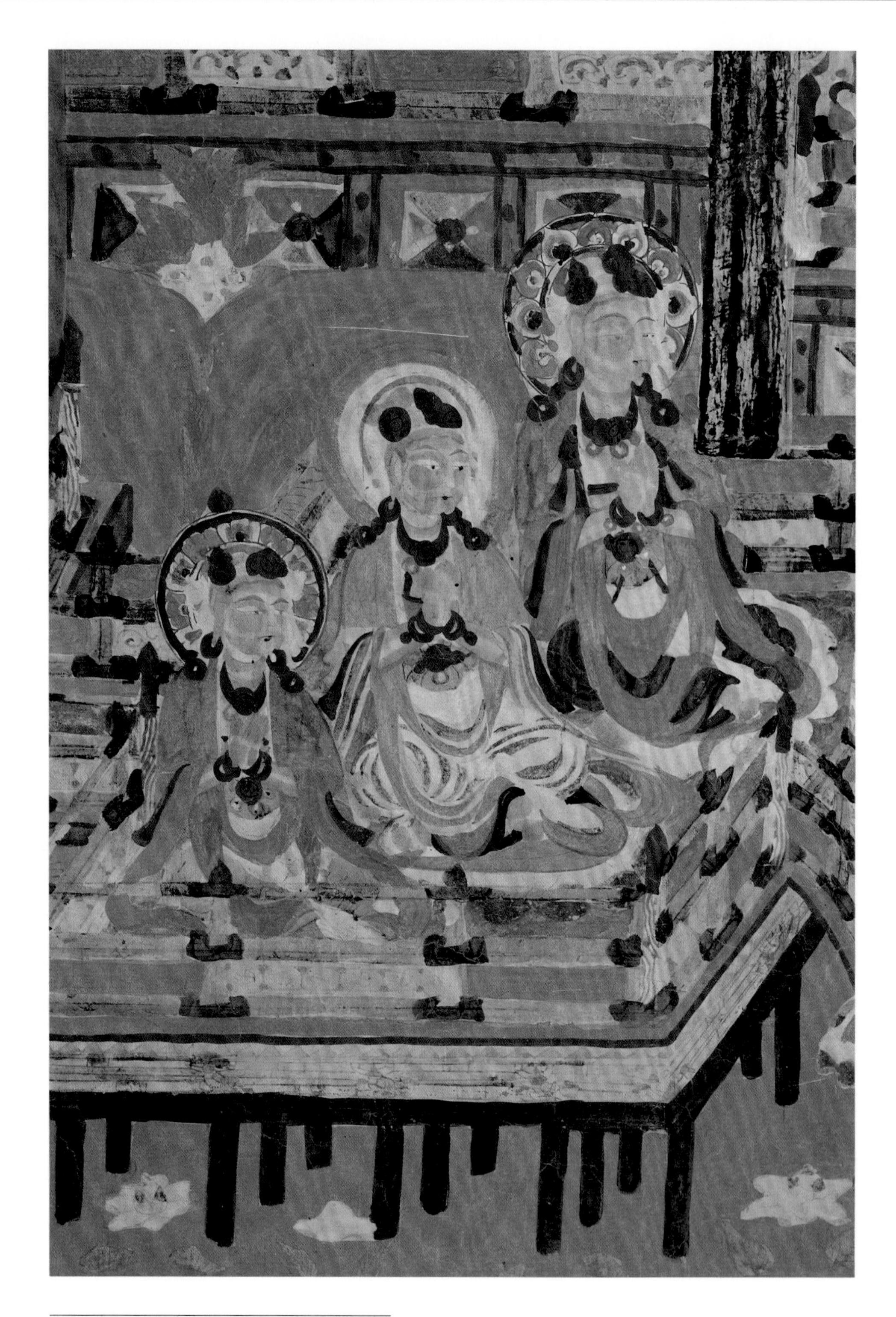

176 **菩薩赴會**

根據壁畫榜題，這是表現“妙幢光菩薩、得意菩薩於詣佛前，以花香眾利益口意”。密嚴經中沒有這兩位菩薩。

五代 密嚴經 莫61 北壁

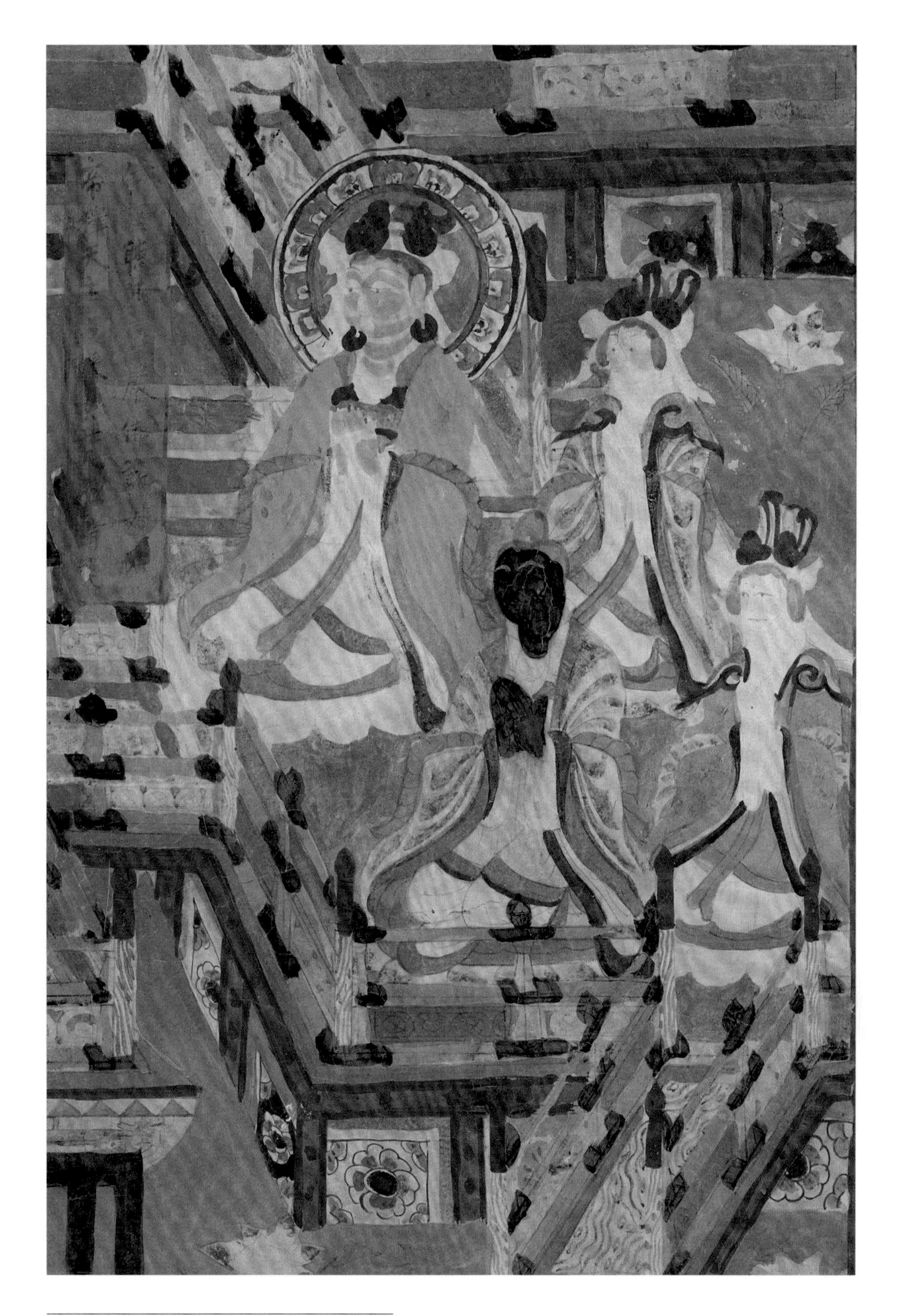

177 **梵王赴會**

根據榜題，此圖為“……梵王詣會就座，聽其密嚴佛諸妙法”。圖中有頭光者即是梵王，後二者為其眷屬。此梵王當即密嚴經中所說的螺髻梵王。

五代 密嚴經 莫61 北壁

178 **密嚴經變全圖** 見下頁 ►

此圖繪於公元962年前後，為三聯式。中間主聯內容是佛為諸菩薩、弟子說法，從內容到構圖佈局都與第61窟密嚴經變大同小異。左右兩邊為副聯，聯內各畫六幅小說法圖，表現釋迦佛與金剛藏等菩薩談密嚴經旨。

宋 密嚴經 莫55 東壁

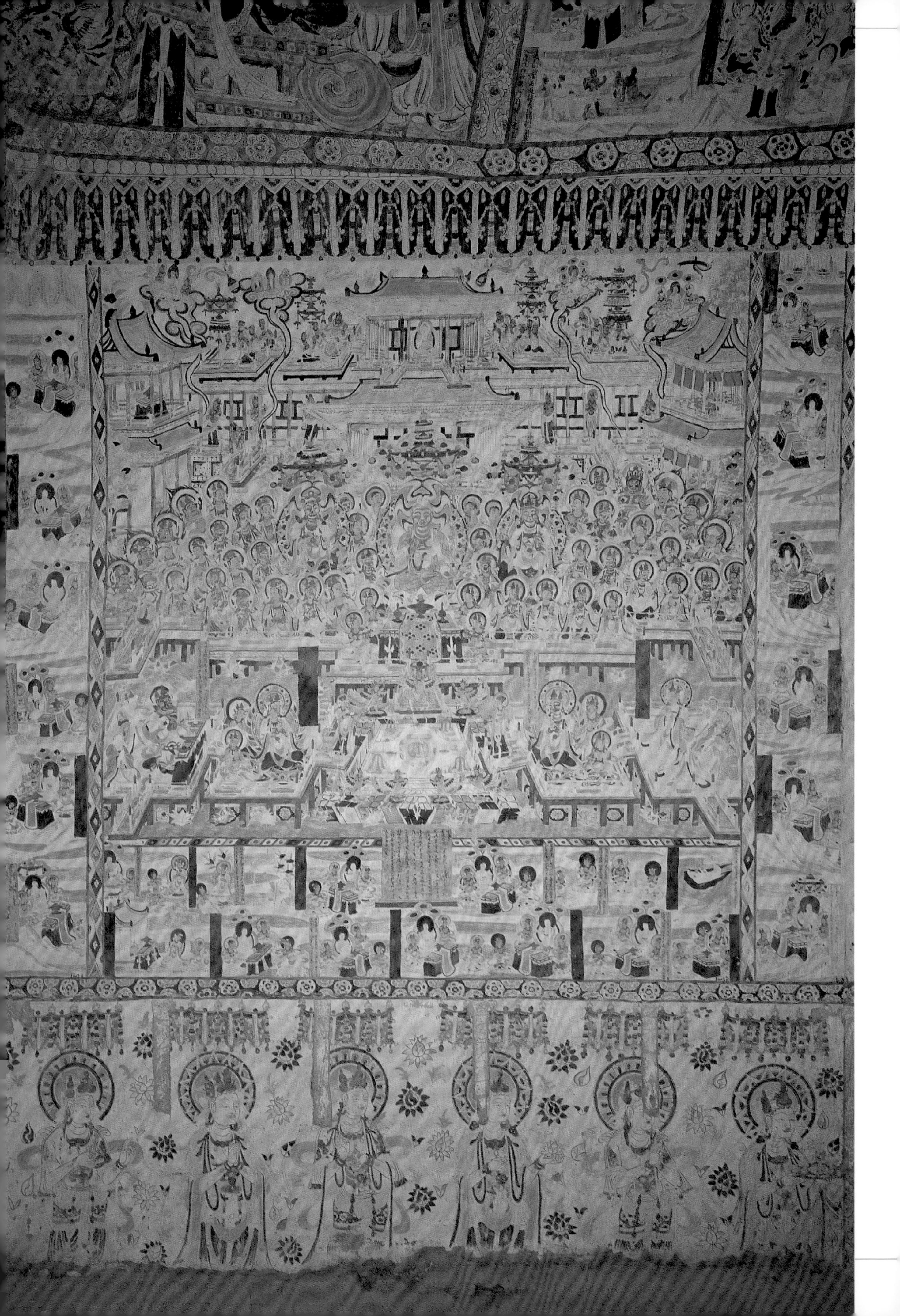

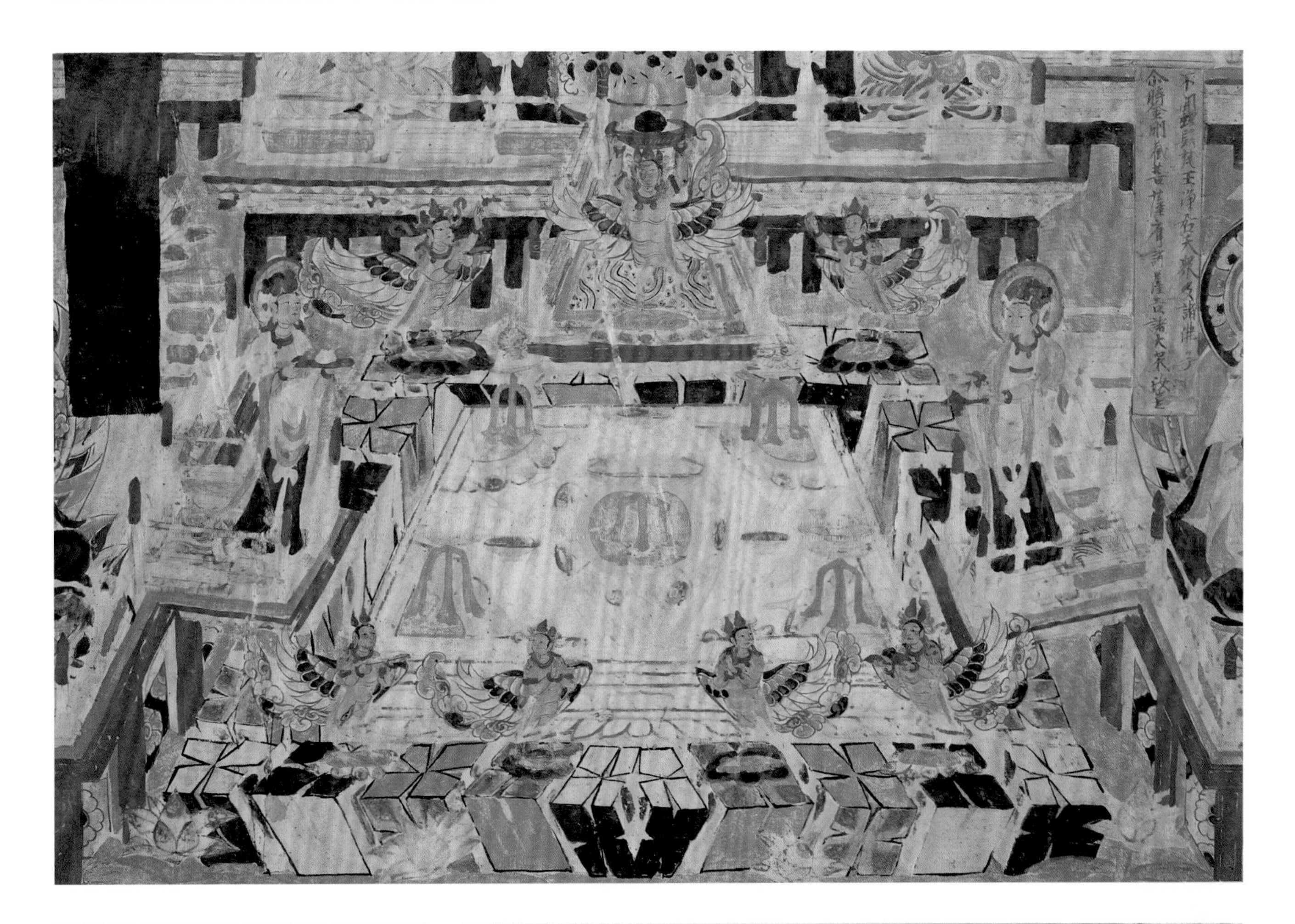

179 迦陵頻伽

七隻迦陵頻迦鳥繞寶池飛翔。佛教認為迦陵頻伽為極樂淨土之鳥，繪於密嚴經變，有莊嚴密嚴淨土之意。

宋 密嚴經 莫55 東壁

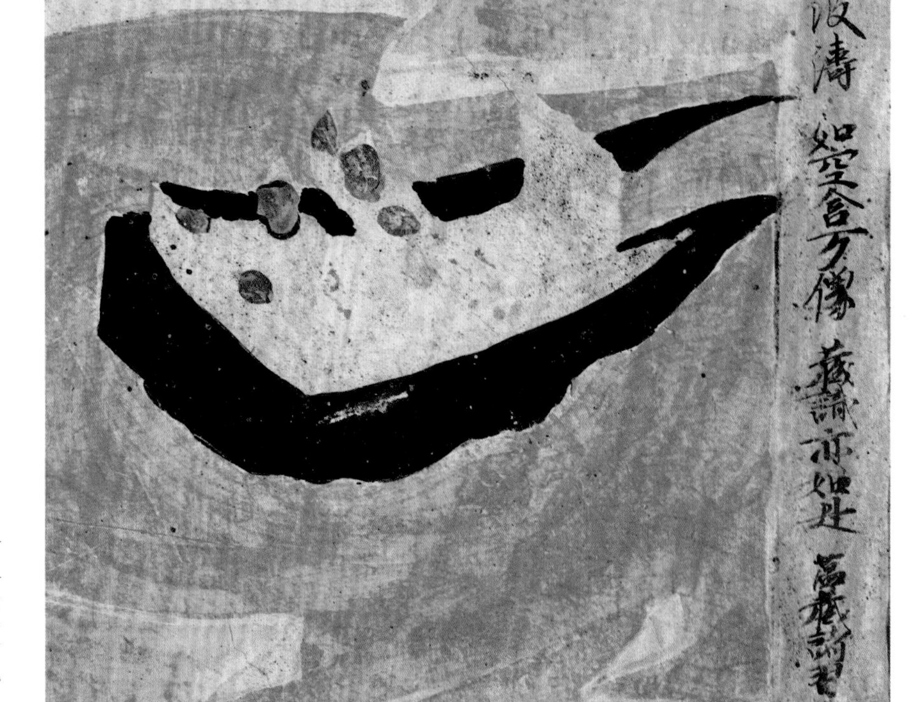

180 舟師喻

二人乘雙尾船，在海裏航行。右邊的墨書榜題有誤，原經文為："佛於方便中，自在知見者……亦如海船師，執（舵）而搖動。"

宋 密嚴經 莫55 東壁

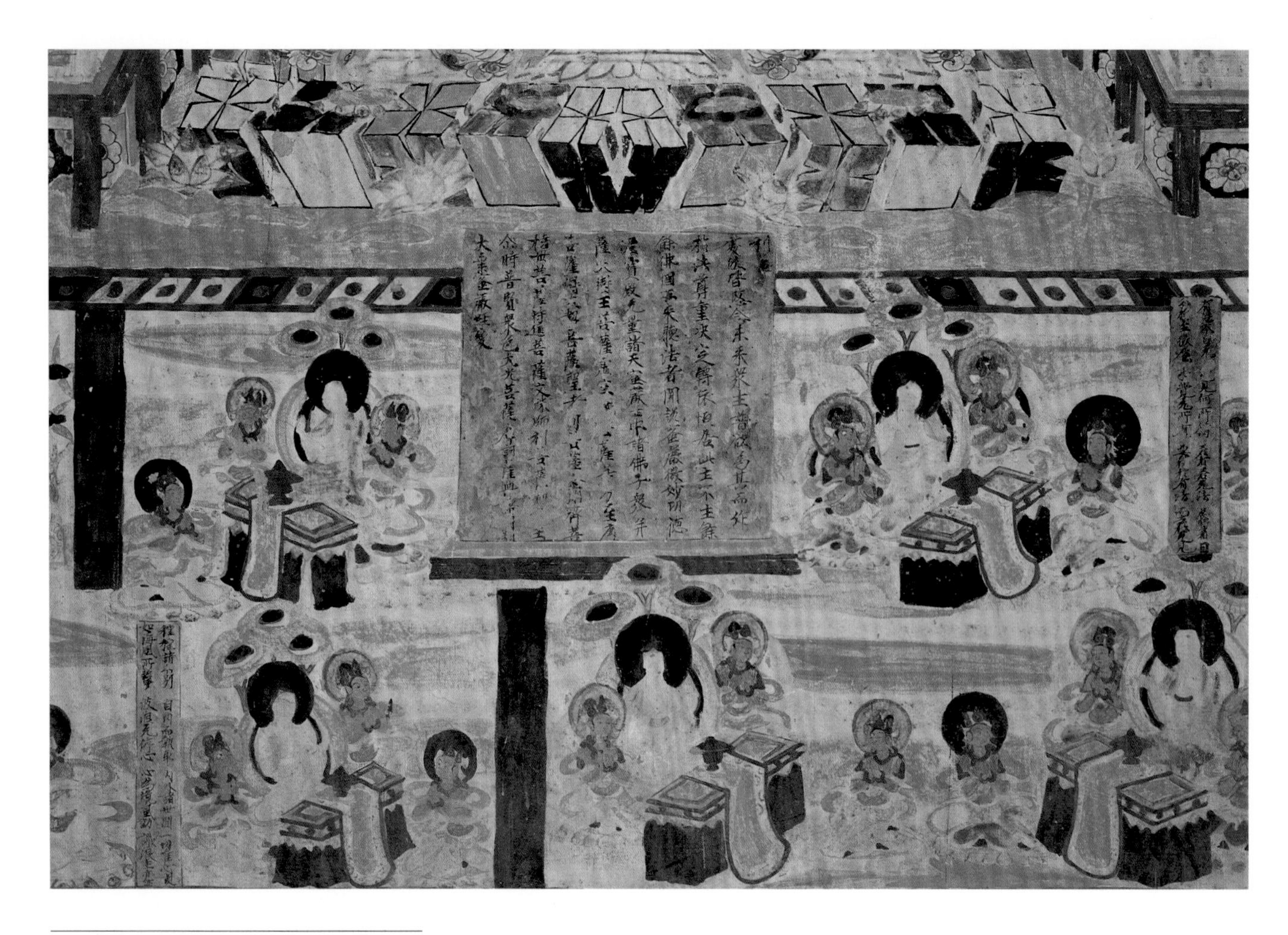

181 五組說法圖

這是密嚴經變下邊的五組說法圖。每組說法圖的構圖佈局、人物描繪，都大同小異，若不借助旁邊的墨書榜題，即使對密嚴經變很熟悉，也難以解讀這些說法圖所要表現的不同含義。

宋 密嚴經 莫55 東壁

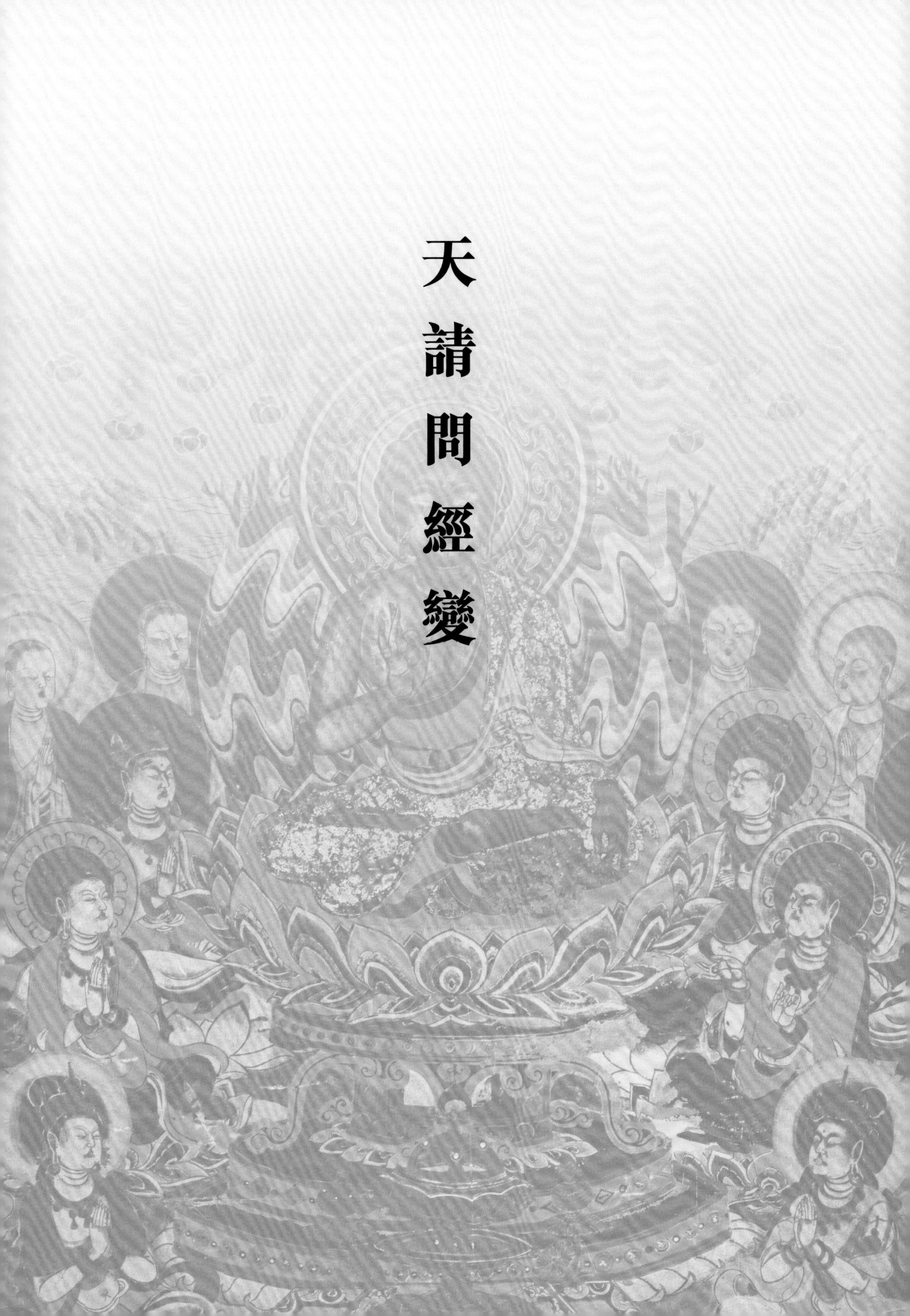

天請問經變

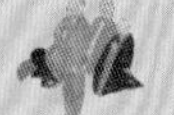

《天請問經》一卷，著名譯經大師玄奘譯於貞觀二十二年（公元648年）。經文很短，不足六百字，歷代《大藏經》均收入。敦煌遺書中現存《天請問經》寫本二十號左右，還有三號天請問經經變榜題底稿。

問答形式的《天請問經》及其經變

《天請問經》主要講佛在室羅筏國誓多林給孤獨園時，有一位天神來到佛的住所，頂禮佛足，提出問題，請教於佛，佛一一作答。全經以偈頌的形式，九問九答，弘揚佛教的持戒忍辱、樂善好施、少欲知足，“無生第一樂”等開示眾生的基本教義，文字通達生動，易於佛徒理解。

敦煌遺書中發現釋文軌著《天請問經疏》一卷。文軌是玄奘的弟子，唯識宗僧人，據研究，他完全是以唯識宗思想疏釋《天請問經》，疏文中云：“三界所作，皆是一心。”“外由內得成”。敦煌的唯識宗思想是由曇曠從長安西傳到敦煌的，他於公元774年著《大乘百法明門論開宗義決》，被視為唯識宗的權威著作之一。在曇曠的影響下，中、晚唐時期的敦煌地區，也有一些僧人宣傳唯識宗思想，例如都僧統洪䛒，“維摩、唯識洞達於始終”，譯經大師法成“願談唯識，助化旌麾。”與此情況相適應，敦煌莫高窟與安西榆林窟從盛唐末期開始，一直延續到曹氏歸義軍時期，盛行天請問經變，順理成章。

佛教所說的“天”，相當於中國俗稱之天神。《天請問經》所說的“天”究竟指甚麼天神，經中未明言，但文軌在《天請問經疏》中有解釋：“時有一天者，或是六欲諸天，或是四靜慮諸天……”天請問經變中一再出現的帝釋天、兜率天屬於六欲諸天，梵天屬於四靜慮諸天。據此可知，敦煌畫師創作天請問經變時，參考了文軌著《天請問經疏》。

敦煌壁畫中現存天請問經變37鋪，其中盛唐1鋪，吐蕃佔領時期11鋪，張氏歸義軍時期8鋪，曹氏歸義軍時期17鋪。天請問經變既不見於國內外其他石窟，也不見於中國畫史記載，當屬敦煌畫師獨創。

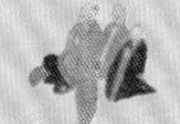

敦煌石窟天請問經變分佈表

朝代	公元	窟號	位置	附注
盛唐	771 年前	148	北壁	良好。
中唐	8 世紀 80 年代至 8、9 世紀之際	154	東壁	良好。
	9 世紀初至 839 年左右	141	東壁	一般。
	同上	143	南壁	嚴重破壞。
	同上	159	北壁	局部殘，其餘良好。
	839 年	231	南壁	陰嘉政窟，良好。
	9 世紀初至 839 年	237	北壁	良好。
	同上	240	南壁	殘。
	同上	360	北壁	良好。
	9 世紀 40 年代	358	北壁	良好。
		44	東壁	良好。
		135	西壁	一般。
		386	北壁	殘。
歸義軍時期 晚唐	861-865 年	156	北壁	張議潮窟，煙熏。
	867 年	192	北壁	良好。
	869 年前	12	北壁	良好。
	871 年	107	南壁	良好。
	900-910 年	138	南壁	良好。
		128	南壁	良好。
		139	西壁	一般。
歸義軍時期 五代	915-925 年	98	北壁	曹議金窟，良好。
	935-939 年	100	北壁	隴西李氏窟，良好。
	939-944 年	205	前室南壁	漫漶。
	947-951 年	61	北壁	曹元忠窟，良好。
	953 年	53	窟頂東坡	曹元忠窟，良好。
		4	東壁	殘。
		146	北壁	良好。
	957 年	5	北壁	良好。
		榆 20	北壁	良好。
		榆 31	北壁	良好。
		榆 34	南壁	良好。
歸義軍時期 宋	962 年前後	55	北壁	曹元忠窟，良好。
	974-980 年	454	南壁	曹延恭窟，良好。
	978 年	449	南壁	一般。
		7	北壁	良好。
		170	前室北壁	殘。
		榆 38	北壁	良好。

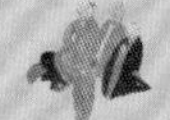

敦煌遺書中發現三件天請問經變榜題的底稿，編號為斯1397、伯3352、北圖5408。以斯1397號為例，經過與《天請問經》校對，榜題底稿大部分節錄自《天請問經》，也有少數是榜題作者依據《天請問經疏》外加的，例如“大梵天王往於佛會問法時”、“天帝釋問世尊曰”，這些榜題底稿，無論抄自原經文，抑或外加，都對我們解讀天請問經變畫面，具有重要的參考價值。

天請問經變的構圖形式

敦煌壁畫中不同時期的天請問經變，其畫面具有以下一些共同的特點：

(1)中央是大型的佛說法會，周圍有菩薩、弟子、天王、力士等眷屬簇擁聽法。

(2)佛前之一側，天神乘雲而降，向佛作禮，並向佛請教；另一側的天神聽佛說法後，再向佛行禮，並駕雲而起，直飛雲霄。

(3)大型佛說法會的下部或兩側有若干組天神作跪禮、提問和佛說法作答的小型說法圖。

(4) 大型說法會下部的中央有榜題，上書寫有《天請問經》的序言和一部分問答的經文；小型佛說法會的榜題，分別書寫有經文中的某條“天復請曰”的內容和“世尊告曰”的內容，但是大部分的文字已殘沒。

(5)絕大部分的大型說法會的上部，均以方形庭院表示忉利天宮。部分經變甚至將大型佛說法會置於殿堂、樓閣、亭台、蓮池、樂舞等環境之中，與淨土變的場面十分相似。

從畫面結構上看，敦煌的天請問經變，大致可歸納為三種構圖形式：

不分欄式：圖中央是佛的大型說法會，周圍有菩薩、弟子、天王、力士等眷屬簇擁聽法，下部穿插有若干個小型的佛說法會。

左中右三欄式：中欄為大型的佛說法會，在說法會左右豎行條幅自上而下安排諸多小型的佛說法會。這種構圖主次分明，又有統一的裝飾效果。

上下兩欄式：上欄為大型的佛說法會，下欄橫列三條或四條屏風畫，分別安排有諸多的小型佛說法圖。

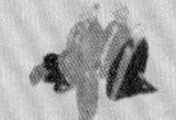

氣勢恢宏的第148窟天請問經變

敦煌壁畫中的天請問經變大多規模宏大，其中不乏從構圖到細節都十分出色的繪畫精品。從六百字的經文鋪演出巨幅經變，反映敦煌畫師豐富的想像力和巨大的創作力。

第148窟於公元771年前修建，在這裏出現了首鋪天請問經變。《大唐隴西李府君修功德碑記》中將它簡稱為"天請問"。該經變規模宏偉，佈局對稱，背景山水優美，建築裝飾華麗，人物刻畫生動細膩，既是天請問經變的創始，也是天請問經變的高峰，堪稱盛唐傑作。

按天請問經的記載，釋迦佛在室筏羅國給孤獨園講此經時，與會者只有一位"天"，但是畫師在創作天請問經變時，卻按照自己的喜好，增畫了四十餘位弟子、菩薩、天龍八部等，簇擁在釋迦佛左右兩側，按照等級尊卑，排列有序。這種表現方法，與文軌注疏天請問經時，以大乘觀點極盡引申發揮之能事相似，也大大地渲染了此經變的莊嚴氣氛和宏大的場面。

法會左側，畫一天神、二天女，乘祥雲，自天宮飄遊而下，詣法會場。天請問經中沒有天神赴法會的記載。根據斯1397號卷背《天請問經變榜題》、莫高窟第146窟北壁天請問經變中的墨書榜題等記載，這是表現經文："爾時天帝釋從空而下，詣佛道場，來會聽法時"的內容。天帝釋的梵名為釋提桓因陀羅，略稱釋提桓因、釋迦提婆，意譯為天主。按照中國的傳統觀念，天與帝都具有至高無上之意，故而漢譯佛經中亦稱天帝釋，或帝釋天，"並位之與名者也"。帝釋天住在須彌山頂的忉利天宮。據此推斷，法會上部天際所畫的天宮建築，象徵忉利天宮。

忉利天，又名三十三天，佛教六慾天之一，位於須彌山頂。中央有善見城，是帝釋天的住所。善見城四方各有八城，加上中央的善見城，共計三十三城，亦稱三十三天，由帝釋天統領。第148窟天請問經變中的忉利天宮圖，當然不可能照此設計，唐代畫師便按照現實生活中的寺院建築來想像：中間畫前、中、後三大殿，左右兩側配置一系列配殿，以迴廊相連，宏偉莊嚴。採用這種天宮建築形式的另一目的，是為了與南壁彌勒經變中的兜率天宮對稱。

法會左右兩側以很大的空間，各畫一佛、二弟子、二菩薩，或者一佛、二菩薩小說法圖四幅。天神、眷屬，向佛而跪，根據旁邊的墨書榜題，這是表現天神向佛請問佛法。兩側的八幅小說法圖加上中間的主尊大說法圖，共計九幅。這個數字也許不是偶然的巧合，而是有意表現天請問經中的九問九答。

吐蕃時期的代表作第159窟天請問經變

吐蕃時期的天請問經變中，第159窟的作品較為典型，藝術水平也較高，大約繪於公元9世紀初，最遲不會晚於開成四年（公元839年）。

經變的構圖屬於上下兩欄式，主要由四部分內容組成：最上部天際畫忉利天宮，以一組唐代寺院建築表現，可惜左半邊塌毀，估計與同一時期繪製的第237窟天請問經變中的忉利天宮圖相似。忉利天宮下部，為釋迦佛在室筏羅國給孤獨園宣講天請問經的情景，赴會聖眾與第148窟天請問經變大致相同，只是在主尊釋迦佛的華蓋兩側，加了一對飛天，雖然有些起甲脱落，但其總體神態仍然十分瀟灑飄逸。法會下部以“凹”字形花邊圖案間隔，內畫五組“天請問”小說法圖。有趣的是，在這五組小說法圖上部，畫帝釋天及二眷屬，乘祥雲，從忉利天宮迤邐而下，詣法會；聽完釋迦佛宣講天請問經後，向右遨遊，然後冉冉升空，返回忉利天宮。這一組飄動的人物，一下一上，給寂靜的小說法圖畫面，增添了動感。經變最下部，也是以花邊圖案間隔，畫三扇屏風，每扇屏風內各畫兩組“天請問”小說法圖。這是吐蕃時期經變畫的一大特徵。屬於此類的天請問經變，還見於第231、237、240、360等窟。

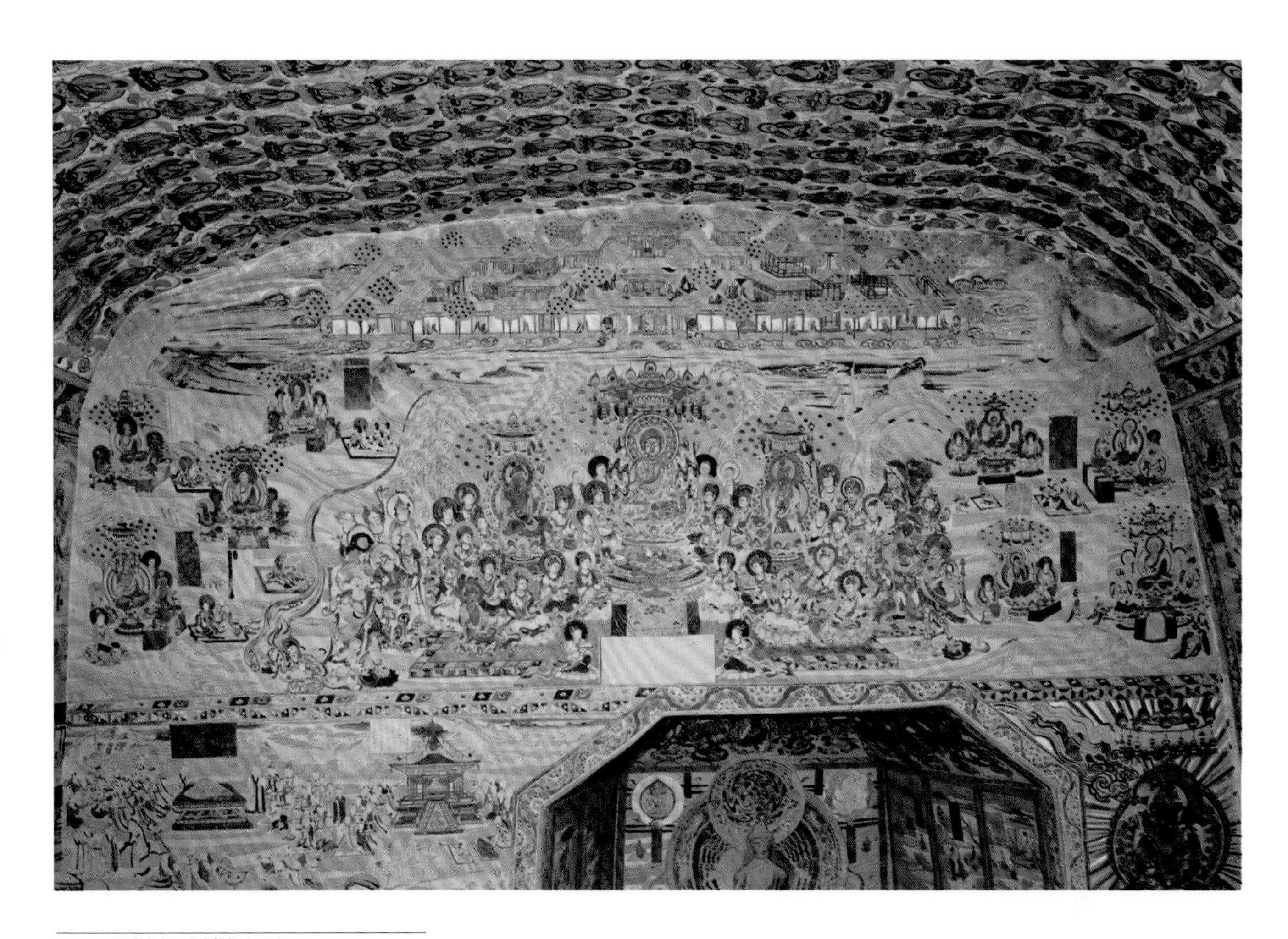

182 天請問經變全圖

此圖繪於大曆六年（公元771年）前後，是敦煌壁畫中最早、藝術成就最高的一鋪天請問經變。中間以巨大的空間，表現釋迦佛在給孤獨園宣講天請問經的法會盛況。左右兩側各畫四幅小說法圖，描繪天神向釋迦佛請問佛法。上部天際繪忉利天宮，帝釋天從左側乘祥雲而下，赴會聽法。畫面以山水為背景，氣勢磅礴，宏偉莊嚴。

盛唐 天請問經 莫148 北壁

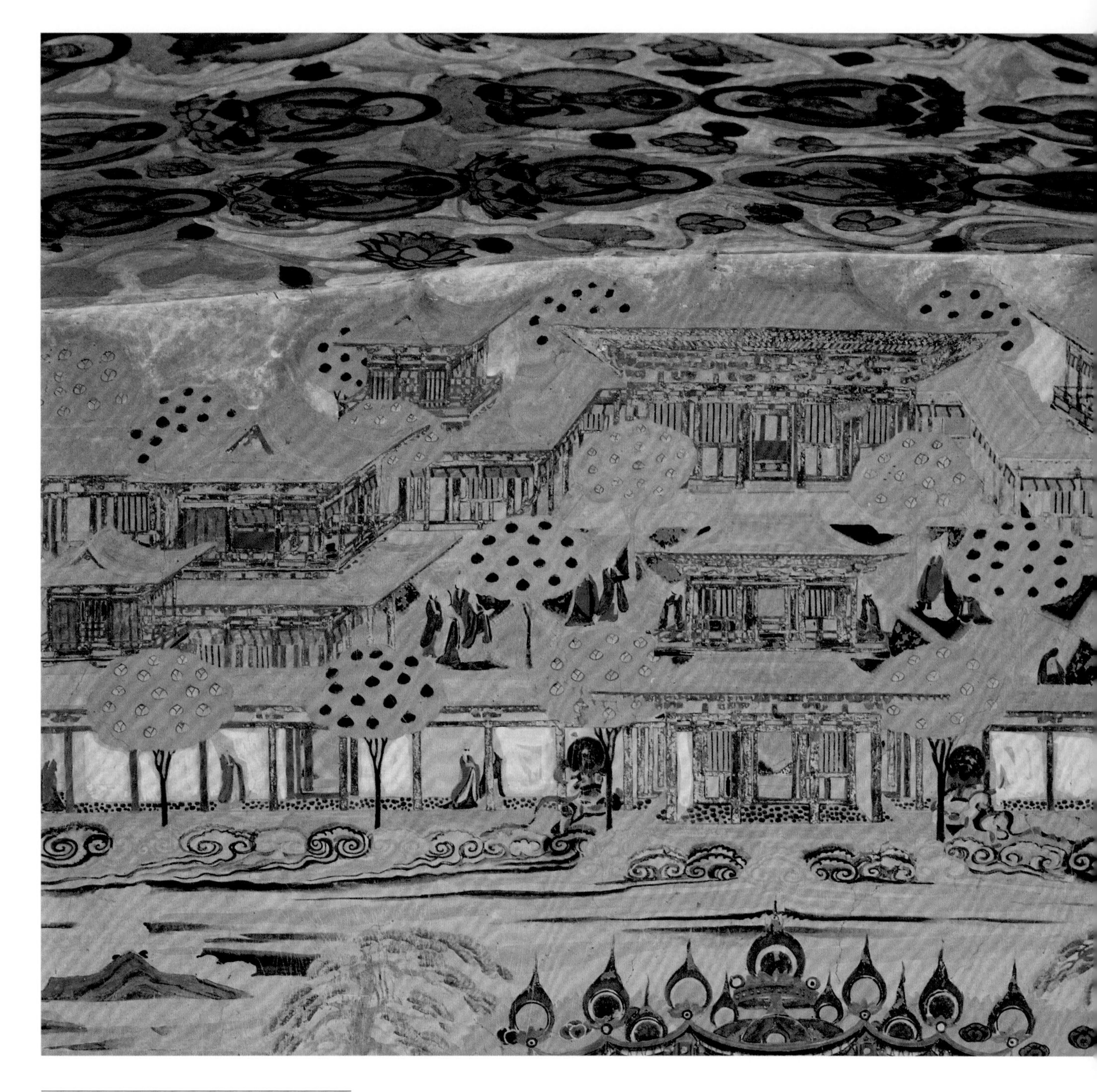

183 忉利天宮

圖中重閣複殿、迴廊環抱，華麗莊嚴，天人行走其間的忉利天宮。這實際上是唐代佛教寺院的寫照。

盛唐 天請問經 莫148 北壁

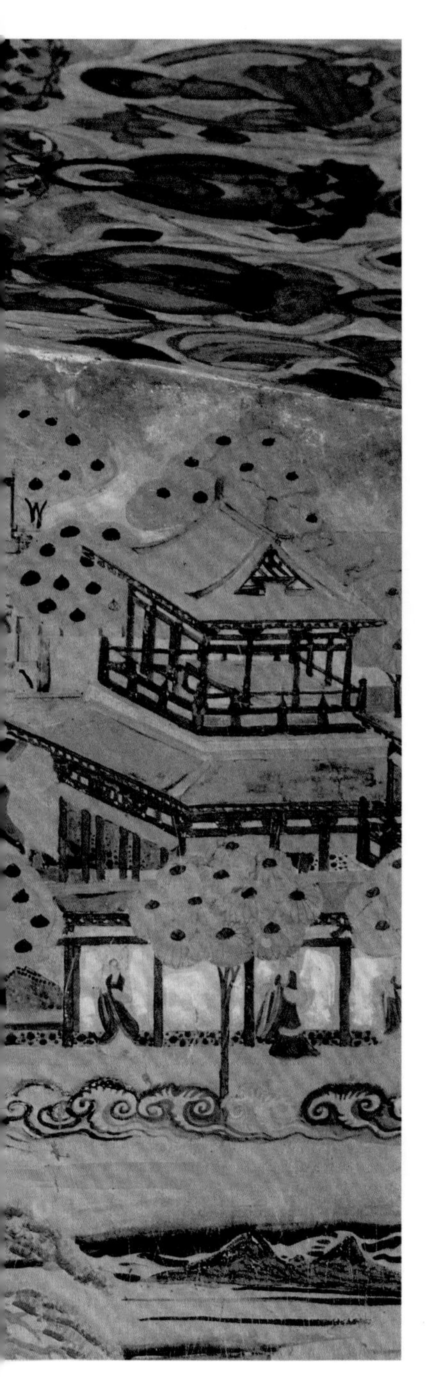

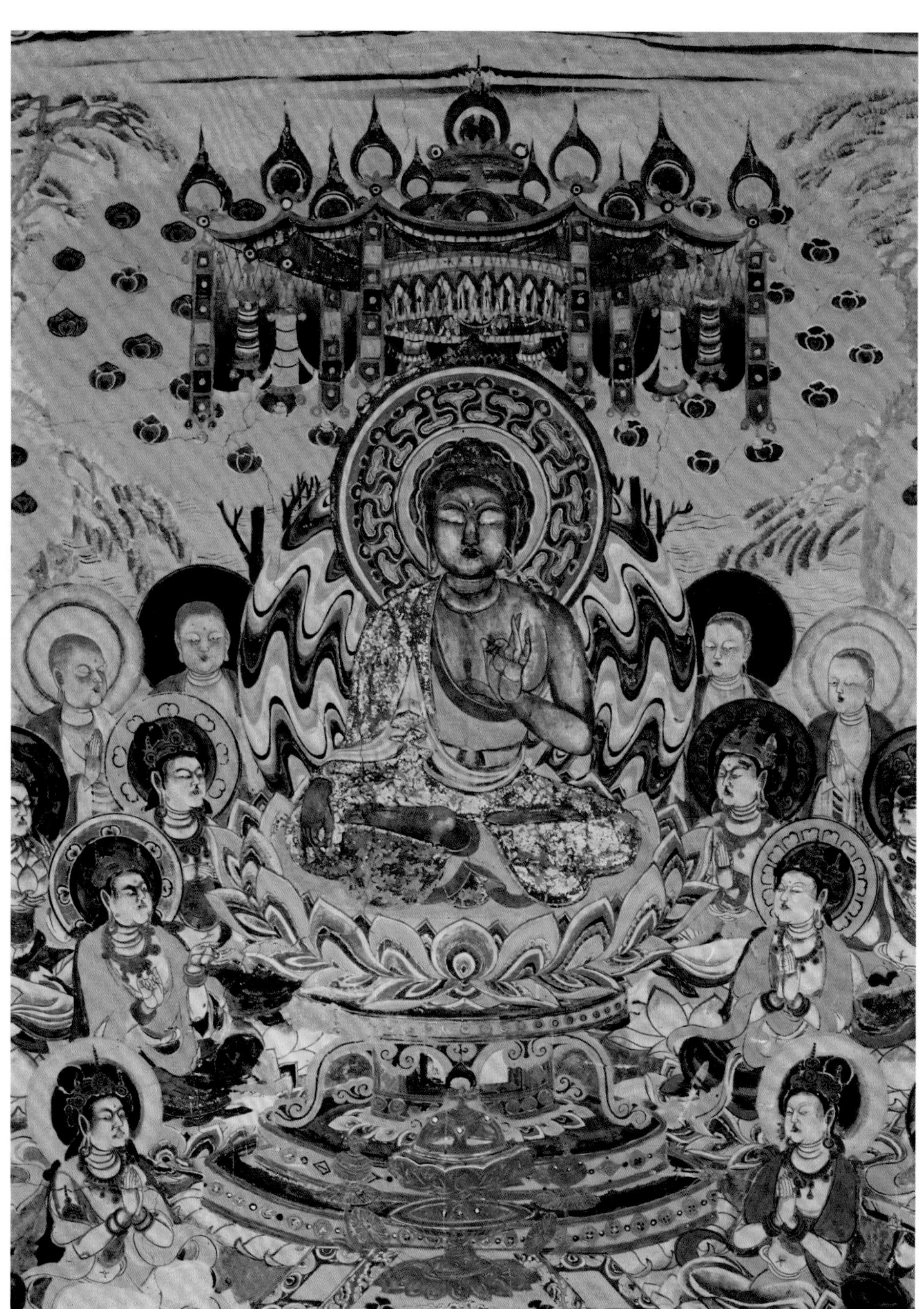

184 **釋迦佛宣講天請問經**

華麗的寶蓋下，釋迦佛結跏趺坐於仰蓮座上，舉右手，宣講天請問經。兩側簇擁着諸大弟子、菩薩，虔誠合十，聆聽佛法。畫面莊嚴肅穆，配置有序。

盛唐 天請問經 莫148 北壁

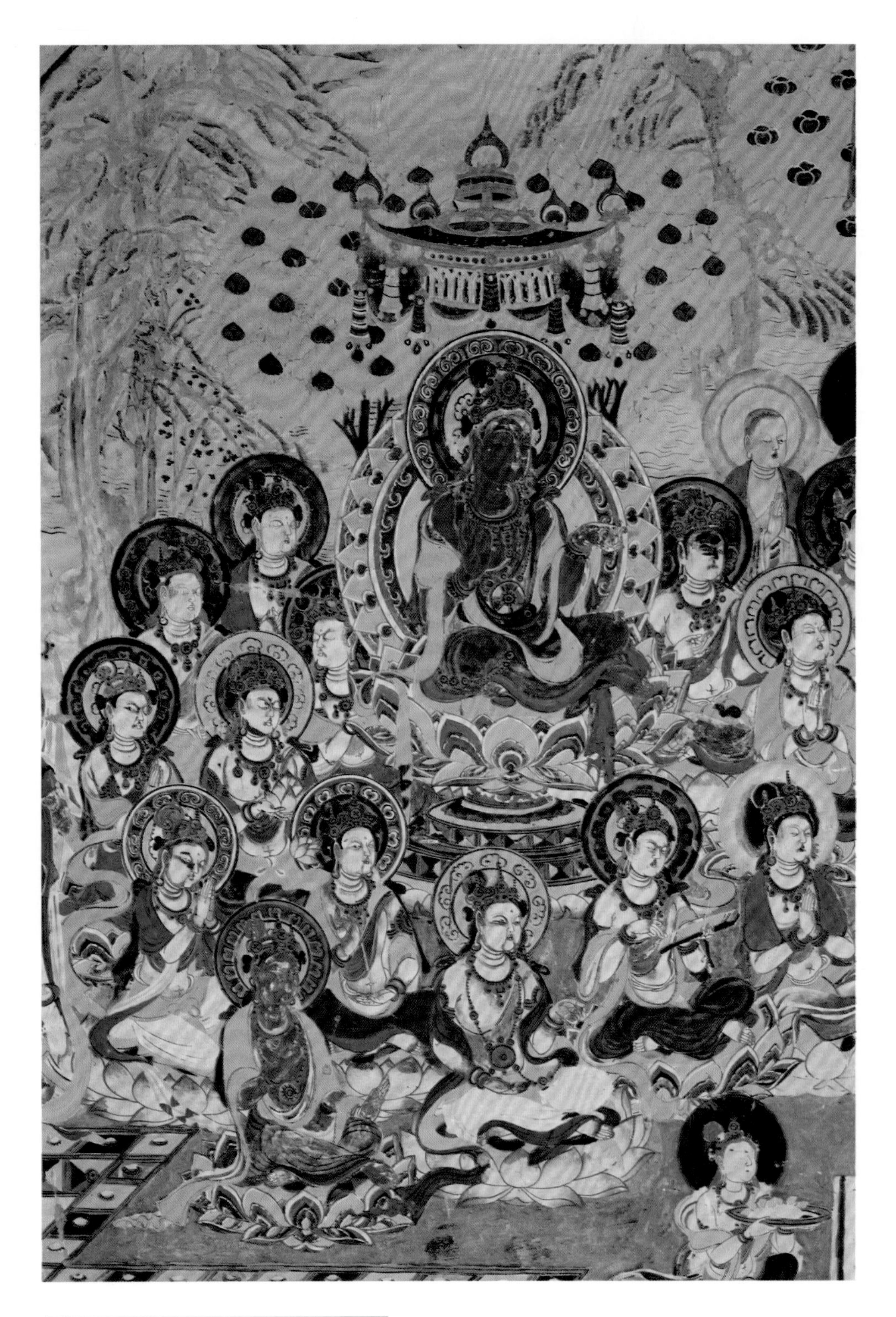

185 **聽法菩薩**

頭頂有華蓋者為上首菩薩。整組人物配置尊卑有序，刻畫莊重、細膩。

盛唐 天請問經 莫148 北壁

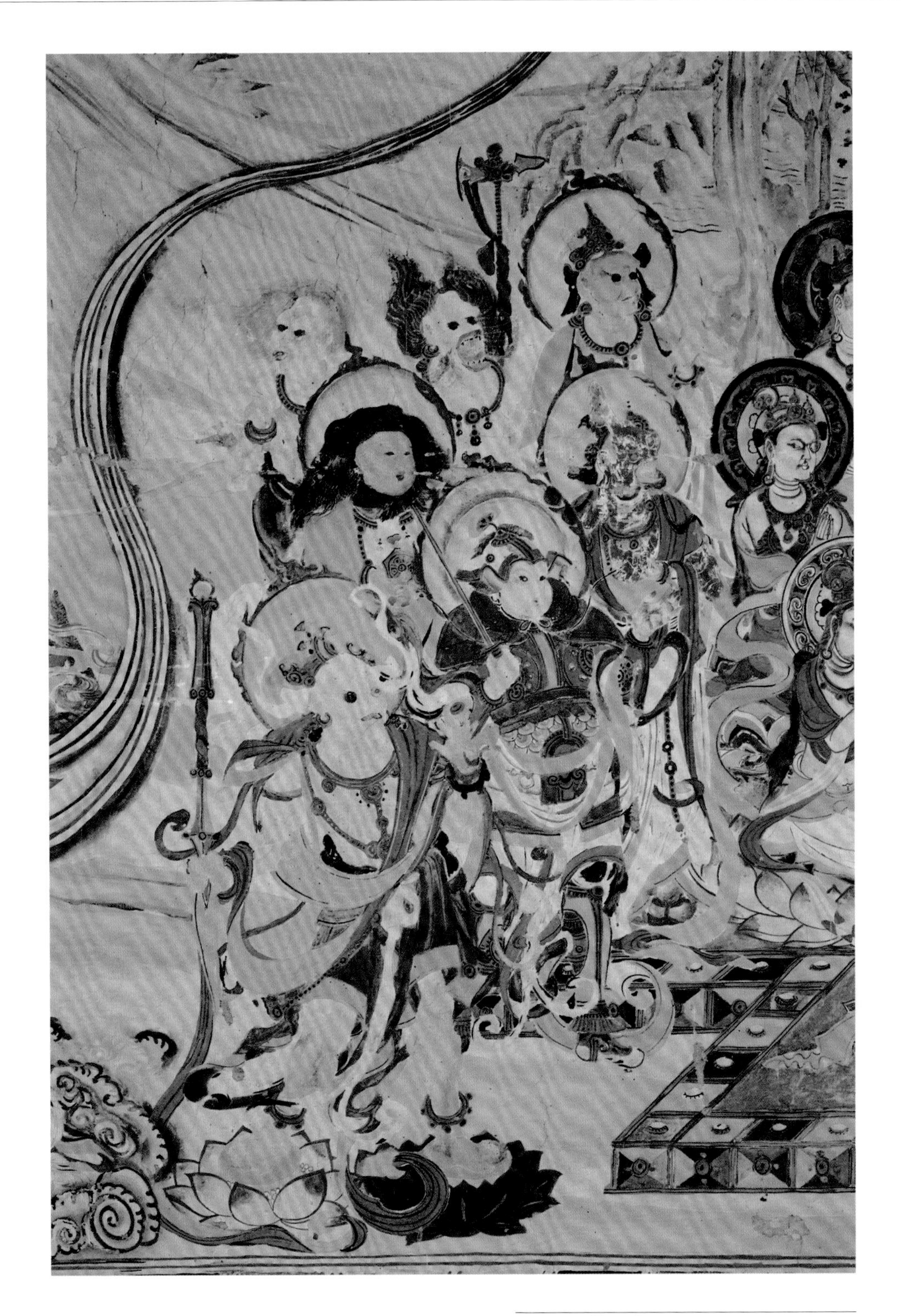

186 天龍八部

天龍八部為佛教護法神，圖中的天龍八部被描繪得魁武雄偉，又有幾分誇張。他們既是來聽法，也是來護法的。

盛唐 天請問經 莫148 北壁

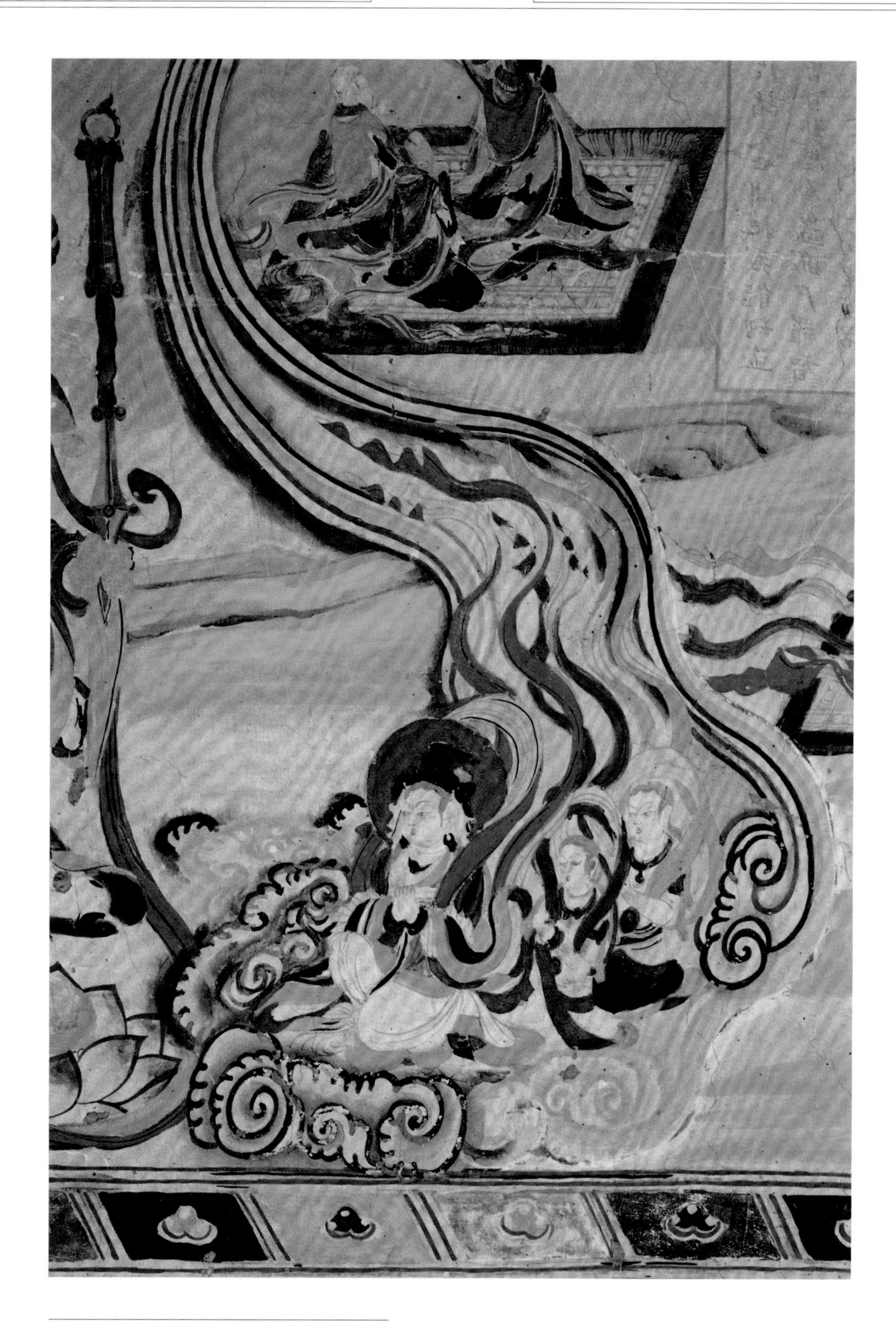

187 **帝釋天詣道場聽法**

帝釋天及二眷屬，乘祥雲，自忉利天宮下，詣給孤獨園聽佛宣講天請問經。天請問經中並無此內容，是畫師根據文軌《天請問經疏》增繪。這一組人物，增強了畫面的動感，並且成為今人識別天請問經變的一大特徵。

盛唐 天請問經 莫148 北壁

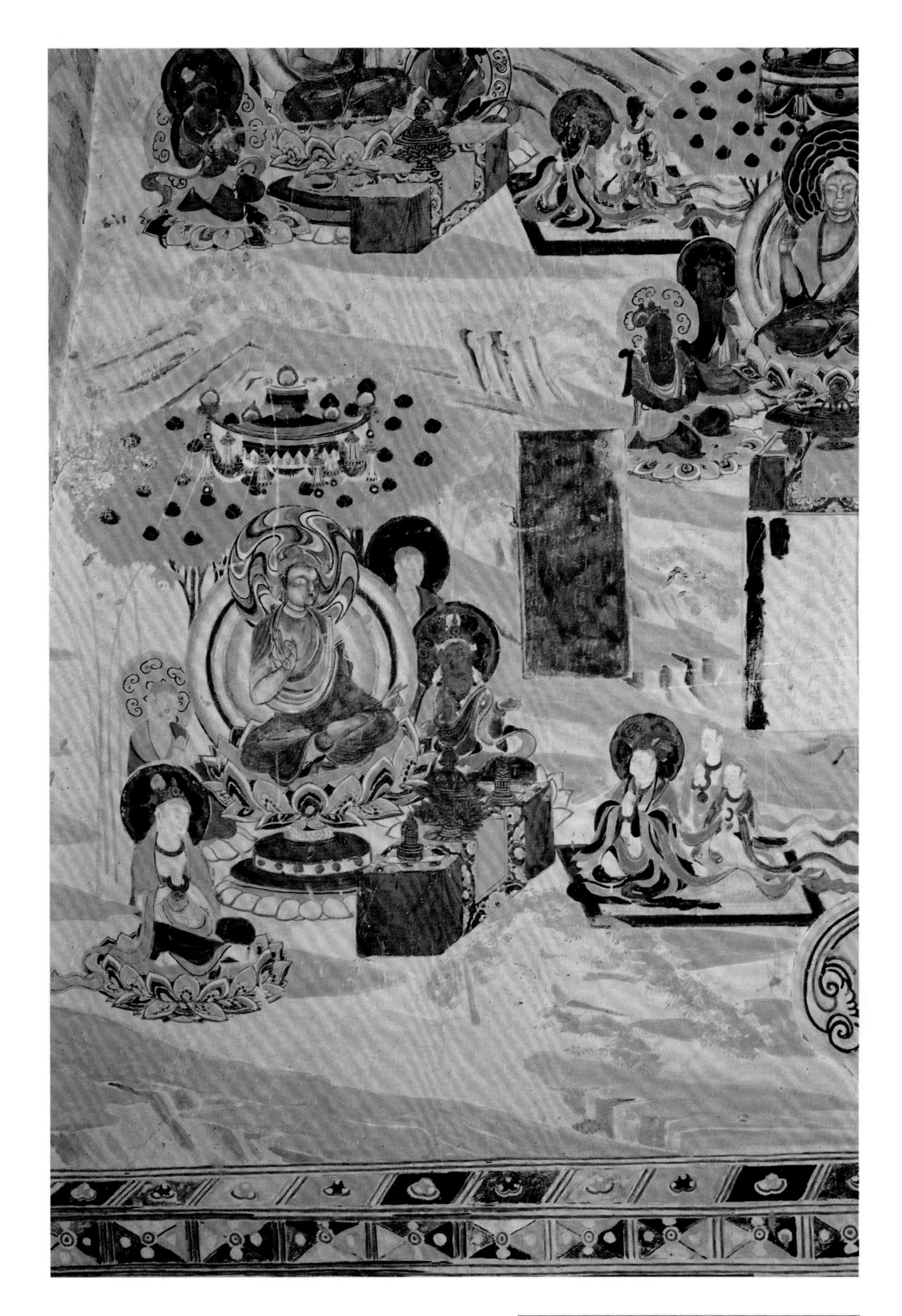

188 天神問佛法

一天神攜二眷屬，跪在佛前，請問佛法。釋迦佛結跏趺坐於仰蓮座上，舉手回答，左右有二弟子、二菩薩聽法。佛左側墨書榜題：（誰）為（於）天世間，説名能劫盜？世尊告曰：邪思為盜賊，屍羅智者財，於諸天世間，犯戒能劫盜。

盛唐 天請問經 莫148 北壁

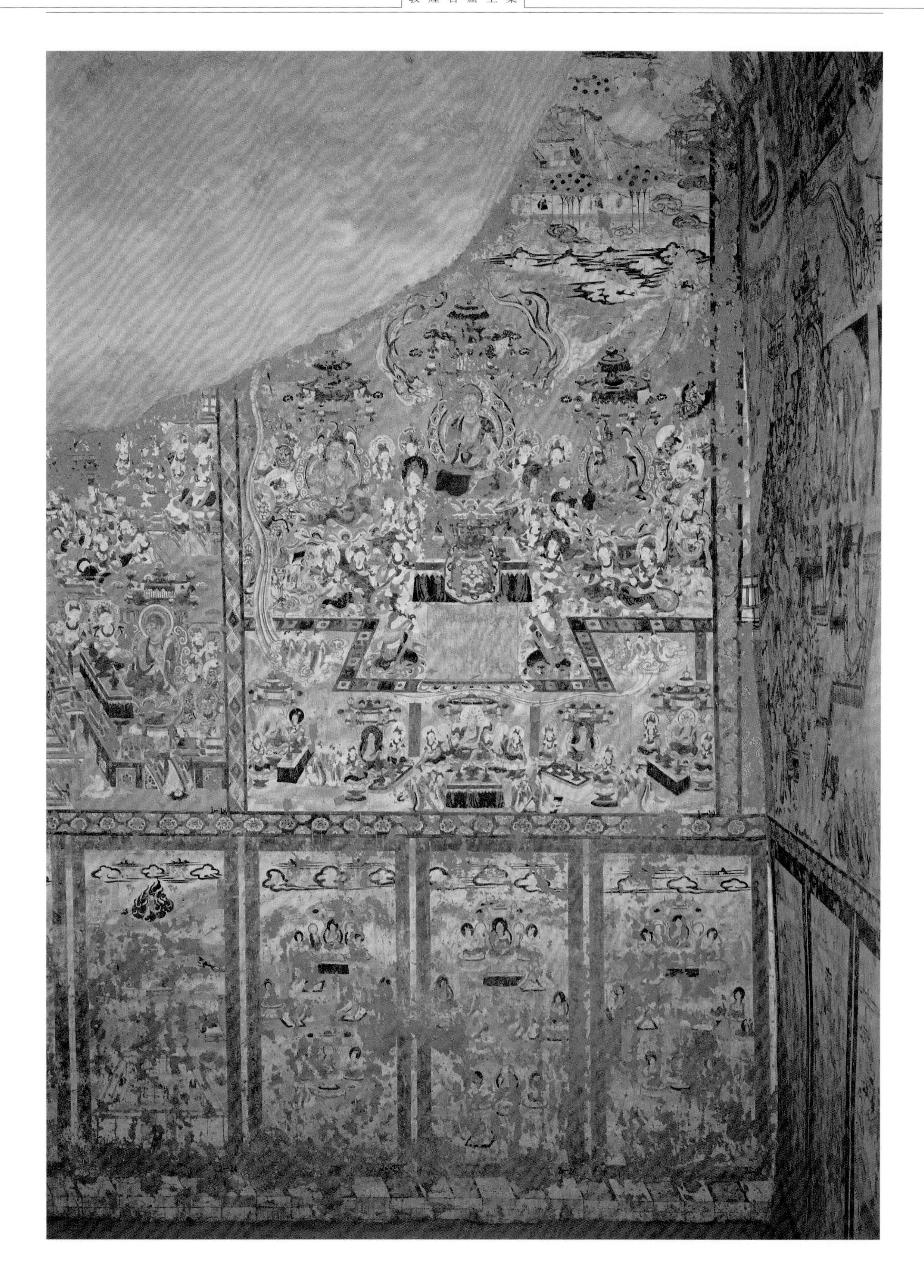

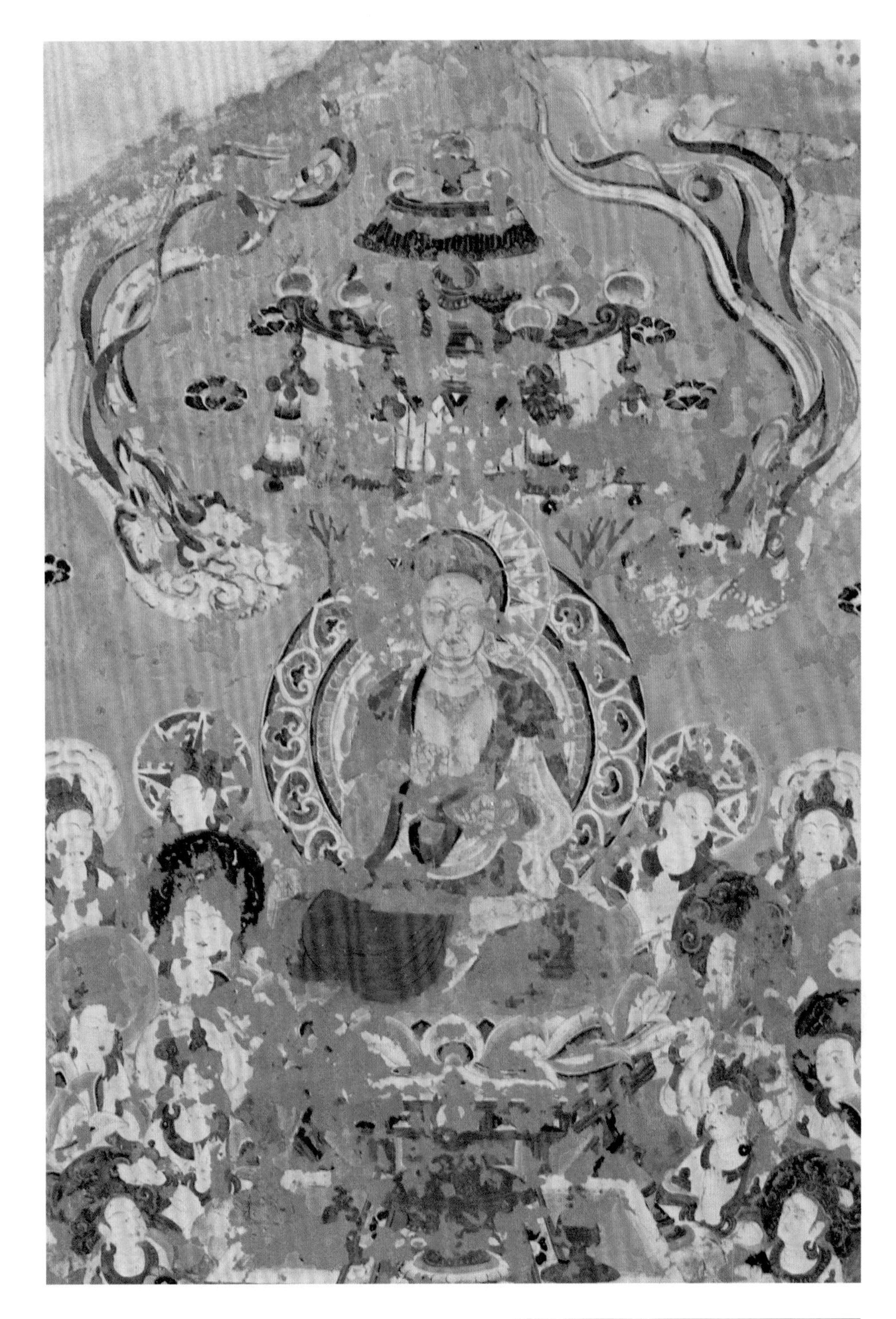

190 釋迦佛宣講天請問經

壁畫起甲脫落嚴重，不過仍可看出人物刻畫相當細膩，尤其是主尊華蓋兩側增加的一對飛天，飄逸灑脫，美麗動人。

中唐 天請問經 莫159 北壁

189 天請問經變全圖

上部天際為忉利天宮，中間繪法會情景。法會下部“凹”形框內，畫五幅“天請問”小說法圖。再下邊以花邊圖案間隔，畫三扇屏風（左邊一扇不屬於天請問經變），屏風內也畫“天請問”小說法圖。

中唐 天請問經 莫159 北壁

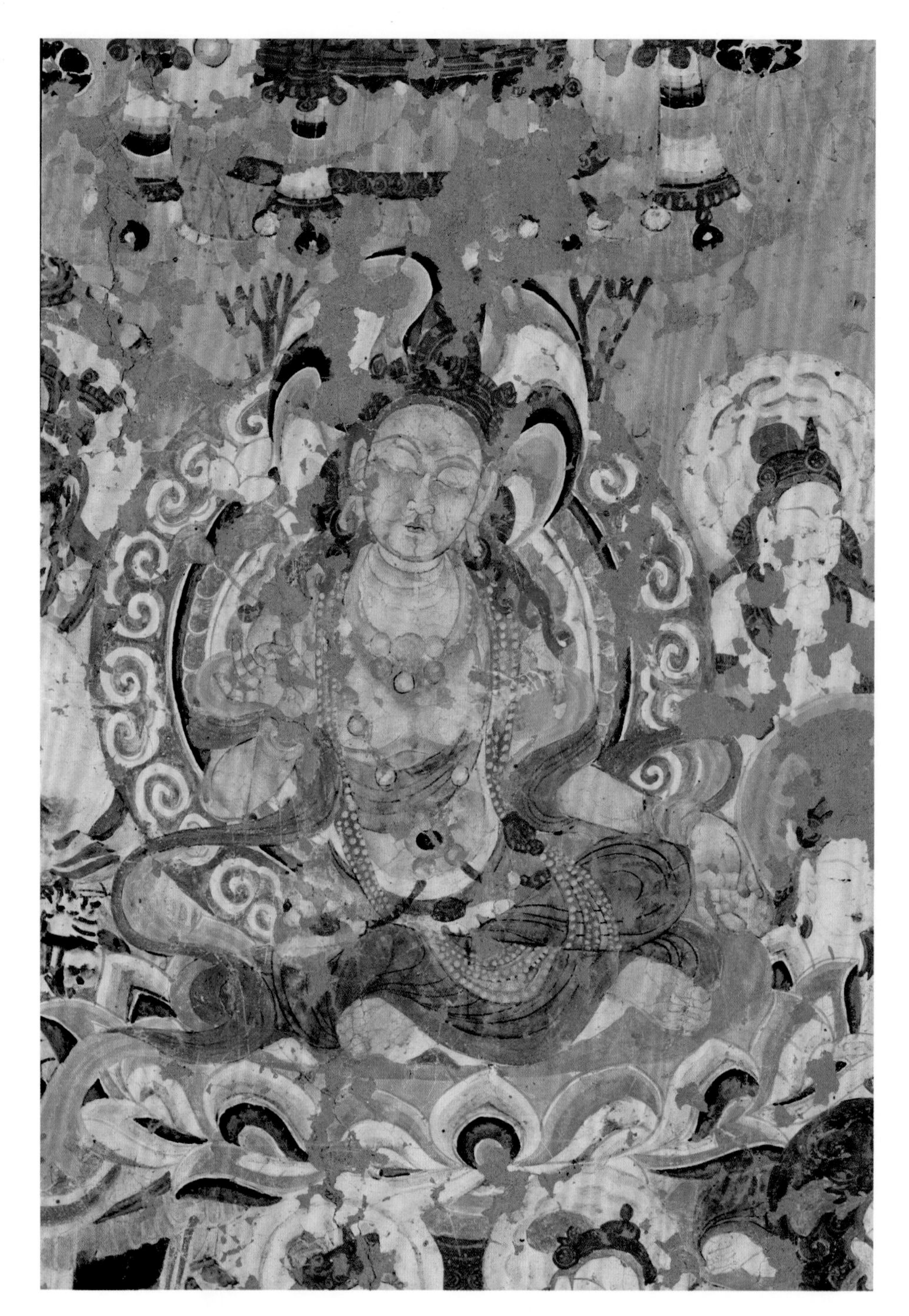

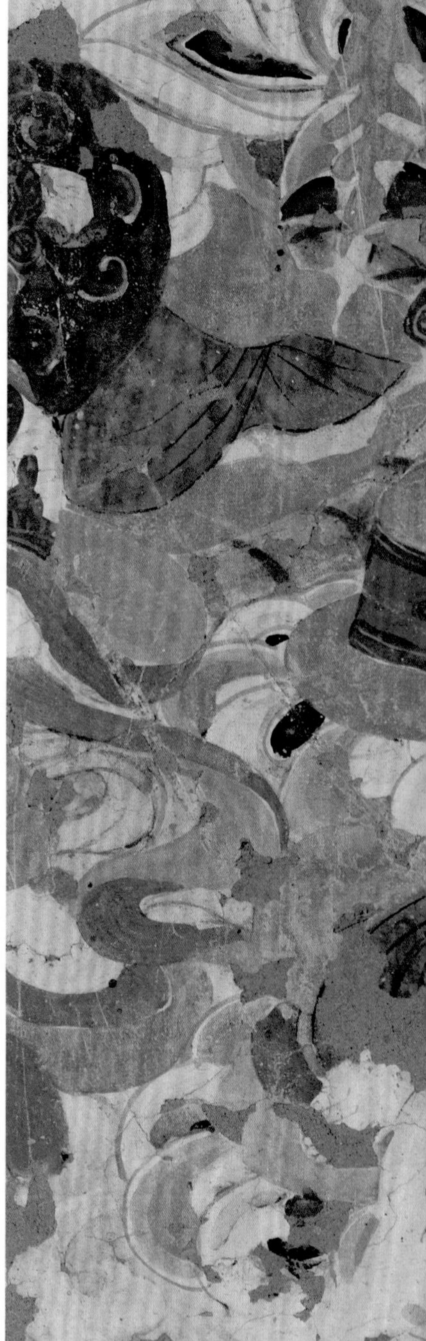

191 **脅侍菩薩**

位於主尊釋迦佛右側，身佩華麗的珠串瓔珞，靜坐聽法。

中唐 天請問經 莫159 北壁

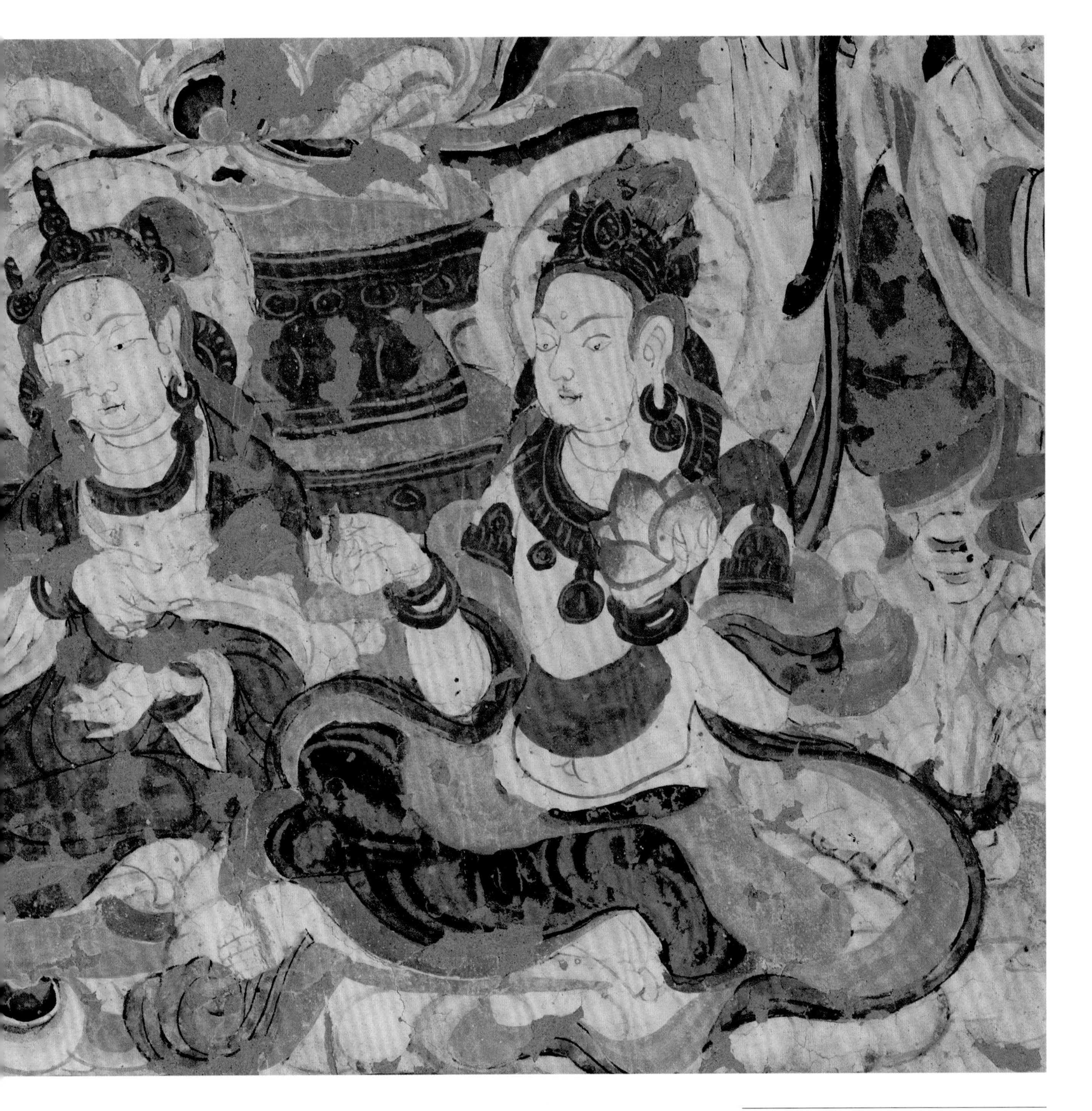

192 **供養菩薩**

右邊的菩薩左手托蓮花，左邊的菩薩持物不詳。

中唐 天請問經 莫159 北壁

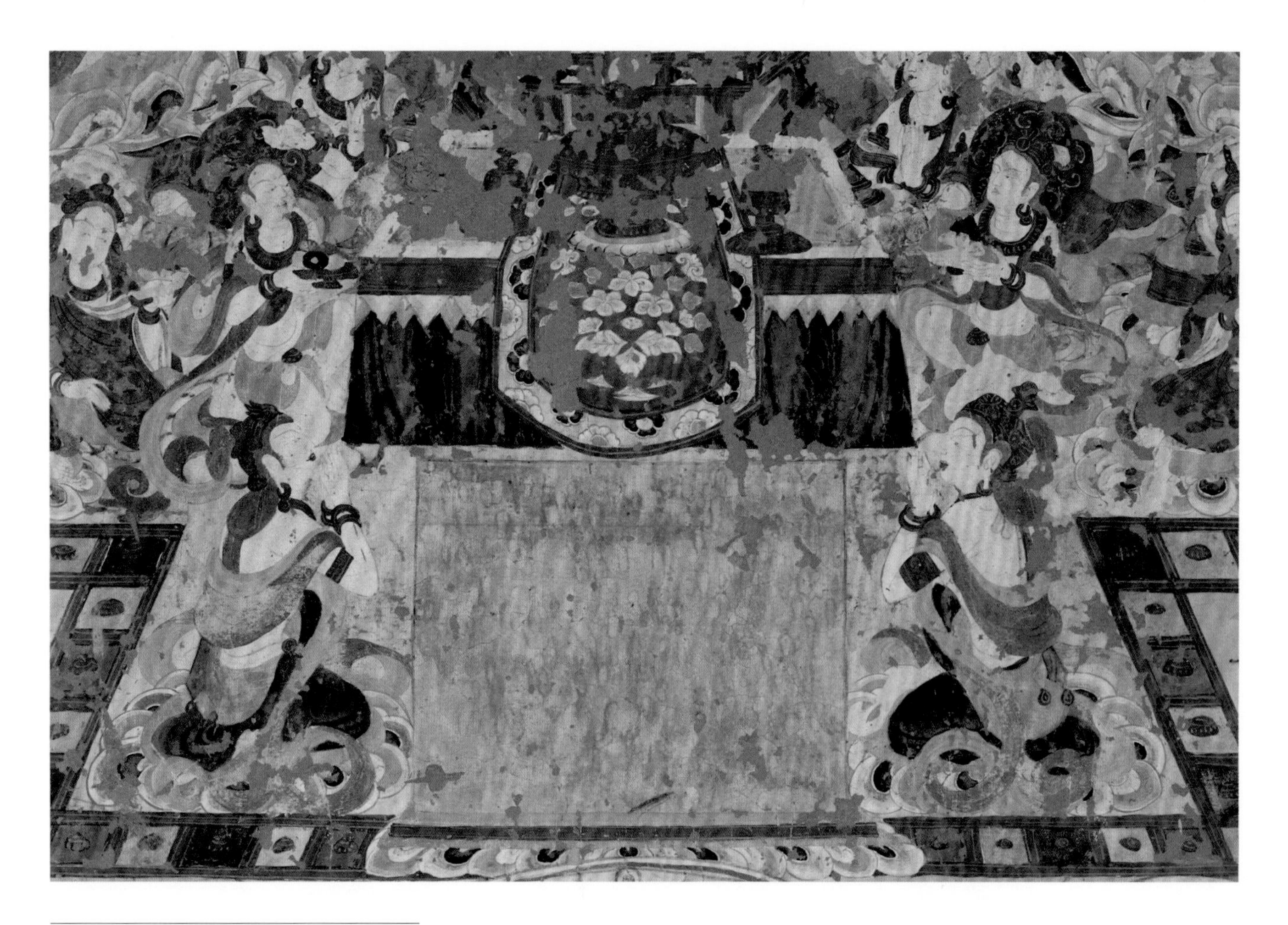

193 供養菩薩與供養天人

上邊兩身有頭光者應為供養菩薩，下邊兩身無頭光者應為供養天人。

中唐 天請問經 莫159 北壁

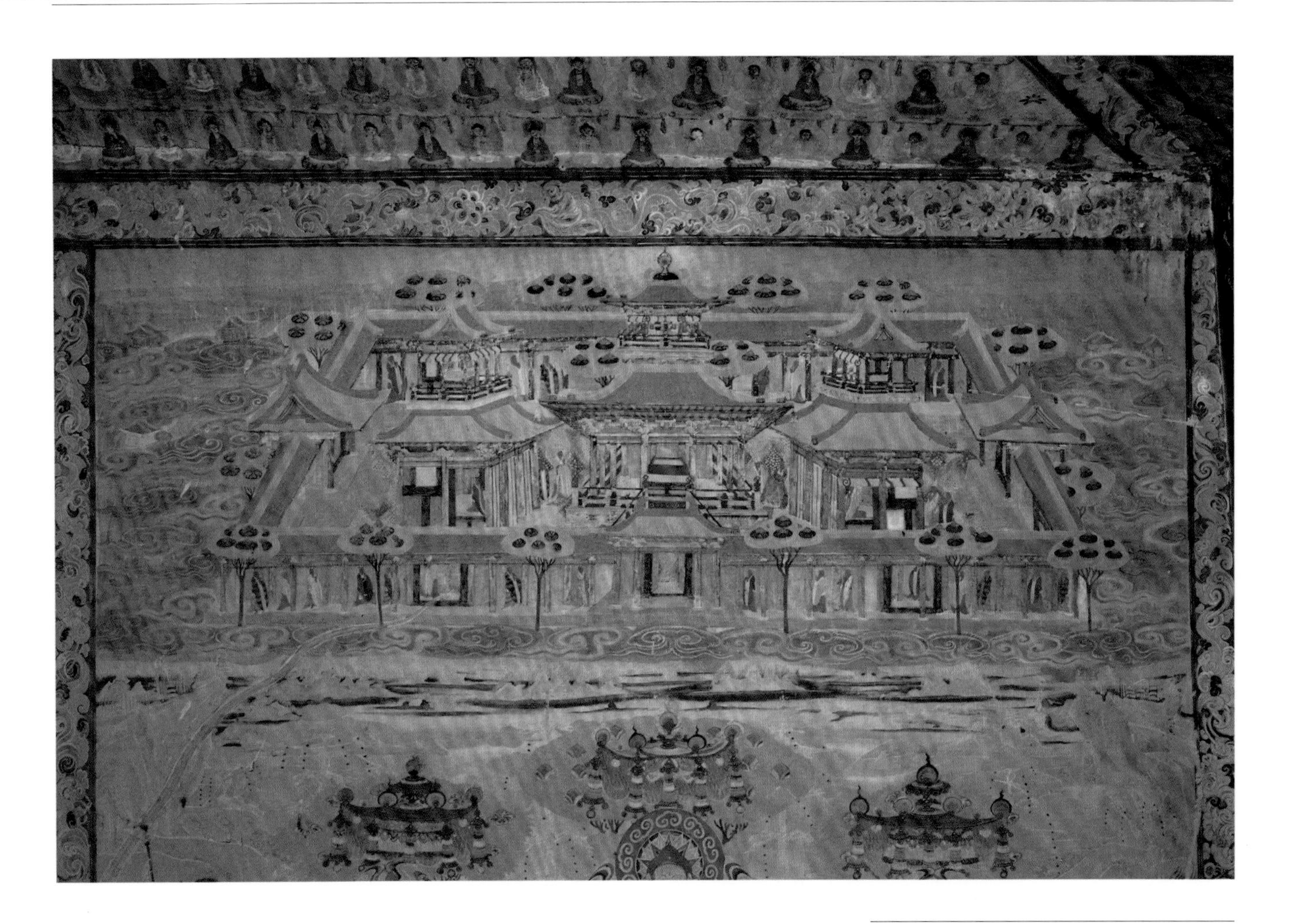

194 **忉利天宮**

這實際上是唐代的一個四合大院。在正方形院內，建“品”字形平面佈局三座樓閣。四周建廊廡通連，並於中間各開一大門，通向院內。廊廡外四周綠樹環繞。

中唐 天請問經 莫237 北壁

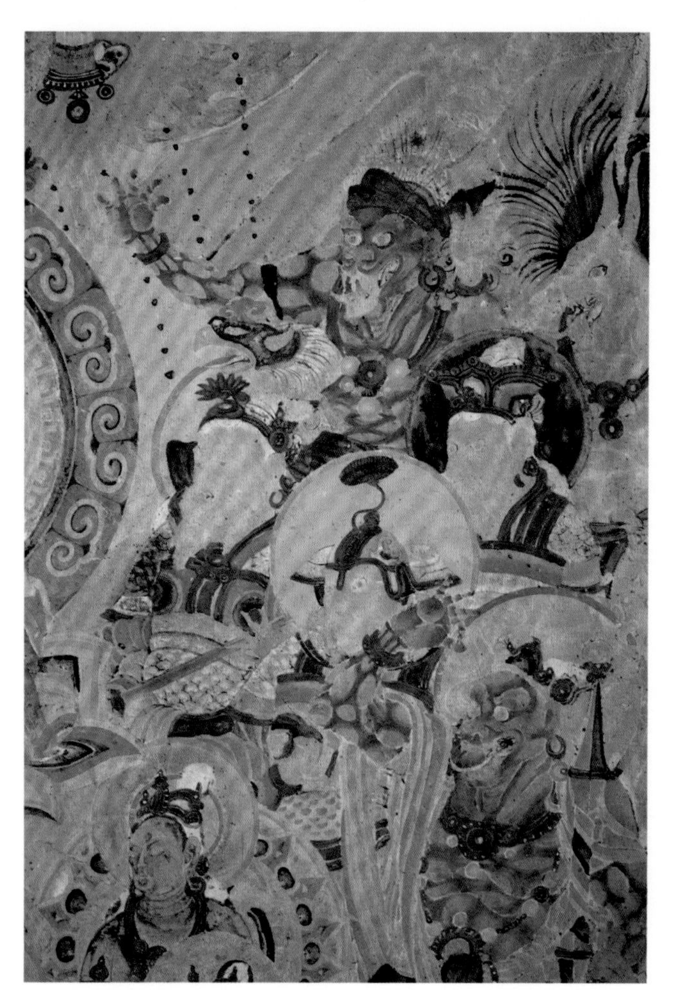

195 **天龍八部**

人物造型頗誇張。

中唐 天請問經 莫237 北壁

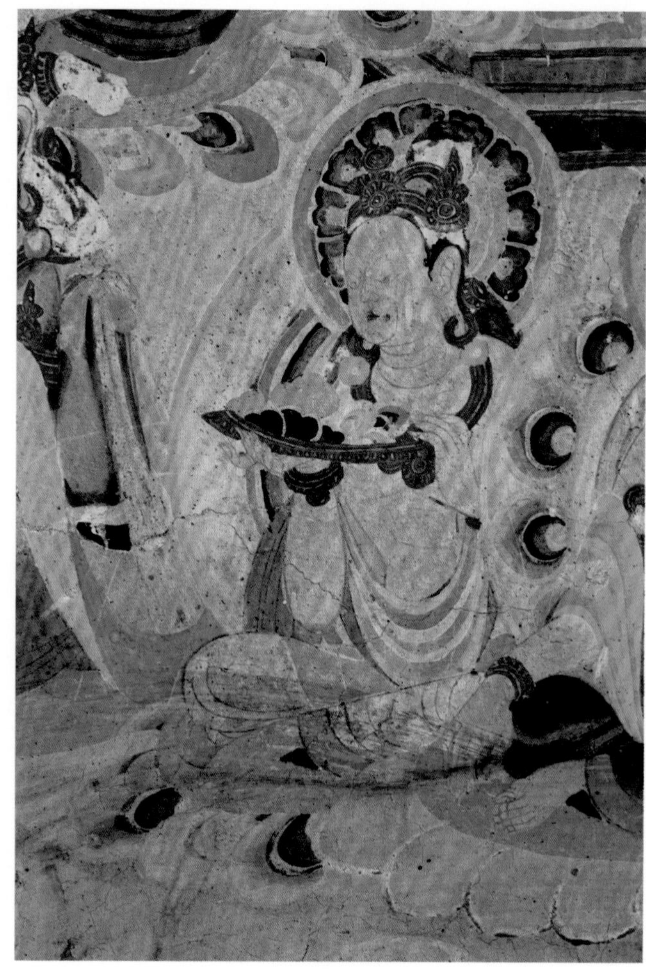

196 **供養菩薩**

右手托供品，莊重虔誠。

中唐 天請問經 莫237 北壁

197 **天請問經變全圖**

此圖繪於唐咸通八年（公元867年）。此經變法會的佈局頗為簡化，為“∴”形的三佛形式，只是在下部的二佛之間又加了一佛，以示“天請問”。經變中常見的規模宏偉、富麗輝煌的忉利天宮，以深邃浩渺的羣峰、古樹、塔剎來象徵。畫面緊湊和諧，別有情趣。

晚唐 天請問經 莫192 北壁

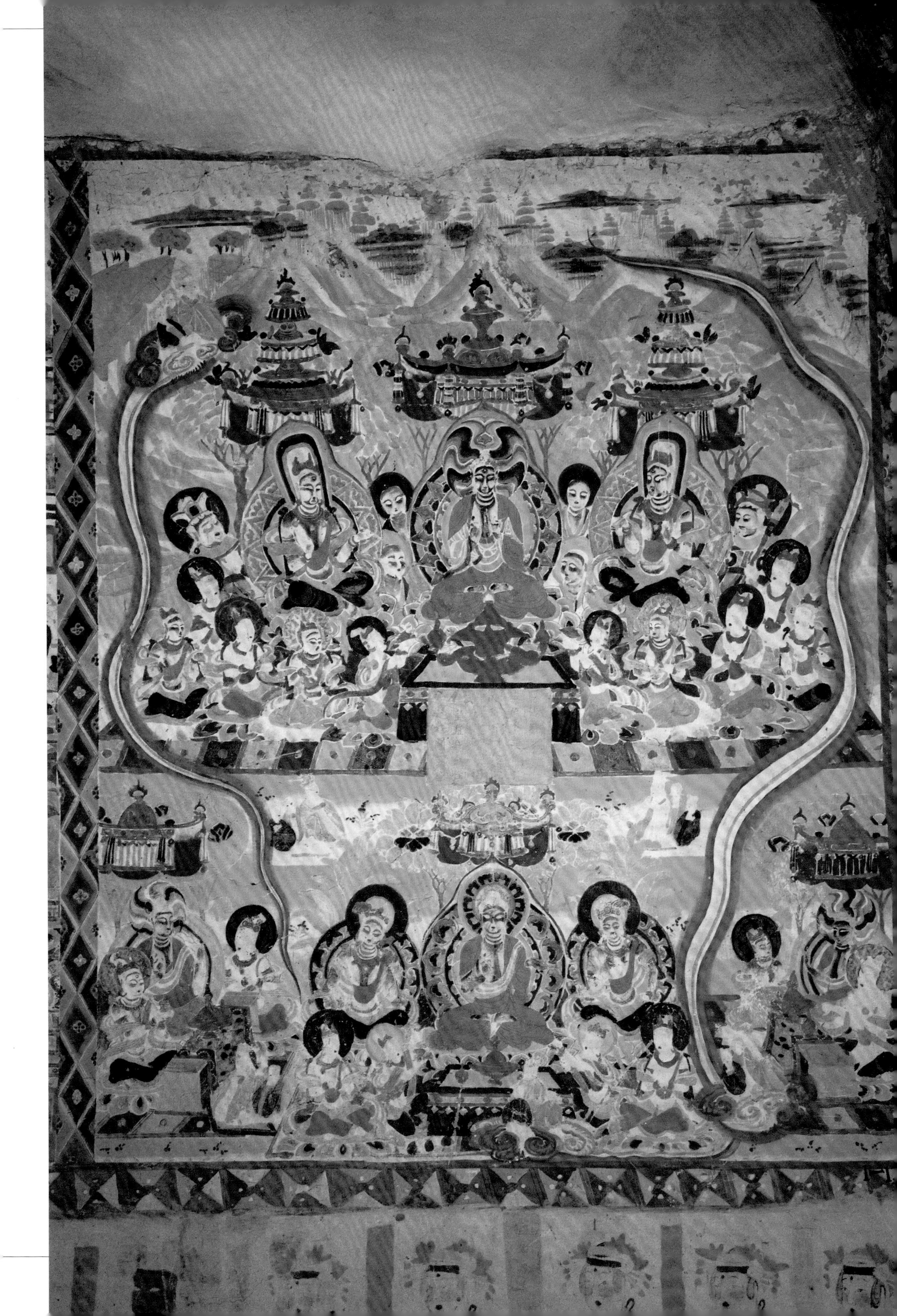

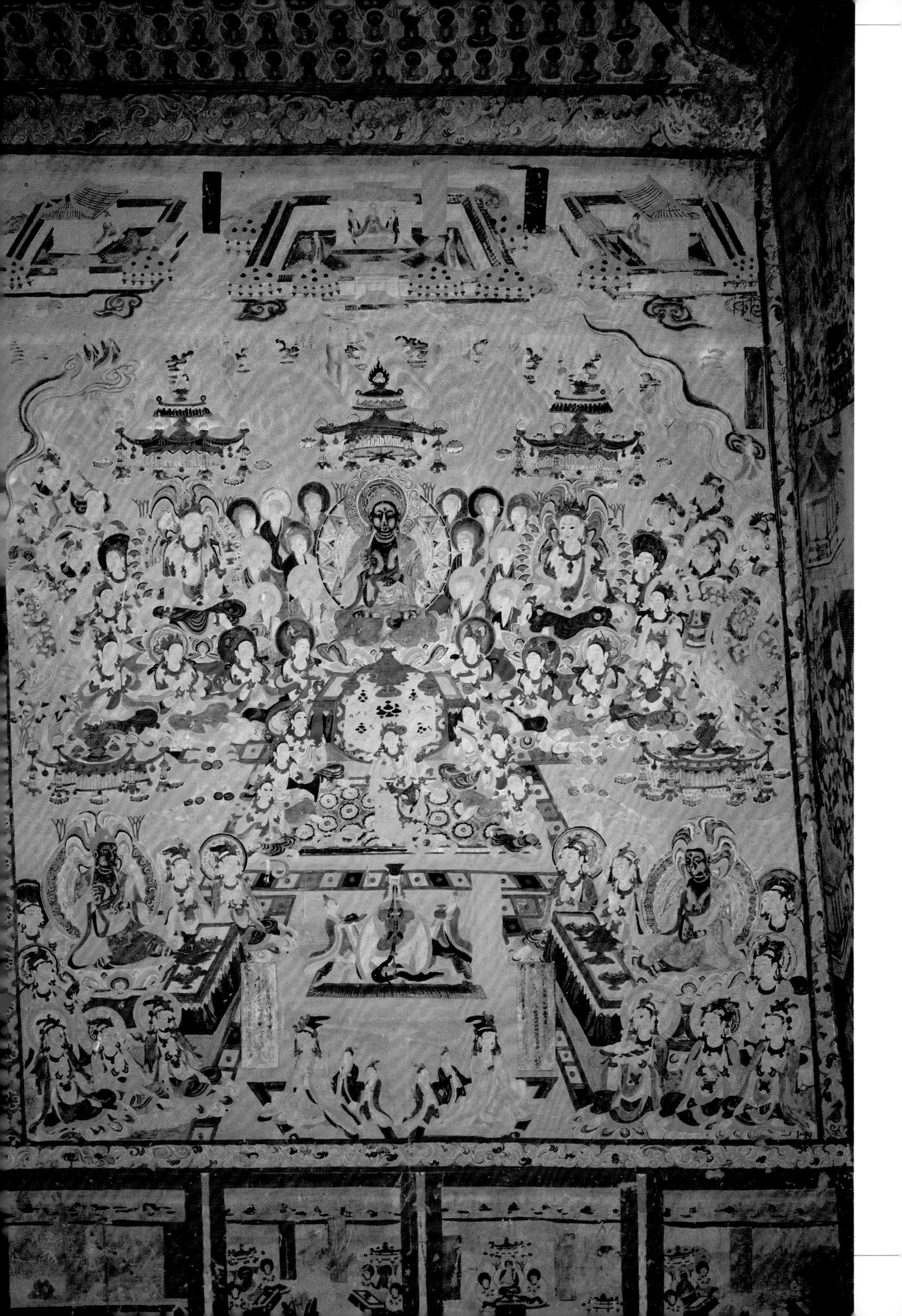

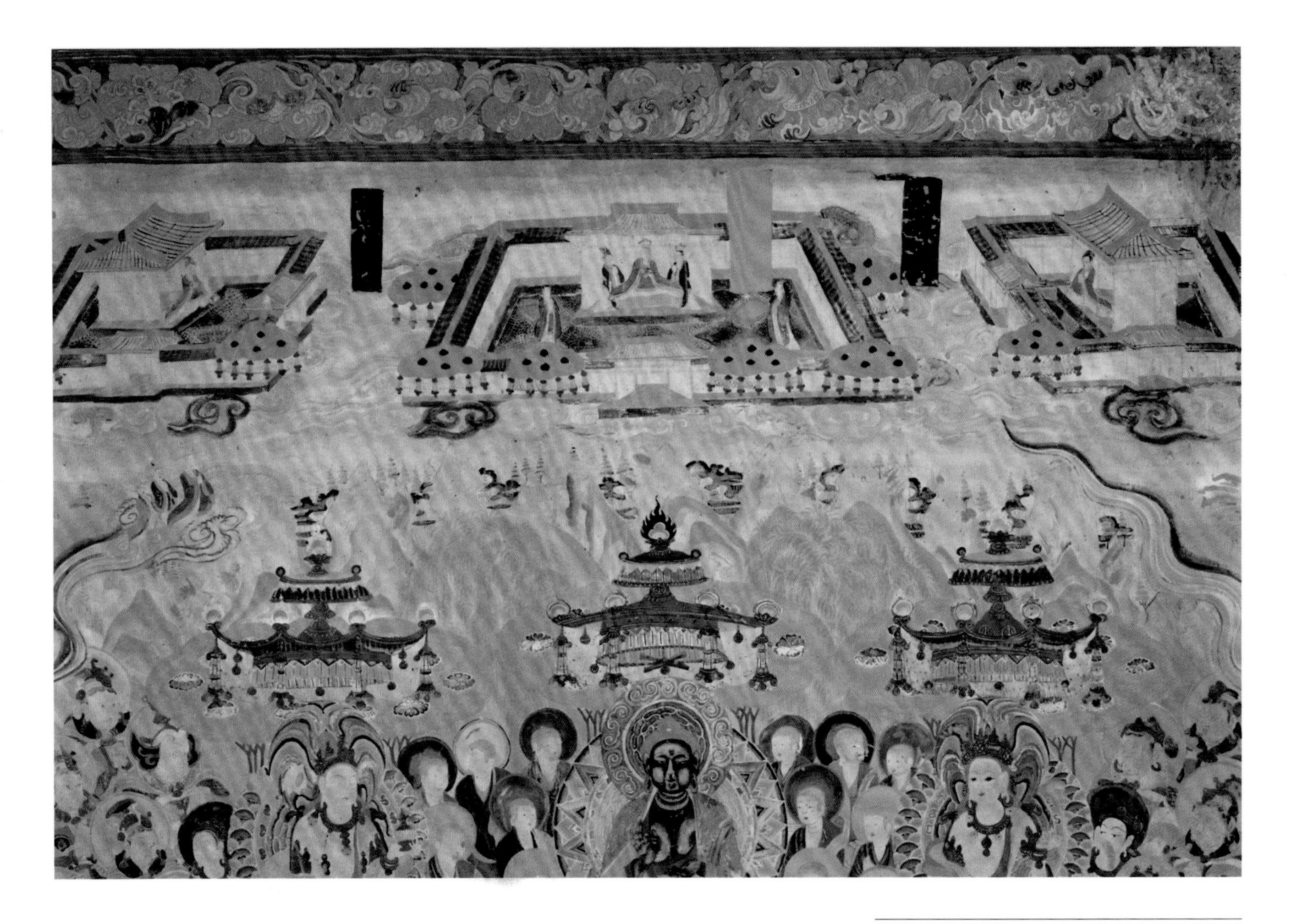

199 三院橫列的忉利天宮

橫列三院，互不通連。中院最大，坐北向南。左右二側院較小，院內也各畫一殿堂，門朝中院，殿內各坐一天人。這種形式的寺院建築在彌勒經變中較多見。

晚唐 天請問經 莫12 北壁

198 天請問經變全圖

此鋪天請問經變是張氏歸義軍時期的代表作。繪於公元869年前。上部的忉利天宮為橫列三院式，三院各自獨立，互不連接。法會成“∴”字形的三佛佈局，三佛前各畫一“天”及其眷屬請問。三個“天”都是背對背，也形成“∴”形佈局。主尊釋迦佛下部出現舞伎及樂隊，應是受西方淨土變的影響。

晚唐 天請問經 莫12 北壁

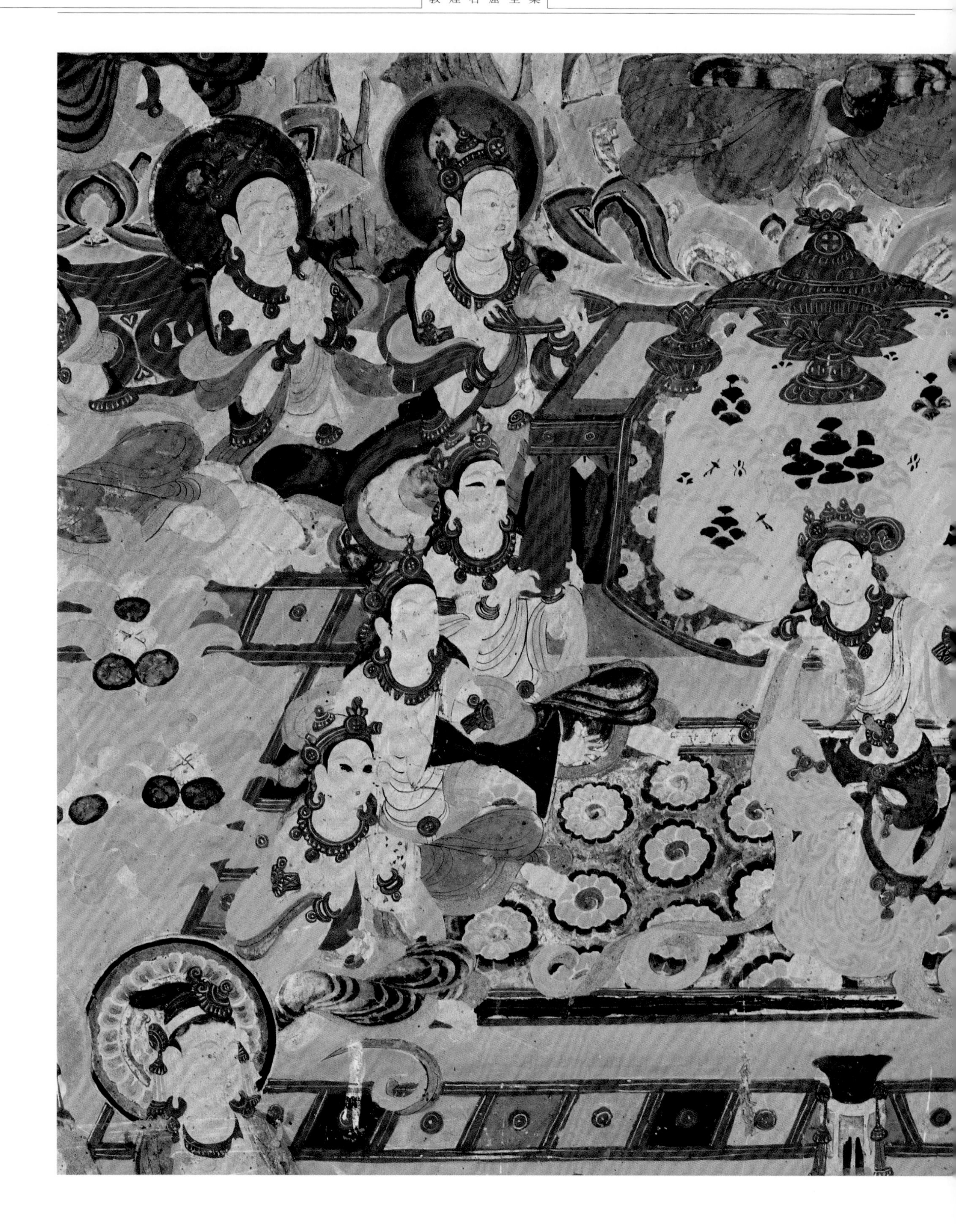

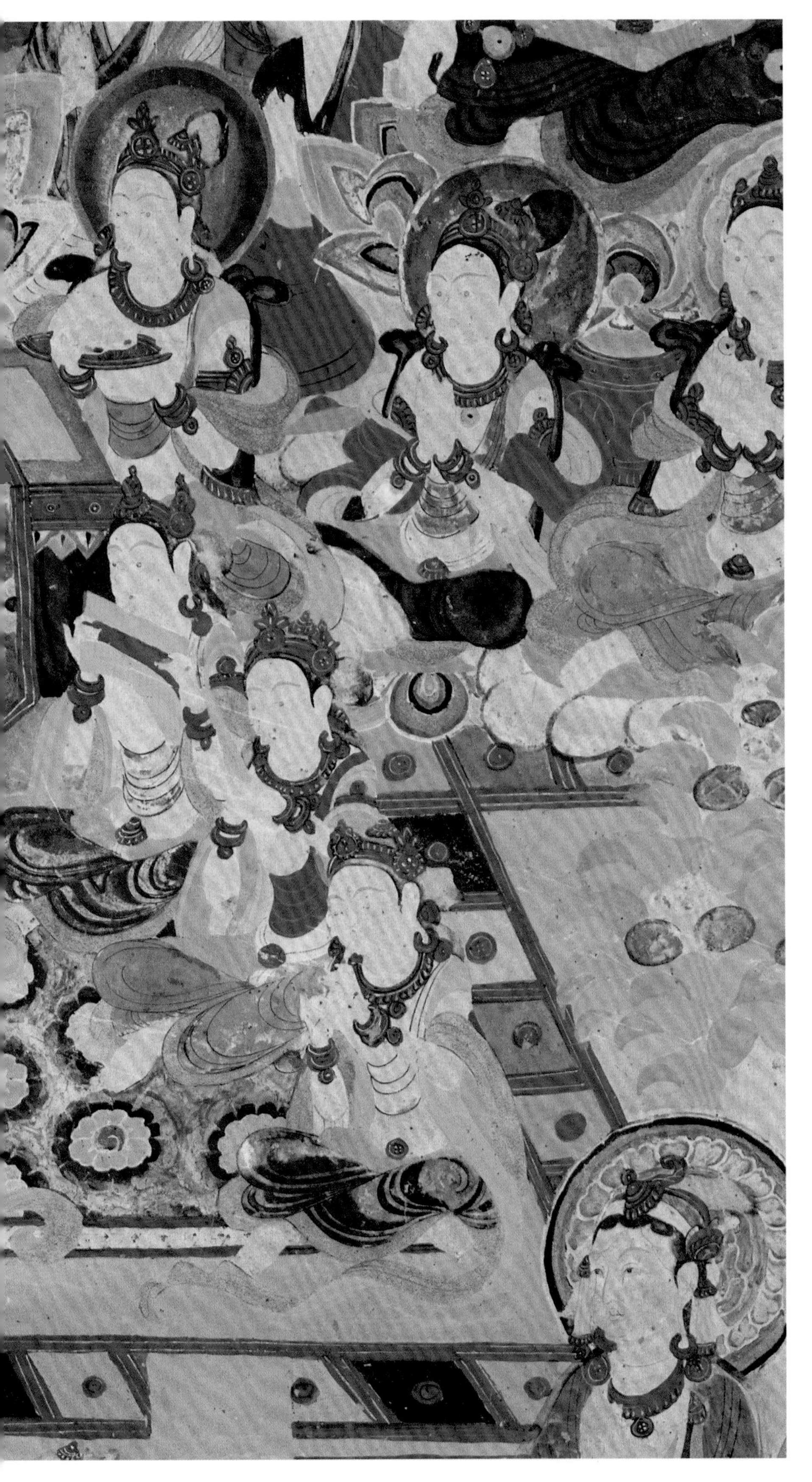

200 舞樂圖

中間的花地毯上一舞伎翩翩起舞，左右兩側坐八位樂伎伴奏。這是借用西方淨土變的場景，渲染天請問法會的莊嚴氣氛。

晚唐 莫12 北壁

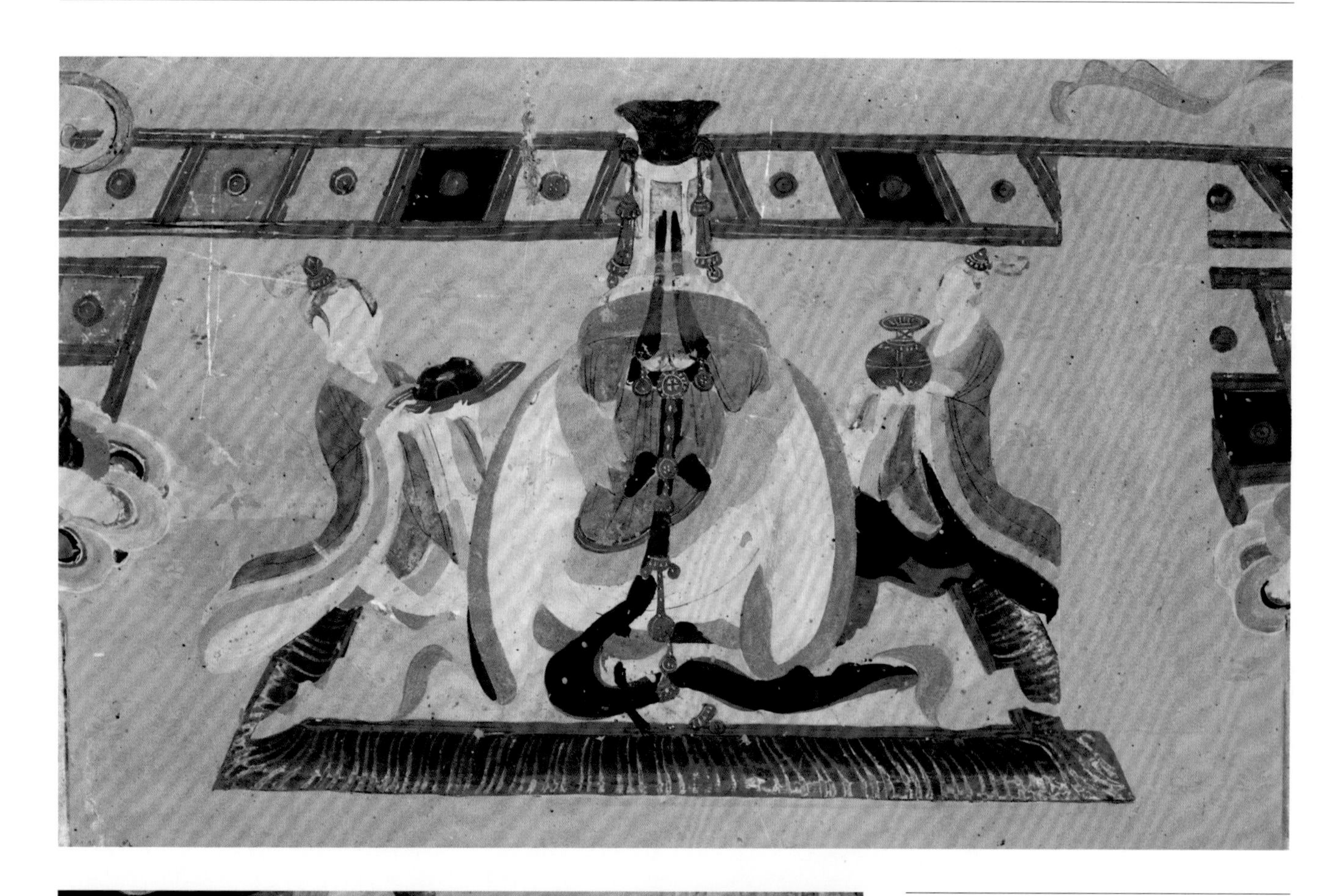

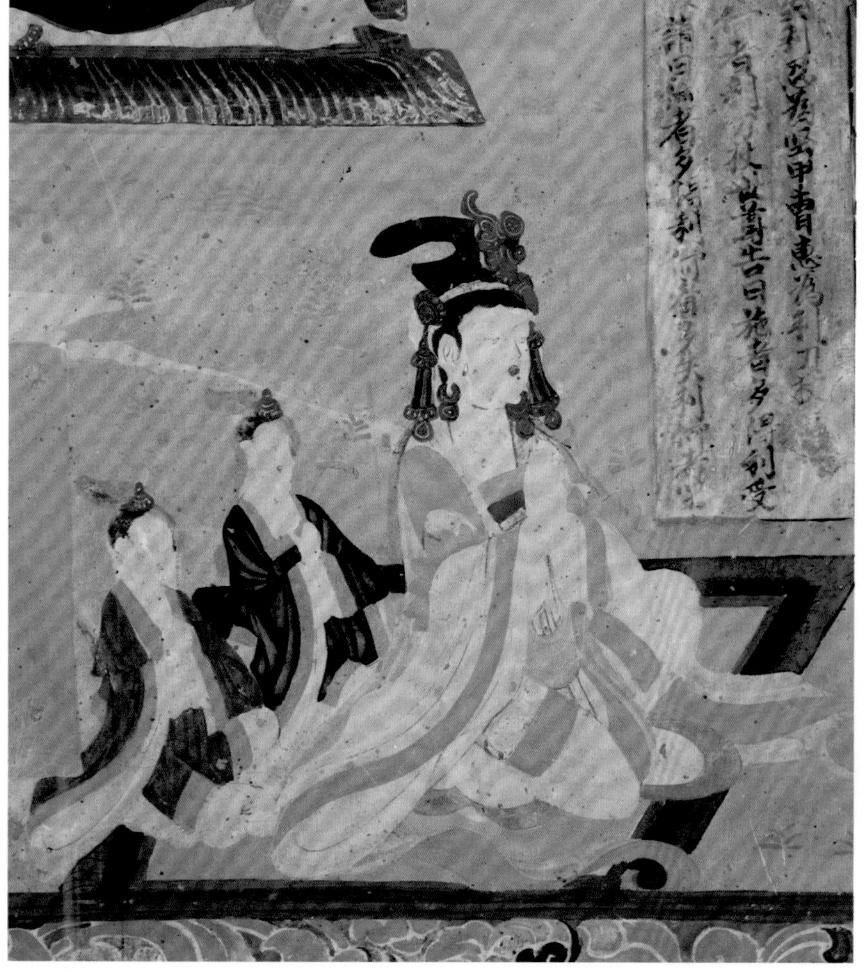

201 天神問佛法

此天神為背面像，戴高冠，着大袖袍服，跪在釋迦佛前，請問佛法。兩側二侍從，雙手捧供器供品，跪地供養。

晚唐 天請問經 莫12 北壁

202 天神跪佛前

天神頭戴高冠，身穿大袖袍服，胡跪佛前，請問“何者多得利？何者多失利？”後隨二侍者，穿世俗裝，跪地供養。

晚唐 天請問經 莫12 北壁

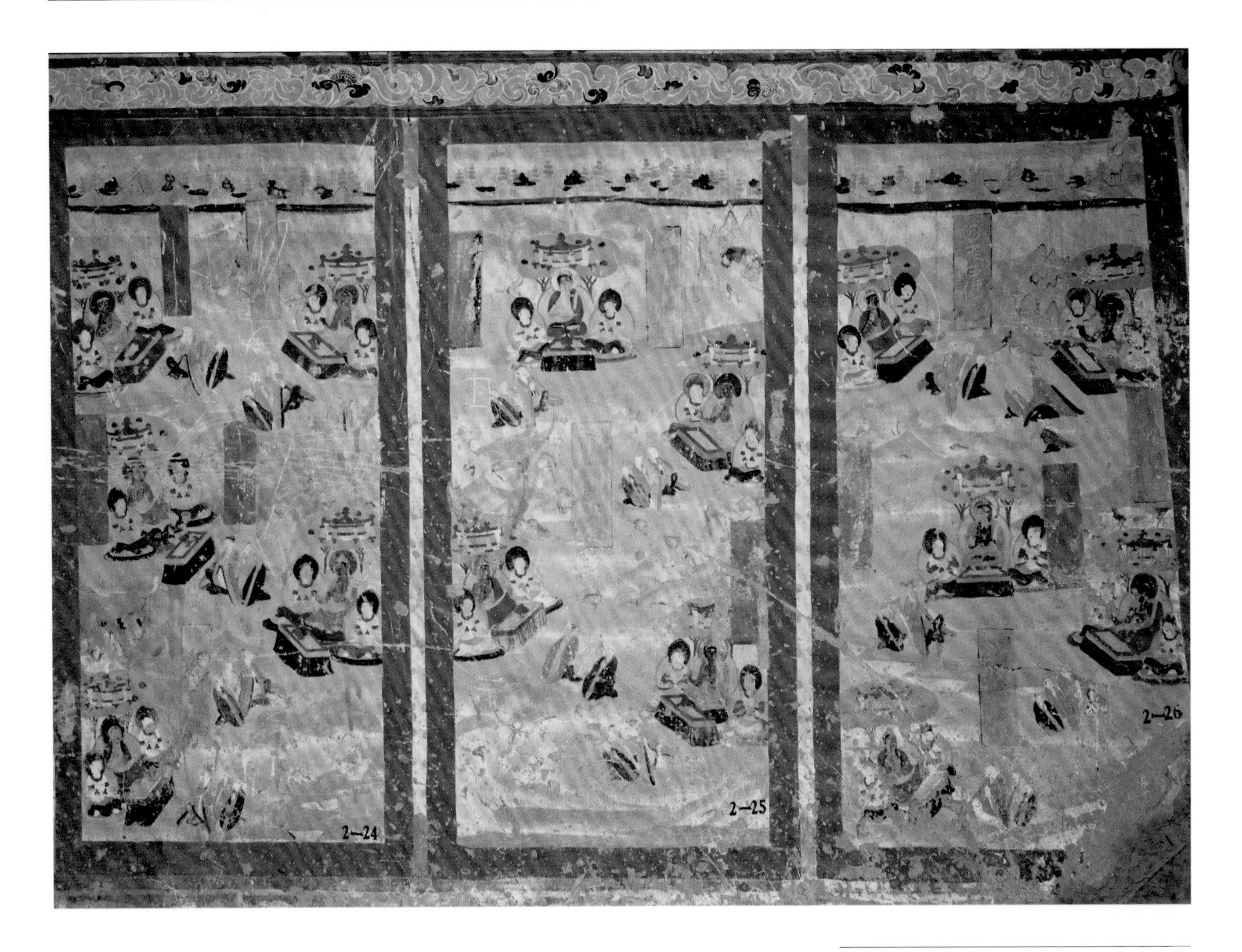

203 屏風畫

法會下部以花邊圖案間隔，畫三扇屏風。每扇屏風內畫四、五幅小型“天請問”說法圖，形式雷同。這是吐蕃佔領時期的遺風，歸義軍時期的天請問經變中僅此一例。

晚唐 天請問經 莫12 北壁

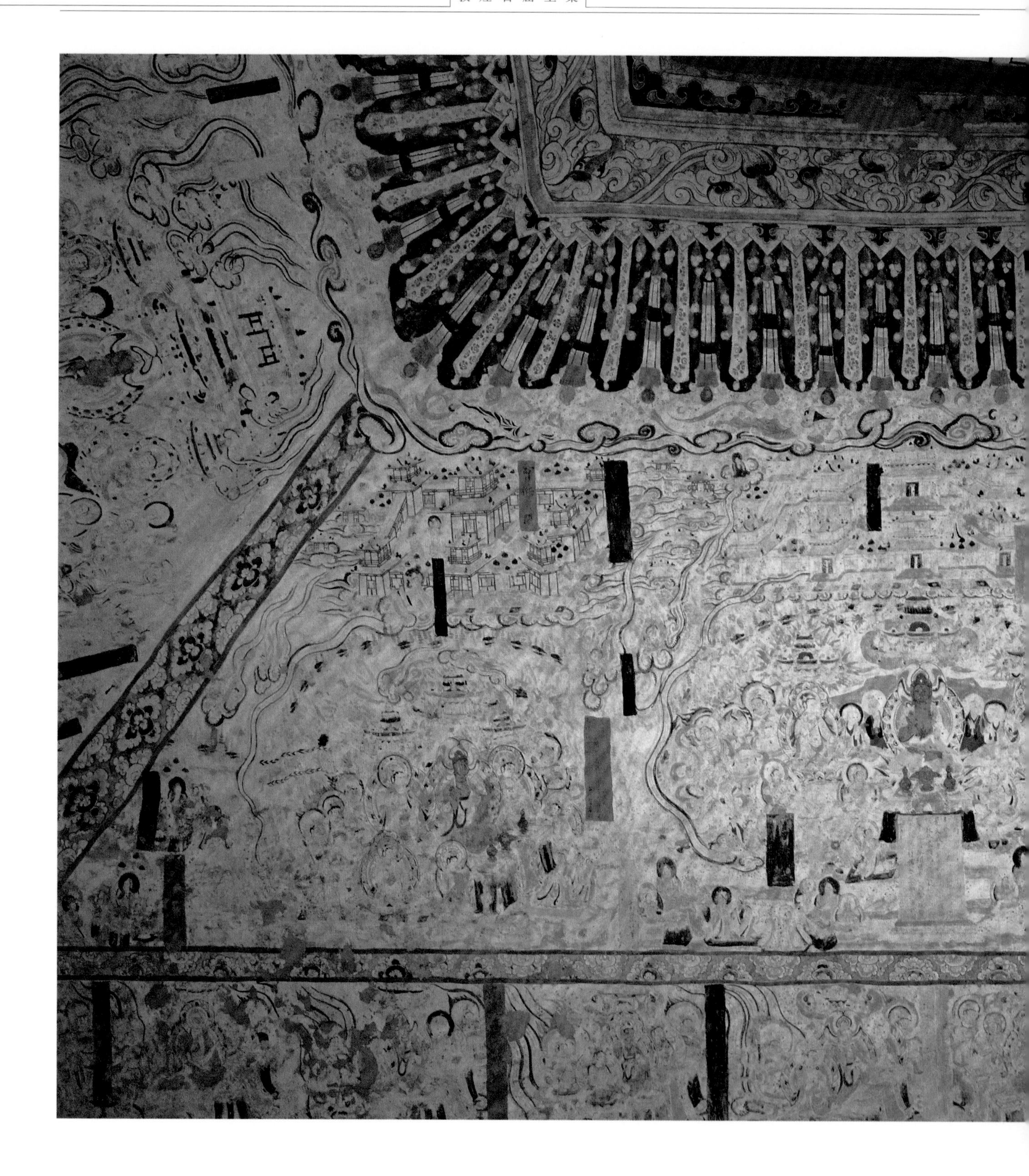

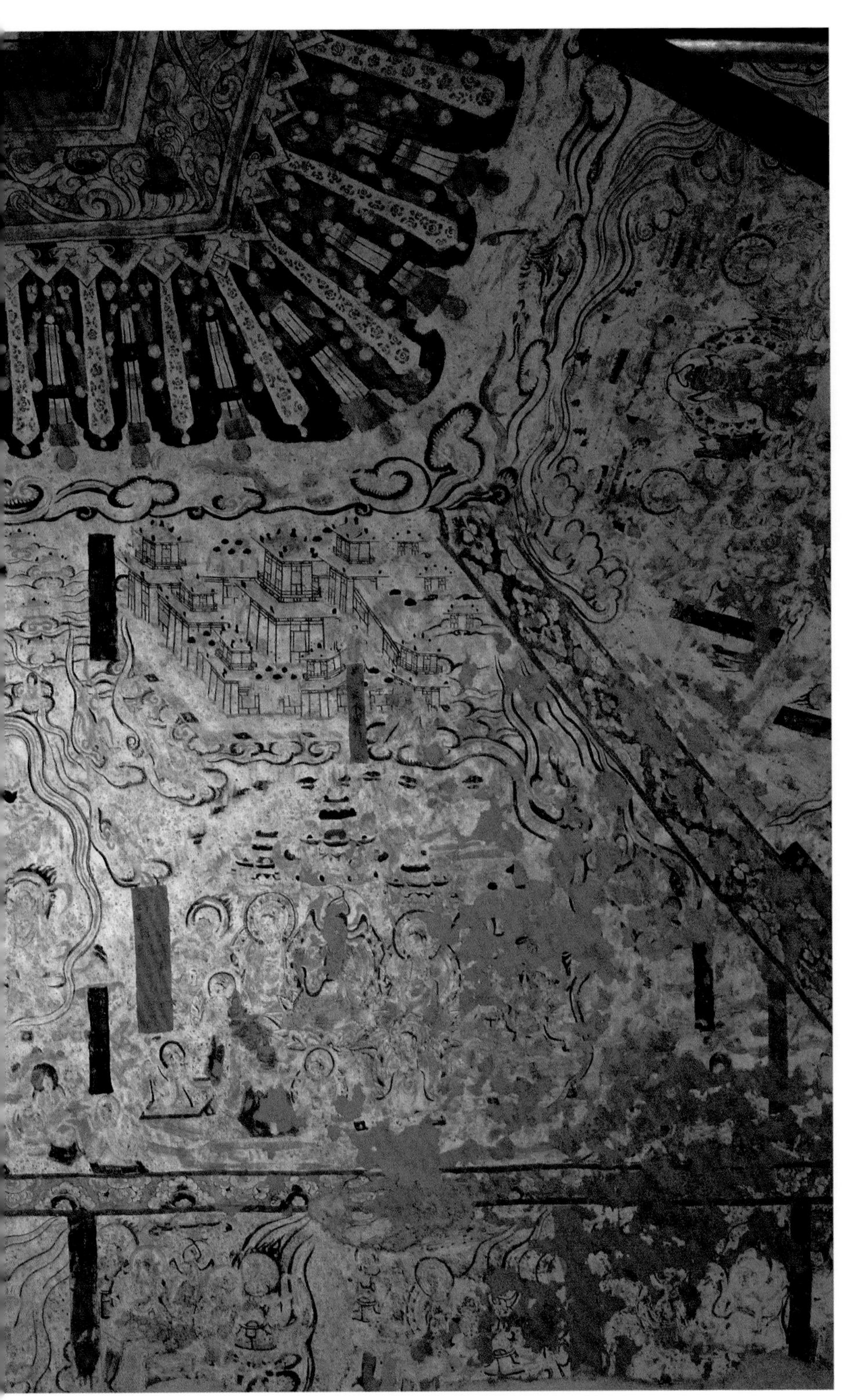

204 天請問經變全圖

此圖繪於覆斗形窟頂東坡，畫面呈梯形。左上角畫一佛殿，墨書榜題“會佛宮閻”。右上角也畫一佛殿，墨書榜題“梵天下界赴會”。這兩座佛殿都是象徵天宮。下部以巨大的空間，畫三佛並列說法，表現天請問法會。在天請問經變中，像這樣的構圖佈局，僅此一例。

五代 天請問經 莫53 窟頂東坡

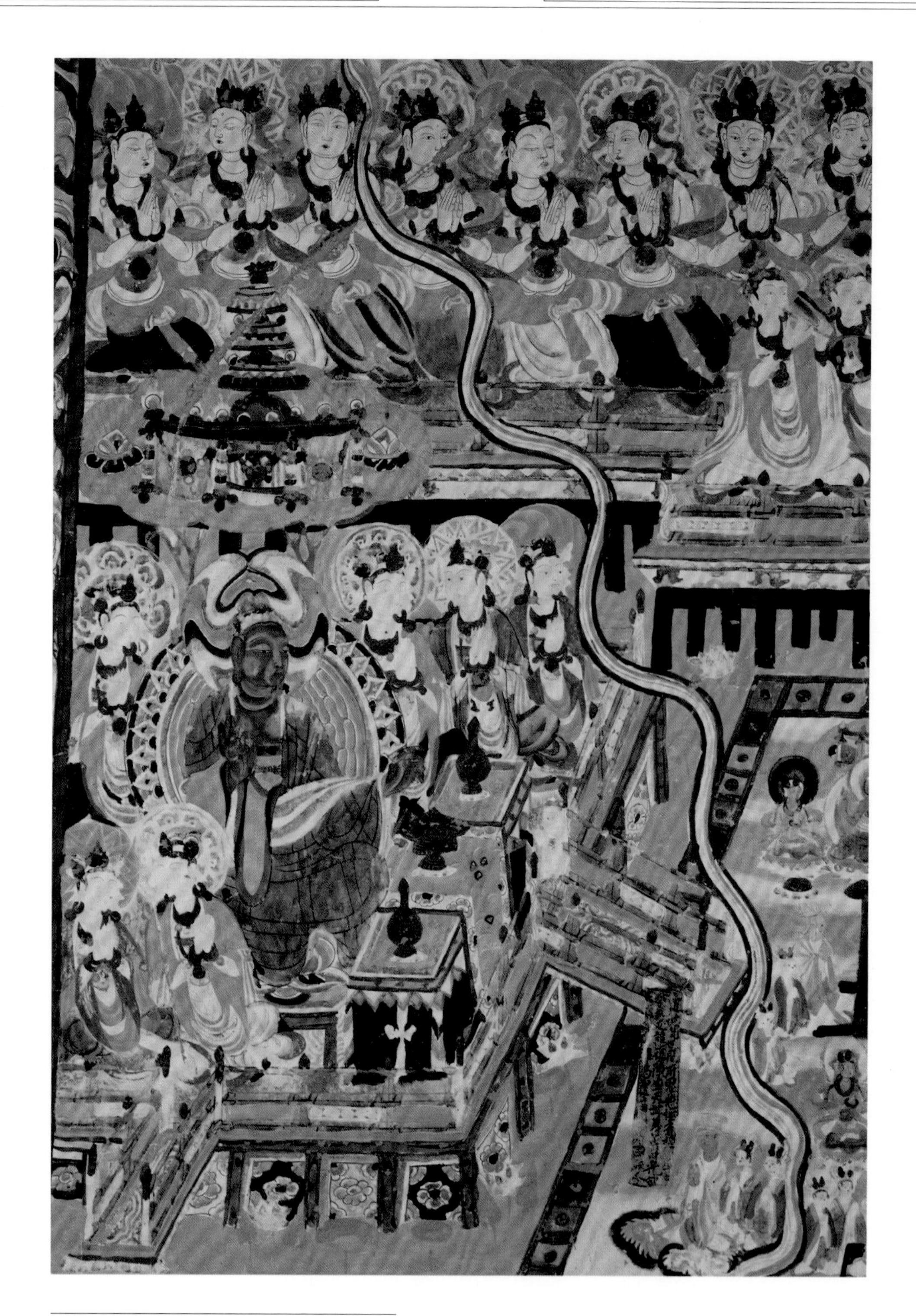

205 帝釋天乘雲而下

水榭平台上，一佛結跏趺坐，舉手說法，兩側有六菩薩合十聽法。佛前畫一天神，攜二侍從，乘祥雲，從空而下，立於佛前。墨書榜題云："天帝釋從空而下，詣佛道場，來會聽法時。"天帝釋即帝釋天。帝釋天赴會聽法，是識別天請問經變的重要標誌之一。

五代 天請問經 莫146 北壁

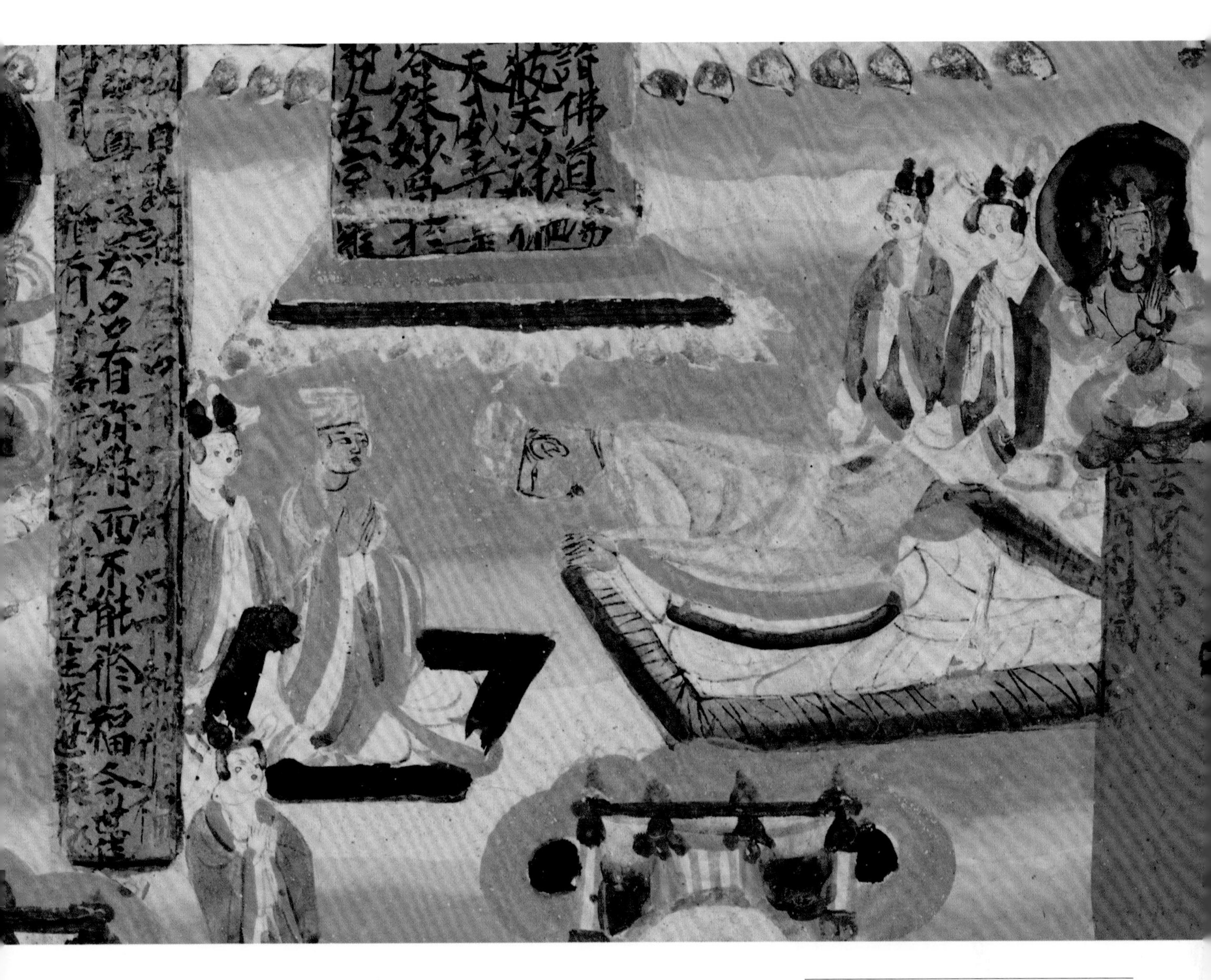

206 天神共問法

此圖很特別。右側一天神伏地叩頭，身後立二侍從；左側一天神跪地合十還禮，身後也立二侍從。從畫面上看，這似乎是二天神互相請問，其實非也。根據上部的墨書榜題，這是表現一個“顏容殊妙”的天神與帝釋天共同向釋迦佛請問佛法。

五代 天請問經 莫146 北壁

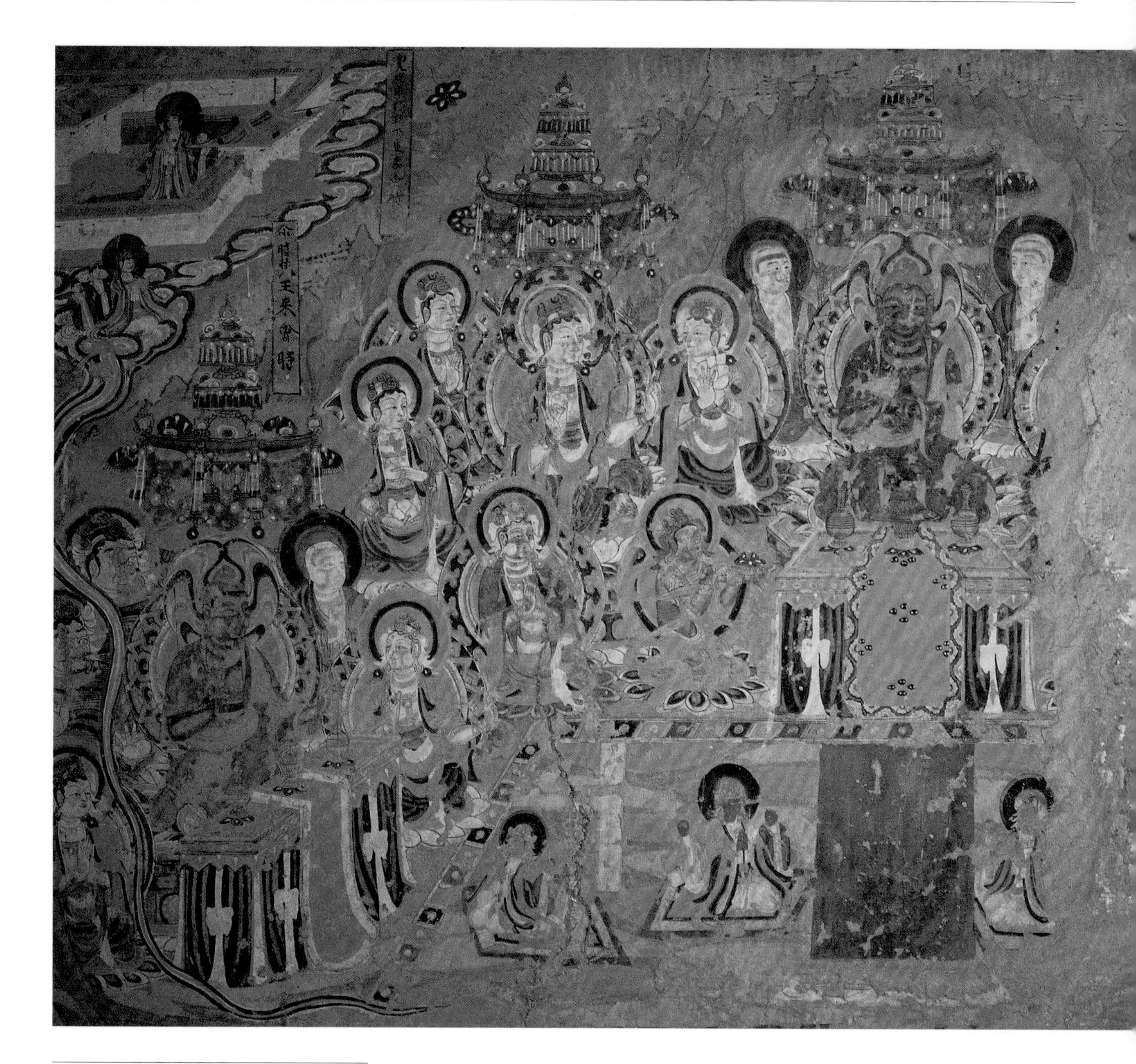

207 天請問經變全圖

此經變構圖佈局特別，取消了上部天際的忉利天宮，中間的法會為“∴”形三佛佈局，小說法圖大大減少，僅在主尊釋迦佛下部有四幅。經變左上角畫兜率天宮與彌勒菩薩；兜率天宮下部繪梵王從法會左側冉冉升空，墨書榜題：“爾時梵王來會時”；與兜率天宮相對稱，經變右上角的方形院落內有帝釋天及二眷屬，院外下部畫帝釋天詣法會場，墨書榜題：“爾時帝釋來會時”。天請問經中沒有彌勒菩薩與帝釋、梵王赴會之說，上述情節應是畫師根據文軌撰《天請問經疏》畫的。

五代 天請問經 榆20 北壁

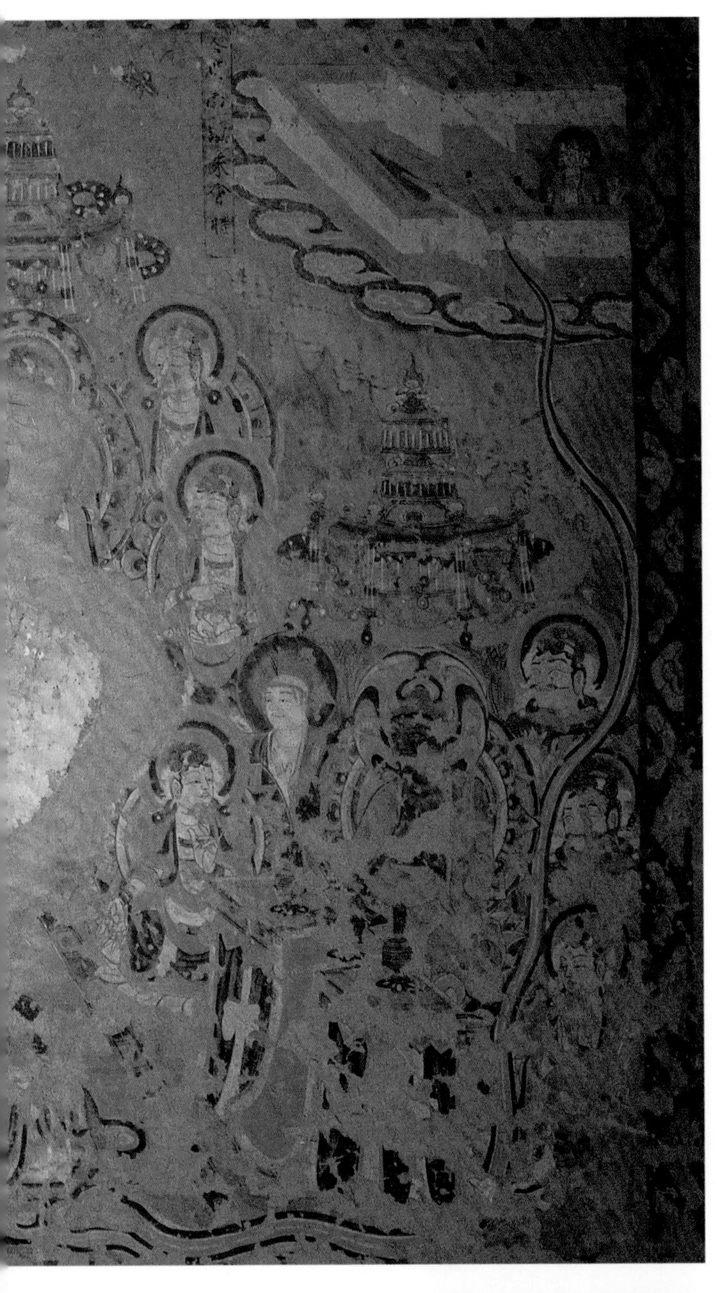

208 彌勒菩薩與梵王赴會

左上角的方形院落，表示兜率天宮。彌勒菩薩攜一侍從，站立在院內，右側墨書榜題："南無兜率彌勒下生來會時"。天請問經變中繪製彌勒菩薩赴會，僅此一例。

五代 天請問經 榆20 北壁

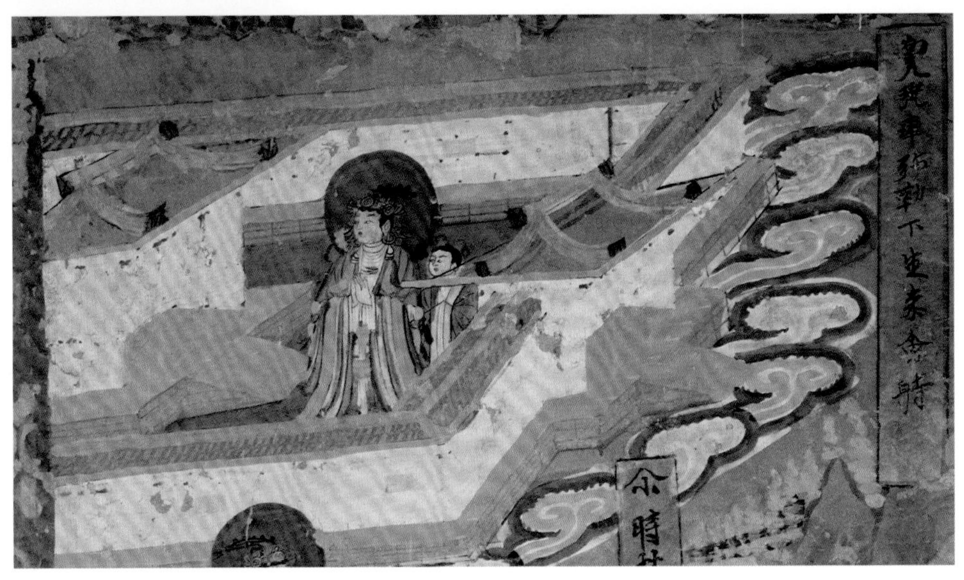

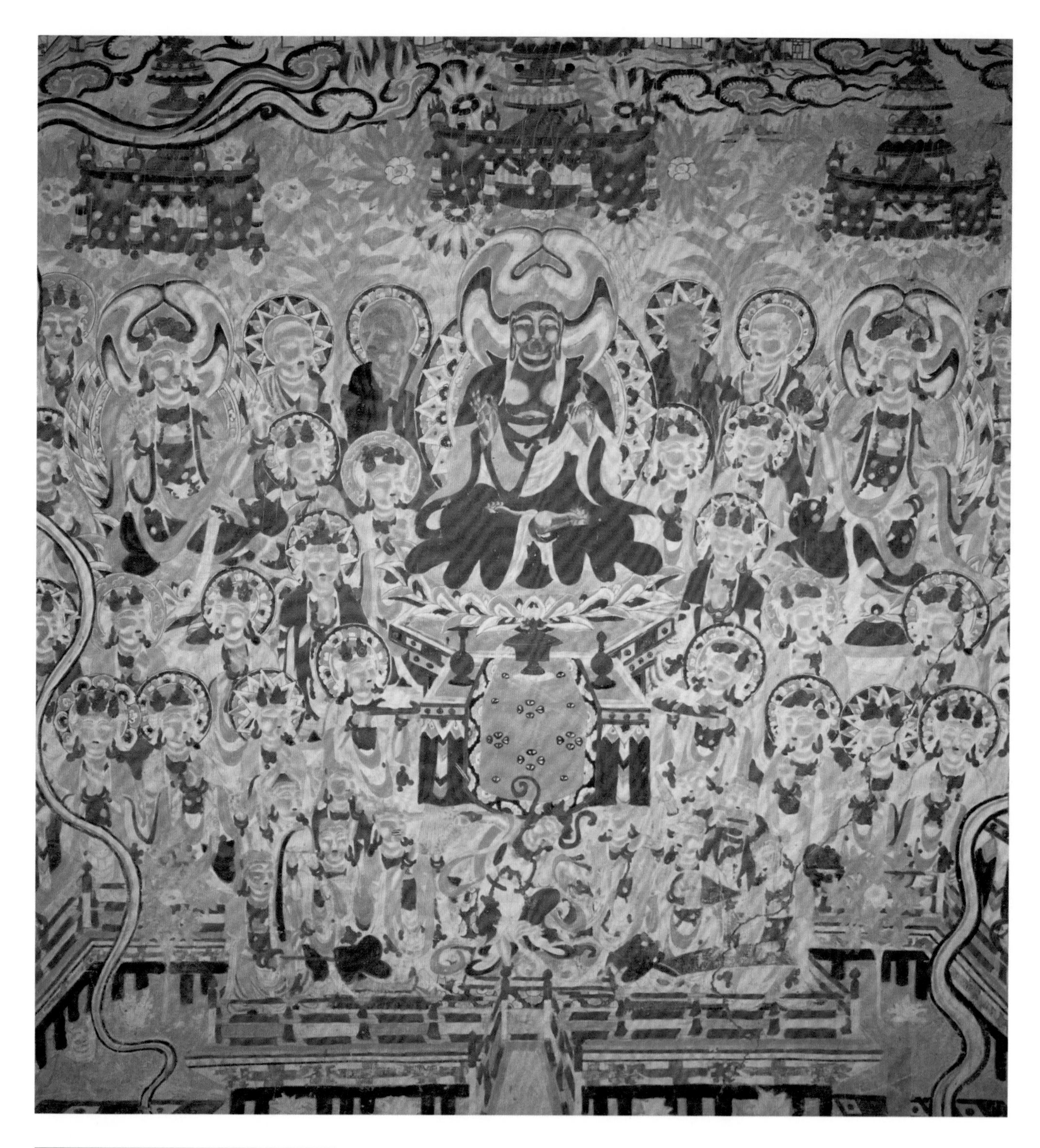

209 **天請問經變**

五代 天請問經 榆34 北壁

210 **天請問經變全圖**

屬於三聯式構圖。中間主聯的情節內容及構圖佈局，大致與第12窟的相同，只是下部沒有屏風畫。右邊聯內畫“天請問”小説法圖七幅，左邊聯內畫“天請問”小説法圖八幅。表現形式雷同。每幅説法圖旁有榜題，都是摘抄自天請問經。在敦煌壁畫中，像這種表現形式的天請問經變，僅此一例。

宋 天請問經 莫55 北壁

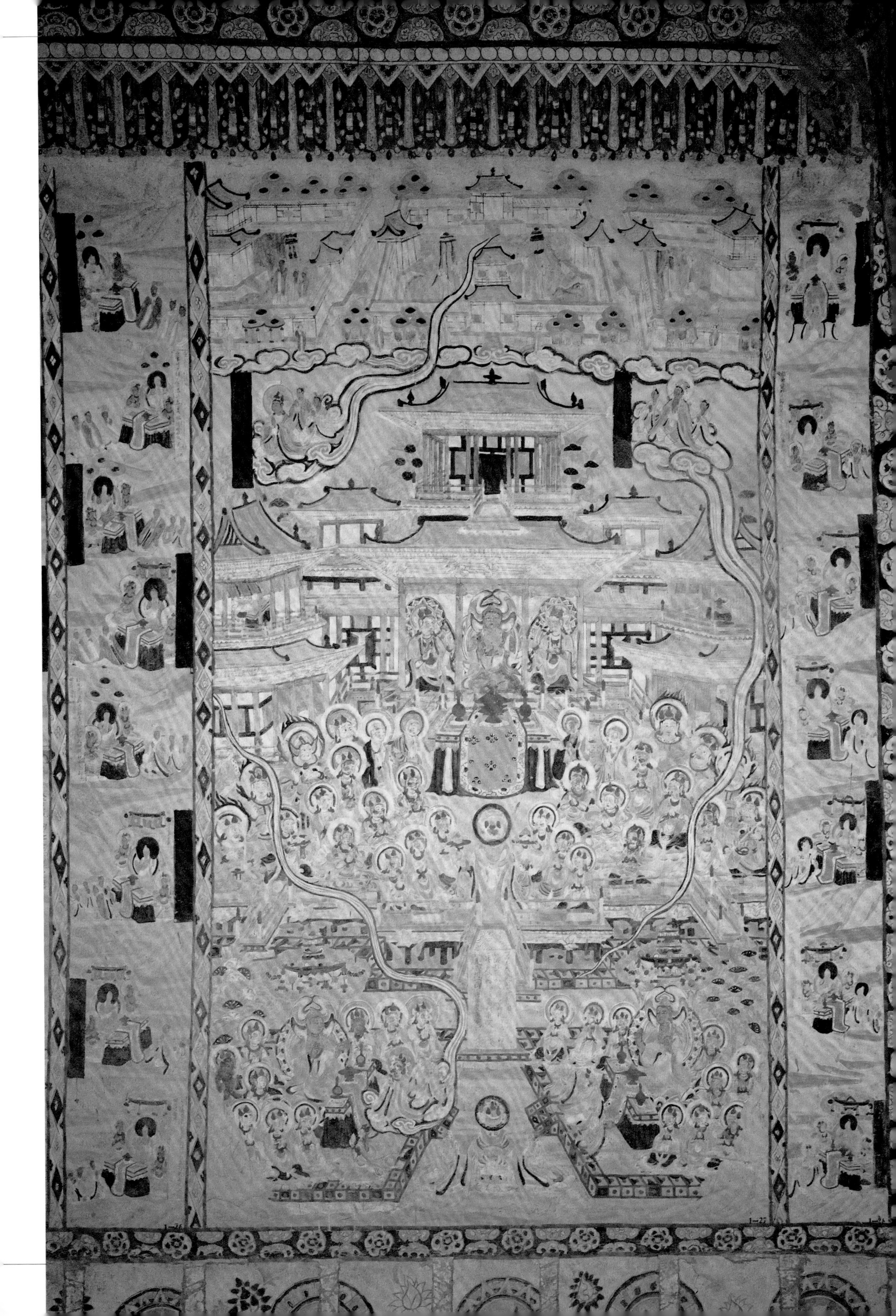

圖版索引

插圖索引

敦煌石窟分佈圖

本全集所用洞窟簡稱：莫即莫高窟，榆即榆林窟，東即東千佛洞，西即西千佛洞，五即五個廟石窟。

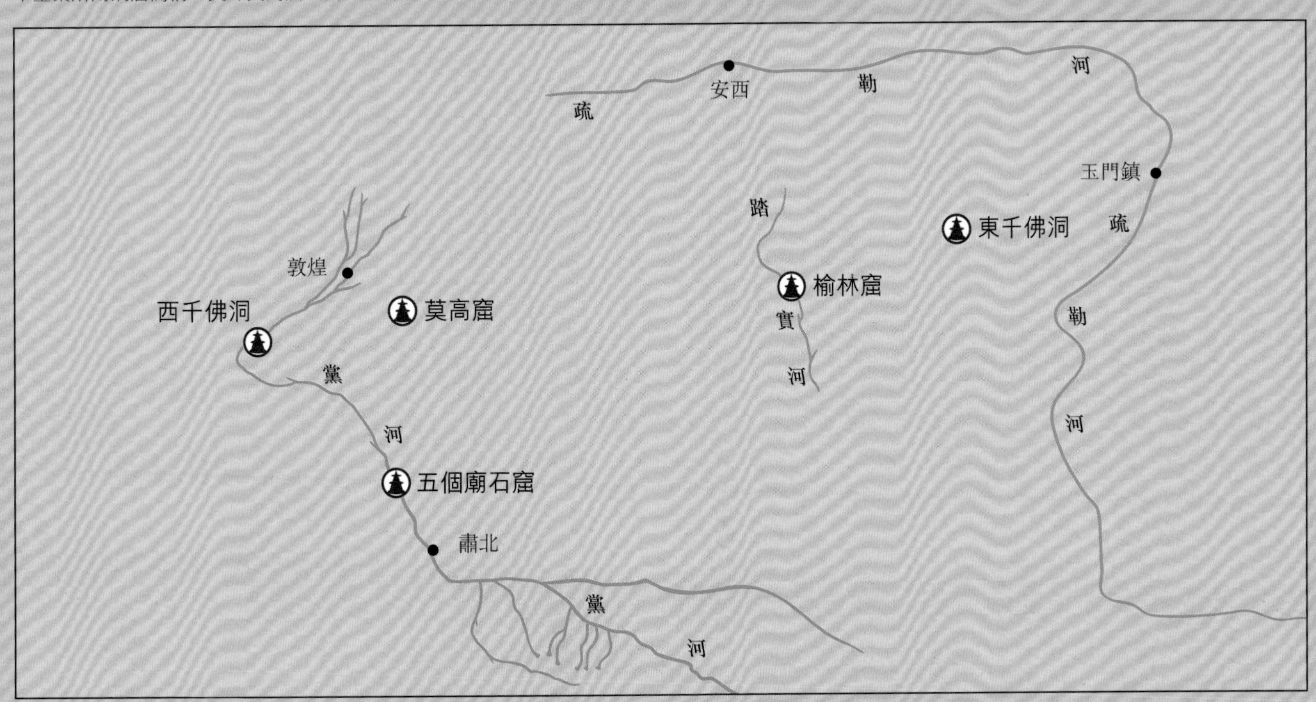

敦煌歷史年表

歷史時代	起止年代	統治王朝及年代	行政建置	備　注
漢	公元前 111 ～公元 219	西漢 公元前 111 ～公元 8 新 公元 9 ～ 23 東漢 公元 23 ～ 219	敦煌郡敦煌縣 敦德郡敦德亭 敦煌郡	公元前 111 年敦煌始設郡 公元 23 年隗囂反新莽；公元 25 年竇融據河西復敦煌郡名
三國	公元 220 ～ 265	曹魏 公元 220 ～ 265	敦煌郡	
西晉	公元 266 ～ 316	西晉 公元 266 ～ 316	敦煌郡	
十六國	公元 317 ～ 439	前涼 公元 317 ～ 376 前秦 公元 376 ～ 385 後涼 公元 386 ～ 400 西涼 公元 400 ～ 421 北涼 公元 421 ～ 439	沙州、敦煌郡 敦煌郡 敦煌郡 敦煌郡 敦煌郡	公元 336 年始置沙州；公元 366 年敦煌莫高窟始建窟 公元 400 至 405 年為西涼國都
北朝	公元 439 ～ 581	北魏 公元 439 ～ 535 西魏 公元 535 ～ 557 北周 公元 557 ～ 581	沙州、敦煌鎮、義州、瓜州 瓜州 沙州鳴沙縣	公元 444 年置鎮，公元 516 年罷，為義州；公元 524 年復瓜州 公元 563 年改鳴沙縣，至北周末
隋	公元 581 ～ 618	隋 公元 581 ～ 618	瓜州敦煌郡	
唐	公元 619 ～ 781	唐 公元 619 ～ 781	沙州、敦煌郡	公元 622 年設西沙州，公元 633 年改沙州；公元 740 年改郡，公元 758 年復為沙洲
吐蕃	公元 781 ～ 848	吐蕃 公元 781 ～ 848	沙州敦煌縣	
張氏歸義軍	公元 848 ～ 910	唐 公元 848 ～ 907	沙州敦煌縣	公元 907 年唐亡後，張氏歸義軍仍奉唐正朔
西漢金山國	公元 910 ～ 914		國都	
曹氏歸義軍	公元 914 ～ 1036	後梁 公元 914 ～ 923 後唐 公元 923 ～ 936 後晉 公元 936 ～ 946 後漢 公元 947 ～ 950 後周 公元 951 ～ 960 宋 公元 960 ～ 1036	沙州敦煌縣 沙州敦煌縣 沙州敦煌縣 沙州敦煌縣 沙州敦煌縣 沙州敦煌縣	
西夏	公元 1036 ～ 1227	西夏 公元 1036 ～ 1227 蒙古 公元 1227 ～ 1271	沙州 沙州路	
蒙元	公元 1227 ～ 1402	元 公元 1271 ～ 1368 北元 公元 1368 ～ 1402	沙州路 沙州路	
明	公元 1402 ～ 1644	明 公元 1404 ～ 1524	沙州衛、罕東衛	公元 1516 年吐魯番佔；公元 1524 年關閉嘉峪關後，敦煌凋零
清	公元 1644 ～ 1911	清 公元 1715 ～ 1911	敦煌縣	公元 1715 年清兵出嘉峪關收復敦煌一帶，公元 1724 年築城置縣

資料來源：史葦湘《敦煌歷史大事年表》等；製表：《敦煌石窟全集》編輯委員會（馬德執筆）